一本用思维导图绘制的全税种税法学习书

以思维导图绘制现行所有税种要点

小颖言税

严　颖 / 编著
毕海青 / 审稿

全税种思维导图

Yingtax

Mind Maps for All Categories of Taxes

中国财经出版传媒集团
中国财政经济出版社

图书在版编目（CIP）数据

小颖言税：全税种思维导图/严颖编著.—北京：中国财政经济出版社，2021.5（2023.6重印）
ISBN 978-7-5223-0524-0

Ⅰ.①小…　Ⅱ.①严…　Ⅲ.①税收管理-基本知识-中国　Ⅳ.①F812.423

中国版本图书馆CIP数据核字（2021）第076309号

责任编辑：尉　敏　　　　责任印制：史大鹏
封面设计：卜建辰

小颖言税：全税种思维导图
XIAOYING YANSHUI：QUANSHUIZHONG SIWEI DAOTU
中国财政经济出版社 出版
URL：http：//www.cfeph.cn
E-mail：cfeph @cfemg.cn

社址：北京市海淀区阜成路甲28号　邮政编码：100142
营销中心电话：010-88191522
天猫网店：中国财政经济出版社旗舰店
网址：https：//zgczjjcbs.tmall.com
北京时捷印刷有限公司印刷　各地新华书店经销
成品尺寸：185mm×260mm　16开　37.25印张　566 000字
2021年5月第1版　2023年6月北京第10次印刷
定价：158.00元
ISBN 978-7-5223-0524-0
（图书出现印装问题，本社负责调换，电话：010-88190548）
本社质量投诉电话：010-88190744
打击盗版举报热线：010-88191661　QQ：2242791300

前言

- **写作初衷**
  - 如何轻松掌握全税种知识？
  - 如何快速查找文件？
  - 如何利用碎片时间高效学习税法？
  - 有没有这样的一本书？
    - 图文并茂
    - 有税法全面概况
    - 有政策援引
    - 有重点条文的梳理
    - → **轻松学习**

- **写作背景**
  - 2016年5月1日起，我国全面推开营改增试点工作；2018年，省级和省级以下国地税机构合并，统一承担所辖区域内各项税收和非税收入征管等职责，掌握全税（费）种的税收知识，是适应新形势的必然要求
  - 小颖言税公众号自发布部分税（费）种（以下简称税种）思维导图以来，受到广大读者喜爱。为方便读者学习阅读、整体感知，遂将所有税种的思维导图汇编成册，于是有了本书《小颖言税：全税种思维导图》

- **本书特色**
  - 这是第一本用思维导图绘制的全税种税法学习书
  - 这是一本工具书，方便查阅
  - 结构上　知识树
    - 树根　法律
    - 树干　法规、条例、实施细则等
    - 枝叶　规范性文件
  - 形式上　思维导图
    - 内容全面
      - 涵盖现行所有税种基础知识和要点
      - 对新政逐点逐条细化分解
    - 萃取精华
      - 将各税种文件的重点内容绘制在导图中
    - 化繁为简
      - 厘清思路，帮助记忆，使税法变得简单
      - 用tips总结关键要点和记忆口诀
    - 依据准确
      - 引用的政策均注明文件号，政策截至2023年5月31日
    - 辅以案例
      - 部分税费带经典案例解析

- 读者对象
  - 税务人员
    - 日常工作
    - 岗位大练兵、业务大比武
    - 执法资格考试
    - 公务员初任培训
  - 纳税人、缴费人
    - 财务人员
    - 企业管理人员
  - 注册会计师、税务师、会计职称考试等考证人员
  - 志愿报考税务机关公务员考试的人员
  - 税务律师、院校财税老师、培训机构讲师

- 使用说明
  - 本书按税种分类
    - 18税种　见税种概况
    - 4费
      - 教育费附加
      - 地方教育附加
      - 文化事业建设费
      - 残疾人就业保障金
  - 本书分五章
    - （一）增值税
    - （二）消费税
    - （三）企业所得税
    - （四）个人所得税
    - （五）其他税费
      - 税在前，费在后；已立法的在前，未立法的在后；其中已立法的按立法时间先后排序
      - 本章带典型案例辅助解析

- 关于小颖言税
  - 微信公众号、新浪微博：小颖言税
    - 导图持续优化和完善
    - 与最新政策同步更新
    - 提供更丰富的案例
  - 欢迎批评指正
    - 联系　marylouyan
    - 或在公众号、微博留言
  - 微信公众号二维码

- 税种概况
  - 按课税对象不同
    - 货物和劳务税
      - 增值税
      - 消费税
      - 关税
      - 车辆购置税
      - 城市维护建设税
      - 烟叶税
    - 所得税
      - 企业所得税
      - 个人所得税
    - 财产税
      - 契税
      - 车船税
      - 房产税
      - 城镇土地使用税
    - 特定行为税
      - 土地增值税
      - 耕地占用税
      - 环境保护税
      - 印花税
      - 资源税
      - 船舶吨税
  - 提示：上图粉红色块标注的为已立法税种
  - 我国已立法税种实施时间表

1980年9月10日	《中华人民共和国个人所得税法》
2008年1月1日	《中华人民共和国企业所得税法》
2012年1月1日	《中华人民共和国车船税法》
2018年1月1日	《中华人民共和国环境保护税法》
2018年7月1日	《中华人民共和国船舶吨税法》
2018年7月1日	《中华人民共和国烟叶税法》
2019年7月1日	《中华人民共和国车辆购置税法》
2019年9月1日	《中华人民共和国耕地占用税法》
2020年9月1日	《中华人民共和国资源税法》
2021年9月1日	《中华人民共和国契税法》
2021年9月1日	《中华人民共和国城市维护建设税法》
2022年7月1日	《中华人民共和国印花税法》

- 预算级次
  - 中央税
    - 关税
    - 消费税
    - 车辆购置税
    - 船舶吨税
  - 地方税
    - 房产税
    - 城镇土地使用税
    - 耕地占用税
    - 契税
    - 土地增值税
    - 车船税
    - 烟叶税
    - 环境保护税
  - 中央与地方共享税
    - 增值税　注1
    - 企业所得税　注2
    - 个人所得税　注3
    - 资源税　注4
    - 印花税　注5
    - 城市维护建设税　注6

- 注1增值税：海关代征的部分归中央政府；其余部分，中央政府分享50%，地方政府按照缴纳地点分享50%
- 注2企业所得税：除了规定的中央政府收入（国家铁路集团、海洋石油企业、各银行总行）以外，其余部分中央政府分享60%，地方政府分享40%
- 注3个人所得税：中央政府分享60%，地方政府分享40%
- 注4资源税：海洋石油企业缴纳的部分归中央政府，其余部分归地方政府
- 注5印花税：股票交易印花税收入归中央政府，其他印花税收入归地方政府
- 注6城市维护建设税：各银行总行、保险公司总公司集中缴纳的部分归中央政府，其余部分归地方政府

提示

- 在西藏自治区，除了关税和进口环节的增值税、消费税以外，在该自治区征收的其他税收全部留给该自治区
- 关税、船舶吨税由海关征收，进口环节增值税、消费税由海关代征

CONTENTS
目录

增值税

第一章　纳税义务人和征税范围 …… 3
第二章　增值税一般纳税人登记与转回 …… 8
第三章　税率和征收率 …… 12
　第一节　增值税税率、征收率发展沿革 …… 12
　第二节　增值税税率 …… 16
　第三节　增值税征收率 …… 25
第四章　与销售相关 …… 32
　第一节　销售额和销项税额 …… 32
　第二节　纳税义务发生时间 …… 36
　第三节　不得开具增值税专用发票的情形 …… 39
第五章　与购进相关 …… 44
　第一节　增值税进项税额 …… 44
　第二节　增值税加计抵减 …… 52
　第三节　增值税留抵退税 …… 58
第六章　应纳税额 …… 70
　第一节　应纳税额计算 …… 70
　第二节　差额征税 …… 72
　第三节　预征率和预缴税款 …… 78
第七章　税收减免 …… 82
　第一节　增值税起征点 …… 82
　第二节　增值税免税优惠 …… 84
　第三节　即征即退 …… 103

第四节 先征后退 …… 111
第五节 扣减增值税 …… 114
第八章 纳税申报等征税事项 …… 119
第一节 增值税纳税申报表 …… 119
第二节 纳税地点和纳税期限 …… 127
第九章 进出口税收 …… 129
第一节 进口环节增值税 …… 129
第二节 出口货物、劳务、服务退（免）税 …… 134
第三节 离境退税 …… 144
第十章 应交税费的会计处理 …… 146

消费税

第一章 纳税义务人和征税范围 …… 153
第二章 消费税税目税率 …… 154
第三章 纳税环节 …… 158
第四章 应纳税额 …… 161
第五章 已纳消费税的扣除 …… 171
第六章 税收优惠 …… 175
第七章 出口退（免）税 …… 176
第八章 纳税义务发生时间 …… 178
第九章 纳税期限 …… 179
第十章 纳税申报表 …… 180
第十一章 纳税地点 …… 181

企业所得税

第一章 纳税人、纳税义务和税率 …… 185
第二章 应纳税所得额 …… 193
第一节 应纳税所得额概述 …… 193
第二节 收入 …… 198
第三节 税前扣除 …… 207
第四节 资产的税务处理 …… 218
第三章 应纳税额 …… 229
第四章 企业所得税税收优惠 …… 231

第五章 源泉扣缴…… 246
第六章 特别纳税调整…… 251
第七章 征收管理…… 257
第八章 季度预缴申报表…… 260
第九章 企业所得税年度纳税申报表…… 267

个人所得税

第一章 个人所得税纳税人和纳税义务…… 273
第二章 个人所得税税目、预扣率、税率…… 278
第一节 工资、薪金所得 …… 284
第二节 劳务报酬所得 …… 292
第三节 稿酬所得 …… 296
第四节 特许权使用费所得 …… 300
第五节 经营所得 …… 304
第六节 利息、股息、红利所得 …… 317
第七节 财产租赁所得 …… 321
第八节 财产转让所得 …… 326
第九节 偶然所得 …… 345
第三章 个人所得税税收优惠…… 348
第四章 个人所得税应纳税所得额的计算…… 368
第一节 个人所得税专项扣除 …… 371
第二节 个人所得税专项附加扣除 …… 374
第三节 个人所得税其他扣除 …… 382
第四节 个人所得税核定征收 …… 388
第五章 公益捐赠扣除…… 394
第六章 境外所得抵免…… 399
第七章 特别纳税调整…… 404
第八章 纳税申报…… 406
第一节 全员全额扣缴申报 …… 406
第二节 个人自行申报 …… 414
第三节 综合所得汇算清缴 …… 419
第四节 个人所得税纳税申报表 …… 428
第九章 征收管理…… 432

其他税费

第一章　车船税…… 435
第二章　环境保护税…… 442
第三章　船舶吨税…… 449
第四章　烟叶税…… 454
第五章　车辆购置税…… 456
第六章　耕地占用税…… 462
第七章　资源税…… 468
第八章　契税…… 477
第九章　城市维护建设税…… 492
第十章　印花税…… 497
第十一章　土地增值税…… 516
第十二章　房产税…… 535
第十三章　城镇土地使用税…… 544
第十四章　“六税两费”减免政策 …… 553
第十五章　关税…… 559
第十六章　教育费附加…… 566
第十七章　地方教育附加…… 569
第十八章　残疾人就业保障金…… 572
第十九章　文化事业建设费…… 576
第二十章　财产和行为税纳税申报表…… 579
参考文献…… 582

增值税

- 第一章　纳税义务人和征税范围
- 第二章　增值税一般纳税人登记与转回
- 第三章　税率和征收率
  - 第一节　增值税税率、征收率发展沿革
  - 第二节　增值税税率
  - 第三节　增值税征收率
- 第四章　与销售相关
  - 第一节　销售额和销项税额
  - 第二节　纳税义务发生时间
  - 第三节　不得开具增值税专用发票的情形
- 第五章　与购进相关
  - 第一节　增值税进项税额
  - 第二节　增值税加计抵减
  - 第三节　增值税留抵退税
- 第六章　应纳税额
  - 第一节　应纳税额计算
  - 第二节　差额征税
  - 第三节　预征率和预缴税款
- 第七章　税收减免
  - 第一节　增值税起征点
  - 第二节　增值税免税优惠
  - 第三节　即征即退
  - 第四节　先征后退
  - 第五节　扣减增值税
- 第八章　纳税申报等征税事项
  - 第一节　增值税纳税申报表
  - 第二节　纳税地点和纳税期限
- 第九章　进出口税收
  - 第一节　进口环节增值税
  - 第二节　出口货物、劳务、服务退（免）税
  - 第三节　离境退税
- 第十章　应交税费的会计处理

本篇未特别注明的政策依据为《中华人民共和国增值税暂行条例》、《中华人民共和国增值税暂行条例实施细则》、《营业税改征增值税试点实施办法》（财税〔2016〕36号附件1）、《营业税改征增值税试点有关事项的规定》（财税〔2016〕36号附件2）、《营业税改征增值税试点过渡政策的规定（财税〔2016〕36号附件3）、《跨境应税行为适用增值税零税率和免税政策的规定》（财税〔2016〕36号附件4）

第一章　纳税义务人和征税范围

章节目录

- 一、纳税人
- 二、扣缴义务人
- 三、征税范围

一、纳税人

- 在中华人民共和国境内
  - 销售货物（注1）或者加工、修理修配劳务（以下称劳务，注2）
  - 销售服务、无形资产或者不动产（以下称应税行为，注3）
  - 进口货物

  的单位和个人
- 分为一般纳税人和小规模纳税人，详见《一般纳税人登记与转回》导图
- 单位：是指企业、行政单位、事业单位、军事单位、社会团体及其他单位
- 个人：是指个体工商户和其他个人
- 发包人为纳税人：承包人、承租人、挂靠人(统称承包人)以发包人、出租人、被挂靠人（统称发包人)名义对外经营并由发包人承担相关法律责任的
- 承包人为纳税人：承包人以自己名义对外经营并承担法律责任的
- 资管产品管理人为增值税纳税人：资管产品运营过程中发生的增值税应税行为（财税〔2016〕140号）

注1

- 货物：指有形动产，包括电力、热力、气体在内
- 销售货物：是指有偿转让货物的所有权

- 注2
  - 加工：是指受托加工货物，即委托方提供原料及主要材料，受托方按照委托方的要求，制造货物并收取加工费的业务
  - 修理修配：是指受托对损伤和丧失功能的货物进行修复，使其恢复原状和功能的业务
  - 销售加工、修理修配劳务：是指有偿提供加工、修理修配劳务
  - 不包括：单位或者个体工商户聘用的员工为本单位或者雇主提供加工、修理修配劳务
  - 对比
    - 修缮服务：对象是建筑物、构筑物，属于建筑服务
    - 维护保养：对象为设备等，属于其他现代服务
    - 依据：财税〔2016〕36号附件1

- 注3
  - 销售服务、无形资产或者不动产：是指有偿（注4）提供服务、有偿转让无形资产或者不动产，但属于非经营活动（注5）的情形除外
  - 服务：分为交通运输服务、邮政服务、电信服务、建筑服务、金融服务、现代服务、生活服务七大类
  - 无形资产：包括技术、商标、著作权、商誉、自然资源使用权以及其他权益性无形资产
  - 销售无形资产：是指转让无形资产所有权或者使用权
  - 销售不动产：是指转让不动产所有权，含与不动产同时转让的土地使用权

- 注4：有偿是指取得货币、货物或者其他经济利益（财税〔2016〕36号附件1）

- 注5非经营活动
  - 行政单位收取的同时满足以下条件（注6）的政府性基金或者行政事业性收费
  - 单位或者个体工商户聘用的员工为本单位或者雇主提供取得工资的服务
  - 单位或者个体工商户为聘用的员工提供服务
  - 财政部和国家税务总局规定的其他情形

- 注6
  - 由国务院或者财政部批准设立的政府性基金，由国务院或者省级人民政府及其财政、价格主管部门批准设立的行政事业性收费
  - 收取时开具省级以上（含省级）财政部门监（印）制的财政票据
  - 所收款项全额上缴财政

二、扣缴义务人

- 销售劳务
  - 境内未设有经营机构的：其境内代理人
  - 在境内没有代理人的：购买方
- 销售应税行为
  - 在境内未设有经营机构的：购买方
  - 财政部和国家税务总局另有规定的除外
- 应扣缴税额：=购买方支付的价款÷（1+税率）×税率
- 申报地点：扣缴义务人应当向其机构所在地或者居住地的主管税务机关申报缴纳其扣缴的税款
- 会计处理
  - 一般纳税人：
    - 借：生产成本、无形资产、固定资产、管理费用等
    - 　　应交税费—应交增值税（进项税额）
    - 　贷：应付账款等
    - 　　　应交税费—代扣代交增值税
  - 小规模纳税人：
    - 借：生产成本、无形资产、固定资产、管理费用等
    - 　贷：应付账款等
    - 　　　应交税费—代扣代交增值税
  - 依据：财会〔2016〕22号

三、征税范围

- 在中华人民共和国境内（注7）
  - 销售货物
  - 销售加工、修理修配劳务
  - 销售服务、无形资产、不动产
  - 进口货物
  - 视同销售
    - 视同销售货物（注10）
    - 视同销售服务、无形资产或者不动产（注11）

注7

- 销售货物的：货物起运地或者所在地在境内
- 销售加工、修理修配劳务：劳务发生在境内
- 销售服务（租赁不动产除外）、销售无形资产（自然资源使用权除外）（例1）：销售方或购买方在境内，注8除外
- 销售或者租赁不动产：不动产在境内（例2）
- 销售自然资源使用权：自然资源在境内
- 财政部和国家税务总局规定的其他情形

- 例1：境外A公司向境内B公司转让A公司在境内的连锁经营权
- 例2：英国某公司将其拥有的我国境内一处办公楼出租给韩国某公司
- tips
  - 对于不能移动的，涉及不动产和自然资源使用权的业务，适用属物原则，根据标的物在境内还是境外来判断是否属于境内销售
  - 对于可以移动的服务、无形资产，适用属人原则，销售方或购买方在境内就属于境内销售。但是也有例外，销售方在境外，销售给境内购买方时，如果完全在境外发生不属于境内销售

- 注8
  - 下列情形不属于在中国境内销售服务或者无形资产：
  - 境外单位或者个人向境内单位或个人
    - 销售完全在境外发生的服务（例3）
    - 销售完全在境外使用的无形资产（例4）
    - 出租完全在境外使用的有形动产（例5）
  - 财政部和国家税务总局规定的其他情形（注9）

- 例3
  - 境内个人出境旅游时的餐饮、住宿服务
  - 境外单位或者个人发生的
    - 为出境的函件、包裹在境外提供的邮政服务、收派服务
    - 向境内单位或者个人提供的工程施工地点在境外的建筑服务、工程监理服务
    - 向境内单位或者个人提供的工程、矿产资源在境外的工程勘察勘探服务
    - 向境内单位或者个人提供的会议展览地点在境外的会议展览服务
    - 依据：国家税务总局公告2016年第53号

- 注9：境内单位和个人作为工程分包方，为施工地点在境外的工程项目提供建筑服务，从境内工程总承包方取得的分包款收入，属于“视同从境外取得收入”（国家税务总局公告2019年第45号）

- 例4：境外E公司向境内F公司转让一项专用于F公司所属印度子公司在印度生产线上的专利技术
- 例5：境外汽车租赁公司向赴境外旅游的中国居民出租小汽车供其在境外自驾游

注10视同销售货物

1.单位或个体工商户将货物交付其他单位或者个人代销

2.单位或个体工商户销售代销货物

3.单位或个体工商户设有两个以上机构并实行统一核算的纳税人，将货物从一个机构移送其他机构用于销售，但相关机构设在同一县（市）的除外

4.单位或个体工商户将自产、委托加工的货物用于集体福利或者个人消费

5.单位或个体工商户将自产、委托加工或者购进的货物作为投资，提供给其他单位或者个体工商户

6.单位或个体工商户将自产、委托加工或者购进的货物分配给股东或者投资者

7.单位或个体工商户将自产、委托加工或者购进的货物无偿赠送其他单位或者个人

注11视同销售应税行为

1.单位或者个体工商户向其他单位或者个人无偿提供服务，但用于公益事业或者以社会公众为对象的除外

2.单位或者个人向其他单位或者个人无偿转让无形资产或者不动产，但用于公益事业或者以社会公众为对象的除外

3.财政部和国家税务总局规定的其他情形

第二章 增值税一般纳税人登记与转回

章节目录

一、增值税小规模纳税人标准
二、一般纳税人登记
三、办理期限
四、一般纳税人生效之日
五、一般纳税人转回小规模纳税人条件
六、转登记办理
七、一般纳税人期间业务发生销售折让、中止和退回
八、转登记后计税方法的改变
九、转登记的会计核算
十、再次办理一般纳税人登记
十一、其他
十二、政策依据

一、增值税小规模纳税人标准

为年应征增值税销售额（注1）500万元及以下（财税〔2018〕33号）

注1年应税销售额计算

- 年销售额是指连续不超过12个月的经营期内累计销售额（例1）
- 销售额包括纳税申报销售额、稽查查补销售额、纳税评估调整销售额
- “稽查查补销售额”和“纳税评估调整销售额”计入查补税款申报当月（或当季）的销售额，不计入税款所属期销售额
- 销售服务、无形资产或者不动产有扣除项目的纳税人，其应税行为年应税销售额按未扣除之前的销售额计算
- 纳税人偶然发生的销售无形资产、转让不动产的销售额，不计入应税行为年应税销售额

例1 某企业2020年5月开业，2020年5月到2021年4月，2020年6月到2021年5月，2020年7月至2021年6月……滚动计算

二、一般纳税人登记

- 应当办理：年应税销售额（注1）超过财政部、国家税务总局规定的小规模纳税人标准的，除按规定可以不办理一般纳税人登记（注2）外，应当向主管税务机关办理一般纳税人登记
- 可以办理：年应税销售额（注1）未超过规定标准的纳税人，会计核算健全，能够提供准确税务资料的，可以向主管税务机关办理一般纳税人登记

注2
- 1.按照政策规定，选择按照小规模纳税人纳税的下列纳税人：
  - 非企业性单位、不经常发生应税行为的企业
  - 年应税销售额超过小规模纳税人标准，但不经常发生应税行为的单位和个体工商户
- 2.年应税销售额超过规定标准的其他个人（指自然人）

三、办理期限

- 纳税人在年应税销售额超过规定标准的月份（或季度）的所属申报期结束后15日内按照规定办理相关手续
- 未按规定时限办理的，主管税务机关应当在规定时限结束后5日内制作《税务事项通知书》，告知纳税人应当在5日内向主管税务机关办理相关手续；逾期仍不办理的，次月起按销售额依照增值税税率计算应纳税额，不得抵扣进项税额，直至纳税人办理相关手续为止

四、一般纳税人生效之日

指纳税人办理登记的当月1日或者次月1日，由纳税人在办理登记手续时自行选择

五、一般纳税人转回小规模纳税人条件

1.除国家税务总局另有规定外，一经登记为一般纳税人后，不得转为小规模纳税人

2.转登记条件
- 一般纳税人符合以下条件的，在2020年12月31日前，可选择转登记为小规模纳税人：转登记日前连续12个月（以1个月为1个纳税期）或者连续4个季度（以1个季度为1个纳税期）累计销售额（同注1）未超过500万元
- 转登记日前经营期不满12个月或者4个季度的，按照月（季度）平均应税销售额估算累计应税销售额

六、转登记办理

向主管税务机关填报《一般纳税人转为小规模纳税人登记表》，并提供税务登记证件；已实行实名办税的纳税人，无需提供税务登记证件

七、一般纳税人期间业务发生销售折让、中止和退回

调整转登记日当期的销项税额、进项税额和应纳税额，详见注3

注3

- 调整后的应纳税额小于转登记日当期申报的应纳税额形成的多缴税款，从发生销售折让、中止或者退回当期的应纳税额中抵减；不足抵减的，结转下期继续抵减
- 调整后的应纳税额大于转登记日当期申报的应纳税额形成的少缴税款，从“应交税费—待抵扣进项税额”中抵减；抵减后仍有余额的，计入发生销售折让、中止或者退回当期的应纳税额一并申报缴纳

八、转登记后计税方法的改变

- 自转登记日的下期起，按照简易计税方法计算缴纳增值税；转登记日当期仍按照一般纳税人的有关规定计算缴纳增值税

九、转登记的会计核算

- 尚未申报抵扣的进项税额计入“应交税费—待抵扣进项税额”（注4）

注4

- 转登记纳税人尚未申报抵扣的进项税额以及转登记日当期的期末留抵税额按规定需计入“应交税费——待抵扣进项税额”，用于对其一般纳税人期间发生的销售折让、退回等涉税事项产生的应纳税额进行追溯调整
- 因转登记计入“应交税费——待抵扣进项税额”科目核算、截至2022年3月31日的余额，在2022年度可分别计入固定资产、无形资产、投资资产、存货等相关科目，按规定在企业所得税或个人所得税税前扣除，对此前已税前扣除的折旧、摊销不再调整；对无法划分的部分，在2022年度可一次性在企业所得税或个人所得税税前扣除

十、再次办理一般纳税人登记

- 自转登记日的下期起连续不超过12个月或者连续不超过4个季度的经营期内，转登记纳税人应税销售额超过财政部、国家税务总局规定的小规模纳税人标准的，应当按照国家税务总局令第43号的有关规定，向主管税务机关办理一般纳税人登记

十一、其他

- 纳税人自办理税务登记至认定或登记为一般纳税人期间，未取得生产经营收入，未按照销售额和征收率简易计算应纳税额申报缴纳增值税的，其在此期间取得的增值税扣税凭证，可以在认定或登记为一般纳税人后抵扣进项税额（国家税务总局公告2015年第59号）
- 纳税人年应税销售额超过小规模纳税人标准且未在规定时限内办理一般纳税人登记的，主管税务机关应制作《税务事项通知书》予以告知。税务机关送达的《税务事项通知书》规定时限届满之前的销售额，应按小规模纳税人简易计税方法，依3%征收率计算应纳税额（国家税务总局令第43号，税总函〔2015〕311号）

十一、其他

增值税一般纳税人因住所、经营地点变动，按照相关规定，在工商行政管理部门作变更登记处理，但因涉及改变税务登记机关，需要办理注销税务登记并重新办理税务登记的，在迁达地重新办理税务登记后，其增值税一般纳税人资格予以保留，办理注销税务登记前尚未抵扣的进项税额允许继续抵扣(国家税务总局公告2011年第71号、国家税务总局公告2018年第31号)

十二、政策依据

财税〔2018〕33号，国家税务总局令第43号、国家税务总局公告2018年第18号、国家税务总局公告2020年第9号

第三章 税率和征收率

第一节 增值税税率、征收率发展沿革

一、增值税税率发展沿革

- 销售或进口货物（除注1外）、加工修理修配劳务
  - 1994.1.1–2018.4.30　17%
  - 2018.5.1–2019.3.31　16%（财税〔2018〕32号）
  - 2019.4.1起　13%（财政部 税务总局 海关总署公告2019年第39号）
- 有形动产租赁服务
  - 营改增试点起（注3）–2018.4.30　17%（财税〔2016〕36号）
  - 2018.5.1–2019.3.31　16%（财税〔2018〕32号）
  - 2019.4.1起　13%（财政部 税务总局 海关总署公告2019年第39号）
- 注1销售低税率货物（见注2）
  - 1994.1.1–2017.6.30　13%
  - 2017.7.1–2018.4.30　11%（财税〔2017〕37号）
  - 2018.5.1–2019.3.31　10%（财税〔2018〕32号）
  - 2019.4.1起　9%（财政部 税务总局 海关总署公告2019年第39号）
- 注2
  - 1、农产品、食用植物油、食用盐；2、自来水、暖气、冷气、热水、煤气、石油液化气、天然气、二甲醚、沼气、居民用煤炭制品；3、图书、报纸、杂志、音像制品、电子出版物；4、饲料、化肥、农药、农膜、农机
- 销售交通运输、邮政、基础电信、建筑、不动产租赁服务，销售不动产，转让土地使用权
  - 营改增试点起（注3）–2018.4.30　11%（财税〔2016〕36号）
  - 2018.5.1–2019.3.31　10%（财税〔2018〕32号）
  - 2019.4.1起　9%（财政部 税务总局 海关总署公告2019年第39号）

- 销售增值电信服务、金融服务、生活服务、现代服务（除租赁服务）、无形资产（除土地使用权）
  - 营改增试点起（注3）：6%（财税〔2016〕36号）

注3：营改增试点

- 交通运输业和部分现代服务业（研发和技术服务，信息技术服务，文化创意服务，物流辅助服务，有形动产租赁服务，鉴证咨询服务）
  - 自2012年1月1日起：上海市（财税〔2011〕111号）
  - 2012年8月1日起至12月1日：由上海市分批扩大至北京、天津、江苏、浙江、安徽、福建、湖北、广东和厦门、深圳10个省（直辖市、计划单列市）（财税〔2012〕71号）
  - 2013年8月1日起：推广到全国（财税〔2013〕37号）
- 广播影视行业：2013年8月1日起（财税〔2013〕37号）
- 铁路运输和邮政业：自2014年1月1日起（财税〔2013〕106号）
- 电信业：自2014年6月1日起（财税〔2014〕43号）
- 建筑业、房地产业、金融业和生活服务业：2016年5月1日起（财税〔2016〕36号）

出口

- 出口货物税率为零；国务院另有规定的除外
- 跨境销售国务院规定范围内的服务、无形资产，税率为零（财税〔2016〕36号）

二、增值税征收率发展沿革

（一）增值税小规模纳税人

- 6%
  - 1994.1.1～2008.12.31
  - 国务院令第134号
- 3%
  - 2009.1.1～2017.11.18
  - 国务院令第538号

- 3%，财政部和国家税务总局另有规定的除外（注4）
  - 2016.5.1至今
  - 财税〔2016〕36号附件1
- 3%，国务院另有规定的除外（注4）
  - 2017.11.19至今
  - 国务院令第691号

- 注4：另有规定的除外
  - 5%
    - 营改增试点至今
    - 详见征收率章节导图
  - 5%征收率减按1.5%征收
    - 营改增试点至今
    - 财税〔2016〕36号附件2
  - 3%征收率减按2%征收
    - 2009.1.1至今
    - 国税函〔2009〕90号
  - 减征前5%
    - 减按1.5%征收率征收
      - 2021.10.1至今
      - 财政部 税务总局 住房城乡建设部公告2021年第24号
  - 减征前3%
    - 减按1%征收率征收
      - 2020.3.1～2022.3.31
        - 财政部 税务总局公告2020年第13号、24号、国家税务总局公告2020年第5号、财政部 税务总局公告2021年第7号、财政部 税务总局公告2022年第15号
      - 2023.1.1～2023.12.31
        - 财政部 税务总局公告2023年第1号、国家税务总局公告2023年第1号
    - 减按0.5%征收率征收
      - 2020.5.1～2023.12.31
      - 财政部 税务总局公告2020年第17号，国家税务总局公告2020年第9号

- 二、一般纳税人可选择/适用简易计税
  - 6%征收率
    - 1994.5.1～2014.6.30
    - 〔94〕财税字第004号、财税〔2009〕9号
  - 4%征收率
    - 2009.1.1～2014.6.30
    - 财税〔2009〕9号
  - 4%征收率减按2%征收
    - 1994.1.1～2014.6.30
    - 财税〔2009〕9号

- 二、一般纳税人可选择/适用简易计税
  - 3%征收率
    - 2014.7.1至今
    - 财税〔2014〕57号、国家税务总局公告2014年第36号
  - 3%征收率减按2%征收
    - 2014.7.1至今
  - 5%征收率
    - 营改增开始至今
  - 5%征收率减按1.5%征收
    - 营改增开始至今
    - 财税〔2016〕36号附件2
  - 减按1.5%征收率征收
    - 2021.10.1至今
  - 减按0.5%征收率征收
    - 2020.5.1～2023.12.31

第二节 增值税税率

章节目录

- 一、税率
- 二、易混税目列举
- 三、易混税率列举

一、税率

1.销售货物

- 一般为 13%
- 另有列举（见注1） 9%
- 出口货物 0% 国务院另有规定的除外

注1

- 1.粮食等农产品、食用植物油、食用盐
- 2.自来水、暖气、冷气、热水、煤气、石油液化气、天然气、二甲醚、沼气、居民用煤炭制品
- 3.图书、报纸、杂志、音像制品、电子出版物
- 4.饲料、化肥、农药、农机、农膜
- 5.国务院规定的其他货物

2.进口货物

- 一般为 13%
- 另有列举（见注1） 9%

3.销售劳务

- 加工劳务
- 修理修配劳务
- 开采矿产资源提供劳务（国家税务总局公告2011年第56号）
- 油气田企业生产性劳务（财税〔2009〕8号）

以上均为 13%

- 4.销售服务
  - 交通运输服务：陆路、水路、航空运输服务和管道运输服务（例1）—— 9%
  - 邮政服务：邮政普遍服务、邮政特殊服务和其他邮政服务（例2）—— 9%
  - 建筑服务：工程服务、安装服务、修缮服务、装饰服务和其他建筑服务（例3）—— 9%
  - 电信服务
    - 基础电信服务（例4）—— 9%
    - 增值电信服务（例5）—— 6%
  - 金融服务：贷款服务、直接收费金融服务、保险服务和金融商品转让（例6）—— 6%
  - 生活服务：文化体育服务、教育医疗服务、旅游娱乐服务、餐饮住宿服务、居民日常服务和其他生活服务（例7）—— 6%
  - 现代服务
    - 研发和技术服务、信息技术服务、文化创意服务、物流辅助服务、鉴证咨询服务、广播影视服务、商务辅助服务和其他现代服务（例8）—— 6%
    - 不动产租赁服务（例8） 9%
    - 有形动产租赁服务（例8） 13%
  - 跨境应税行为 0%：具体范围由财政部和国家税务总局另行规定
- 5.销售不动产
  - 建筑物、构筑物等 9%
- 6.销售无形资产
  - 技术、商标、著作权、商誉、自然资源使用权（除土地使用权外）和其他权益性无形资产（例9） 6%
  - 转让土地使用权 9%
  - 跨境销售规定的无形资产 0%：具体范围由财政部和国家税务总局另行规定

二、易混税目列举

- 例1交通运输服务
  - 出租车公司向使用本公司自有出租车的出租车司机收取的管理费用
  - 运输工具舱位承包和舱位互换业务（国家税务总局公告2019年第31号）
  - 无运输工具承运业务（网络货运）
  - 非同城快递
  - 已售票但客户逾期未消费取得的运输逾期票证收入
  - 程租服务　水路运输服务
  - 期租服务　水路运输服务
  - 湿租服务　航空运输服务
  - 缆车、索道运输
- 例2邮政服务
  - 邮政代理、邮册销售、报刊发行
- 例3建筑服务
  - 园林绿化
  - 疏浚（不包括航道疏浚）
  - 固定电话、有线电视、宽带、水、电、燃气、暖气等这些经营者向用户收取的安装费、初装费、开户费、扩容费以及类似收费
  - 物业服务企业为业主提供的装修服务（财税〔2016〕140号）
  - 将建筑施工设备出租给他人使用并配备操作人员（财税〔2016〕140号）
- 电信服务
  - 例4基础电信服务
    - 利用固网、移动网、卫星、互联网，提供语音通话服务
    - 出租或者出售带宽、波长等网络元素
  - 例5增值电信服务
    - 提供移动互联网等无线信号分系统传输服务（国家税务总局公告2015年第90号）
    - 利用固网、移动网、卫星、互联网、有线电视网络，提供短信和彩信服务、电子数据和信息的传输及应用服务、互联网接入服务等业务活动
    - 卫星电视信号落地转接服务

- 例6金融服务
  - 贷款服务
    - 融资性售后回租
    - 以货币资金投资收取的固定利润或保底利润
  - 直接收费金融服务
    - 信托管理
    - 资产管理
    - 财务担保

- 例7生活服务
  - 文化体育服务
    - 公园门票收入
    - 在游览场所经营索道、摆渡车、电瓶车、游船、海盗船、过山车
    - 商场经营游戏
    - 举办运动会
    - 体育管理服务
    - 文艺表演、体育表演
  - 教育医疗服务
    - 培训、演讲、讲座、报告会
    - 提供与医疗服务相关的病房住宿和伙食
  - 娱乐服务
    - 歌厅、舞厅、夜总会、酒吧、台球、高尔夫球、保龄球、游艺（包括射击、狩猎、跑马、游戏机、蹦极、卡丁车、热气球、动力伞、射箭、飞镖）
  - 餐饮服务
    - 提供餐饮服务的纳税人销售的外卖食品（财税〔2016〕140号）
    - 纳税人现场制作食品并直接销售给消费者（国家税务总局公告2019年第31号）
  - 住宿服务
    - 长（短）租形式出租酒店式公寓并提供配套服务的（国家税务总局公告2016年第69号）
  - 居民日常服务
    - 市容市政管理
  - 其他生活服务
    - 生活垃圾清运
    - 体育彩票发行收入
    - 植物养护服务（国家税务总局公告2017年第11号）

- 例8现代服务
  - 研发和技术服务
    - 合同能源管理服务
    - 工程勘察勘探服务
    - 技术开发和与之相关的技术咨询、技术服务
    - 测绘服务、城市规划
    - 受托对垃圾、污泥、污水、废气等废弃物进行专业化处理收取的处理费用，处理后未产生货物的，以及处理后产生货物，且货物归属受托方的（注2）
  - 注2
    - 处理后未产生货物的——现代服务
    - 处理后产生货物，且货物归属受托方的
      - 现代服务
      - 产生的货物用于销售——销售货物
    - 处理后产生货物，且货物归属委托方的——加工劳务
    - 依据：国家税务总局公告2020年第9号
  - 文化创意服务
    - 各类展览和会议
    - 工程设计
    - 专利鉴定
    - 商标、著作权登记
    - 文印晒图
    - 供应链设计
    - 广告代理
    - 邮政报纸刊登广告
    - 酒店代办会议
    - 宾馆、旅馆、旅社、度假村和其他经营性住宿场所提供会议场地及配套服务的活动（财税〔2016〕140号）
  - 物流辅助服务
    - 仓储服务
    - 打捞救助服务、装卸搬运服务
    - 同城快递服务
    - 港口设施经营人收取的港口设施保安费
    - 航道疏浚服务
    - 航空海洋监测

- 例8现代服务
  - 鉴证咨询服务
    - 工程监理
    - 建筑图纸审核
    - 工程造价鉴证
    - 技术咨询
    - 翻译服务
    - 市场调查服务
    - 船舶检测
  - 商务辅助服务
    - 经纪代理服务
      - 代理记账
      - 金融代理服务
      - 佣金收入
      - 婚姻介绍
      - 委托代建
      - 拍卖行受托拍卖取得的手续费或佣金收入
      - 企业代扣代缴个人所得税等税款取得的手续费
      - 人力资源外包服务
    - 人力资源服务
      - 劳务派遣
      - 住宅保安、特种保安、安全系统监控
      - 武装守护押运
    - 企业管理服务
      - 以挂靠人为纳税人的，被挂靠人收取的挂靠费
      - 物业管理
  - 广播影视服务
    - 转让播映权

- 例8现代服务
  - 租赁服务
    - 不动产租赁
      - 不动产融资租赁
      - 车辆停放服务
      - 道路通行服务（包括过路费、过桥费、过闸费等）
      - 为体育比赛提供体育场所
      - 将建筑物、构筑物等不动产出租给其他单位或者个人用于发布广告
      - 土地使用权出租（财税〔2016〕47号）
    - 有形动产租赁
      - 有形动产融资租赁
      - 出租铁塔输电线路（财税〔2009〕113号）
      - 将飞机、车辆等有形动产的广告位出租给其他单位或者个人用于发布广告
      - 水路运输的光租业务
      - 航空运输的干租业务
      - 汽车租赁企业提供的租赁服务，在提供车辆的同时不提供驾驶员
  - 其他现代服务
    - 家禽、牲畜、水生动物的配种和疾病防治
    - 电梯维护保养
    - 对安装运行后的机器设备提供的维护保养
    - 为客户办理退票而向客户收取的退票费、手续费等收入（财税〔2017〕90号）

- 例9销售无形资产
  - 商标和著作权转让
  - 转让特许经营权
  - 加盟费
  - 销售手游版权
  - 销售碳排放配额
  - 会员权
  - 景区经营单位向景区车辆通行线路承包单位收取的线路管理费
  - 与技术转让相关的技术咨询、技术服务

三、易混税率列举

- 以下货物税率为13%（易与9%税率混淆）

农产品相关

1.以粮食为原料加工的速冻食品、方便面、副食品（财税字〔1995〕52号）

2.各种熟食品玉米浆、玉米皮、玉米纤维（又称喷浆玉米皮）和玉米蛋白粉（国家税务总局公告2012年第11号）

3.麦芽(国税函〔2009〕177号)

4.淀粉（国税函〔1996〕744号）

5.蔬菜罐头（财税字〔1995〕52号）

6.专业复烤厂烤制的复烤烟叶（财税字〔1995〕52号）

7.精制茶、边销茶及掺兑各种药物的茶和茶饮料（财税字〔1995〕52号）

8.园艺植物相关：各种水果罐头、果脯、蜜饯、炒制的果仁、坚果、碾磨后的园艺植物（如胡椒粉、花椒粉等）（财税字〔1995〕52号）

9.中成药（财税字〔1995〕52号）

10.林类产品相关：锯材、竹笋罐头（财税字〔1995〕52号）

11.熟制的水产品和各类水产品的罐头（财税字〔1995〕52号）

12.畜牧产品相关：各种肉类罐头、肉类熟制品；各种蛋类的罐头、酸奶、奶酪、奶油、调制乳（财税字〔1995〕52号、国家税务总局公告2011年第38号）

13.动物毛绒相关：洗净毛、洗净绒（国税函〔1996〕609号）、水洗猪鬃（国税函〔2006〕773号）

植物油相关

1.未经列举食用植物油（注3）

2.皂脚（国家税务总局公告2011年第20号）、肉桂油、桉油、香茅油（国家税务总局公告2010年第5号）、亚麻油（国税函〔2005〕974号）、薄荷油（国税函〔2001〕248号）、环氧大豆油、氢化植物油（国家税务总局公告2011年第43号）

注3

食用植物油仅指：芝麻油、花生油、豆油、菜籽油、米糠油、葵花油、棉籽油、玉米胚油、茶油、胡麻油，以及以上述油为原料生产的混合油（国税发〔1993〕151号）；茴油、毛椰子油（国税函〔2003〕426号）棕榈油（财税字〔1994〕26号）、核桃油（国税函〔2009〕455号）、橄榄油（国税函〔2010〕144号）、花椒油（国家税务总局公告2011年第33号）、牡丹籽油（国家税务总局公告2014年第75号）、杏仁油、葡萄籽油（国家税务总局公告2014年第22号）

农机相关

以农副产品为原料加工工业产品的机械、农用汽车、三轮运货车、机动渔船、森林砍伐机械、集材机械、农机零部件（国税发〔1993〕151号）；抛秧盘（国税函〔1998〕536号）

其他

- 饲料添加剂（国税发〔1999〕39号）
- 用于人类日常生活的各种类型包装的日用卫生用药（如卫生杀虫剂、驱虫剂、驱蚊剂、蚊香等）（国税发〔1995〕192号）
- 硝酸铵（财税〔2007〕7号）
- 工业燃气（国税函〔1999〕343号）
- 天然二氧化碳（国税函〔2003〕1324号）

政策依据

除特别注明外来源《中华人民共和国增值税暂行条例》、《中华人民共和国增值税暂行条例实施细则》、财税〔2016〕36号附件1、财政部 税务总局 海关总署公告2019年第39号

第三节　增值税征收率

章节目录

- 一、征收率分类
- 二、小规模纳税人
- 三、一般纳税人可选择/适用简易计税

一、征收率分类

- 增值税小规模纳税人
  - 征收率　3%
  - 国务院另有规定的除外　5%
  - 5%征收率减按1.5%征收
  - 3%征收率减按2%征收
  - 减按1.5%征收率征收
  - 减按1%征收率征收
  - 减按0.5%征收率征收
- 采用简易计税的一般纳税人
  - 5%征收率
  - 5%征收率减按1.5%征收
  - 3%征收率
  - 3%征收率减按2%征收
  - 减按1.5%征收率征收
  - 减按0.5%征收率征收

二、小规模纳税人

- 3%
  - 销售货物（除另有规定外）
  - 销售加工、修理修配劳务
  - 销售服务（除另有规定外，见5%征收率）
  - 销售无形资产（除另有规定外，见5%征收率）
  - 以下为3%的易混列举：
  - 提供建筑服务
  - 提供有形动产租赁服务
  - 转让土地使用权、提供劳务派遣服务、安全保护服务未选择差额纳税的
  - 提供融资租赁服务
  - 提供人力资源外包服务

5%征收率列举

- 销售不动产、不动产经营租赁、土地租赁（财税〔2016〕36号附件2、财税〔2016〕47号）
- 提供劳务派遣服务、安全保护服务（含武装守护押运服务）、转让2016年4月30日前取得的土地使用权选择差额纳税的（财税〔2016〕47号、财税〔2016〕68号、财税〔2016〕140号）
- 中外合作油（气）田开采的原油、天然气按实物征收增值税（国发〔1994〕10号）

5%征收率减按1.5%

- 个人出租住房，应按照5%的征收率减按1.5%计算应纳税额。增值税应纳税额=含税销售额/（1+5%）×1.5%）（财税〔2016〕36号附件2）

3%征收率减按2%

- 纳税人销售旧货（财税〔2009〕9号，财税〔2014〕57号）
- 小规模纳税人（除其他个人外）销售自己使用过的固定资产，减按2%征收率征收增值税（财税〔2009〕9号）
- 小规模纳税人销售自己使用过的固定资产和旧货，按下列公式确定销售额和应纳税额：应纳税额=含税销售额/（1+3%）×2%（国税函〔2009〕90号）
- 纳税人销售自己使用过的固定资产，适用简易办法依照3%征收率减按2%征收增值税政策的，可以放弃减税，按照简易办法依照3%征收率缴纳增值税，并可以开具增值税专用发票（国家税务总局公告2015年第90号）

tips

销售使用过的固定资产减征增值税会计处理：

- 将固定资产转入清理
  借：固定资产清理
  　　固定资产减值准备
  　　累计折旧
  　贷：固定资产
- 结转处置损益
  借：银行存款等
  　贷：固定资产清理
  　　应交税费——简易计税（小规模纳税人为：应交税费——应交增值税）
  　　资产处置损益（或借）
- 2%与3%计算的差额
  借：应交税费——简易计税
  　贷：其他收益

1.5%

- 自2021年10月1日起，住房租赁企业中的增值税小规模纳税人向个人出租住房，按照5%的征收率减按1.5%计算缴纳增值税。增值税应纳税额=含税销售额/（1+ 1.5%）×1.5%（财政部 税务总局 住房城乡建设部公告2021年第24号）

1%

- 2020.3.1～2022.3.31，2023.1.1～2023.12.31，增值税小规模纳税人适用3%征收率的应税销售收入，减按1%征收率征收增值税
- 销售额＝含税销售额/（1+1%）
- 依据：财政部　税务总局公告2023年第1号、国家税务总局公告2023年第1号等

0.5%

- 从事二手车经销业务的纳税人销售其收购的二手车（2020.5.1～2023.12.31）
- 销售额＝含税销售额/（1+0.5%）
- 依据：财政部 税务总局公告2020年第17号，国家税务总局公告2020年第9号

三、一般纳税人可选择/适用简易计税

- 是指按照销售额和征收率计算应纳税额的简易办法，并不得抵扣进项税额
- 公式　应纳税额=销售额×征收率
- 一般纳税人发生财政部和国家税务总局规定的特定应税行为，可以选择适用（或应当适用）简易计税方法计税，但一经选择，36个月内不得变更

5%

- 1.一般纳税人出租其2016年4月30日前取得的不动产及土地（财税〔2016〕36号附件2、财税〔2016〕47号）
- 2.转让2016年4月30日前取得的不动产及土地使用权（财税〔2016〕36号附件2、财税〔2016〕47号）
- 3.房地产开发企业一般纳税人出租、销售自行开发的房地产老项目（注1）（财税〔2016〕36号附件2、财税〔2016〕68号）
- 4.收取试点前开工的一级公路、二级公路、桥、闸通行费（财税〔2016〕47号）
- 5.提供人力资源外包服务选择适用简易计税的（财税〔2016〕47号）
- 6.提供劳务派遣服务、安全保护服务（含武装守护押运服务）选择差额纳税的（财税〔2016〕47号、财税〔2016〕68号、财税〔2016〕140号）
- 7.以2016年4月30日前取得的不动产提供的融资租赁服务选择适用简易计税的（财税〔2016〕47号）
- 8.2016年4月30日前签订的不动产融资租赁合同选择适用简易计税的（财税〔2016〕47号）
- 9.中外合作油（气）田开采的原油、天然气按实物征收增值税（国发〔1994〕10号）（应当简易）

注1房地产老项目

- 是指《建筑工程施工许可证》注明的合同开工日期在2016年4月30日前的房地产项目（财税〔2016〕36号附件2）
- 房地产开发企业中的一般纳税人以围填海方式取得土地并开发的房地产项目，围填海工程《建筑工程施工许可证》或建筑工程承包合同注明的围填海开工日期在2016年4月30日前的，属于房地产老项目（总局公告2019年第31号）
- 房地产开发企业中的一般纳税人购入未完工的房地产老项目继续开发后，以自己名义立项销售的不动产，属于房地产老项目（国家税务总局公告2020年第2号）

5%征收率减按1.5%

个人出租住房，应按照5%的征收率减按1.5%计算应纳税额。增值税应纳税额=含税销售额/（1+5%）×1.5%）（财税〔2016〕36号附件2）

3%

1.销售自己使用过的固定资产，适用简易办法依照3%征收率减按2%征收增值税政策的，可以放弃减税，按照简易办法依照3%征收率缴纳增值税，并可以开具增值税专用发票（总局公告2015年第90号）

2.经认定的动漫企业为开发动漫产品提供的服务，以及在境内转让动漫版权（财税〔2016〕36号附件2）

3.销售自产的自来水（财税〔2009〕9号，财税〔2014〕57号）

4.销售自产的县级及县级以下小型水力发电单位生产的电力（财税〔2009〕9号，财税〔2014〕57号）

5.光伏发电项目发电户销售电力产品（总局公告2014年第32号）

6.公共交通运输服务，包括轮客渡、公交客运、地铁、城市轻轨、出租车、长途客运、班车（财税〔2016〕36号附件2）

7.电影放映服务、仓储服务、装卸搬运服务、收派服务和文化体育服务（含纳税人在游览场所经营索道、摆渡车、电瓶车、游船等取得的收入）（财税〔2016〕36号附件2，财税〔2016〕140号）

8.公路经营企业收取试点前开工的高速公路的车辆通行费（财税〔2016〕36号附件2）

9.提供非学历教育服务（财税〔2016〕68号）

10.提供教育辅助服务（财税〔2016〕140号）

11.以纳入营改增试点之日前取得的有形动产为标的物提供的经营租赁服务（财税〔2016〕36号附件2）

12.在纳入营改增试点之日前签订的尚未执行完毕的有形动产租赁合同（财税〔2016〕36号附件2）

13.销售自产的以自己采掘的砂、土、石料或其他矿物连续生产的砖、瓦、石灰（不含粘土实心砖、瓦）（财税〔2009〕9号，财税〔2014〕57号）

14.销售自产的商品混凝土（仅限于以水泥为原料生产的水泥混凝土）（财税〔2009〕9号，财税〔2014〕57号）

15.销售自产的建筑用和生产建筑材料所用的砂、土、石料（财税〔2009〕9号，财税〔2014〕57号）

16.以清包工方式提供的建筑服务（财税〔2016〕36号附件2）

17.为甲供工程提供的建筑服务（财税〔2016〕36号附件2）

18.为建筑工程老项目（注2）提供的建筑服务（财税〔2016〕36号附件2）

3%

19.销售自产机器设备的同时提供安装服务，应分别核算机器设备和安装服务的销售额，安装服务可以按照甲供工程选择适用简易计税方法计税(税务总局公告2018年第42号)

20.销售外购机器设备的同时提供安装服务，如果已经按照兼营的有关规定，分别核算机器设备和安装服务的销售额，安装服务可以按照甲供工程选择适用简易计税方法计税（税务总局公告2018年第42号）

21.中国农业发展银行总行及其各分支机构提供涉农贷款取得的利息收入（财税〔2016〕39号）

22.农村信用社、村镇银行、农村资金互助社、由银行业机构全资发起设立的贷款公司、法人机构在县（县级市、区、旗）及县以下地区的农村合作银行和农村商业银行提供金融服务收入（县（县级市、区、旗），不包括直辖市和地级市所辖城区）（财税〔2016〕46号 ）

23.对中国农业银行纳入“三农金融事业部”改革试点的各省、自治区、直辖市、计划单列市分行下辖的县域支行和新疆生产建设兵团分行下辖的县域支行（也称县事业部），提供农户贷款、农村企业和农村各类组织贷款取得的利息收入（财税〔2016〕46号）

24.自2018年7月1日至2023年12月31日，对中国邮政储蓄银行纳入“三农金融事业部”改革的各省、自治区、直辖市、计划单列市分行下辖的县域支行，提供农户贷款、农村企业和农村各类组织贷款取得的利息收入（ 财税〔2018〕97号、财政部 税务总局公告2021年第6号）

25.非企业性单位中的一般纳税人提供的研发和技术服务、信息技术服务、鉴证咨询服务，以及销售技术、著作权等无形资产（财税〔2016〕140号）

26.非企业性单位中的一般纳税人提供技术转让、技术开发和与之相关的技术咨询、技术服务（财税〔2016〕140号）

27.单采血浆站销售非临床用人体血液（国税函〔2009〕456号，总局公告2014年第36号 ）

28.药品经营企业销售生物制品（总局公告〔2012〕20号）

29.兽用药品经营企业销售兽用生物制品（总局公告2016年第8号）

30.销售自产的用微生物、微生物代谢产物、动物毒素、人或动物的血液或组织制成的生物制品（财税〔2009〕9号，财税〔2014〕57号 ）

31.自2018年5月1日起，增值税一般纳税人生产销售和批发、零售抗癌药品（财税〔2018〕47号）

32.自2019年3月1日起，增值税一般纳税人生产销售和批发、零售罕见病药品（财税〔2019〕24号）

33.从事再生资源回收的增值税一般纳税人销售其收购的再生资源，可以选择适用简易计税方法依照3%征收率计算缴纳增值税（财政部 税务总局公告2021年第40号）

3%

- 34.建筑工程总承包单位为房屋建筑的地基与基础、主体结构提供工程服务，建设单位自行采购全部或部分钢材、混凝土、砌体材料、预制构件的，适用简易计税方法计税（财税〔2017〕58号）（应当简易）
- 35.提供物业管理服务的纳税人，向服务接受方收取的自来水水费，以扣除其对外支付的自来水水费后的余额为销售额，适用简易计税（总局公告2016年第54号）（应当简易）
- 36.资管产品管理人运营资管产品过程中发生的增值税应税行为（财税〔2017〕56号）（应当简易）
- 37.寄售商店代销寄售物品(包括居民个人寄售的物品在内)（财税〔2009〕9号，财税〔2014〕57号）（应当简易）
- 38.典当业销售死当物品（财税〔2009〕9号，财税〔2014〕57号）（应当简易）

注2建筑工程老项目

- 《建筑工程施工许可证》注明的合同开工日期在2016年4月30日前的建筑工程项目
- 未取得《建筑工程施工许可证》的，建筑工程承包合同注明的开工日期在2016年4月30日前的建筑工程项目
- 《建筑工程施工许可证》未注明合同开工日期，但建筑工程承包合同注明的开工日期在2016年4月30日前的建筑工程项目

3%征收率减按2%征收

- 购进或者自制固定资产时为小规模纳税人，认定为一般纳税人后销售该固定资产
- 销售自己使用过的属于条例第十条规定不得抵扣且未抵扣进项税额的固定资产（注3）
- 销售自己使用过的2008年12月31日以前（或扩大抵扣范围试点前）购进或者自制的固定资产
- 销售自己使用过2013年8月1日前购入应征消费税的摩托车、汽车、游艇
- 纳税人销售旧货，按照简易办法依照3%征收率减按2%征收增值税（财税〔2009〕9号，财税〔2014〕57号）（应当简易）
- 销售自己使用过的、纳入营改增试点之日前取得的固定资产，按旧货执行（应当简易）

注3——专用于简易计税方法计税项目 、免征增值税项目、集体福利或者个人消费的固定资产

1.5%

住房租赁企业中的增值税一般纳税人向个人出租住房取得的全部出租收入，可以选择适用简易计税方法，按照5%的征收率减按1.5%计算缴纳增值税。增值税应纳税额=含税销售额/（1+1.5%）×1.5%（财政部 税务总局 住房城乡建设部公告2021年第24号）

减按0.5%征收

- 从事二手车经销业务的纳税人销售其收购的二手车（2020.5.1～2023.12.31）
- 销售额=含税销售额/（1+0.5%）
- 依据：财政部 税务总局公告2020年第17号，国家税务总局公告2020年第9号

第四章　与销售相关

第一节　销售额和销项税额

章节目录

- 一、销售额
- 二、销项税额
- 三、视同销售
- 四、混合销售行为
- 五、兼营行为

一、销售额

- 纳税人发生应税销售行为收取的全部价款和价外费用（注1），但是不包括收取的销项税额
- 销售额以人民币计算
  - 纳税人以人民币以外的货币结算销售额的，应当折合成人民币计算（选择销售额发生的当天或者当月1日的人民币汇率中间价，确定后12个月内不得变更）
- 核定销售额（注2）
  - 纳税人发生应税销售行为的价格明显偏低并无正当理由的
  - 由主管税务机关核定其销售额
- 发生开票有误或者销售折让、中止、退回等情形的
  - 按规定开具红字增值税专用发票；
  - 未按照规定开具红字增值税专用发票的，不得扣减销项税额或者销售额
- 折扣销售
  - 纳税人发生应税行为，将价款和折扣额在同一张发票上分别注明的，以折扣后的价款为销售额；未在同一张发票上分别注明的，以价款为销售额，不得扣减折扣额

注1价外费用

- 包括价外收取的手续费、补贴、基金、集资费、返还利润、奖励费、违约金、滞纳金、延期付款利息、赔偿金、代收款项、代垫款项、包装费、包装物租金、储备费、优质费、运输装卸费以及其他各种性质的价外收费
- 不包括
  - 受托加工应征消费税的消费品所代收代缴的消费税
  - 同时符合以下条件的代垫运输费用：1.承运部门的运输费用发票开具给购买方的；2.纳税人将该项发票转交给购买方的
  - 同时符合以下条件代为收取的政府性基金或者行政事业性收费：1.由国务院或者财政部批准设立的政府性基金，由国务院或者省级人民政府及其财政、价格主管部门批准设立的行政事业性收费；2.收取时开具省级以上财政部门印制的财政票据；3.所收款项全额上缴财政
  - 销售货物的同时代办保险等而向购买方收取的保险费，以及向购买方收取的代购买方缴纳的车辆购置税、车辆牌照费
  - 代为收取并符合规定的政府性基金或者行政事业性收费
  - 以委托方名义开具发票代委托方收取的款项

注2销售额确定

- 按纳税人最近时期同类平均价格确定
- 按其他纳税人最近时期同类平均销售价格确定
- 按组成计税价格确定。组成计税价格=成本×（1+成本利润率），属于应征消费税的货物，其组成计税价格中应加计消费税额

二、销项税额

- 是指纳税人发生应税行为按照销售额和增值税税率计算并收取的增值税额
- 销项税额=销售额×税率

三、视同销售

- 视同销售货物 见注3
- 视同销售服务、无形资产或者不动产 见注4
- 销售额确定 见注2
- 会计处理 以一般纳税人赠送货物为例（注5）

注3视同销售货物

1.单位或个体工商户将货物交付其他单位或者个人代销

2.单位或个体工商户销售代销货物

3.单位或个体工商户设有两个以上机构并实行统一核算的纳税人，将货物从一个机构移送其他机构用于销售，但相关机构设在同一县（市）的除外

4.单位或个体工商户将自产、委托加工的货物用于集体福利或者个人消费

5.单位或个体工商户将自产、委托加工或者购进的货物作为投资，提供给其他单位或者个体工商户

6.单位或个体工商户将自产、委托加工或者购进的货物分配给股东或者投资者

7.单位或个体工商户将自产、委托加工或者购进的货物无偿赠送其他单位或者个人

注4视同销售服务、无形资产或者不动产

1.单位或者个体工商户向其他单位或者个人无偿提供服务，但用于公益事业或者以社会公众为对象的除外

2.单位或者个人向其他单位或者个人无偿转让无形资产或者不动产，但用于公益事业或者以社会公众为对象的除外

3.财政部和国家税务总局规定的其他情形

注5

1.会计上不确认收入

借：销售费用—宣传费、管理费用—业务招待费、营业外支出——捐赠等
　　贷：库存商品（成本价）
　　　　应交税费——应交增值税（销项税额）

2.会计上确认收入

借：长期股权投资（用于投资，同一控制下企业合并除外）
　　应付职工薪酬——非货币性福利
　　应付股利
　　贷：主营业务收入
　　　　应交税费——应交增值税（销项税额）

同时：

借：主营业务成本
　　贷：库存商品

四、混合销售行为

一项销售行为如果既涉及服务又涉及货物，为混合销售

从事货物的生产、批发或者零售的单位和个体工商户（注6）的混合销售行为，按照销售货物缴纳增值税；其他单位和个体工商户的混合销售行为，按照销售服务缴纳增值税

依据：财税〔2016〕36号附件1

注6　包括以从事货物的生产、批发或者零售为主，并兼营销售服务的单位和个体工商户在内

五、兼营行为

纳税人兼营不同税率的项目，应当分别核算不同税率项目的销售额；未分别核算销售额的，从高适用税率

第二节　纳税义务发生时间

章节目录

- 一、总原则
- 二、特别规定
- 三、具体规定
  - 货物、劳务
  - 服务、无形资产、不动产
- 四、扣缴义务发生时间

一、总原则

- 纳税人发生应税行为，为收讫销售款项或者取得索取销售款项凭据的当天，详见具体规定注1
- 先开具发票的，为开具发票的当天

二、特别规定

- 提供租赁服务采取预收款方式的：纳税义务发生时间为收到预收款的当天
- 贷款服务：金融企业（包括证券公司、保险公司、金融租赁公司、证券基金管理公司、证券投资基金以及其他经人民银行、银监会、证监会、保监会批准成立且经营金融保险业务的机构）发放贷款后，自结息日起90天内发生的应收未收利息按现行规定缴纳增值税，自结息日起90天后发生的应收未收利息暂不缴纳增值税，待实际收到利息时按规定缴纳增值税（财税〔2016〕36号附件3、财税〔2016〕140号）
- 进口货物：为报关进口的当天
- 从事金融商品转让的：为金融商品所有权转移的当天
- 发生视同销售行为的
  - 货物移送的当天
  - 服务、无形资产转让完成的当天或者不动产权属变更的当天
- 建筑服务质押金、保证金：纳税人提供建筑服务，被工程发包方从应支付的工程款中扣押的质押金、保证金，未开具发票的，以纳税人实际收到质押金、保证金的当天为纳税义务发生时间（税务总局公告2016年第69号）
- 发电、供电企业销售电力产品：电力上网并开具确认单据的当天（国家税务总局令第10号）

- 注1：三、具体规定
  - 货物、劳务
    - 按销售结算方式的不同，详见注2
  - 服务、无形资产、不动产
    - 收讫销售款项的定义，见注3
    - 取得索取销售款项凭据的当天，见注4

- 注2结算方式不同
  - 直接收款方式
    - 不论货物是否发出，均为收到销售款或者取得索取销售款凭据的当天
    - 已将货物移送对方并暂估销售收入入账，但既未取得销售款或取得索取销售款凭据也未开具销售发票的，其增值税纳税义务发生时间为取得销售款或取得索取销售款凭据的当天；先开具发票的，为开具发票的当天（税务总局公告2011年第40号）
  - 托收承付和委托银行收款方式
    - 为发出货物并办妥托收手续的当天
  - 赊销和分期收款方式
    - 为书面合同约定的收款日期的当天
    - 无书面合同的或者书面合同没有约定收款日期的，为货物发出的当天
  - 预收货款方式
    - 为货物发出的当天
    - 但生产销售生产工期超过12个月的大型机械设备、船舶、飞机等货物，为收到预收款或者书面合同约定的收款日期的当天
  - 委托其他纳税人代销
    - 收到代销单位的代销清单或者收到全部或者部分货款的当天
    - 未收到代销清单及货款的，为发出代销货物满180天的当天
  - 销售应税劳务
    - 为提供劳务同时收讫销售款或者取得索取销售款的凭据的当天

- 注3
  - 收讫销售款项是指纳税人销售服务、无形资产、不动产过程中或者完成后收到款项

注4

- 取得索取销售款项凭据的当天是指书面合同确定的付款日期
- 未签订书面合同或者书面合同未确定付款日期的，为服务、无形资产转让完成的当天或者不动产权属变更的当天

四、扣缴义务发生时间

- 增值税扣缴义务发生时间为纳税人增值税纳税义务发生的当天

政策依据

- 除特别注明外，为增值税暂行条例及实施细则、财税〔2016〕36号文

第三节　不得开具增值税专用发票的情形

章节目录

一、购买方为个人
二、免税
三、简易计税
四、未办证纳税人对外销售
五、出口相关
六、会计核算不健全
七、应当办理而未办理一般纳税人资格登记
八、差额扣除部分
九、不征税项目

一、购买方为个人

应税销售行为的购买方为消费者个人的（《中华人民共和国增值税暂行条例》）

二、免税

发生应税销售行为适用免税规定的，国家税务总局另有规定的除外（注1）

注1

- 享受免税优惠的国有粮食购销企业可继续使用增值税专用发票（国税明电〔1999〕10号）
- 中国储备粮总公司及各分公司所属的政府储备食用植物油承储企业按照国家指令计划销售的政府储备食用植物油可以开具专用发票（国税函〔2002〕531号）

三、简易计税

- 纳税人销售旧货，应开具普通发票，不得自行开具或者由税务机关代开增值税专用发票
- 纳税人销售使用过的固定资产适用简易办法依3%征收率减按2%征收增值税政策的，不得开具增值税专用发票。但是可以放弃减税，按照简易办法依照规定的征收率缴纳增值税，并可以开具增值税专用发票（注2）
- 以上依据：财税〔2009〕9号，国税函〔2009〕90号，国家税务总局公告2015年第90号
- 单采血浆站销售非临床用人体血液（国税函〔2009〕456号）

注2

- 增值税小规模纳税人，纳税义务发生时间在2020年3月1日至2022年3月31日、2023年1月1日至2023年12月31日适用3%征收率的应税销售收入，减按1%征收率征收增值税
- 可按1%或者3%征收率开专票

  小规模纳税人取得应税销售收入，适用减按1%征收率征收增值税政策的，应按照1%征收率开具增值税发票。纳税人可就该笔销售收入选择放弃减税并开具增值税专用发票（国家税务总局公告2023年第1号）

四、未办证纳税人对外销售

其他个人及其他没有办理税务登记的纳税人除（注3）情形外不得开专票

注3

- 其他个人销售其取得的不动产和出租不动产，购买方或承租方不属于其他个人的，纳税人缴纳增值税后可以向税务局申请代开增值税专用发票（税总函〔2016〕145号）
- 其他个人委托房屋中介、住房租赁企业等单位出租不动产，需要向承租方开具增值税发票的，可以由受托单位代其向主管税务机关按规定申请代开增值税发票（国家税务总局公告2017年第30号）
- 受税务机关委托代征税款的保险企业，向个人保险代理人支付佣金费用后，可代个人保险代理人统一向主管税务机关申请汇总代开增值税普通发票或增值税专用发票。证券经纪人、信用卡和旅游等行业的个人代理人比照上述规定执行（国家税务总局公告2016年第45号）

五、出口相关

- 实行增值税退（免）税办法的增值税零税率应税服务（国家税务总局公告2014年11号）
- 出口货物劳务除输入特殊区域的水电气外，出口企业和其他单位不得开具增值税专用发票（国家税务总局公告2012年24号）

六、会计核算不健全

一般纳税人会计核算不健全，或者不能够提供准确税务资料的，应按销售额依照增值税税率计算应纳税额，不得抵扣进项税额，也不得使用增值税专用发票（《中华人民共和国增值税暂行条例实施细则》、财税〔2016〕36号附件1）

七、应当办理而未办理一般纳税人资格登记

- 除符合规定外，纳税人销售额超过小规模纳税人标准，未申请办理一般纳税人认定手续的，应按销售额依照增值税税率来计算应纳税额，不得抵扣进项也不得开具增值税专用发票（《中华人民共和国增值税暂行条例实施细则》、财税〔2016〕36号附件1）

八、差额纳税扣除部分

- 详见差额征税思维导图

九、不征税项目

- 非经营活动（注4）
- 不属于视同销售（注5）
- 代收代付性质（注6）
- 不征税项目
  - 可以开具普通发票的（注7）
  - 其他不征税项目（注8）

注4非经营活动

- 1.行政单位收取的同时满足规定条件的政府性基金或者行政事业性收费
- 2.单位或者个体工商户聘用的员工为本单位或者雇主提供取得工资的服务
- 3.单位或者个体工商户为聘用的员工提供服务
- 4.财政部和国家税务总局规定的其他情形
- 各党派、共青团、工会、妇联、中科协、青联、台联、侨联收取党费、团费、会费，以及政府间国际组织收取会费，属于非经营活动（财税〔2016〕68号）
- 除特别注明外，依据：财税〔2016〕36号附件1

注5不属于视同销售

- 1.用于公益事业的服务、无形资产或者不动产（财税〔2016〕36号附件2）
- 2.根据国家指令无偿提供的铁路运输服务、航空运输服务（财税〔2016〕36号附件2）
- 3.纳税人出租不动产，租赁合同中约定免租期的（国家税务总局公告2016年第86号）
- 4.药品生产企业销售自产创新药的销售额，为向购买方收取的全部价款和价外费用，其提供给患者后续免费使用的相同创新药（财税〔2015〕4号）
- 5.自然人将自产、委托加工或者购进的货物作为投资，提供给其他单位或者个体工商户（中华人民共和国增值税暂行条例实施细则）

注6代收代付性质

- 1.房地产主管部门或者其指定机构、公积金管理中心、开发企业以及物业管理单位代收的住宅专项维修资金（财税〔2016〕36号）
- 2.销售货物的同时代办保险等而向购买方收取的保险费，以及向购买方收取的代购买方缴纳的车辆购置税、车辆牌照费（《中华人民共和国增值税暂行条例实施细则》）
- 3.受托加工应征消费税的消费品所代收代缴的消费税（《中华人民共和国增值税暂行条例实施细则》）
- 4.同时符合以下条件的代垫运输费用：1.承运部门的运输费用发票开具给购买方的；2.纳税人将该项发票转交给购买方的（《中华人民共和国增值税暂行条例实施细则》）
- 5.纳税人受托代理销售二手车，凡同时具备以下条件的，不征收增值税：受托方不向委托方预付货款；委托方将《二手车销售统一发票》直接开具给购买方；受托方按购买方实际支付的价款和增值税额（如系代理进口销售货物则为海关代征的增值税额）与委托方结算货款，并另外收取手续费（国家税务总局公告2012年第23号）
- 6.代购货物行为，凡同时具备以下条件的，不征收增值税：受托方不垫付资金；销货方将发票开具给委托方，并由受托方将该项发票转交给委托方；受托方按销售方实际收取的销售额和增值税额（如系代理进口货物则为海关代征的增值税额）与委托方结算贷款，并另外收取手续费（财税字〔1994〕026号）

注7不征税项目

- 使用“未发生销售行为的不征税项目”编码开具增值税发票时，发票税率栏填写“不征税”，不得开具增值税专用发票
- 601预付卡销售和充值（国家税务总局公告2016年第53号）
- 602销售自行开发的房地产项目预收款（财税〔2016〕36号附件1）
- 603已申报缴纳营业税未开票补开增值税普通发票（国家税务总局公告2018年第42号）
- 604非税务机关等其他单位为税务机关代收的印花税（国家税务总局公告2016年第77号）
- 605代收车船使用税（国家税务总局公告2016第51号）
- 606融资性售后回租承租方出售资产（国家税务总局公告2010年第13号）

注7不征税项目

- 607资产重组涉及的不动产（财税〔2016〕36号附件2）
- 608资产重组涉及的土地使用权（财税〔2016〕36号附件2）
- 609代理进口免税货物货款（国家税务总局公告2016年69号）
- 610有奖发票奖金支付
- 611不征税自来水（国家税务总局公告2017年第47号）
- 612建筑服务预收款（财税〔2017〕58号）
- 613代收民航发展基金（国家税务总局深化增值税改革即问即答之十）
- 614拍卖行受托拍卖文物艺术品代收货款（国家税务总局公告2020年第9号）
- 615与销售行为不挂钩的财政补贴收入（国家税务总局公告2019年第45号）
- 616 资产重组涉及的货物（国家税务总局公告2011年第13号）

注8其他不征税项目

- 1.对统一核算，且经税务机关批准汇总缴纳增值税的成品油销售单位跨县市调配成品油的，不征收增值税（国家税务总局令第2号）
- 2.股权转让收入以及权益性投资分红
- 3.未发生应税行为，而取得的违约金赔偿款
- 4.供应或开采未经加工的天然水（如水库供应农业灌溉用水，工厂自采地下水用于生产）（国税发〔1993〕154号）
- 5.在建筑现场制造的预制构件，直接用于本单位或本企业建筑工程的（国税发〔1993〕154号）
- 6.执罚部门和单位查处由执罚部门和单位作为罚没收入如数上缴财政的拍卖收入（财税字〔1995〕69号）
- 7.对国家管理部门行使其管理职能，发放的执照、拍照和有关证书等取得的工本费收入（国税函发〔1995〕288号）
- 8.供电工程贴费（财税字〔1997〕102号）
- 9.对卫生防疫站调拨或发放的由政府财政负担的免费防疫苗不征收增值税（国税函〔1999〕191号）
- 10.个人向其他单位或者个人无偿提供服务（财税〔2016〕36号附件1）
- 11.被保险人获得的保险赔付（财税〔2016〕36号附件2）
- 12.存款利息（财税〔2016〕36号附件2）
- 13.金融商品持有期间（含到期）取得的非保本收益（财税〔2016〕140号）
- 14.纳税人购入基金、信托、理财产品等各类资产管理产品持有至到期（财税〔2016〕140号）

第五章　与购进相关

第一节　增值税进项税额

章节目录

- 一、定义
- 二、准予抵扣的进项税额与抵扣凭证
- 三、不得抵扣进项税额的情形
- 四、已抵扣进项税额发生不得抵扣情形
- 五、不得抵扣进项税额转为允许抵扣情形

一、定义

纳税人购进货物、劳务、服务、无形资产、不动产支付或者负担的增值税额为进项税额

二、准予抵扣的进项税额与抵扣凭证

- 1.勾选确认（注1）
  - 增值税专用发票
  - 海关进口增值税专用缴款书
  - 收费公路通行费增值税电子普通发票　注2
  - 机动车销售统一发票　注3
- 2.计算扣除
  - 农产品收购发票和销售发票　注4
  - 桥、闸通行费发票　注6
  - 航空电子客票行程单　注7
  - 铁路车票　注8
  - 公路、水路等其他客票　注9
  - 除特别注明外，依据：财政部、税务总局、海关总署公告2019年第39号
- 3.凭证上注明的税额
  - 电子普通发票（注10）　旅客运输服务
  - 完税凭证（注11）　从境外单位或者个人购进服务、无形资产或者不动产
  - 除特别注明外，依据：财政部、税务总局、海关总署公告2019年第39号
- 4.不得抵扣
  - 不符合法律、行政法规或者国务院税务主管部门有关规定的，其进项税额不得从销项税额中抵扣

注1

准予抵扣从销售方取得的增值税专用发票上注明的增值税额

自2020年3月1日起，增值税一般纳税人取得2017年1月1日及以后开具的增值税专用发票、海关进口增值税专用缴款书、机动车销售统一发票、收费公路通行费增值税电子普通发票，取消认证确认、稽核比对、申报抵扣的期限（国家税务总局公告2019年第45号）

注2

通行经营性收费公路，取得由经营管理者开具的左上角标识“通行费”字样且税率栏次显示适用税率或征收率的征税发票用于抵扣进项税额

采取充值方式预存通行费，取得左上角无“通行费”字样，且税率栏次显示“不征税”的通行费电子发票为不征税发票，不可用于进项税额抵扣

注：通行政府还贷公路，试点地区开具财政部门统一监制的通行费财政电子票据，非试点地区暂时开具不征税发票

依据：交通运输部 财政部 国家税务总局 国家档案局公告2020年第24号

注3

机动车销售方按照“一车一票”原则开具机动车销售统一发票。购买方购进机动车自用的，销售方应当开具机动车销售统一发票；购买方购进机动车用于销售的，销售方应当开具增值税专用发票（国家税务总局 工业和信息化部 公安部公告2020年第23号）

机动车销售统一发票在性质上属于普通发票，同时还具备增值税抵扣功能。对于月销售额未超过10万元（按季30万元）的小规模纳税人开具的机动车销售统一发票，可以享受免征增值税政策，同时，购买方还可以凭开具的1%征收率的机动车销售统一发票，抵扣对应的进项税额

注意：享受3%征收率销售收入减按1%征收增值税政策时，应按照1%征收率开具。如果开具的是3%征收率的机动车销售统一发票，需要追回重新开具1%征收率的机动车销售统一发票，方能享受减税政策。如无法追回，则需要按照3%征收率计算缴纳增值税

注4

农产品收购发票是企业通过增值税发票管理新系统开具的增值税普通发票，仅限于收购农业生产者（即农民个人）自产农产品时开具。系统在发票左上角自动打印“收购”字样

农产品销售发票是农业生产者销售自产农产品适用免征增值税政策而开具的普通发票，由卖方开具，不打印“收购”两字，主要由农场、农村合作社销售农产品时开具和农业生产者个人销售自产农产品，到税务机关代开的免税普通发票

农产品进项抵扣　　详见注5

注5农产品进项抵扣

- 税额抵扣
  - 农产品收购发票或者销售发票（农业生产者销售自产农产品）：买价×9%
  - 从一般纳税人处取得的
    - 增值税专用发票：以增值税专用发票上注明的增值税额为进项税额
    - 海关进口增值税专用缴款书：海关进口增值税专用缴款书上注明的增值税额为进项税额
  - 从依照3%征收率计算缴纳增值税的小规模纳税人取得增值税专用发票的：以增值税专用发票上注明的金额和9%的扣除率计算进项税额
  - 既用于13%货物又用于其他货物服务，未分别核算
    - 以增值税专用发票上注明的增值税额为进项税额
    - 以农产品收购发票或销售发票上注明的农产品买价和9%的扣除率计算进项税额
    - 不得加计扣除
- 扣除率沿革
  - 1994.1.1–2001.12.31　10%
  - 2002.1.1–2017.6.30　13%
  - 2017.7.1–2018.4.30　11%　加计 2%
  - 2018.5.1–2019.3.31　10%　加计 2%
  - 2019.4.1以来　9%　加计 1%
- 加计扣除
  - 仅限购进用于生产或委托加工13%税率货物的农产品
  - 购进农产品时：按照9%计算抵扣进项税额
  - 领用农产品用于深加工时：加计1%进项税额
- 不得抵扣
  - 取得批发零售环节纳税人销售免税农产品开具的免税发票

农产品核定扣除：

用于生产或委托加工货物，且构成产品实体

- 投入产出法
  - 当期允许抵扣农产品增值税进项税额=当期农产品耗用数量×农产品平均购买单价×扣除率/（1+扣除率）
  - 注：扣除率为销售货物的适用税率，下同
  - 当期农产品耗用数量=当期销售货物数量（不含采购除农产品以外的半成品生产的货物数量）×农产品单耗数量
- 成本法
  - 当期允许抵扣农产品增值税进项税额=当期主营业务成本×农产品耗用率×扣除率/（1+扣除率）
  - 农产品耗用率=上年投入生产的农产品外购金额/上年生产成本
- 参照法
  - 参照所属行业或者生产结构相近的其他纳税人的平均水平，确定农产品单耗数量，由主管税务机关据实核定

购进农产品直接销售

当期允许抵扣农产品增值税进项税额=当期销售农产品数量/（1−损耗率）×农产品平均购买单价×9%/（1+9%），损耗率=损耗数量/购进数量

购进农产品用于生产经营且不构成货物实体的（包括包装物、辅助材料、燃料、低值易耗品等）

当期允许抵扣农产品增值税进项税额=当期耗用农产品数量×农产品平均购买单价×（10%或9%）/（1+10%或9%）

依据

财税〔2012〕38号、财税〔2017〕37号、财政部 税务总局 海关总署公告2019年第39号

注6 桥、闸通行费可抵扣进项税额=桥、闸通行费发票上注明的金额÷(1+5%)×5%(财税〔2017〕90号)

注7 注明旅客身份信息的航空运输电子客票行程单，进项税额=(票价+燃油附加费)÷(1+9%)×9%

注8 取得注明旅客身份信息的铁路车票，进项税额=票面金额÷（1+9%）×9%

注9

取得注明旅客身份信息的公路、水路等其他客票，进项税额=票面金额÷（1+3%）×3%

注10

购进国内旅客运输服务取得增值税电子普通发票的　　为发票上注明的税额

注11

自境外单位或者个人购进劳务、服务、无形资产或者境内的不动产，从税务机关或者扣缴义务人取得的代扣代缴税款的完税凭证上注明的增值税额

应当具备书面合同、付款证明和境外单位的对账单或者发票。资料不全的，其进项税额不得从销项税额中抵扣

三、不得抵扣进项税额的情形

1.用于简易计税方法计税项目　、免征增值税项目、集体福利或者个人消费（交际应酬消费属于个人消费）的购进货物、加工修理修配劳务、服务、无形资产和不动产（注12）

2.非正常损失（注13）的购进货物，以及相关的劳务和交通运输服务

3.非正常损失的在产品、产成品所耗用的购进货物（不包括固定资产：注14）、劳务和交通运输服务

4.非正常损失的不动产，以及该不动产所耗用的购进货物、设计服务和建筑服务

5.非正常损失的不动产在建工程（注15）所耗用的购进货物、设计服务和建筑服务

6.购进的贷款服务（注16）、餐饮服务、居民日常服务和娱乐服务

7.国务院、财政部和国家税务总局规定的其他情形

8.纳税人取得的增值税扣税凭证不符合法律、行政法规或者国家税务总局有关规定的

9.一般纳税人会计核算不健全，或者不能够提供准确税务资料的

10.应当办理一般纳税人资格登记而未办理的

三、不得抵扣进项税额的情形

11.提供保险服务的纳税人以现金赔付方式承担机动车辆保险责任的，将应付给被保险人的赔偿金直接支付给车辆修理劳务提供方，不属于保险公司购进车辆修理劳务，其进项税额不得从保险公司销项税额中抵扣。纳税人提供的其他财产保险服务，比照上述规定执行（税务总局公告2019年第31号）

12.增值税一般纳税人支付的购买增值税税控系统专用设备支付的费用以及缴纳的技术维护费在增值税应纳税额中全额抵减的，其增值税专用发票不作为增值税抵扣凭证，其进项税额不得从销项税额中抵扣（财税〔2012〕15号）

13.购进货物或应税劳务支付货款、劳务费用的对象。纳税人购进货物或应税劳务，支付运输费用，所支付款项的单位，必须与开具抵扣凭证的销货单位、提供劳务的单位一致，才能够申报抵扣进项税额，否则不予抵扣（国税发〔1995〕192号）

14.购进国际旅客运输服务不得抵扣进项

注12

- 其中涉及的固定资产、无形资产、不动产，仅指专用于上述项目的固定资产、无形资产（不包括其他权益性无形资产）、不动产
- 纳税人租入固定资产、不动产，既用于一般计税方法计税项目，又用于简易计税方法计税项目、免征增值税项目、集体福利或者个人消费的，其进项税额准予从销项税额中全额抵扣（财税〔2017〕90号）

注13 非正常损失是指因管理不善造成货物被盗、丢失、霉烂变质，以及因违反法律法规造成货物或者不动产被依法没收、销毁、拆除的情形

注14 固定资产是指使用期限超过12个月的机器、机械、运输工具以及其他与生产经营有关的设备、工具、器具等有形动产

注15 纳税人新建、改建、扩建、修缮、装饰不动产，均属于不动产在建工程

注16 纳税人接受贷款服务向贷款方支付的与该笔贷款直接相关的投融资顾问费、手续费、咨询费等费用，其进项税额不得从销项税额中抵扣

四、已抵扣进项税额发生不得抵扣情形

- 适用一般计税方法的纳税人，兼营简易计税方法计税项目、免征增值税项目而无法划分不得抵扣的进项税额，按照下列公式（注17）计算不得抵扣的进项税额，主管税务机关可以按照上述公式依据年度数据对不得抵扣的进项税额进行清算
- 抵扣进项税额的购进货物（不含固定资产）、劳务、服务，发生不得抵扣进项情形（简易计税方法计税项目、免征增值税项目除外）的，应当将该进项税额从当期进项税额中扣减；无法确定该进项税额的，按照当期实际成本计算应扣减的进项税额
- 已抵扣进项税额的固定资产、无形资产，发生不得抵扣进项情形的，按照下列公式（注18）计算不得抵扣的进项税额：（财税〔2016〕36号附件1）
- 已抵扣进项税额的不动产，发生非正常损失，或者改变用途，专用于简易计税方法计税项目、免征增值税项目、集体福利或者个人消费的，按照下列公式（注19）计算不得抵扣的进项税额，并从当期进项税额中扣减（税务总局公告2019年第14号）
- 一般纳税人销售自行开发的房地产项目，兼有一般计税方法计税、简易计税方法计税、免征增值税的房地产项目而无法划分不得抵扣的进项税额的，应以《建筑工程施工许可证》注明的“建设规模”为依据进行划分（注20）（国家税务总局公告2016年第18号）

注17：不得抵扣的进项税额＝当期无法划分的全部进项税额×（当期简易计税方法计税项目销售额+免征增值税项目销售额）÷当期全部销售额

注18：不得抵扣的进项税额=无形资产或者固定资产净值×适用税率

注19：
- 不得抵扣的进项税额＝已抵扣进项税额×不动产净值率
- 不动产净值率＝（不动产净值÷不动产原值）×100%

注20：不得抵扣的进项税额=当期无法划分的全部进项税额×（简易计税、免税房地产项目建设规模÷房地产项目总建设规模）

五、不得抵扣进项税额转为允许抵扣情形

- 按照规定不得抵扣且未抵扣进项税额的固定资产、无形资产，发生用途改变，用于允许抵扣进项税额的应税项目，可在用途改变的次月按照下列公式（注21）计算可以抵扣的进项税额（财税〔2016〕36号附件2）
- 按照规定不得抵扣进项税额的不动产，发生用途改变，用于允许抵扣进项税额项目的，按照下列公式（注22）在改变用途的次月计算可抵扣进项税额（税务总局公告2019年第14号）

注21 可以抵扣的进项税额=固定资产、无形资产净值/（1+适用税率）×适用税率

注22 可抵扣进项税额＝增值税扣税凭证注明或计算的进项税额×不动产净值率

第二节　增值税加计抵减

章节目录

- 一、概念
- 二、适用对象
- 三、销售额占比
- 四、优惠如何享受
- 五、加计抵减计算
- 六、申报表填写
- 七、会计处理
- 八、政策依据

一、概念

- 加计抵减是指按照当期可抵扣进项税额加计一定的比例，抵减应纳税额

二、适用对象

- 生产性服务业纳税人（注1）
- 生活性服务业纳税人（注2）
- 集成电路企业（注3）

生产性服务业纳税人

- 2019.04.01～2022.12.31
  - 10%
  - 财政部 税务总局 海关总署公告2019年第39号
- 2023.01.01～2023.12.31
  - 5%
  - 财政部 税务总局公告2023年第1号

生活性服务业纳税人

- 2019.04.01～2019.09.30
  - 10%
  - 财政部 税务总局 海关总署公告2019年第39号
- 2019.10.01～2022.12.31
  - 15%
  - 财政部 税务总局公告2019年第87号
- 2023.01.01～2023.12.31
  - 10%
  - 财政部 税务总局公告2023年第1号

集成电路企业

- 2023.01.01～2027.12.31
  - 15%
  - 财税〔2023〕17号

注1

- 生产性服务业纳税人是指提供邮政服务、电信服务、现代服务、生活服务取得的销售额占全部销售额的比重超过50%的纳税人
  - 邮政服务业
  - 电信服务业
    - 1.基础电信业
    - 2.增值电信业
  - 现代服务业
    - 1.研发和技术服务业
    - 2.信息技术服务业
    - 3.文化创意服务业
    - 4.物流辅助服务业
    - 5.租赁服务业
    - 6.鉴证咨询服务业
    - 7.广播影视服务业
    - 8.商务辅助服务业
    - 9.其他现代服务业
  - 生活服务业
    - 1.文化体育服务业
    - 2.教育医疗服务业
    - 3.旅游娱乐服务业
    - 4.餐饮住宿服务业
    - 5.居民日常服务业
    - 6.其他生活服务业
  - 四项服务的具体范围按照《销售服务、无形资产、不动产注释》（财税〔2016〕36号印发）执行

tips

- 生产性服务业：不包括交通运输服务、建筑服务、金融服务
- 税率：除基础电信服务、邮政服务、不动产租赁服务税率为9%，有形动产租赁服务为13%外，其余税率为6%
- 不适用加计抵减
  - 小规模纳税人
  - 简易计税方法

注2

- 生活性服务业纳税人，是指提供生活服务取得的销售额占全部销售额的比重超过50%的纳税人
  - 生活服务业
    - 1.文化体育服务业
    - 2.教育医疗服务业
    - 3.旅游娱乐服务业
    - 4.餐饮住宿服务业
    - 5.居民日常服务业
    - 6.其他生活服务业
  - 生活服务的具体范围按照《销售服务、无形资产、不动产注释》（财税〔2016〕36号印发）执行

注3
- 自2023年1月1日至2027年12月31日，允许集成电路设计、生产、封测、装备、材料企业（以下称集成电路企业），按照当期可抵扣进项税额加计15%抵减应纳增值税税额
- 对适用加计抵减政策的集成电路企业采取清单管理，具体适用条件、管理方式和企业清单由工业和信息化部会同发展改革委、财政部、税务总局等部门制定
- 集成电路企业同时符合多项增值税加计抵减政策的，可以择优选择适用，但在同一期间不得叠加适用

三、销售额占比

关于销售额
- 1.包括纳税申报销售额、稽查查补销售额、纳税评估调整销售额。其中，纳税申报销售额包括一般计税方法销售额，简易计税方法销售额，免税销售额，税务机关代开发票销售额，免、抵、退办法出口销售额，即征即退项目销售额
- 2.稽查查补销售额和纳税评估调整销售额，计入查补或评估调整当期销售额确定适用加计抵减政策；适用增值税差额征收政策的，以差额后的销售额确定适用加计抵减政策
- 3.一般纳税人在属于小规模纳税人期间的销售额也需要参与计算
- 4.增值税一般纳税人确定适用加计抵减政策后，一个自然年度内不再调整。以后年度是否适用，根据上年度销售额计算确定
- 5.经财政部和国家税务总局或者其授权的财政和税务机关批准，实行汇总缴纳增值税的总机构及其分支机构，以总机构本级及其分支机构的合计销售额，确定总机构及其分支机构适用加计抵减政策

销售额比重计算区间
- 2023年1月1日前设立
  - 2022年度的销售额符合上述规定条件的，自2023年1月1日起适用加计抵减政策
  - 2022年度销售额均为零的纳税人，以首次产生销售额当月起连续3个月的销售额确定适用加计抵减政策
- 2023年1月1日后设立
  - 自设立之日起3个月的销售额符合上述规定条件的，自登记为一般纳税人之日起适用加计抵减政策
  - 自设立之日起3个月的销售额均为零的纳税人，以首次产生销售额当月起连续3个月的销售额确定适用加计抵减政策

四、优惠如何享受

- 应在年度首次确认适用加计抵减政策时，通过电子税务局或前往办税服务厅提交加计抵减声明（注4）
  - 电子税务局：登录电子税务局办理相关业务时，系统将自动显示加计抵减声明，纳税人选择政策适用年度和所属行业，录入计算期内相关服务的销售额和总销售额，信息系统将帮助纳税人自动填写其他内容，确认相关信息准确无误后，即可提交声明
  - 办税服务厅：前往办税服务厅，税务部门会提供免填单服务，将政策适用年度和所属行业、计算期内相关服务的销售额和总销售额告知窗口工作人员，工作人员预填好声明内容，交由纳税人确认，如果信息准确无误，纳税人盖章后即可提交

注4

- 符合财政部 税务总局 海关总署公告2019年第39号、财政部 税务总局公告2023年第1号规定的生产性服务业纳税人，应在年度首次确认适用5%加计抵减政策时，通过电子税务局或办税服务厅提交《适用5%加计抵减政策的声明》
- 符合财政部 税务总局公告2019年第87号、财政部 税务总局公告2023年第1号规定的生活性服务业纳税人，应在年度首次确认适用10%加计抵减政策时，通过电子税务局或办税服务厅提交《适用10%加计抵减政策的声明》
- 依据：国家税务总局公告2023年第1号

五、加计抵减计算

1.计提加计抵减额

- ＝当期可抵扣进项税额×加计比例
- 纳税人可计提但未计提的加计抵减额，可在确定适用加计抵减政策当期一并计提
- 不得计提加计抵减额的进项税额（注5）

注5

- 纳税人出口货物劳务、发生跨境应税行为不适用加计抵减政策，其对应的进项税额不得计提加计抵减额
- 纳税人兼营出口货物劳务、发生跨境应税行为且无法划分不得计提加计抵减额的进项税额，按照以下公式计算不得计提加计抵减额的进项税额：
- 不得计提加计抵减额的进项税额＝当期无法划分的全部进项税额×当期出口货物劳务和发生跨境应税行为的销售额÷当期全部销售额
- 集成电路企业外购芯片对应的进项税额，以及按照现行规定不得从销项税额中抵扣的进项税额，不得计提加计抵减额

- 2.当期可抵减加计抵减额
  - ＝上期末加计抵减额余额＋当期计提加计抵减额－当期调减加计抵减额
  - 当期调减加计抵减额：指已计提后又进项转出的应调减加计抵减额
- 3.当期可抵减加计抵减额与应纳税额相比较
  - 抵减前的应纳税额=0：当期可抵减加计抵减额全部结转下期抵减
  - 应纳税额>当期可抵减加计抵减额：实际抵减额=当期可抵减加计抵减额，以抵减后的余额计算缴纳增值税
  - 应纳税额<当期可抵减加计抵减额：实际抵减额=应纳税额，应纳税额被抵减至0，未抵减完的加计抵减额余额，可以结转下期继续抵减
- 其他事项
  - 纳税人应单独核算加计抵减额的计提、抵减、调减、结余等变动情况
  - 政策执行到期或纳税人在到期前注销，纳税人不再计提加计抵减额，结余的加计抵减额停止抵减

六、增值税申报表填写

- 附表四：税额抵减情况表
- 加计抵减情况
  - 加计抵减项目
    - 一般项目加计抵减额计算
    - 即征即退项目加计抵减额计算
  - 本期可抵减额=期初余额+本期发生额－本期调减额
  - 期末余额=本期可抵减额－本期实际抵减额
- 依据：国家税务总局公告2021年第20号

七、会计处理

- 实际缴纳增值税时
  - 借：应交税费—未交增值税等
  - 贷：银行存款
  - 其他收益（加计抵减金额）
- 依据：财政部会计司《关于〈关于深化增值税改革有关政策的公告〉适用〈增值税会计处理规定〉有关问题的解读》
- 注：增值税加计抵减形成的收益不属于不征税收入或免税收入，应按规定缴纳企业所得税

tips

增值税加计抵减形成的收益不属于不征税收入或免税收入，应作为应税收入计入纳税所得计征企业所得税

当年纳税所得额处于临界点的小型微利企业，若增值税加计抵减额计入年度应纳税所得额，可能导致企业超过小型微利企业标准，而不能享受小型微利企业所得税优惠

八、政策依据

财政部税务总局　海关总署公告2019年第39号、国家税务总局公告2019年第31号、财政部税务总局公告2019年第87号、财政部　税务总局公告2023年第1号、国家税务总局公告2023年第1号、财税〔2023〕17号

第三节　增值税留抵退税

章节目录

一、政策沿革
二、2022年大规模留抵退税
三、留抵退税条件
四、应退税额计算
五、办理流程
六、后续操作
七、执行时间

一、政策沿革

留抵退税就是把增值税期末未抵扣完的税额退还给纳税人。2019年以前，留抵退税的主要处理方式是结转下期抵扣；2019年以后对先进制造业增量留抵税额予以全部退税，对于其他行业设定了退税门槛，满足条件的增量留抵税额按一定比例退税。2022年对留抵税额实行大规模退税。详见注1

注1

1.2018年6月，试行对部分行业增量留抵税额退税（财税〔2018〕70号）

2.取消行业限制，规定从2019年4月1日起对于符合条件的纳税人，均有机会申请享受增值税期末留抵税额退税制度（财政部 税务总局 海关总署公告2019年第39号）

3. 2019年4月，对期末留抵退税的全流程进行了明确，自2019年5月1日起施行（国家税务总局公告2019年第20号，部分废止）

4.自2019年6月1日起，对符合条件的部分先进制造业纳税人（非金属矿物制品、通用设备、专用设备及计算机、通信和其他电子设备销售额），实行按月全额退还增量留抵税额（财政部　税务总局公告2019年第84号，已废止）

5.一定期限内对从事大型民用客机发动机、中大功率民用涡轴涡桨发动机研制项目、生产销售新支线飞机、从事大型客机研制项目而形成的增值税期末留抵税额予以退还（财政部　税务总局公告2019年第88号、财政部 税务总局公告2021年第6号）

6.自2020年1月1日至2021年3月31日，疫情防控重点保障物资生产企业可以按月向主管税务机关申请全额退还增值税增量留抵税额（财政部 税务总局公告2021年第7号，已于2021年3月31日执行到期）

注1

7.自2021年4月1日起，将运输设备、电气机械、仪器仪表、医药、化学纤维等制造业企业纳入先进制造业企业增值税留抵退税政策范围，实行按月全额退还增量留抵税额（财政部 税务总局公告2021年第15号，已废止）

8.自2022年4月1日起，加大小微企业以及制造业等行业的留抵退税力度，将先进制造业按月全额退还增值税增量留抵税额政策范围扩大至小微企业以及制造业等行业（注5）企业（含个体工商户），并一次性退还其存量留抵税额（财政部 税务总局公告2022年第14号）

9.明确了进一步加大增值税期末留抵退税政策实施力度有关征管事项（国家税务总局公告2022年第4号）

10.明确了进一步加快增值税期末留抵退税政策实施进度的有关政策（财政部 税务总局公告2022年第17号和第19号）

11.自2022年7月1日起，将制造业等行业按月全额退还增值税增量留抵税额、一次性退还存量留抵税额的政策范围，扩大至批发零售业等行业（注5）企业（含个体工商户）（财政部 税务总局公告2022年第21号）

12.明确了扩大全额退还增值税留抵税额政策行业范围有关征管事项，修订并重新发布了《退（抵）税申报表》（国家税务总局公告2022年第11号）

13.养老托育行业纳税人可按规定享受按月全额退还增量留抵税额、一次性全额退还存量留抵税额的留抵退税政策（发改财金〔2022〕1356号）

二、2022年大规模留抵退税

1.特征

- 长期性：制造业、批发零售业等行业企业（注5）按月退还增量留抵税额
- 一次性：存量留抵退税政策
- 阶段性：小微企业2022年12月31日前取消退税门槛（注2）

注2 退税门槛

- 指与2019年3月31日相比连续六个月增量留抵税额均>0，且第六个月增量留抵税额≥50万元
- 小微企业　在2022年12月31日前取消门槛
- 制造业、批发零售业等行业企业　无退税门槛

2.适用主体

- 小微企业
  - 以上一会计年度从事《国民经济行业分类》对应业务增值税销售额占全部增值税销售额比重最高的行业确定行业归属（例1）
  - 按照划型标准（注3）中的营业收入指标和资产总额指标（注4）确定
  - 注：小微企业含按照一般计税方法计税的个体工商户
- 制造业、批发零售业等行业企业（含个体工商户，注5）

例1

某混业经营纳税人2022年7月申请办理留抵退税，其上一会计年度（2021年1月1日至2021年12月31日）增值税销售额500万元，其中，提供建筑服务销售额200万元，提供工程设备租赁服务销售额150万元，外购并销售建筑材料等货物销售额150万元。该纳税人“建筑业”对应业务的增值税销售额占比为40%；“租赁和商务服务业”对应业务的增值税销售额占比为30%；“批发和零售业”对应业务的增值税销售额占比为30%。因其“建筑业”对应业务的销售额占比最高，在适用小微企业划型标准时，应按照《中小企业划型标准规定》（工信部联企业〔2011〕300号）规定的建筑业的划型标准判断该企业是否为小微企业

注3

- 工信部联企业〔2011〕300号
  - 营业收入指标、资产总额指标
  - 有的需要同时满足两个指标，有的只需要满足其中一个指标即可
- 银发〔2015〕309号　资产总额
- 未列明
  - 微型企业　增值税销售额（年）<100万元
  - 小型企业　增值税销售额（年）<2000万元
  - 中型企业　增值税销售额（年）<1亿元

注4

- 资产总额指标按照纳税人上一会计年度年末值确定
- 营业收入指标按照纳税人上一会计年度增值税销售额确定，不满一个会计年度的，增值税销售额（年）=上一会计年度企业实际存续期间增值税销售额/企业实际存续月数×12
- 增值税销售额，包括纳税申报销售额、稽查查补销售额、纳税评估调整销售额。适用增值税差额征税政策的，以差额后的销售额确定

注5

- 制造业等行业　从事《国民经济行业分类》中“制造业”、“科学研究和技术服务业”、“电力、热力、燃气及水生产和供应业”、“软件和信息技术服务业”、“生态保护和环境治理业”和“交通运输、仓储和邮政业”业务相应发生的增值税销售额占全部增值税销售额的比重超过50%的纳税人
- 批发零售业等行业　从事《国民经济行业分类》中“批发和零售业”、“农、林、牧、渔业”、“住宿和餐饮业”、“居民服务、修理和其他服务业”、“教育”、“卫生和社会工作”、“文化、体育和娱乐业”业务相应发生的增值税销售额占全部增值税销售额的比重超过50%的纳税人
- 上述销售额比重根据纳税人申请退税前连续12个月的销售额计算确定；申请退税前经营期不满12个月但满3个月的，按照实际经营期的销售额计算确定
- 如果一个纳税人从事上述多项业务，以相关业务增值税销售额加总计算销售额占比，从而确定是否属于制造业、批发零售业等行业纳税人（例2）
- 按照纳税人的主营业务来判断纳税人是否满足行业相关条件，而非以纳税人登记的行业确定

例2

某纳税人2021年7月至2022年6月期间共取得增值税销售额1000万元，其中：生产并销售机器设备销售额300万元，外购并批发办公用品销售额200万元，租赁设备销售额250万元，提供文化服务销售额150万元，提供建筑服务销售额100万元。该纳税人2021年7月至2022年6月期间发生的制造业、批发零售业等行业销售额占比为65%［=（300+200+150）÷1000×100%］。因此，该纳税人当期属于制造业、批发零售业等行业纳税人

3.增量留抵税额

- 是指留抵退税制度实施后，即2019年4月1日以后纳税人新增加的留抵税额
- 获得一次性存量留抵退税前：为当期期末留抵税额与2019年3月31日相比新增加的留抵税额
- 获得一次性存量留抵退税后：增量留抵税额为当期期末留抵税额
- 例：某纳税人2019年3月31日的期末留抵税额为100万元，2022年7月31日的期末留抵税额为120万元，在8月纳税申报期申请增量留抵退税时，如果此前未获得一次性存量留抵退税，该纳税人的增量留抵税额为20万元（=120−100）；如果此前已获得一次性存量留抵退税，该纳税人的增量留抵税额为120万元

4.存量留抵税额

- 是指留抵退税制度实施前纳税人形成的留抵税额。在确定存量留抵税额时，以纳税人2019年3月底的期末留抵税额为标准值
- 获得一次性存量留抵退税前
  - 当期期末留抵税额≥2019年3月31日期末留抵税额的，存量留抵税额为2019年3月31日期末留抵税额
  - 当期期末留抵税额<2019年3月31日期末留抵税额的，存量留抵税额为当期期末留抵税额
- 获得一次性存量留抵退税后：存量留抵税额为零
- 2019年4月1日以后新设立的纳税人，2019年3月底的留抵税额为0，因此其存量留抵税额为零
- 例：某微型企业2019年3月31日的期末留抵税额为100万元，2022年4月申请一次性存量留抵退税时，如果当期期末留抵税额为120万元，该纳税人的存量留抵税额为100万元；如果当期期末留抵税额为80万元，该纳税人的存量留抵税额为80万元。该纳税人在4月份获得存量留抵退税后，将再无存量留抵税额

tips

- 增量留抵，是指2019年4月1日以后企业新购进的设备或者说投资形成的增值税
- 存量留抵，是指2019年4月1日以前形成的，若干年以来没有通过销项抵掉的进项增值税
- 存量留抵退税政策是一次性政策，纳税人在获得存量留抵退税后，将不再有存量留抵税额

三、留抵退税条件

同时满足以下条件：

- 1.纳税信用等级为A级或者B级（注6）
- 2.申请退税前36个月未发生骗取留抵退税、骗取出口退税或虚开增值税专用发票情形
- 3.申请退税前36个月未因偷税被税务机关处罚两次及以上
- 4.2019年4月1日起未享受即征即退、先征后返（退）政策（注7）
- 依据：国家税务总局公告2019年第20号、国家税务总局公告2022年第4号

注6

- 纳税人申请增值税留抵退税，以纳税人向主管税务机关提交《退（抵）税申请表》时点的纳税信用级别确定是否符合申请留抵退税条件
- 已完成退税的纳税信用A级或B级纳税人，因纳税信用年度评价、动态调整等原因，纳税信用级别不再是A级或B级的，其已取得的留抵退税款不需要退回
- 适用增值税一般计税方法的个体工商户，可自2022年3月22日起，自愿向主管税务机关申请参照企业纳税信用评价指标和评价方式参加评价，并在以后的存续期内适用国家税务总局纳税信用管理相关规定。对于已按照省税务机关公布的纳税信用管理办法参加纳税信用评价的，也可选择沿用原纳税信用级别，符合条件的可申请办理留抵退税

注7 与即征即退、先征后返（退）政策衔接

（1）一般规定

- 不能同时适用留抵退税政策和即征即退、先征后返（退）政策
- 享受过即征即退、先征后返（退）的，不得申请留抵退税；已获得留抵退税的，也不得再享受即征即退、先征后返（退）

（2）重新选择

- 纳税人自2019年4月1日起已取得留抵退税款的，可以在2022年10月31日前一次性将已取得的留抵退税款全部缴回后（注8），按规定申请享受增值税即征即退、先征后返（退）政策
- 纳税人自2019年4月1日起已享受增值税即征即退、先征后返（退）政策的，可以在2022年10月31日前一次性将已退还的增值税即征即退、先征后返（退）税款全部缴回后，按规定申请退还留抵税额

注8缴回

- 需要申请缴回已退还的全部留抵退税款的，可通过电子税务局或办税服务厅提交《缴回留抵退税申请表》
- 税务机关应自受理之日起5个工作日内，依申请向纳税人出具留抵退税款缴回的《税务事项通知书》。纳税人在缴回已退还的全部留抵退税款后，办理增值税纳税申报时，将缴回的全部退税款在《增值税及附加税费申报表附列资料（二）》（本期进项税额明细）第22栏“上期留抵税额退税”填写负数，并可继续按规定抵扣进项税额
- 例：某纳税人在2019年4月1日后，陆续获得留抵退税100万元。因纳税人想要选择适用增值税即征即退政策，于2022年4月3日向税务机关申请缴回留抵退税款，4月5日，留抵退税款100万元已全部缴回入库。该纳税人在4月10日办理2022年3月（税款所属期）的增值税纳税申报时，可在《增值税纳税申报表附列资料（二）（本期进项税额明细）》第22栏“上期留抵税额退税”填写“−100万元”，将已缴回的100万元留抵退税款调增期末留抵税额，并用于当期或以后期间继续抵扣

四、应退税额计算

小微企业和制造业、批发零售业等行业企业

- 允许退还的增量留抵税额＝增量留抵税额×进项构成比例×100%
- 允许退还的存量留抵税额＝存量留抵税额×进项构成比例×100%

其他企业——允许退还的增量留抵税额=增量留抵税额×进项构成比例×60%

进项构成比例

- 为2019年4月至申请退税前一税款所属期已抵扣的增值税专用发票（含带有“增值税专用发票”字样全面数字化的电子发票、税控机动车销售统一发票）、收费公路通行费增值税电子普通发票、海关进口增值税专用缴款书、解缴税款完税凭证注明的增值税额占同期全部已抵扣进项税额的比重
- tips——上述扣除凭证不含农产品收购发票或者销售发票；桥、闸通行费发票；购进国内旅客运输服务取得的电子普通发票，注明旅客身份信息的航空运输电子客票行程单，铁路车票，公路、水路等其他客票

进项构成比例

- 转出进项无需扣减：在计算允许退还的留抵税额的进项构成比例时，纳税人在2019年4月至申请退税前一税款所属期内按规定转出的进项税额，无需从已抵扣的增值税专用发票（含带有“增值税专用发票”字样全面数字化的电子发票、税控机动车销售统一发票）、收费公路通行费增值税电子普通发票、海关进口增值税专用缴款书、解缴税款完税凭证注明的增值税额中扣减
- 例：某制造业纳税人2019年4月至2022年3月取得的进项税额中，增值税专用发票500万元，道路通行费电子普通发票100万元，海关进口增值税专用缴款书200万元，农产品收购发票抵扣进项税额200万元。2021年12月，该纳税人因发生非正常损失，此前已抵扣的增值税专用发票中，有50万元进项税额按规定作进项税转出。该纳税人2022年4月按照14号公告的规定申请留抵退税时，进项构成比例的计算公式为：进项构成比例=（500+100+200）÷（500+100+200+200）×100%=80%。进项转出的50万元，在上述计算公式的分子、分母中均无需扣减

五、留抵退税办理流程

1.纳税人申请

- 申请时间：满足留抵退税条件的次月及以后纳税申报期内，完成本期增值税纳税申报后提交申请
- 申请材料：《退（抵）税申请表》
  - 可通过电子税务局线上提交，也可以通过办税服务厅线下提交
- 纳税人可以选择向主管税务机关申请留抵退税，也可以选择结转下期继续抵扣
- 纳税人可以在规定期限内同时申请增量留抵退税和存量留抵退税。同时符合小微企业和13个行业相关留抵退税政策的纳税人，可任意选择申请适用

2.申报要求

- 与纳税申报的衔接　先完成当期纳税申报，再申请留抵退税
- 纳税申报、稽查查补和评估调整　造成期末留抵税额发生变化的，按最近一期《增值税纳税申报表（一般纳税人适用）》期末留抵税额确定允许退还的增量留抵税额
- 既有增值税欠税，又有期末留抵税额　按最近一期《增值税纳税申报表（一般纳税人适用）》期末留抵税额，抵减增值税欠税后的余额确定允许退还的增量留抵税额
- 出口退税与留抵退税的衔接
  - 可在同一申报期内，既申报免抵退税，又申请留抵退税
  - 当期可申报免抵退税的出口销售额为零的，应办理免抵退税零申报
  - 既申报免抵退税，又申请留抵退税的，税务机关应先办理免抵退税。办理免抵退税后，纳税人仍符合留抵退税条件的，再办理留抵退
  - 纳税人在同一申报期既申报免抵退税又申请办理留抵退税的，或者在纳税人申请办理留抵退税时存在尚未经税务机关核准的免抵退税应退税额的，应待税务机关核准免抵退税应退税额后，按最近一期《增值税纳税申报表（一般纳税人适用）》期末留抵税额，扣减税务机关核准的免抵退税应退税额后的余额确定允许退还的增量留抵税额
  - 在纳税人办理增值税纳税申报和免抵退税申报后、税务机关核准其免抵退税应退税额前，核准其前期留抵退税的，以最近一期《增值税纳税申报表（一般纳税人适用）》期末留抵税额，扣减税务机关核准的留抵退税额后的余额，计算当期免抵退税应退税额和免抵税额
  - 适用免退税办法的，相关进项税额不得用于退还留抵税额

3.税务机关审核

- 准予退税　符合退税条件，见注9
- 不予退税　不符合退税条件，见注10
- 暂停退税
  - 虽然符合退税条件，但暂停办理退税事项（注11）
  - 涉嫌骗税、虚开专票　终止办理留抵退税
  - 暂停排除
    - 仍符合留抵退税条件，见注12
    - 不再符合留抵退税条件，见注13
- 依据：国家税务总局公告2019年第20号

- 注9：税务机关应自受理留抵退税申请之日起10个工作日内完成审核，并向纳税人出具准予留抵退税的《税务事项通知书》
- 注10：税务机关应自受理留抵退税申请之日起10个工作日内完成审核，并向纳税人出具不予留抵退税的《税务事项通知书》
- 注11暂停办理留抵退税情形
  - 存在增值税涉税风险疑点
  - 被税务稽查立案且未结案
  - 增值税申报比对异常未处理
  - 取得增值税异常扣税凭证未处理的
  - 国家税务总局规定的其他情形
- 注12：税务机关继续为其办理留抵退税，并自增值税涉税风险疑点等情形排除且相关事项处理完毕之日起5个工作日内完成审核，向纳税人出具准予留抵退税的《税务事项通知书》
- 注13：不予留抵退税。税务机关应自增值税涉税风险疑点等情形排除且相关事项处理完毕之日起5个工作日内完成审核，向纳税人出具不予留抵退税的《税务事项通知书》

六、后续操作

- 准予留抵退税时：按税务机关核准允许退还的留抵税额，借记“应交税费—增值税留抵税额”科目，贷记“应交税费—应交增值税（进项税额转出）”科目
- 实际收到留抵退税款时
  - 纳税人取得退还的留抵税额后，应相应调减当期留抵税额
  - 借记“银行存款”科目，贷记“应交税费—增值税留抵税额”科目
- 申报表：以核准的允许退还的增量留抵税额冲减期末留抵税额（附表二22栏）
- 缴回留抵退税
  - 发现留抵退税政策适用有误，纳税人应在下个纳税申报期结束前缴回相关留抵退税款
  - 需要申请缴回已退还的全部留抵退税款的，可通过电子税务局或办税服务厅提交《缴回留抵退税申请表》
  - 纳税人在缴回已退还的全部留抵退税款后，办理增值税纳税申报时，将缴回的全部退税款在《增值税及附加税费申报表附列资料（二）》（本期进项税额明细）第22栏“上期留抵税额退税”填写负数，并可继续按规定抵扣进项税额

六、后续操作

- 缴回留抵退税
  - 缴回并继续抵扣进项时，借记“应交税费—应交增值税（进项税额）”科目，贷记“应交税费—增值税留抵税额”科目，同时借记“应交税费—增值税留抵税额”科目，贷记“银行存款”科目
- 城建税及两附加计税依据
  - 纳税人自收到留抵退税额之日起，应当在下一个纳税申报期从城建税计税依据中扣除
  - 留抵退税额仅允许在按照增值税一般计税方法确定的城建税计税依据中扣除。当期未扣除完的余额，在以后纳税申报期按规定继续扣除
  - 对于增值税小规模纳税人更正、查补此前按照一般计税方法确定的城建税计税依据，允许扣除尚未扣除完的留抵退税额
  - 教育费附加、地方教育附加计征依据与城市维护建设税计税依据一致
  - 依据：国家税务总局公告2021年第26号、财政部 税务总局公告2021年第28号
- 法律风险
  - 以虚增进项、虚假申报或其他欺骗手段，骗取留抵退税款的，由税务机关追缴其骗取的退税款，并按照《中华人民共和国税收征收管理法》等有关规定处理

七、执行时间

- 财政部 税务总局 海关总署公告2019年第39号　自2019年4月1日起
- 财政部 税务总局公告2022年第14号　自2022年4月1日起
- 财政部 税务总局公告2022年第21号　自2022年7月1日起
- 《关于增值税期末留抵退税政策适用〈增值税会计处理规定〉有关问题的解读》（财政部会计司2022年6月23日发布）
- 案例来源　国家税务总局

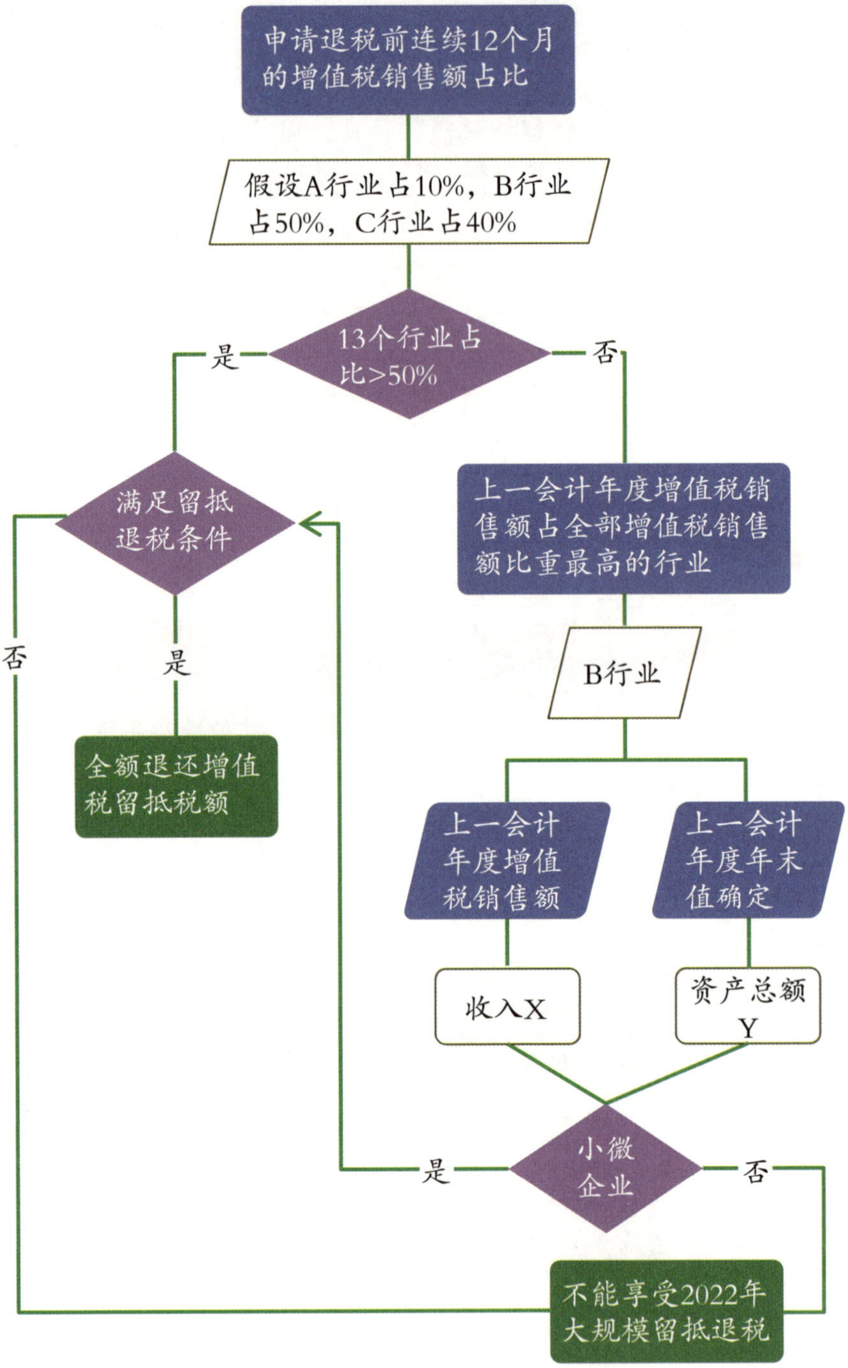
申请退税前连续12个月的增值税销售额占比
假设A行业占10%，B行业占50%，C行业占40%
13个行业占比>50%
是
否
满足留抵退税条件
是
否
全额退还增值税留抵税额
上一会计年度增值税销售额占全部增值税销售额比重最高的行业
B行业
上一会计年度增值税销售额
上一会计年度年末值确定
收入X
资产总额Y
小微企业
是
否
不能享受2022年大规模留抵退税

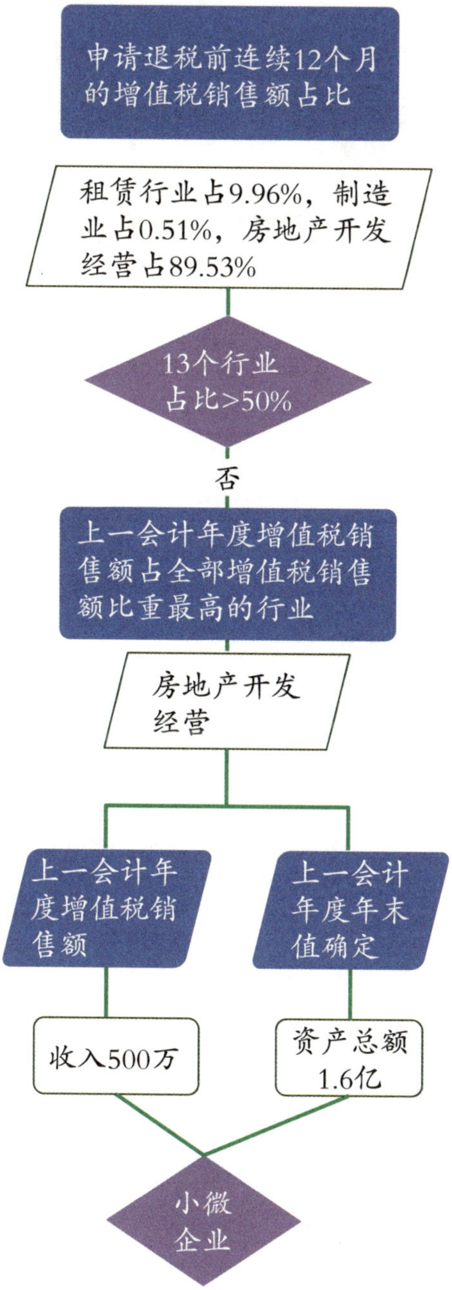
申请退税前连续12个月的增值税销售额占比
租赁行业占9.96%，制造业占0.51%，房地产开发经营占89.53%
13个行业占比>50%
否
上一会计年度增值税销售额占全部增值税销售额比重最高的行业
房地产开发经营
上一会计年度增值税销售额
上一会计年度年末值确定
收入500万
资产总额1.6亿
小微企业

第六章　应纳税额

第一节　应纳税额计算

章节目录

- 一、计税方法
- 二、一般计税应纳税额
- 三、简易计税应纳税额
- 四、进口货物应纳税额

一、计税方法

- 一般计税
  - 一般纳税人发生应税行为
- 简易计税
  - 一般纳税人
    - 发生财政部和国家税务总局规定的特定应税行为，可以（选择）适用简易计税方法计税，但一经选择，36个月内不得变更
  - 小规模纳税人
    - 发生应税行为适用简易计税方法计税

二、一般计税应纳税额

- 应纳税额为当期销项税额抵扣当期进项税额后的余额
- 应纳税额=当期销项税额−当期进项税额
- 销售额不包括销项税额
- 销售额=含税销售额÷（1+税率）
- 留抵税额
  - 当期销项税额小于当期进项税额不足抵扣时，其不足部分可以结转下期继续抵扣
- 因销售折让、中止或者退回
  - 退还给购买方的增值税额
    - 从当期的销项税额中扣减
  - 收回的增值税额
    - 从当期的进项税额中扣减

- 三、简易计税应纳税额
  - 应纳税额是指按照销售额和增值税征收率计算的增值税额，不得抵扣进项税额
  - 应纳税额=销售额×征收率
  - 销售额不包括其应纳税额
  - 销售额=含税销售额÷（1+征收率）
  - 因销售折让、中止或者退回而退还给购买方的销售额
    - 从当期销售额中扣减
    - 扣减当期销售额后仍有余额造成多缴的税款，可以从以后的应纳税额中扣减

- 四、进口货物应纳税额
  - 应纳税额=组成计税价格×税率
  - 组成计税价格=关税完税价格+关税+消费税

第二节 差额征税

章节目录

一、政策背景
二、差额征税销售额的确定
三、差额征税发票的开具
四、差额征税的账务处理
五、小例子

一、政策背景

虽然全行业纳入了增值税的征收范围，但是目前仍然有无法通过抵扣机制避免重复征税的情况存在，因此引入了差额征税的办法，解决纳税人税收负担增加问题（《全面推开营改增业务操作指引》）

二、差额征税销售额的确定

差额后

- 适用增值税差额征税政策的小规模纳税人，以差额后的销售额确定是否可以享受小微企业免征增值税政策
- 增值税加计抵减政策中销售比重计算应以差额后的销售额参与计算
- 增值税留抵退税政策所称增值税销售额，适用增值税差额征税政策的，以差额后的销售额确定
- 实施制造业中小微企业延缓缴纳部分税费政策所称销售额，适用增值税差额征税政策的，以差额后的销售额确定

差额前

- 增值税小规模纳税人标准为年应征增值税销售额（注1）500万元及以下
- 注1 年应税销售额计算
  - 包括纳税申报销售额、稽查查补销售额、纳税评估调整销售额
  - 销售服务、无形资产或者不动产有扣除项目的纳税人，其应税行为年应税销售额按未扣除之前的销售额计算
- 依据：财税〔2018〕33号，国家税务总局令第43号

三、差额征税发票的开具

1.差额部分不得开专票

- 开票方式
  - 1.全额开具增值税普通发票
  - 2.差额部分（指扣除部分）开具普通发票，剩余部分开具增值税专用发票
  - 3.使用差额征税开票功能开具专用发票
- 项目
  - 1.经纪代理服务，以取得的全部价款和价外费用，扣除向委托方收取并代为支付的政府性基金或者行政事业性收费后的余额为销售额（财税〔2016〕36号附件2）
  - 2.提供有形动产融资性售后回租服务，按照有形动产融资租赁服务缴纳增值税的,以向承租方收取的全部价款和价外费用，扣除向承租方收取的价款本金，以及对外支付的借款利息（包括外汇借款和人民币借款利息）、发行债券利息后的余额为销售额（财税〔2016〕36号附件2）
  - 3.金融商品转让，按照卖出价扣除买入价后的余额为销售额，不得开具增值税专用发票（财税〔2016〕36号文附件2）
  - 4.旅游服务，可以选择以取得的全部价款和价外费用，扣除向旅游服务购买方收取并支付给其他单位或者个人的住宿费、餐饮费、交通费、签证费、门票费和支付给其他接团旅游企业的旅游费用后的余额为销售额（财税〔2016〕36号文附件2）
  - 5.北京市、上海市、广州市和深圳市，个人将购买2年以上（含2年）的非普通住房对外销售的，以销售收入减去购买住房价款后的差额按照5%的征收率缴纳增值税（税总函〔2016〕145号、财税〔2016〕36号附件3）
  - 6.纳税人提供劳务派遣服务，可以选择差额纳税，以取得的全部价款和价外费用，扣除代用工单位支付给劳务派遣员工的工资、福利和为其办理社会保险及住房公积金后的余额为销售额，按照简易计税方法依5%的征收率计算缴纳增值税。纳税人提供安全保护服务，比照劳务派遣服务政策执行（财税〔2016〕47号，财税〔2016〕68号）
  - 7.中国证券登记结算公司的销售额。不包括以下资金项目：按规定提取的证券结算风险基金；代收代付的证券公司资金交收违约垫付资金利息；结算过程中代收代付的资金交收违约罚息（财税〔2016〕39号）
  - 8.中国移动通信集团公司、中国联合网络通信集团有限公司、中国电信集团公司及其成员单位通过手机短信公益特服号为公益性机构接受捐款，以其取得的全部价款和价外费用，扣除支付给公益性机构捐款后的余额为销售额（财税〔2016〕39号）

1.差额部分不得开专票

项目

9.纳税人提供人力资源外包服务，按照经纪代理服务缴纳增值税，其销售额不包括受客户单位委托代为向客户单位员工发放的工资和代理缴纳的社会保险、住房公积金（财税〔2016〕47号）

10.纳税人提供签证代理服务，以取得的全部价款和价外费用，扣除向服务接受方收取并代为支付给外交部和外国驻华使（领）馆的签证费、认证费后的余额为销售额（国家税务总局公告2016年第69号）

11.纳税人代理进口按规定免征进口增值税的货物，其销售额不包括向委托方收取并代为支付的货款（国家税务总局公告2016年第69号）

12.境外单位通过教育部考试中心及其直属单位在境内开展考试，教育部考试中心及其直属单位提供的教育辅助服务，以取得的考试费收入扣除支付给境外单位考试费后的余额为销售额，就代为收取并支付给境外单位的考试费统一扣缴增值税（国家税务总局公告2016年第69号）

13.增值税小规模纳税人销售其取得的不动产，适用差额征税代开发票的，通过系统中差额征税开票功能，录入含税销售额（或含税评估额）和扣除额，系统自动计算税额和金额，备注栏自动打印“差额征税”字样（税总函〔2016〕145号）

14.航空运输销售代理企业提供境外航段机票代理服务，以取得的全部价款和价外费用，扣除向客户收取并支付给其他单位或者个人的境外航段机票结算款和相关费用后的余额为销售额（财税〔2017〕90号）

15.航空运输销售代理企业提供境内机票代理服务，以取得的全部价款和价外费用，扣除向客户收取并支付给航空运输企业或其他航空运输销售代理企业的境内机票净结算款和相关费用后的余额为销售额。航空运输销售代理企业就取得的全部价款和价外费用，向购买方开具行程单，或开具增值税普通发票（国家税务总局公告2018年第42号）

16.航空运输企业的销售额，不包括代收的机场建设费和代售其他航空运输企业客票而代收转付的价款（国家税务总局公告2018年第42号）

17.拍卖行受托拍卖文物艺术品，委托方按规定享受免征增值税政策的，拍卖行可以自己名义就代为收取的货物价款向购买方开具增值税普通发票，对应的货物价款不计入拍卖行的增值税应税收入（国家税务总局公告2020年第9号）

18.2022年8月1日至2023年7月31日，银行业金融机构、金融资产管理公司中的增值税一般纳税人处置抵债不动产，可选择以取得的全部价款和价外费用扣除取得该抵债不动产时的作价为销售额。抵债不动产作价的部分不得向购买方开具增值税专用发票（财政部 税务总局公告2022年第31号）

2.差额部分可以开专票

- 开票方式
  - 全额开具增值税专用发票
  - 全额开具增值税普通发票
- 项目
  - 1.建筑服务预缴以及简易计税可扣除支付的分包款（注3）（财税〔2016〕36号文附件2）
  - 2.符合规定的试点纳税人提供融资租赁服务，以取得的全部价款和价外费用，扣除支付的借款利息（包括外汇借款和人民币借款利息）、发行债券利息和车辆购置税后的余额为销售额（财税〔2016〕36号文附件2）
  - 3.房地产开发企业中的一般纳税人销售其开发的房地产项目（选择简易计税方法的房地产老项目除外），以取得的全部价款和价外费用，扣除受让土地时向政府部门支付的土地价款（注4）后的余额为销售额（财税〔2016〕36号文附件2、总局公告2016年第18号、财税〔2016〕140号）
  - 4.符合规定的试点纳税人提供融资性售后回租服务，以取得的全部价款和价外费用（不含本金），扣除对外支付的借款利息（包括外汇借款和人民币借款利息）、发行债券利息后的余额作为销售额（财税〔2016〕36号文附件2）
  - 5.试点纳税人中的一般纳税人提供客运场站服务，以其取得的全部价款和价外费用，扣除支付给承运方运费后的余额为销售额（财税〔2016〕36号文附件2）
  - 6.纳税人转让2016年4月30日前取得的土地使用权，可以选择适用简易计税方法，以取得的全部价款和价外费用减去取得该土地使用权的原价后的余额为销售额，按照5%的征收率计算缴纳增值税（财税〔2016〕47号）
  - 7.一般纳税人转让其2016年4月30日前取得（不含自建）的不动产，可以选择适用简易计税方法计税，以取得的全部价款和价外费用扣除不动产购置原价或者取得不动产时的作价后的余额为销售额，按照5%的征收率计算应纳税额（国家税务总局公告2016年第14号）
  - 8.提供物业管理服务的纳税人，向服务接受方收取的自来水水费，以扣除其对外支付的自来水水费后的余额为销售额，按照简易计税方法依3%的征收率计算缴纳增值税（国家税务总局公告2016年54号）
- 注3：纳税人提供建筑服务，按照规定允许从取得的全部价款和价外费用中扣除的分包款，是指支付给分包方的全部价款和价外费用（国家税务总局公告2019年第31号）
- 注4：“向政府部门支付的土地价款”，包括土地受让人向政府部门支付的征地和拆迁补偿费用、土地前期开发费用和土地出让收益等。在取得土地时向其他单位或个人支付的拆迁补偿费用也允许在计算销售额时扣除

四、差额征税的账务处理

1.发生成本费用时

按应付或实际支付的金额，借记“主营业务成本”“存货”“工程施工”等科目，贷记“应付账款”“应付票据”“银行存款”等科目

2.取得合规增值税扣税凭证且纳税义务发生时

按照允许抵扣的税额，借记“应交税费——应交增值税（销项税额抵减）”或“应交税费——简易计税”科目（小规模纳税人应借记“应交税费——应交增值税”目），贷记“主营业务成本”“存货”“工程施工”等科目

3.金融商品转让

- 以盈亏相抵后的余额作为销售额
- 金融商品实际转让月末
  - 产生转让收益：按应纳税额借记“投资收益”等科目，贷记“应交税费——转让金融商品应交增值税”科目
  - 产生转让损失：按可结转下月抵扣税额，借记“应交税费——转让金融商品应交增值税”科目，贷记“投资收益”等科目
- 交纳增值税时：应借记“应交税费——转让金融商品应交增值税”科目，贷记“银行存款”科目
- 年末：本科目如有借方余额，则借记“投资收益”等科目，贷记“应交税费——转让金融商品应交增值税”科目

政策依据：财会〔2016〕22号

五、小例子

某一般纳税人企业，2022年3月购入甲股票20万股160万元，每股市价8元；同年9月购入甲股票10万股110万元，每股市价11元。2023 年1月转让甲股票10万股，每股市价8元。2023年5月转让甲股票20万股，每股市价12元。不考虑其他业务影响，计算该企业转让甲股票应缴纳的增值税。

（一）2023年1月转让时：

1.买入价＝（160+110）÷30×10=90（万元）

2.卖出价＝8×10=80（万元）

3.转让股票销售额＝80−100=−20（万元）。

（二）2023年5月转让时：
1.买入价＝（160+110）÷30 ×20=180（万元）
2.卖出价＝12×20=240（万元）
3.转让股票销售额＝240−180−20=40（万元）
4.不含税销售额 ＝ 400000÷（1+6%）=377358.49（元）
5.应纳税额＝377358.49×6%＝22641.51（元）。

第三节　预征率和预缴税款

章节目录

- 一、需预缴增值税的事项
- 二、预征率及政策要点
- 三、辅导期纳税人预缴税款

一、需预缴增值税的事项

- 1.提供建筑服务
- 2.销售自行开发房地产
- 3.异地出租不动产
- 4.转让不动产
- 5.汇总纳税的分支机构预缴

二、预征率及政策要点

依据

- 2023.1.1～2023.12.31，按照现行规定应当预缴增值税税款的小规模纳税人，凡在预缴地实现的月销售额未超过10万元的，当期无需预缴税款。（国家税务总局公告2023年第1号）
- 2022.4.1～2022.12.31，增值税小规模纳税人适用3%预征率的预缴增值税项目，暂停预缴增值税（财政部 税务总局公告2022年第15号等）
- 2020.3.1～2022.3.31，2023.1.1～2023.12.31，增值税小规模纳税人适用3%征收率的应税销售收入，减按1%预征率预缴增值税（财政部　税务总局公告2023年第1号、国家税务总局公告2023年第1号等）

1.提供建筑服务

- 预征率
  - 一般计税　2%
  - 简易计税
    - 1%　适用于小规模纳税人（下同）
    - 3%
- 一般计税：应预缴税款=（全部价款和价外费用－支付的分包款）÷（1+9%）×2%
- 简易计税：应预缴税款=（全部价款和价外费用－支付的分包款）÷（1+征收率3%或1%）×3%或1%
- 政策要点
  - 异地项目
    - 收到预收款时在建筑服务发生地进行预缴
    - 纳税义务发生时进行预缴
  - 本地项目
    - 收到预收款时在机构所在地预缴
    - 在同一地级行政区范围内跨县（市、区）提供建筑服务属于本地项目（国家税务总局公告2017年第11号）

1.提供建筑服务

- 注意
  - 应按照工程项目分别计算应预缴税款，分别预缴
  - 结转扣除：纳税人取得的全部价款和价外费用扣除支付的分包款后的余额为负数的，可结转下次预缴税款时继续扣除
  - 扣除凭证：纳税人按照规定从取得的全部价款和价外费用中扣除支付的分包款，应当取得符合法律、行政法规和国家税务总局规定的合法有效凭证，包括：（注1）
- 依据：财税〔2016〕36号附件2、总局公告2016年第17号、总局公告2019年第31号、财税〔2017〕58号

注1

- 从分包方取得的2016年4月30日前开具的建筑业营业税发票在2016年6月30日前可作为预缴税款的扣除凭证
- 从分包方取得的2016年5月1日后开具的，备注栏注明建筑服务发生地所在县（市、区）、项目名称的增值税发票
- 国家税务总局规定的其他凭证

2.销售自行开发房地产

- 预征率　3%
- 一般计税　　应预缴税款=预收款÷（1+9%）×3%
- 简易计税　　应预缴税款=预收款÷（1+5%）×3%
- 政策要点
  - 采取预收款方式销售自行开发的房地产项目，应在收到预收款时预缴增值税，应在取得预收款的次月纳税申报期或主管税务机关核定的纳税期向主管税务机关预缴税款
  - 依据：财税〔2016〕36号附件2、国家税务总局公告2016年第18号

- **3.异地出租不动产**
  - 预征率
    - 一般计税 3%
    - 简易计税
      - 5%
      - 1.5%
  - 公式
    - 一般计税 应预缴税款=含税销售额÷（1+9%）×3%
    - 简易计税
      - 应预缴税款=含税销售额÷（1+5%）×5%
      - 个人出租住房应预缴税款=含税销售额÷（1+5%）×1.5%
      - 住房租赁企业向个人出租住房应预缴税款=含税销售额÷（1+1.5%）×1.5%（自2021年10月1日起）
  - 政策要点
    - 出租不动产，在不动产所在地预缴税款后，向机构所在地主管税务机关进行纳税申报
    - 其他个人出租不动产无需预缴增值税
    - 依据：财税〔2016〕36号附件2、国家税务总局公告2016年第16号、财政部 税务总局 住房城乡建设部公告2021年第24号

- **4.转让不动产**
  - 预征率 5%
  - 公式 应预缴税款=（含税销售额−可扣除）÷（1+5%）×5%
  - 政策要点
    - 转让不动产（不含自建），可扣除不动产购置原价或取得不动产时的作价，以扣除后的余额为销售额，即只要不是自建不动产，一般计税和简易计税在预缴时都可扣除
    - 不动产所在地预缴税款后，向机构所在地主管税务机关进行纳税申报
    - 其他个人按照规定向不动产所在地主管税务机关申报纳税
    - 北京市、上海市、广州市和深圳市地区个体工商户销售购买2年以上（含2年）的非普通住房需预缴增值税，预缴时可扣除购买住房价款
    - 依据：财税〔2016〕36号附件2、国家税务总局公告2016年第14号

- **5.汇总纳税的分支机构预缴**
  - 预征率
    - 航运企业分支机构 1%
    - 铁路分支机构 1%或3%
    - 邮政服务、银行、保险、移动、电信及省内连锁商店、餐饮分支机构 注2

5.汇总纳税的分支机构预缴

- 每年的第一个纳税申报期结束后，对上一年度总分机构汇总纳税情况进行清算。总机构和分支机构年度清算应交增值税，按照各自销售收入占比和总机构汇总的上一年度应交增值税税额计算（财税〔2013〕74号）
- 自2022年1月1日至2022年12月31日，航空和铁路运输企业分支机构暂停预缴增值税（财政部 税务总局公告2022年第 11号）

注2

- 预征率由省、自治区、直辖市或者计划单列市税务局商同级财政部门确定
- 依据：财税〔2020〕56号、财税〔2020〕30号、国家税务总局公告2013年第68号、国家税务总局公告2014年第5号、国家税务总局公告2014年第26号

三、辅导期纳税人预缴税款

- 辅导期纳税人一个月内多次领购专用发票的，应从当月第二次领购专用发票起，按照上一次已领购并开具的专用发票销售额的3%预缴增值税，未预缴增值税的，主管税务机关不得向其发售专用发票
- 预缴增值税时，纳税人应提供已领购并开具的专用发票记账联，主管税务机关根据其提供的专用发票记账联计算应预缴的增值税
- 依据：国税发〔2010〕40号

第七章 税收减免

第一节 增值税起征点

章节目录

- 一、概述
- 二、申报表填列
- 三、关联知识点

一、概述

- 增值税起征点的适用范围限于个人
- 个人　指个体工商户和其他个人
- 纳税人销售额未达到起征点的（注1）　免征增值税
- 达到起征点的　全额计算缴纳增值税
- 不适用　增值税起征点不适用于登记为一般纳税人的个体工商户

注1

- 增值税起征点的幅度规定如下：
- 按期纳税的，为月销售额5000-20000元（含本数）
- 按次纳税的，为每次（日）销售额300-500元（含本数）
- 起征点的调整由财政部和国家税务总局规定
- 省、自治区、直辖市财政厅（局）和国家税务局应当在规定的幅度内，根据实际情况确定本地区适用的起征点，并报财政部和国家税务总局备案

二、申报表填列

- 《增值税纳税申报表(小规模纳税人适用)》第11栏“未达起征点销售额”

再生资源销售方为依法依规无法申领发票的单位或者从事小额零星经营业务的自然人，应取得销售方开具的收款凭证及收购方内部凭证，或者税务机关代开的发票。小额零星经营业务是指自然人从事应税项目经营业务的销售额不超过增值税按次起征点的业务（财政部 税务总局公告2021年第40号）

三、关联知识点

- 企业所得税
  - 交易对方为从事小额零星经营业务（注2）的个人
  - 税前扣除凭证
    - 税务机关代开的发票
    - 或收款凭证（注3）
    - 或内部凭证
- 文化事业建设费
  - 未达到增值税起征点的缴纳义务人，免征文化事业建设费（财税〔2016〕60号）

注2　判断标准：个人从事应税项目经营业务的销售额不超过增值税相关政策规定的起征点（国家税务总局公告2018年第28号）

注3　应载明收款单位名称、个人姓名及身份证号、支出项目、收款金额等相关信息

第二节 增值税免税优惠

章节目录

- 一、农业相关
- 二、医疗卫生
- 三、科研文教
- 四、区域发展
- 五、军队相关
- 六、饲料
- 七、广播影视
- 八、助力残疾人
- 九、房屋、土地
- 十、金融保险
- 十一、居民日常
- 十二、小规模纳税人
- 十三、重组
- 十四、节能环保
- 十五、跨境
- 十六、捐赠
- 十七、其他

一、农业相关

1.农业生产者销售的自产农产品《中华人民共和国增值税暂行条例》（以下简称条例）第十五条（注1，注2）

2.销售政府储备食用植物油。并可对免税业务开具增值税专用发票（财税字〔1999〕198号、国税函〔2002〕531号）

3.承担粮食收储任务的国有粮食购销企业销售粮食、大豆免征增值税。并可对免税业务开具增值税专用发票（财税字〔1999〕198号、财税〔2014〕38号）

4.批发和零售的种子、种苗、农药、农机（财税〔2001〕113号）

5.生产销售农膜（财税〔2001〕113号）

6.生产销售和批发、零售有机肥产品（财税〔2008〕56号，总局公告2015年第86号）

7.生产销售和批发、零售滴灌带和滴灌管产品（财税〔2007〕83号）

8.对农民专业合作社向本社成员销售的农膜、种子、种苗、农药、农机（财税〔2008〕81号）

9.收取电价时一并向用户收取的农村电网维护费（国税函〔2009〕591号）

一、农业相关

10.销售自产人工合成牛胚胎（国税函〔2010〕97号）

11.对从事蔬菜批发、零售的纳税人销售的蔬菜（不含各种蔬菜罐头）免征增值税（财税〔2011〕137号）

12.对从事农产品批发、零售的纳税人销售的部分鲜活肉蛋产品免征增值税。不包括规定的国家珍贵、濒危野生动物及其鲜活肉类、蛋类产品（财税〔2012〕75号）

13.农业机耕、排灌、病虫害防治、植物保护、农牧保险以及相关技术培训业务，家禽、牲畜、水生动物的配种和疾病防治（财税〔2016〕36号附件3）

14.将土地使用权转让给农业生产者用于农业生产（财税〔2016〕36号附件3）

15.纳税人采取转包、出租、互换、转让、入股等方式将承包地流转给农业生产者用于农业生产（财税〔2017〕58号）

16.纳税人将国有农用地出租给农业生产者用于农业生产，免征增值税（财政部 税务总局公告2020年第2号）

17.自2019年1月1日至2023年12月31日，对饮水工程运营管理单位向农村居民提供生活用水取得的自来水销售收入（财政部 税务总局公告2021年第6号）

18.自2021年1月1日起至2023年12月31日，对边销茶生产企业销售自产的边销茶及经销企业销售的边销茶免征增值税（财政部、税务总局公告2021年第4号）

注1

- 指种植业、养殖业、林业、牧业、水产业
- 农业生产者，包括从事农业生产的单位和个人
- 农产品，是指初级农产品，具体范围由财政部、国家税务总局确定（见注4）

注2

一些纳税人采取“公司＋农户”经营模式从事畜禽饲养，即公司与农户签订委托养殖合同，向农户提供畜禽苗、饲料、兽药及疫苗等（所有权属于公司），农户饲养畜禽苗至成品后交付公司回收，公司将回收的成品畜禽用于销售。在上述经营模式下，纳税人回收再销售畜禽，属于农业生产者销售自产农产品，应根据条例的有关规定免征增值税（总局公告2013年第8号）

注2

- 对于农民个人按照竹器企业提供样品规格，自产或购买竹、芒、藤、木条等，再通过手工简单编织成竹制或竹芒藤柳混合坯具的，属于自产农业初级产品，应当免征销售环节增值税（国税函〔2005〕56号）
- 制种企业在下列生产经营模式（注3）下生产销售种子（总局公告2010年第17号）
- 对农民专业合作社销售本社成员生产的农业产品，视同农业生产者销售自产农业产品免征增值税（财税〔2008〕81号）

注3

- 利用自有土地或承租土地，雇佣农户或雇工进行种子繁育，再经烘干、脱粒、风筛等深加工后销售种子
- 提供亲本种子委托农户繁育并从农户手中收回，再经烘干、脱粒、风筛等深加工后销售种子

注4农产品

- 植物类
  - 粮食
    - 包括：小麦，稻谷，玉米，玉米胚芽，高粱，谷子和其他杂粮（如：大麦，燕麦等），以及经碾磨、脱壳等工艺加工后的粮食（如：面粉、米、玉米面、渣等）；挂面、切面、饺子皮、馄饨皮、面皮、米粉等粮食复制品
    - 以粮食为原料加工的速冻食品、方便面、副食品和各种熟食品，玉米浆、玉米皮、玉米纤维（又称喷浆玉米皮）和玉米蛋白粉，麦芽，淀粉不属于本货物的征税范围（以下简称不属于）
    - 依据：国税函〔1996〕744号、国税函〔2009〕177号、国家税务总局公告2012年第11号
  - 蔬菜　不属于：各种蔬菜罐头
  - 烟叶　不属于：专业复烤厂烤制的复烤烟叶
  - 茶叶　不属于：精制茶、边销茶及掺兑各种药物的茶和茶饮料
  - 园艺植物　不属于：各种水果罐头、果脯、蜜饯、炒制的果仁、坚果、碾磨后的园艺植物（如胡椒粉、花椒粉等）
  - 药用植物　不属于：中成药
  - 油料植物　不属于：皂脚，肉桂油、桉油、香茅油
  - 纤维植物

注4农产品

- 植物类
  - 糖料植物
  - 林业产品　不属于：锯材、竹笋罐头
  - 其他植物
- 动物类
  - 水产品　不属于：熟制的水产品和各类水产品的罐头
  - 畜牧产品　不属于：各种肉类罐头、肉类熟制品；各种蛋类的罐头、酸奶、奶酪、奶油、调制乳
  - 动物毛绒　不属于：洗净毛、洗净绒、水洗猪鬃
  - 其他动物组织　蚕茧、天然蜂蜜、动物树脂（如虫胶等）、其他动物组织（如动物骨、壳、兽角、动物血液、动物分泌物、蚕种、动物骨粒、人工合成牛胚胎等）
- 详见：财税字〔1995〕52号、国税函〔2006〕773号、国税函〔2008〕1007号、国税函〔2009〕625号、国家总局公告2010年第5号、国家税务总局公告2011年第20号、国家税务总局公告2012年第11号

二、医疗卫生

- 避孕药品和用具（条例第十五条）
- 医疗机构提供的医疗服务（财税〔2016〕36号附件3、财税〔2019〕20号）
- 2019年2月1日至2023年12月31日，医疗机构接受其他医疗机构委托，按照不高于医疗服务指导价格，提供《全国医疗服务价格项目规范》所列的各项服务，免征增值税（财税〔2019〕20号、财政部 税务总局公告2021年第6号）
- 2019年1月1日至2023年12月31日，对国产抗艾滋病病毒药品免征生产环节和流通环节增值税（财政部 税务总局公告2019年第73号、财政部 税务总局公告2021年第6号）
- 对非营利性医疗机构自产自用的制剂，免征增值税；对营利性医疗机构取得的收入，直接用于改善医疗卫生条件的，自其取得执业登记之日起，对其自产自用的制剂3年内免征增值税（财税〔2000〕42号）
- 不免
  - 1.对营利性医疗机构的药房分离为独立的药品零售企业，应按法规征收各项税收
  - 2.不按照国家法规的价格取得的卫生服务收入不免税。从事非医疗服务取得的收入，如租赁收入、财产转让收入、培训收入、对外投资收入等应按法规征收各项税收
  - 3.非营利性医疗机构的药房分离为独立的药品零售企业，应按法规征收各项税收
  - 依据：财税〔2000〕42号，财税〔2016〕36号附件3

三、科研文教

1.古旧图书，指向社会收购的古书和旧书（条例第十五条）

2.直接用于科学研究、科学试验和教学的进口仪器、设备（条例第十五条）

3.校办企业生产的应税货物，凡用于本校教学、科研方面的（财税〔2000〕92号）

4.进口图书、报刊资料免征增值税（财税字（1997）66号、财税字（1998）68号、财税字（1998）69号、财税字（1999）255号、财税〔2004〕69号）

5.纳税人提供技术转让、技术开发和与之相关的技术咨询、技术服务（财税〔2016〕36号附件3）

6.寺院、宫观、清真寺和教堂举办文化、宗教活动的门票收入（财税〔2016〕36号附件3）

7.纪念馆、博物馆、文化馆、文物保护单位管理机构、美术馆、展览馆、书画院、图书馆在自己的场所提供文化体育服务取得的第一道门票收入（财税〔2016〕36号附件3）

8.政府举办的从事学历教育的高等、中等和初等学校（不含下属单位），举办进修班、培训班取得的全部归该学校所有的收入（财税〔2016〕36号附件3）

9.政府举办的职业学校设立的主要为在校学生提供实习场所并由学校出资自办、由学校负责经营管理、经营收入归学校所有的（财税〔2016〕36号附件3）

10.对按照国家规定的收费标准向学生收取的高校学生公寓住宿费收入（财税〔2016〕82号）

11.托儿所、幼儿园提供的保育和教育服务（财税〔2016〕36号附件3）

12.学生勤工俭学提供的服务（财税〔2016〕36号附件3）

13.从事学历教育的学校提供的教育服务（财税〔2016〕36号附件3）

14.个人转让著作权（财税〔2016〕36号附件3）

15.自2018年1月1日起至2023年12月31日，科普单位的门票收入，以及县级及以上党政部门和科协开展科普活动的门票收入（财税〔2018〕53号、财政部 税务总局公告2021年第10号）

16.自2018年1月1日起至2023年12月31日，图书批发、零售环节免征增值税（财税〔2018〕53号、财政部 税务总局公告2021年第10号）

17.自2019年1月1日至2023年12月31日，对国家级、省级科技企业孵化器、大学科技园和国家备案众创空间向在孵对象提供孵化服务取得的收入免征增值税。孵化服务是指为在孵对象提供的经纪代理、经营租赁、研发和技术、信息技术、鉴证咨询服务（财税〔2018〕120号、财政部 税务总局公告2022年第4号）

18.自2018年5月1日至2023年12月31日，动漫软件出口免征增值税（财税〔2018〕91号、财政部 税务总局公告2021年第6号）

19.境外教育机构与境内从事学历教育的学校开展中外合作办学，提供学历教育服务取得的收入（总局公告2018年第42号）

三、科研文教

20.党报、党刊将其发行、印刷业务及相应的经营性资产剥离组建的文化企业，自注册之日起所取得的党报、党刊发行收入和印刷收入免征增值税（财税〔2019〕16号）

21.武汉军运会执行委员会、北京冬奥会、冬残奥会、杭州2022年亚运会和亚残运会、第18届世界中学生运动会等符合规定的收入（财税〔2018〕119号、财税〔2017〕60号、财税〔2019〕6号、财政部公告2019年第92号、财政部公告2020年第18号、财政部税务总局海关总署公告2020年第19号、财政部 税务总局公告2022年第1号、财政部、税务总局公告2022年第9号）

四、区域发展

横琴、平潭各自的区内企业之间销售其在本区内的货物，免征增值税和消费税。但上述企业之间销售的用于其本区内商业性房地产开发项目的货物，以及按规定被取消退税或免税资格的企业销售的货物，应按规定征收增值税和消费税（财税〔2014〕51号）

台湾航运公司、航空公司从事海峡两岸海上直航、空中直航业务在大陆取得的运输收入（财税〔2016〕36号附件3）

从事与新疆国际大巴扎项目有关的营改增应税业务（财税〔2017〕36号）

自2020年7月1日起，海南离岛免税店销售离岛免税商品免征增值税。联想：离岛免税政策见注5（财政部 海关总署 税务总局公告2020年第33号、国家税务总局公告2020年第16号、海关总署 财政部 税务总局公告2023年第25号）

注5

- 免税税种为关税、进口环节增值税和消费税
- 免税购物额度
  - 离岛旅客每年每人免税购物额度为10万元，不限次
  - 购买商品超出免税限额、限量的部分，照章征收进境物品进口税
  - 旅客购物后乘飞机、火车、轮船离岛记为1次免税购物
  - 自2023年4月1日起，离岛旅客可对单价超过5万元（含）的免税品选择“担保即提”提货方式；可对单价不超过2万元（不含）且在海关总署 财政部 税务总局公告2023年第25号附件清单内的免税品选择“即购即提”提货方式
- 免税商品
  - 单次购买数量
    - 化妆品 30件
    - 手机 4件
    - 酒类 合计≤1500ml
  - 已经购买的离岛免税商品属于消费者个人使用的最终商品，不得进入国内市场再次销售

五、军队相关

- 军队内部调拨供应物资（国税发〔1994〕121号）
- 军队系统各单位从事加工、修理修配武器及其零配件、弹药、军训器材、部队装备的业务收入（财税字〔1994〕11号）
- 随军家属就业（财税〔2016〕36号附件3），见注6
- 军队转业干部就业（财税〔2016〕36号附件3），见注7
- 军队空余房产租赁收入（财税〔2016〕36号附件3）

注6

- 1.为安置随军家属就业而新开办的企业，自领取税务登记证之日起，其提供的应税服务3年内免征增值税
- 享受税收优惠政策的企业，随军家属必须占企业总人数的60%（含）以上，并有军（含）以上政治和后勤机关出具的证明
- 2.从事个体经营的随军家属，自办理税务登记事项之日起，其提供的应税服务3年内免征增值税
- 随军家属必须有师以上政治机关出具的可以表明其身份的证明
- 按照上述规定，每一名随军家属可以享受一次免税政策

注7

- 1.从事个体经营的军队转业干部，自领取税务登记证之日起，其提供的应税服务3年内免征增值税
- 2.为安置自主择业的军队转业干部就业而新开办的企业，凡安置自主择业的军队转业干部占企业总人数60%（含）以上的，自领取税务登记证之日起，其提供的应税服务3年内免征增值税
- 享受上述优惠政策的自主择业的军队转业干部必须持有师以上部队颁发的转业证件

六、饲料

- 单一大宗饲料
  - 其范围仅限于糠麸、酒糟、鱼粉、草饲料、饲料级磷酸氢钙及除豆粕以外的其他粕类饲料产品
  - 饲用鱼油产品、饲料级磷酸二氢钙产品
  - （财税〔2001〕121号、国税函〔2010〕75号）
- 混合饲料
  - 其中单一大宗饲料、粮食及粮食副产品的参兑比例不低于95%（财税〔2001〕121号）
- 配合饲料
  - 精料补充料（财税〔2001〕121号）
- 复合预混料
  - 矿物质微量元素舔砖（国税函〔2005〕1127号）
- 浓缩饲料
  - （财税〔2001〕121号）

六、饲料

不属于
- 用于动物饲养的粮食、饲料添加剂（国税发〔1999〕39号）
- 膨化血粉、膨化肉粉、水解羽毛粉（国税函〔2009〕324号）
- 豆粕（财税〔2001〕121号、财税〔2001〕30号）
- 宠物饲料（国税函〔2002〕812号）

七、广播影视

- 自2019年1月1日至2023年12月31日，经批准的电影集团公司（含成员企业）、电影制片厂及其他电影企业取得的销售电影拷贝（含数字拷贝）收入、转让电影版权（包括转让和许可使用）收入、电影发行收入以及在农村取得的电影放映收入（财税〔2019〕17号）
- 自2019年1月1日至2023年12月31日，对广播电视运营服务企业收取的有线数字电视基本收视维护费和农村有线电视基本收视费（财税〔2019〕17号）
- 自2020年1月1日至2021年12月31日，纳税人提供电影放映服务取得的收入免征增值税（财政部 税务总局公告2020年第25号、财政部 税务总局公告2021年第7号）

八、助力残疾人

- 由残疾人的组织直接进口供残疾人专用的物品《中华人民共和国增值税暂行条例》第十五条
- 残疾人员本人为社会提供的服务（财税〔2016〕36号附件3）
- 残疾人福利机构提供的育养服务（财税〔2016〕36号附件3）
- 残疾人个人提供的加工、修理修配劳务（财税〔2016〕52号）

九、房屋、土地

1. 个人销售自建自用住房（财税〔2016〕36号附件3）
2. 为了配合国家住房制度改革，企业、行政事业单位按房改成本价、标准价出售住房取得的收入（财税〔2016〕36号附件3）
3. 涉及家庭财产分割的个人无偿转让不动产、土地使用权（财税〔2016〕36号附件3）
4. 土地所有者出让土地使用权和土地使用者将土地使用权归还给土地所有者（财税〔2016〕36号附件3）
5. 土地所有者依法征收土地，并向土地使用者支付土地及其相关有形动产、不动产补偿费的行为（财政部 税务总局公告2020年第40号）

九、房屋、土地

6.县级以上地方人民政府或自然资源行政主管部门出让、转让或收回自然资源使用权（不含土地使用权）（财税〔2016〕36号附件3）

7.北京市、上海市、广州市和深圳市之外的地区：个人将购买2年以上（含2年）的住房对外销售的（财税〔2016〕36号附件3）

8.北京市、上海市、广州市和深圳市：个人将购买2年以上（含2年）的普通住房对外销售的，免征增值税（财税〔2016〕36号附件3）

9.公共租赁住房经营管理单位出租公共租赁住房（国家税务总局公告2019年第61号）

十、金融保险

1.符合条件的利息收入　注8

2.符合条件的金融商品转让收入　注9

3.保险相关免税政策　注10

4.中国金币总公司出口的金银币免征（财税字〔1994〕49号）

5.生产黄金和白银免征增值税（财税明电〔1996〕1号）

6.对中国信达等4家金融资产管理公司接受相关国有银行的不良债权，借款方以货物、不动产、无形资产、有价证券和票据等抵充贷款本息的，免征资产公司销售转让该货物、不动产、无形资产、有价证券、票据以及利用该货物、不动产从事融资租赁业务应缴纳的增值税（财税〔2001〕10号）

7.黄金生产和经营单位销售黄金和黄金矿砂（含伴生金）（财税〔2002〕142号）

8.对被撤销金融机构财产用来清偿债务时，免征被撤销金融机构转让货物、不动产、无形资产、有价证券、票据等应缴纳的增值税（财税〔2003〕141号）

9.国有商业银行按财政部核定的数额，划转给金融资产管理公司的资产，在办理过户手续时，免征增值税（财税〔2003〕21号）

10.国内开采或加工的钻石，通过钻交所销售的，在国内销售环节免征增值税（国税发〔2006〕131号）

11.对国内钻石开采企业通过上海钻石交易所销售的自产毛坯钻石实行免征增值税政策（财税〔2006〕65号）

12.黄金期货交易免征增值税（财税〔2008〕5号）

13.上海期货保税交割免征增值税（财税〔2010〕108号）

14.自2012年1月1日起，对符合条件的纳税人销售的熊猫普制金币免征增值税（财税〔2012〕97号）

十、金融保险

15.金融资产管理公司免征增值税优惠（财税〔2013〕56号）

16.上海国际能源交易中心股份有限公司的会员和客户通过上海国际能源交易中心股份有限公司交易的原油期货保税交割业务，大连商品交易所的会员和客户通过大连商品交易所交易的铁矿石期货保税交割业务，暂免征收增值税（财税〔2015〕35号）

17.被撤销金融机构以货物、不动产、无形资产、有价证券、票据等财产清偿债务（财税〔2016〕36号附件3）

18.自2018年1月1日至2023年12月31日，纳税人为农户、小型企业、微型企业及个体工商户借款、发行债券提供融资担保取得的担保费收入，以及为上述融资担保（以下称“原担保”）提供再担保取得的再担保费收入，免征增值税。再担保合同对应多个原担保合同的，原担保合同应全部适用免征增值税政策。否则，再担保合同应按规定缴纳增值税（财税〔2017〕90号、财政部 税务总局公告2020年第22号）

19.自2018年11月30日至2023年11月29日，对经国务院批准对外开放的货物期货品种保税交割业务，暂免征收增值税（财政部 税务总局公告2020年第12号）

20.对个人投资者转让创新企业CDR取得的差价收入，暂免征收增值税。自试点开始之日（首只创新企业CDR取得国务院证券监督管理机构的发行批文之日）起，对公募证券投资基金（封闭式证券投资基金、开放式证券投资基金）管理人运营基金过程中转让创新企业CDR取得的差价收入，三年内暂免征收增值税。对合格境外机构投资者（QFII）、人民币合格境外机构投资者（RQFII）委托境内公司转让创新企业CDR取得的差价收入，暂免征收增值税（财政部 税务总局 证监会公告2019年第52号）

注8利息收入

1.自2016年1月1日起，中国邮政集团公司及其所属邮政企业为金融机构代办金融保险业务取得的代理收入，在营改增试点期间免征增值税（财税〔2016〕83号）

2.自2017年12月1日至2023年12月31日，对金融机构向农户、小型企业、微型企业及个体工商户发放小额贷款（单户授信≤100万元）取得的利息收入，免征增值税（财税〔2017〕77号、财政部、税务总局公告2020年第22号）

注8利息收入

3.自2018年9月1日至2023年12月31日，对金融机构向小型企业、微型企业和个体工商户发放小额贷款（单户授信≤1000万元）取得的利息收入，免征增值税。（财税〔2018〕91号、财政部 税务总局公告2021年第6号）

4.自2017年1月1日至2023年12月31日，对经省级金融管理部门（金融办、局等）批准成立的小额贷款公司取得的农户小额贷款利息收入，免征增值税(财税〔2017〕48号、财政部、税务总局公告2020年第22号)

5.自2019年8月20日至2023年12月31日，金融机构向小型企业、微型企业和个体工商户发放1年期以上（不含1年）至5年期以下（不含5年）小额贷款取得的利息收入（财政部 税务总局公告2020年第40号、财政部、税务总局公告2021年第6号）

6.国家助学贷款利息收入免征增值税（财税〔2016〕36号附件3）

7.国债、地方政府债利息收入免征增值税（财税〔2016〕36号附件3）

8.人民银行对金融机构的贷款利息收入免征增值税（财税〔2016〕36号附件3）

9.住房公积金管理中心用住房公积金在指定的委托银行发放的个人住房贷款利息收入免征增值税（财税〔2016〕36号附件3）

10.外汇管理部门在从事国家外汇储备经营过程中，委托金融机构发放的外汇贷款利息收入免征增值税（财税〔2016〕36号附件3）

11.统借统还业务中，企业集团或企业集团中的核心企业以及集团所属财务公司按不高于支付给金融机构的借款利率水平或者支付的债券票面利率水平，向企业集团或者集团内下属单位收取的利息收入免征增值税（财税〔2016〕36号附件3）

12.自2019年2月1日至2023年12月31日，对企业集团内单位（含企业集团）之间的资金无偿借贷行为（此前已发生未处理的事项，按该规定执行）利息收入免征增值税（财税〔2019〕20号、财政部 税务总局公告2021年第6号）

13.对社保基金会、社保基金投资管理人在运用社保基金投资过程中，提供贷款服务取得的全部利息及利息性质的收入免征增值税（财税〔2018〕94号）

注8利息收入

14.对社保基金会及养老基金投资管理机构在国务院批准的投资范围内，运用养老基金投资过程中，提供贷款服务取得的全部利息及利息性质的收入免征增值税（财税〔2018〕95号）

15.自2018年11月7日起至2025年12月31日止，对境外机构投资境内债券市场取得的债券利息收入暂免征收增值税（财税〔2018〕108号、财政部 税务总局公告2021年第34号）

16.金融同业往来利息收入 注11

注9金融商品转让收入

1.合格境外投资者（QFII）委托境内公司在我国从事证券买卖业务

2.香港市场投资者（包括单位和个人）通过沪港通买卖上海证券交易所上市A股

3.对香港市场投资者（包括单位和个人）通过基金互认买卖内地基金份额

4.证券投资基金（封闭式证券投资基金，开放式证券投资基金）管理人运用基金买卖股票、债券

5.个人从事金融商品转让业务

6.经人民银行认可的境外机构投资银行间本币市场取得的收入

7.全国社会保障基金理事会、全国社会保障基金投资管理人运用全国社会保障基金买卖证券投资基金、股票、债券取得的金融商品转让收入

8.对社保基金会、养老基金投资管理机构、社保基金投资管理人在运用社保基金投资过程中，提供贷款服务取得的全部利息及利息性质的收入和金融商品转让收入

9.对社保基金会及养老基金投资管理机构在国务院批准的投资范围内，运用养老基金投资过程中，提供贷款服务取得的全部利息及利息性质的收入和金融商品转让收入

（财税〔2016〕36号附件3、财税〔2016〕39号、财税〔2016〕70号、财税〔2018〕94号、财税〔2018〕95号）

注10保险相关

1.保险公司开办的一年期以上人身保险产品取得的保费收入（财税〔2016〕36号附件3、财税〔2016〕46号）

2.符合条件的国际航运保险业务（财税〔2016〕39号）

3.境内保险公司向境外保险公司提供的完全在境外消费的再保险服务（财税〔2016〕68号）

注10保险相关

4.中国邮政集团公司及其所属邮政企业为金融机构代办金融保险业务取得的代理收入（财税〔2016〕83号）

5.试点纳税人提供再保险服务（境内保险公司向境外保险公司提供的再保险服务除外），实行与原保险服务一致的增值税政策（财税〔2016〕68号）

6.自2020年10月1日至2023年12月31日，对注册在广州市的保险企业向注册在南沙自贸片区的企业提供国际航运保险业务取得的收入，免征增值税（财税〔2020〕48号）

注11金融同业往来利息收入

1.金融机构与人民银行所发生的资金往来业务

2.银行联行往来业务

3.金融机构间的资金往来业务

4.同业存款

5.同业借款

6.同业代付

7.买断式买入返售金融商品

8.持有金融债券

9.同业存单

（财税〔2016〕36号附件3、财税〔2016〕70号、财税〔2017〕58号）

十一、居民日常

其他个人销售的自己使用过的物品（条例第十五条）

养老机构提供的养老服务（财税〔2016〕36号附件3、财税〔2019〕20号）

殡葬服务（财税〔2016〕36号附件3）

婚姻介绍服务（财税〔2016〕36号附件3）

福利彩票、体育彩票的发行收入（财税〔2016〕36号附件3）

家政服务企业由员工制家政服务员提供家政服务取得的收入（财税〔2016〕36号附件3，财政部公告2019年第76号）

中国邮政集团公司及其所属邮政企业提供的邮政普遍服务和邮政特殊服务（财税〔2016〕39号）

为社区提供养老、托育、家政等服务的机构，提供社区养老、托育、家政服务取得的收入（财政部公告2019年第76号）

养老托育服务机构提供养老托育服务取得的收入（发改财金〔2022〕1356号）

十一、居民日常

- 自2020年1月1日至2021年3月31日、2022年1月1日至2022年12月31日，对纳税人提供公共交通运输服务取得的收入，免征增值税（财政部税务总局公告2020年第8号、财政部 税务总局公告2021年第7号、财政部 税务总局公告2022年第11号）
- 自2020年1月1日至2021年3月31日、2022年5月1日至2022年12月31日，对纳税人为居民提供必需生活物资快递收派服务取得的收入，免征增值税（财政部税务总局公告2020年第8号、财政部 税务总局公告2021年第7号、财政部 税务总局公告2022年第18号）

tips

- 确认免税收入
  借：银行存款
  　贷：主营业务收入
- 结转成本时
  借：主营业务成本
  　贷：库存商品
  　　应交税费——应交增值税（进项税额转出）
- 依据
  对纳税人提供公共交通运输服务、生活服务，以及为居民提供必需生活物资快递收派服务取得的收入，免征增值税，免征的增值税部分计入营业收入（财政部会计司2021年3月15日回复，留言编号8265-3653562）

十二、小规模纳税人

1.最新政策

自2023年1月1日至2023年12月31日，小规模纳税人发生增值税应税销售行为，合计月销售额未超过10万元（以1个季度为1个纳税期的，季度销售额未超过30万元）的，免征增值税（财政部 税务总局公告2023年第1号）

2.政策沿革

2013.8.1-2014.9.30	月销售额≤2万（季度销售额≤6万）免
2014.10.1-2018.12.31	月销售额≤3万（季度销售额≤9万）免
2019.1.1-2021.3.31	月销售额≤10万（季度销售额≤30万）免
2021.4.1-2022.12.31	月销售额≤15万（季度销售额≤45万）免
2023.1.1-2023.12.31	月销售额≤10万（季度销售额≤30万）免

3.政策要点

- 1.小规模纳税人发生增值税应税销售行为，合计月销售额超过10万元，但扣除本期发生的销售不动产的销售额后未超过10万元的，其销售货物、劳务、服务、无形资产取得的销售额免征增值税
- 2.适用增值税差额征税政策的小规模纳税人，以差额后的销售额确定是否可以享受规定的免征增值税政策
- 3.其他个人，采取一次性收取租金形式出租不动产取得的租金收入，可在对应的租赁期内平均分摊，分摊后的月租金收入未超过10万元的，免征增值税
- 4.按照现行规定应当预缴增值税税款的小规模纳税人，凡在预缴地实现的月销售额未超过10万元的，当期无需预缴税款
- 5.保险、证券代理人属于按期纳税的小规模纳税人，可以适用月销售额不超过10万元免征增值税优惠政策
- 6.总局公告2014年第32号规定的光伏发电项目发电户，销售电力产品时可以享受小规模纳税人月销售额10万元以下免税政策
- 依据：国家税务总局公告2023年第1号

4.申报表填写

- “免税销售额”相关栏次，填写差额后的销售额
- 不用选择减免性质代码
- 无需填报《增值税减免税申报明细表》
- 企业：免税销售额应填入《增值税及附加税费申报表（小规模纳税人适用）》第10栏“小微企业免税销售额”
- 个体工商户：免税销售额填写在第11栏“未达起征点销售额”

5.会计处理

- 取得销售收入时：
  借：应收账款/银行存款等
  贷：主营业务收入等
  应交税费——应交增值税
- 达到免税条件时：
  借：应交税费——应交增值税
  贷：其他收益
  营业外收入(小企业会计准则）
- 依据　财会〔2016〕22号

十三、重组

- 债转股企业将实物资产投入到新公司（国办发〔2003〕8号）
- 中国联合网络通信集团有限公司、对中国邮政集团公司等业务重组（财税〔2011〕13号）
- 中国邮政集团公司对中国邮政速递物流股份有限公司等业务重组（财税〔2011〕116号）
- 文化事业单位重组转制（财税〔2011〕3号、财税〔2011〕27号、财税〔2011〕120号）
- 中国邮政集团公司对中国邮政储蓄银行有限责任公司等业务重组免征增值税（财税〔2013〕53号）

十四、节能环保

1.各级政府及主管部门委托自来水厂（公司）随水费收取的污水处理费（财税〔2001〕97号）

2.节能服务公司实施符合条件的合同能源管理项目，将项目中的增值税应税货物转让给用能企业，暂免征收增值税（财税〔2010〕110号）

3.符合条件的合同能源管理服务（财税〔2016〕36号附件3）

4.自2019年1月1日至2023年供暖期结束，供热企业向居民个人供热取得的采暖费收入（财税〔2019〕38号、财政部税务总局公告2021年第6号）

十五、跨境

1.境内的单位和个人销售的下列服务和无形资产（注12）免征增值税，但财政部和国家税务总局规定适用增值税零税率的除外（财税〔2016〕36号附件4）

2.按照国家有关规定应取得相关资质的国际运输服务项目，纳税人取得相关资质的，适用增值税零税率政策，未取得的，适用增值税免税政策（财税〔2016〕36号附件4）

3.境内的单位和个人提供适用增值税零税率的服务或者无形资产，如果属于适用简易计税方法的，实行免征增值税办法（财税〔2016〕36号附件4）

4.境内的单位和个人销售适用增值税零税率的服务或无形资产的，可以放弃适用增值税零税率，选择免税或按规定缴纳增值税（财税〔2016〕36号附件4）

5.市场经营户自营或委托市场采购贸易经营者以市场采购贸易方式出口的货物免征增值税（税务总局公告2015年第89号）

- 十五、跨境
  - 6.纳税人提供的直接或者间接国际货物运输代理服务免征增值税（财税〔2016〕36号附件3）
  - 7.自2022年1月1日至2025年12月31日，对境内单位和个人发生的下列跨境应税行为免征增值税：（1）以出口货物为保险标的的产品责任保险；（2）以出口货物为保险标的的产品质量保证保险（财政部、税务总局公告2021年第37号）
  - 注12
    - 1.下列服务：工程项目在境外的建筑服务、工程监理服务，工程、矿产资源在境外的工程勘察勘探服务，会议展览地点在境外的会议展览服务，存储地点在境外的仓储服务，标的物在境外使用的有形动产租赁服务，在境外提供的广播影视节目(作品)的播映服务，在境外提供的文化体育服务、教育医疗服务、旅游服务
    - 2.为出口货物提供的邮政服务、收派服务、保险服务
    - 3.向境外单位提供的完全在境外消费的下列服务和无形资产：电信服务，知识产权服务，物流辅助服务（仓储服务、收派服务除外），鉴证咨询服务，专业技术服务，商务辅助服务，广告投放地在境外的广告服务，无形资产
    - 4.以无运输工具承运方式提供的国际运输服务
    - 5.为境外单位之间的货币资金融通及其他金融业务提供的直接收费金融服务，且该服务与境内的货物、无形资产和不动产无关
    - 6.财政部和国家税务总局规定的其他服务

- 十六、捐赠
  - 1.外国政府、国际组织无偿援助的进口物资和设备（条例第十五条第五项）
  - 2.自2001年8月1日起，对外国政府和国际组织无偿援助项目在国内采购的货物免征增值税，同时允许销售免税货物的单位，将免税货物的进项税额在其他内销货物的销项税额中抵扣（财税〔2002〕2号）
  - 3.对境外捐赠人无偿向受赠人捐赠的直接用于慈善事业的物资；《慈善捐赠物资免征进口税收暂行办法》（财政部 海关总署 国家税务总局公告2015年第102号）
  - 4.自2019年1月1日至2025年12月31日，对单位或者个体工商户将自产、委托加工或购买的货物通过公益性社会组织、县级及以上人民政府及其组成部门和直属机构，或直接无偿捐赠给目标脱贫地区的单位和个人，免征增值税（财政部 税务总局 国务院扶贫办公告2019年第55号、财政部 税务总局 人力资源社会保障部 国家乡村振兴局公告2021年第18号）

十七、其他

- 1.对铁路系统内部单位为本系统修理货车的业务（财税〔2001〕54号）
- 2.自2001年8月1日起，对外国政府和国际组织无偿援助项目在国内采购的货物免征增值税，同时允许销售免税货物的单位，将免税货物的进项税额在其他内销货物的销项税额中抵扣（财税〔2002〕2号）
- 3.行政单位之外的其他单位收取的符合规定条件的政府性基金和行政事业性收费（财税〔2016〕36号附件3）
- 4.国家商品储备管理单位及其直属企业承担商品储备任务，从中央或者地方财政取得的利息补贴收入和价差补贴收入（财税〔2016〕36号附件3）
- 5.社会团体收取的会费（注13）（财税〔2017〕90号）
- 6.法律援助人员按照《中华人民共和国法律援助法》规定获得的法律援助补贴（财政部 税务总局公告2022年第25号）

注13 会费，是指社会团体在国家法律法规、政策许可的范围内，依照社团章程的规定，收取的个人会员、单位会员和团体会员的会费

兼营免税、减税项目 纳税人兼营免税、减税项目的，应当分别核算免税、减税项目的销售额；未分别核算销售额的，不得免税、减税（条例第十六条）

销售货物或者应税劳务 可以放弃免税，依照规定缴纳增值税。放弃免税后，36个月内不得再申请免税（细则第三十六条）

销售服务、无形资产或者不动产 可以放弃免税、减税，依照规定缴纳增值税。放弃免税、减税后，36个月内不得再申请免税、减税（财税〔2016〕36号附件1）

一般纳税人放弃免税、减税权

- 应当以书面形式提交纳税人放弃免（减）税权声明，报主管税务机关备案
- 自提交备案资料的次月起，按照规定计算缴纳增值税
- 依据：税务总局公告2020年第9号

小规模纳税人 提供免税服务取得的收入已开具增值税专用发票的，应按照发票注明的销售额和征收率计算缴纳增值税。未开具增值税专用发票的，可以按照规定免征增值税

同时适用免税和零税率

- 纳税人发生应税行为同时适用免税和零税率规定的，纳税人可以选择适用免税或者零税率（财税〔2016〕36号附件1）
- 境内的单位和个人销售适用增值税零税率的服务或无形资产的，可以放弃适用增值税零税率，选择免税或按规定缴纳增值税。放弃适用增值税零税率后，36个月内不得再申请适用增值税零税率（财税〔2016〕36号附件4）

优惠办理程序

- 单位和个体工商户适用增值税减征、免征政策的，在增值税纳税申报时按规定填写申报表相应减免税栏次即可享受，相关政策规定的证明材料留存备查（国家税务总局公告2021年第4号）

第三节 即征即退

章节目录

一、征管规定
二、限额即征即退
三、超税负即征即退
四、按比例即征即退
五、会计处理

一、征管规定

即征即退是指对按税法规定缴纳的增值税税款，由税务机关在征税时部分或全部退还纳税人的一种税收优惠

- 首次申请增值税退税：向主管税务机关提供退税申请材料和相关政策规定的证明材料
- 后续申请退税
  - 相关证明材料未发生变化的：无需重复提供，仅需提供退税申请材料并在退税申请中说明有关情况
  - 享受增值税即征即退条件发生变化——应当在发生变化后首次纳税申报时向主管税务机关书面报告
- 停止享受：除另有规定外，不再符合增值税优惠条件的，应当自不符合增值税优惠条件的当月起，停止享受增值税优惠

依据：国家税务总局公告2021年第4号

- 先退税后评估：主管税务机关对即征即退企业增值税退税的事后管理，根据以下指标（注1）定期开展纳税评估（国家税务总局公告2011年第60号）
- 与信用级别衔接：纳税人享受增值税即征即退政策，有纳税信用级别条件要求的，以纳税人申请退税税款所属期的纳税信用级别确定。申请退税税款所属期内纳税信用级别发生变化的，以变化后的纳税信用级别确定（国家税务总局公告2019年第45号）

  例：2020年4月，某纳税人纳税信用级别被评定为D级，而此前该纳税人纳税信用级别为A级。2020年6月，纳税人向税务机关提出即征即退申请，申请退还2019年12月至2020年5月间（6个月）资源综合利用项目的应退税款。按照规定，如纳税人符合其他相关条件，税务机关应为其办理2019年12月至2020年3月所属期的退税，而2020年4月至5月所属期对应的税款，不应给予退还

一、征管规定

与留抵退税的衔接

- 纳税人自2019年4月1日起已取得留抵退税款的，不得再申请享受增值税即征即退、先征后返（退）政策。纳税人可以在2022年10月31日前一次性将已取得的留抵退税款全部缴回后，按规定申请享受增值税即征即退、先征后返（退）政策
- 纳税人自2019年4月1日起已享受增值税即征即退、先征后返（退）政策的，可以在2022年10月31日前一次性将已退还的增值税即征即退、先征后返（退）税款全部缴回后，按规定申请退还留抵税额
- 依据：财政部 税务总局公告2022年第14号

与出口免抵退税衔接

- 纳税人既有增值税即征即退、先征后退项目，也有出口等其他增值税应税项目的，增值税即征即退和先征后退项目不参与出口项目免抵退税计算。纳税人应分别核算增值税即征即退、先征后退项目和出口等其他增值税应税项目，分别申请享受增值税即征即退、先征后退和免抵退税政策
- 用于增值税即征即退或者先征后退项目的进项税额无法划分的，按照下列公式计算：无法划分进项税额中用于增值税即征即退或者先征后退项目的部分=当月无法划分的全部进项税额×当月增值税即征即退或者先征后退项目销售额÷当月全部销售额、营业额合计
- 依据：国家税务总局公告2011年第69号

tips

- 加计抵减可以是即征即退项目，享受留抵退税必须未享受即征即退、先征后返（退）政策
- 即征后退属于财政性资金，除满足规定条件外，应计入企业所得税收入总额（财税〔2008〕151号、财税〔2011〕70号）
- 企业取得即征即退，应当按照实际取得收入的时间确认收入（国家税务总局公告2021年第17号）

注1 销售额变动率

- 1.本期销售额环比变动率＝（本期即征即退货物和劳务销售额－上期即征即退货物和劳务销售额）÷上期即征即退货物和劳务销售额×100%
- 2.本期累计销售额环比变动率＝（本期即征即退货物和劳务累计销售额－上期即征即退货物和劳务累计销售额）÷上期即征即退货物和劳务累计销售额×100%
- 3.本期销售额同比变动率＝（本期即征即退货物和劳务销售额－去年同期即征即退货物和劳务销售额）÷去年同期即征即退货物和劳务销售额×100%

注1

销售额变动率：4.本期累计销售额同比变动率＝（本期即征即退货物和劳务累计销售额−去年同期即征即退货物和劳务累计销售额）÷去年同期即征即退货物和劳务累计销售额×100%

增值税税负率：增值税税负率＝本期即征即退货物和劳务应纳税额÷本期即征即退货物和劳务销售额×100%

二、限额即征即退

享受主体：安置残疾人的单位和个体工商户

限额：每人每月当地月最低工资标准的4倍确定

月应退税额=：纳税人本月安置残疾人员人数×本月月最低工资标准的4倍

享受条件

- 纳税人（除盲人按摩机构外）月安置的残疾人占在职职工人数的比例不低于25%（含25%），并且安置的残疾人人数不少于10人（含10人）；盲人按摩机构月安置的残疾人占在职职工人数的比例不低于25%（含25%），并且安置的残疾人人数不少于5人（含5人）
- 依法与安置的每位残疾人签订了一年以上（含一年）的劳动合同或服务协议
- 通过银行等金融机构向安置的每位残疾人，按月支付了不低于纳税人所在区县适用的经省人民政府批准的月最低工资标准的工资
- 为安置的每位残疾人按月足额缴纳了基本养老保险、基本医疗保险、失业保险、工伤保险和生育保险等社会保险

注意事项

- 残疾人，是指法定劳动年龄内，持有《中华人民共和国残疾人证》或者《中华人民共和国残疾军人证（1至8级）》的自然人，包括具有劳动条件和劳动意愿的精神残疾人
- 仅适用于生产销售货物，提供加工、修理修配劳务，提供现代服务和生活服务（不含文化体育服务和娱乐服务）达到增值税收入50%
- 不适用直接销售外购及销售委托加工货物
- 不能分别核算的不得享受
- 不属于信用等级C级或D级
- 如果既适用促进残疾人就业增值税优惠政策，又适用重点群体、退役士兵、随军家属、军转干部等支持就业的增值税优惠政策的，纳税人可自行选择适用的优惠政策，但不能累加执行。一经选定，36个月内不得变更

注意事项
- 不足退还的可结转本纳税年度内以后纳税期退还，但不得结转以后年度退还
- 残疾人个人提供的加工、修理修配劳务，免征增值税。残疾人个人，是指自然人，不包括残疾人个人办的个体工商户

注2 特殊教育学校举办的企业，只要符合该条件，即可享受残疾人限额即征即退政策。这类企业在计算残疾人人数时可将在企业上岗工作的特殊教育学校的全日制在校学生计算在内，在计算企业在职职工人数时也要将上述学生计算在内（财税〔2004〕39号、财税〔2016〕52号）

依据 财税〔2016〕52号、国家税务总局公告2016年第33号

三、超税负即征即退

6% 实际税负超过6%的部分即征即退 — 飞机维修(财税〔2000〕102号)

3% 实际税负超过3%的部分即征即退
- 软件产品 注3
- 动漫产业 注4
- 有形动产融资租赁 注5
- 管道运输 注6

注3软件产品
- 即征即退税额=当期该产品增值税应纳税额－当期该产品销售额×3%
- 一般纳税人销售自行开发生产的软件产品
- 将进口软件产品进行本地化改造（注：单纯对进口软件产品进行汉字化处理不包括在内）
- 取得《软件产品登记证书》或《计算机软件著作权登记证书》
- 嵌入式软件产品应剔除硬件产品销售额
- 增值税一般纳税人在销售软件产品的同时销售其他货物或者应税劳务的，对于无法划分的进项税额，应按照实际成本或销售收入比例确定软件产品应分摊的进项税额；对专用于软件产品开发生产设备及工具的进项税额，不得进行分摊
- 依据：财税〔2011〕100号

注4动漫产业
- 对动漫企业增值税一般纳税人销售其自主开发生产的动漫软件，按照13%的税率征收增值税后，对其增值税实际税负超过3%的部分，实行即征即退政策
- 2018年5月1日至2023年12月31日
- 财税〔2018〕38号、财政部 税务总局公告2021年第6号

注5有形动产融资租赁

经人民银行、银监会或者商务部批准从事融资租赁业务的试点纳税人中的一般纳税人，提供有形动产融资租赁服务和有形动产融资性售后回租服务，对其增值税实际税负超过3%的部分实行增值税即征即退政策（财税〔2016〕36号附件3）

注6管道运输

一般纳税人提供管道运输服务，对其增值税实际税负超过3%的部分实行增值税即征即退政策（财税〔2016〕36号附件3）

四、按比例即征即退

退税比例

- 资源综合利用 100%、70%、50%、30%
- 新型墙体材料 50%
- 风力发电 50%
- 黄金期货交易、铂金交易 100%

（一）资源综合利用

财政部 税务总局公告2021年第40号

1.享受条件

（1）属于增值税一般纳税人

（2）销售的资源综合利用产品是自产的

（3）综合利用的资源名称、综合利用产品和劳务名称、技术标准和相关条件、退税比例等按照《资源综合利用产品和劳务增值税优惠目录（2022年版）》（以下简称《目录》）的相关规定执行

（4）销售综合利用产品和劳务，不属于发展改革委《产业结构调整指导目录》中的淘汰类、限制类项目

（5）销售综合利用产品和劳务，不属于生态环境部《环境保护综合名录》中的“高污染、高环境风险”产品或重污染工艺

（6）综合利用的资源，属于生态环境部《国家危险废物名录》列明的危险废物的，应当取得省级或市级生态环境部门颁发的《危险废物经营许可证》，且许可经营范围包括该危险废物的利用

（7）纳税人申请享受规定的即征即退政策时，申请退税税款所属期前6个月（含所属期当期）不得发生下列情形（注7）

（8）纳税信用级别不为C级或D级

（9）纳税人应当取得发票或凭证（注8）而未取得的，该部分再生资源对应产品的销售收入不得适用规定的即征即退规定

（10）纳税人应建立再生资源收购台账，留存备查。纳税人现有账册、系统能够包括上述内容的，无需单独建立台账

2.征管规定

- （1）纳税人在办理退税事宜时，应向主管税务机关提供其符合规定的条件以及《目录》规定的技术标准和相关条件的书面声明，并在书面声明中如实注明未取得发票或相关凭证以及接受环保、税收处罚等情况。未提供书面声明的，税务机关不得给予退税
- （2）已享受增值税即征即退政策的纳税人，自不符合规定的条件以及《目录》规定的技术标准和相关条件的当月起，不再享受规定的增值税即征即退政策
- （3）各省、自治区、直辖市、计划单列市税务机关在对本地区上一年度享受规定的增值税即征即退或免税政策的纳税人进行公示（每年3月底前）前，应会同本地区生态环境部门，再次核实纳税人受环保处罚情况
- （4）已享受规定的增值税即征即退政策的纳税人，在享受增值税即征即退政策后，出现（注7）规定情形的，自处罚决定作出的当月起6个月内不得享受增值税即征即退政策。如纳税人连续12个月内发生两次以上（注7）规定的情形，自第二次处罚决定作出的当月起36个月内不得享受增值税即征即退政策。相关处罚决定被依法撤销、变更、确认违法或者确认无效的，符合条件的纳税人可以重新申请办理退税事宜

注7

- 因违反生态环境保护的法律法规受到行政处罚（警告、通报批评或单次10万元以下罚款、没收违法所得、没收非法财物除外；单次10万元以下含本数，下同）
- 因违反税收法律法规被税务机关处罚（单次10万元以下罚款除外），或发生骗取出口退税、虚开发票的情形

注8

- 从境内收购
  - 从销售方取得增值税发票（免税应按规定取得增值税普通发票）
  - 依法依规无法申领发票的单位（注9）、小额零星经营业务的自然人（注10）◎ 销售方开具的收款凭证及收购方内部凭证或税务机关代开的发票
- 从境外收购
  - 取得海关进口增值税专用缴款书
  - 或者从销售方取得具有发票性质的收款凭证、相关税费缴纳凭证

注9 国家机关、个人和无固定生产、经营场所的流动性农村小商贩（国家税务总局令第36号）

注10

小额零星经营业务

- 是指自然人从事应税项目经营业务的销售额不超过增值税按次起征点的业务（财政部 税务总局公告2021年第40号）
- 按次纳税的，为每次（日）销售额300–500元（含本数）（《中华人民共和国增值税暂行条例实施细则》、财税〔2016〕36号附件1）

（二）新型墙体材料

- 对纳税人销售自产的《享受增值税即征即退政策的新型墙体材料目录》的新型墙体材料，实行增值税即征即退50%的政策
- 同时符合
  - 销售自产的新型墙体材料，不属于国家发展和改革委员会《产业结构调整指导目录》中的淘汰类、限制类项目
  - 销售自产的新型墙体材料，不属于环境保护部《环境保护综合名录》中的“高污染、高环境风险”产品或者重污染工艺
  - 纳税信用等级不属于税务机关评定的C级或D级
- 依据：财税〔2015〕73号、财政部、税务总局公告2021年第40号

（三）风力发电

- 纳税人销售自产的利用风力生产的电力产品，实行增值税即征即退50%的政策
- 依据：财税〔2015〕74号

（四）黄金期货交易

- 发生实物交割并已出库的，由税务机关按照实际交割价格代开增值税专用发票，并实行增值税即征即退的政策
- 依据：财税〔2008〕5号

（五）铂金交易

- 对中博世金科贸有限责任公司通过上海黄金交易所销售的进口铂金，以上海黄金交易所开具的《上海黄金交易所发票》（结算联）为依据，实行增值税即征即退政策
- 国内铂金生产企业自产自销的铂金也实行增值税即征即退政策
- 对铂金制品加工企业和流通企业销售的铂金及其制品仍按现行规定征收增值税
- 依据：财税〔2003〕86号

五、会计处理

1.本月上交以前期间应交未交的增值税

借：应交税费——未交增值税

　　贷：银行存款

2.收到即征即退款时

借：银行存款

　　贷：其他收益

第四节 先征后退

章节目录

- 一、概念
- 二、适用范围
- 三、注意事项
- 四、会计处理

一、概念

先征后退是指按税法规定缴纳的税款，由税务机关征收入库后，再由税务机关按规定的程序给予部分或全部退税的一种税收优惠

tips

先征后退	税务机关退税	入库后退
先征后返	财政部门返还	入库后退
即征即退	税务机关退税	征税时退

二、适用范围

图书出版行业

- 出版环节100%先征后退（注1）
- 出版环节50%先征后退（注3）
- 印刷制作100%先征后退（注4）
- 现行文件优惠期限　2021.1.1～2023.12.31
- 依据：财政部 税务总局公告2021年第10号

其他行业

- 定点生产企业生产用于调配车用乙醇汽油的变性燃料乙醇，增值税实行先征后退办法（财税〔2005〕174号）
- 核力发电企业生产销售电力产品，自核电机组正式商业投产次月起15个年度内，统一实行增值税先征后退政策，返还比例分三个阶段逐级递减（注5）。核力发电企业取得的增值税退税款，专项用于还本付息，不征收企业所得税（财税〔2008〕38号）

其他行业

- 定点企业生产用于调配车用乙醇汽油的变性燃料乙醇实行先征后退办法（财税〔2005〕174号）
- 对华商中心销售的国家储备糖缴纳的增值税实行先征后退（财税〔2002〕181号）
- 煤层气抽采企业的增值税一般纳税人抽采销售煤层气实行增值税先征后退政策。先征退税款由企业专项用于煤层气技术的研究和扩大再生产，不征收企业所得税（财税〔2007〕16号）

注1

1.中国共产党和各民主党派的各级组织的机关报纸和机关期刊，各级人大、政协、政府、工会、共青团、妇联、残联、科协的机关报纸和机关期刊，新华社的机关报纸和机关期刊，军事部门的机关报纸和机关期刊（注2）

2.专为少年儿童出版发行的报纸和期刊，中小学的学生课本

3.专为老年人出版发行的报纸和期刊

4.少数民族文字出版物

5.盲文图书和盲文期刊

6.经批准在内蒙古、广西、西藏、宁夏、新疆五个自治区内注册的出版单位出版的出版物

7.列入财政部 税务总局公告2021年第10号附件1的图书、报纸和期刊

注2

上述各级组织不含其所属部门。机关报纸和机关期刊增值税先征后退范围掌握在一个单位一份报纸和一份期刊以内

注3

1.各类图书、期刊、音像制品、电子出版物，但执行增值税100%先征后退的出版物除外

2.列入财政部 税务总局公告2021年第10号附件2的报纸

注4

1.对少数民族文字出版物的印刷或制作业务

2.列入规定的新疆维吾尔自治区印刷企业的印刷业务

注5 具体返还比例为：1.自正式商业投产次月起5个年度内，返还比例为已入库税款的75%；2.自正式商业投产次月起的第6至第10个年度内，返还比例为已入库税款的70%；3.自正式商业投产次月起的第11至第15个年度内，返还比例为已入库税款的55%；4.自正式商业投产次月起满15个年度以后，不再实行增值税先征后退政策。核力发电企业生产销售电力产品，自核电机组正式商业投产次月起15个年度内，统一实行增值税先征后退政策，返还比例分三个阶段逐级递减

三、注意事项

1.已按软件产品享受增值税退税政策的电子出版物不得再申请增值税先征后退政策（财政部、税务总局公告2021年第10号）

2.享受税收优惠政策的出版物在财务上应实行单独核算，不进行单独核算的不得享受（财政部、税务总局公告2021年第10号）

3.既有增值税即征即退、先征后退项目，也有出口等其他增值税应税项目的，增值税即征即退和先征后退项目不参与出口项目免抵退税计算（国家税务总局公告2011年第69号）

4.纳税人应分别核算增值税即征即退、先征后退项目和出口等其他增值税应税项目，分别申请享受增值税即征即退、先征后退和免抵退税政策（国家税务总局公告2011年第69号）

5.用于增值税即征即退或者先征后退项目的进项税额无法划分的，按照下列公式计算：无法划分进项税额中用于增值税即征即退或者先征后退项目的部分=当月无法划分的全部进项税额×当月增值税即征即退或者先征后退项目销售额÷当月全部销售额、营业额合计（国家税务总局公告2011年第69号）

6.“自2019年4月1日起未享受即征即退、先征后返（退）政策”是申请退还增量留抵税额必要条件之一（财政部 税务总局 海关总署公告2019年第39号）

7.先征后退属于财政性资金，除满足规定条件外，应计入企业所得税收入总额（财税〔2008〕151号、财税〔2011〕70号）

8.企业取得的各种政府财政支付，如财政补贴、补助、补偿、退税等，应当按照实际取得收入的时间确认收入（国家税务总局公告2021年第17号）

四、会计处理

收到先征后退款时：

借：银行存款

　　贷：其他收益

第五节 扣减增值税

章节目录

- 一、退役士兵创业就业
- 二、重点群体创业就业
- 三、税控系统专用设备和技术维护费

一、退役士兵创业就业

（一）退役士兵创业税费扣减

享受主体：自主就业的退役士兵（注1）

优惠时间：自办理个体工商户登记当月起，3年（36个月）内

优惠内容：限额内依次扣减其当年实际应缴纳的增值税、城市维护建设税、教育费附加、地方教育附加和个人所得税

限额标准：按每户每年12000元为限额为限，最高可上浮20%（14400元，由各省确定）

减免税额：
- 年度应纳税额与上述扣减限额取小
- 实际经营期<1年
  - 应当按月换算减免税限额
  - 减免税限额=年度减免税限额÷12×实际经营月数
- 城市维护建设税、教育费附加、地方教育附加的计税依据是享受本项税收优惠政策前的增值税应纳税额

留存备查 —— 自主就业退役士兵从事个体经营的，在享受税收优惠政策进行纳税申报时，注明其退役军人身份，并将《中国人民解放军义务兵退出现役证》《中国人民解放军士官退出现役证》或《中国人民武装警察部队义务兵退出现役证》《中国人民武装警察部队士官退出现役证》留存备查

（二）吸纳退役士兵就业税费扣减

享受主体 —— 招用自主就业退役士兵（注1）并与其签订1年以上期限劳动合同并依法缴纳社会保险费的企业（注2）

优惠时间 —— 自签订劳动合同并缴纳社会保险当月起，在3年内

享受条件 —— 与自主退役士兵签订1年以上期限劳动合同并依法缴纳社会保险费

优惠内容 —— 按实际招用人数予以定额依次扣减增值税、城市维护建设税、教育费附加、地方教育附加和企业所得税优惠

定额标准 —— 每人每年6000元，最高可上浮50%（9000元各省确定）

减免税额

- 企业按招用人数和签订的劳动合同时间核算企业减免税总额
- 在核算减免税总额内每月依次扣减增值税、城市维护建设税、教育费附加和地方教育附加
- 实际缴纳的增值税、城市维护建设税、教育费附加和地方教育附加与核算减免税总额取小，纳税年度终了，如果企业实际减免小于核算减免税总额，企业在企业所得税汇算清缴时以差额部分扣减企业所得税。当年扣减不完的，不再结转以后年度扣减
- 在企业工作不满1年：企业核算减免税总额=Σ每名自主就业退役士兵本年度在本单位工作月份÷12×具体定额标准
- 城市维护建设税、教育费附加、地方教育附加的计税依据是享受本项税收优惠政策前的增值税应纳税额

注1：自主就业退役士兵，是指依照《退役士兵安置条例》的规定退出现役并按自主就业方式安置的退役士兵

注2：本通知所称企业是指属于增值税纳税人或企业所得税纳税人的企业等单位

政策依据与执行期限
- 财税〔2019〕21号、财政部 税务总局公告2022年第4号
- 2019.1.1-2023.12.31

二、重点群体创业就业

从事个体经营

- 适用主体
  - 1.纳入全国扶贫开发信息系统的建档立卡贫困人口
  - 2.持《就业创业证》（注明“自主创业税收政策”或“毕业年度内自主创业税收政策”）或《就业失业登记证》（注明“自主创业税收政策”）的在人力资源社会保障部门公共就业服务机构登记失业半年以上的人员，零就业家庭、享受城市居民最低生活保障家庭劳动年龄内的登记失业人员，以及毕业年度内（毕业所在自然年，即1月1日至12月31日）高校毕业生
- 优惠时间：自办理个体登记当月起，3年（36个月）内
- 限额标准：按每户每年12000元为限额为限，最高可上浮20%（14400元，由各省确定）
- 优惠内容：依次扣减其当年实际应缴纳的增值税、城市维护建设税、教育费附加、地方教育附加和个人所得税
- 减免税额
  - 年度应纳与扣减限额取小
  - 实际经营期<1年：减免税额=年度减免税限额÷12×实际经营月数

企业招用

- 适用主体
  - 1.建档立卡贫困人口
  - 2.持有《就业创业证》或《就业失业登记证》（注明“企业吸纳税收政策”）和《企业吸纳重点群体就业认定证明》的在人力资源社会保障部门公共就业服务机构登记失业半年以上的人员，零就业家庭、城市低保家庭的登记失业人员，以及毕业年度内高校毕业生

企业招用

- 优惠时间：自签订劳动合同并缴纳社保当月起3年内（36个月）
- 优惠条件：签订1年以上期限劳动合同并依法缴纳社会保险费
- 限额标准：每人每年6000元，最高可上浮30%（7800元，由各省确定）
- 减免税额
  - 在减免税总额（注4）内每月依次扣减增值税、城市维护建设税、教育费附加和地方教育附加（以下简称两税两费，见注3）
  - 实际应缴纳的两税两费与核算的减免税总额（注4）取小
  - 年度终了
    - 实际减免的两税两费<核算的减免税总额时
    - 汇算清缴时以差额部分扣减企业所得税；当年扣减不完的，不再结转以后年度扣减

注3

城市维护建设税、教育费附加、地方教育附加的计税依据是享受本项税收优惠政策前的增值税应纳税额

注4减免税总额

- 纳税人按本单位招用重点群体的人数及其实际工作月数核算本单位减免税总额
- 在企业工作不满1年：减免税总额=∑每名重点群体人员本年度在本企业工作月数÷12×具体定额标准

会计处理

在扣减增值税时的账务处理为：

- 一般纳税人一般计税：
  - 借：应交税费——应交增值税（减免税款）
  - 贷：其他收益（或营业外收入）
- 一般纳税人简易计税：
  - 借：应交税费——简易计税
  - 贷：其他收益（或营业外收入）
- 小规模纳税人：
  - 借：应交税费——应交增值税
  - 贷：其他收益（或营业外收入）

政策执行期限

- 2019年1月1日至2025年12月31日
- 在2025年12月31日享受本通知规定税收优惠政策未满3年的，可继续享受至3年期满为止
- 以前年度已享受重点群体创业就业税收优惠政策满3年的，不得再享受；以前年度享受重点群体创业就业税收优惠政策未满3年且符合本通知规定条件的，可享受优惠至3年期满

政策依据：财税〔2019〕22号、国家税务总局公告2019年第10号、财政部税务总局人力资源社会保障部国家乡村振兴局公告2021年第18号

三、税控系统专用设备和技术维护费

增值税纳税人购买增值税税控系统专用设备支付的费用以及缴纳的技术维护费可在增值税应纳税额中全额抵减

- 全额抵减应纳税额
  - 购买增值税税控系统专用设备支付的费用
    - 首次购买
  - 缴纳的技术维护费
    - 每户每年每套280元
    - 第二套起减半

- 会计处理
  - 购买时
    - 税控设备
      - 借：固定资产
      - 贷：银行存款/应付账款
    - 技术维护费
      - 借：管理费用
      - 贷：银行存款
  - 抵减增值税应纳税额时
    - 一般纳税人一般计税：
      - 借：应交税费—应交增值税（减免税款）
      - 贷：管理费用
    - 一般纳税人简易计税：
      - 借：应交税费—简易计税
      - 贷：管理费用
    - 小规模纳税人：
      - 借：应交税费—应交增值税
      - 贷：管理费用

政策依据：财税〔2012〕15号、发改价格〔2017〕1243号

第八章　纳税申报等征税事项

第一节　增值税纳税申报表

章节目录

- 一、一般纳税人与小规模纳税人通用
- 二、一般纳税人专用
- 三、小规模纳税人专用

一、一般纳税人与小规模纳税人通用

- 减免税
- 预缴

1.增值税减免税申报明细表

- 减税性质代码及名称
- 减税项目
  - 期初余额
  - 本期发生额
  - 本期应抵减税额
  - 本期实际抵减税额
  - 期末余额
- 免税项目
  - 免征增值税项目销售额
  - 免税销售额扣除项目本期实际扣除金额
  - 扣除后免税销售额
  - 免税销售额对应的进项税额
  - 免税额
  - 出口免税、其中：跨境服务
    - 免征增值税项目销售额
    - 免税额

- 2.增值税及附加税费预缴表及其附列资料
  - 预缴表
    - 增值税
      - 建筑服务
      - 销售不动产
      - 出租不动产
      - （以上各项）销售额、预征率、预征税额
    - 附加税费
      - 城市维护建设税
      - 教育费附加
      - 地方教育附加
      - （以上各项）实际预缴税额
  - 附加税费情况表
    - 本期是否适用小微企业“六税两费”减免政策
    - 减免政策适用主体
      - 增值税小规模纳税人
      - 一般纳税人
        - 个体工商户
        - 小型微利企业
    - 适用减免政策起止时间
    - 税（费）种
      - 城市维护建设税
      - 教育费附加
      - 地方教育附加
    - 计税（费）依据：增值税预缴税额
    - 税（费）率
    - 本期应纳税（费）额
    - 本期减免税（费）额
      - 减免性质代码
      - 减免税（费）额
    - 小微企业“六税两费”减征政策
      - 减征比例
      - 减征额
    - 本期实际预缴税（费）额

二、一般纳税人专用

- 1主表5附表

- 1.增值税及附加税费申报表（一般纳税人适用）
  - 销售额
    - 适用税率计税销售额
    - 简易办法计税销售额
    - 免、抵、退办法出口销售额
    - 免税销售额
      - 货物
      - 劳务
  - 税款计算
    - 销项税额
    - 进项税额
    - 上期留抵税额

- 1.增值税及附加税费申报表（一般纳税人适用）
  - 税款计算
    - 进项税额转出
    - 免、抵、退应退税额
    - 按适用税率计算的纳税检查应补税额
    - 应抵税额合计
    - 实际抵扣税额
    - 期末留抵税额
    - 按简易计税办法计算的纳税检查应补税额
    - 应纳税额减征额
    - 应纳税额合计
  - 税款缴纳
    - 期初未（多）缴税额
    - 实收出口开具专用缴款书退税额
    - 本期已缴税额
    - 期末未（多）缴税额
    - 其中：欠缴税额
    - 本期应补（退）税额
    - 即征即退实际退税额
    - 期初未缴查补税额
    - 本期入库查补税额
    - 期末未缴查补税额
  - 附加税费
    - 城市维护建设税本期应补（退）税额
    - 教育费附加本期应补（退）税额
    - 地方教育附加本期应补（退）税额

- 2.本期销售情况明细
  - 项目
    - 一般计税方法计税
    - 简易计税方法计税
    - 免抵退税
    - 免税
  - 栏次
    - 开具增值税专用发票
    - 开具其他发票
    - 未开具发票
    - 纳税检查调整

- 2.本期销售情况明细
  - 栏次
    - 合计
      - 销售额
      - 销项（应纳）税额
      - 价税合计
    - 服务、不动产和无形资产扣除项目本期实际扣除金额
    - 扣除后
      - 含税（免税）销售额
      - 销项（应纳税额）

- 3.本期进项税额明细
  - 申报抵扣的进项税额
    - 认证相符的增值税专用发票
    - 其他扣税凭证
      - 海关进口增值税专用缴款书
      - 农产品收购发票或者销售发票
      - 代扣代缴税收缴款凭证
      - 加计扣除农产品进项税额
      - 其他
  - 进项税额转出额
    - 本期进项税额转出合计
    - 其中：免税项目用
    - 集体福利、个人消费
    - 非正常损失
    - 简易计税方法征税项目
    - 免抵退税办法不得抵扣的进项税额
    - 纳税检查调减进项税额
    - 红字专用发票信息表注明的进项税额
    - 上期留抵税额抵减欠税
    - 上期留抵税额退税
    - 异常凭证转出进项税额
    - 其他应作进项税额转出的情形
  - 待抵扣进项税额
    - 认证相符的增值税专用发票
    - 其他扣税凭证
  - 其他
    - 本期认证相符的增值税专用发票
    - 代扣代缴税额

- 4.服务、不动产和无形资产扣除项目明细
  - 项目
    - 13%税率项目
    - 9%税率项目
    - 6%税率项目
      - 不含金融商品转让
      - 金融商品转让
    - 5%征收率项目
    - 3%征收率项目
    - 免抵退税项目
    - 免税项目
  - 栏次
    - 本期服务、不动产和无形资产价税合计额（免税销售额）
    - 服务、不动产和无形资产扣除项目
      - 期初余额
      - 本期发生额
      - 本期应扣除金额
      - 本期实际扣除金额
      - 期末余额

- 5.税额抵减情况表
  - 税额抵减情况
    - 抵减项目
      - 增值税税控系统专用设备费及技术维护费
      - 分支机构预征缴纳税款
      - 建筑服务预征缴纳税款
      - 销售不动产预征缴纳税款
      - 出租不动产预征缴纳税款
    - 栏次
      - 期初余额
      - 本期发生额
      - 本期应抵减税额
      - 本期实际抵减税额
      - 期末余额
  - 加计抵减情况
    - 加计抵减项目
    - 期初余额
    - 本期发生额
    - 本期调减额
    - 本期可抵减额
    - 本期实际抵减额
    - 期末余额

- 6.附加税费情况表
  - 本期是否适用小微企业“六税两费”减免政策
  - 减免政策适用主体
    - 个体工商户
    - 小型微利企业
  - 适用减免政策起止时间
  - 城市维护建设税、教育费附加、地方教育附加
    - 计税（费）依据
      - 增值税税额
      - 增值税免抵税额
      - 留抵退税本期扣除额
    - 税（费）率
    - 本期应纳税（费）额
    - 本期减免税（费）额
    - 小微企业“六税两费”减免减征额
    - 试点建设培育产教融合型企业抵免金额
    - 本期已缴税（费）额
    - 本期应补（退）税（费）额
  - 本期是否适用试点建设培育产教融合型企业抵免政策
    - 当期新增投资额
    - 上期留抵可抵免金额
    - 结转下期可抵免金额
  - 可用于扣除的增值税留抵退税额使用情况
    - 当期新增可用于扣除的留抵退税额
    - 上期结存可用于扣除的留抵退税额
    - 结转下期可用于扣除的留抵退税额

三、小规模纳税人专用

1主表2附表

- 1.增值税及附加税费申报表（小规模纳税人适用）
  - 计税依据
    - 应征增值税不含税销售额（3%）
    - 应征增值税不含税销售额（5%）
    - 销售使用过的固定资产不含税销售额
    - 免税销售额
      - 小微免税销售额
      - 未达起征点销售额
      - 其他免税销售额
    - 出口免税销售额

- 1.增值税及附加税费申报表（小规模纳税人适用）
  - 税款计算
    - 本期应纳税额
    - 本期应纳税额减征额
    - 本期免税额
      - 小微企业免税额
      - 未达起征点免税额
    - 应纳税额合计
    - 本期预缴税额
  - 附加税费
    - 城市维护建设税本期应补（退）税额
    - 教育费附加本期应补（退）税额
    - 地方教育附加本期应补（退）税额

- 2.服务、不动产和无形资产扣除项目明细
  - 应税行为（3%征收率）扣除额计算
    - 期初余额
    - 本期发生额
    - 本期扣除额
    - 期末余额
  - 应税行为（3%征收率）计税销售额计算
    - 全部含税收入
    - 本期扣除额
    - 含税销售额
    - 不含税销售额
  - 应税行为（5%征收率）扣除额计算
    - 期初余额
    - 本期发生额
    - 本期扣除额
    - 期末余额
  - 应税行为（5%征收率）计税销售额计算
    - 全部含税收入
    - 本期扣除额
    - 含税销售额
    - 不含税销售额

- 3.附加税费情况表
  - 税（费）种
    - 城市维护建设税
    - 教育费附加
    - 地方教育附加
  - 计税（费）依据
    - 增值税税额
  - 税（费）率
  - 本期应纳税（费）额
  - 本期减免税（费）额
  - 小规模纳税人六税两费减征额
  - 本期已缴税（费）额
  - 本期应补（退）税（费）额

- 政策依据
  - 国家税务总局公告2021年第20号、国家税务总局公告2022年第3号

第二节　纳税地点和纳税期限

章节目录

- 一、征收机关
- 二、纳税地点
- 三、纳税期限
- 四、其他事项

一、征收机关
- 税务机关
- 进口货物的增值税由海关代征
- 个人携带或者邮寄进境自用物品的增值税，连同关税一并计征

二、纳税地点
- 销售货物或者加工、修理修配劳务（以下简称劳务），见注1
- 销售服务、无形资产或者不动产（以下简称应税行为），见注2
- 进口货物　向报关地海关申报
- 扣缴义务人　应当向其机构所在地或者居住地主管税务机关申报缴纳扣缴的税款

注1：货物或劳务
- 固定业户
  - 应当向其机构所在地的主管税务机关申报纳税
  - 总机构和分支机构不在同一县（市）的
    - 应当分别向各自所在地的主管税务机关申报纳税
    - 经国务院财政、税务主管部门或者其授权的财政、税务机关批准，可以由总机构汇总向总机构所在地的主管税务机关申报纳税
  - 到外县（市）销售货物或者劳务
    - 应当向其机构所在地的主管税务机关报告外出经营事项，并向其机构所在地的主管税务机关申报纳税
    - 应当向销售地或者劳务发生地的主管税务机关申报纳税
    - 未报告的
      - 未向销售地或者劳务发生地的主管税务机关申报纳税的，由其机构所在地的主管税务机关补征税款
- 非固定业户
  - 向销售地或者劳务发生地申报
  - 未向销售地或者劳务发生地申报　由其机构所在地或者居住地主管税务机关补征税款

- 注2：应税行为
  - 固定业户
    - 应当向其机构所在地或者居住地主管税务机关申报纳税
    - 总机构和分支机构不在同一县（市）的
      - 应当分别向各自所在地的主管税务机关申报纳税
      - 经财政部和国家税务总局或者其授权的财政和税务机关批准，可以由总机构汇总向总机构所在地的主管税务机关申报纳税
  - 非固定业户
    - 应当向应税行为发生地主管税务机关申报纳税
    - 未申报纳税的：由其机构所在地或者居住地主管税务机关补征税款
  - 其他个人提供建筑服务，销售或者租赁不动产，转让自然资源使用权：应向建筑服务发生地、不动产所在地、自然资源所在地主管税务机关申报纳税

- 三、纳税期限
  - 1日、3日、5日、10日、15日：自期满之日起5日内预缴税款，于次月1日起15日内申报纳税并结清上月应纳税款
  - 1个月或者1个季度
    - 自期满之日起15日内申报纳税
    - 以1个季度为纳税期限的规定适用于小规模纳税人、银行、财务公司、信托投资公司、信用社，以及财政部和国家税务总局规定的其他纳税人
  - 主管税务机关根据纳税人应纳税额的大小分别核定
  - 按次纳税：不能按照固定期限纳税的
  - 进口货物：自海关填发海关进口增值税专用缴款书之日起15日内缴纳税款
  - 出口货物适用退（免）税
    - 按月申报办理
      - 凭出口报关单等有关凭证
      - 在规定的出口退（免）税申报期内
    - 依法补缴已退的税款：出口货物办理退税后发生退货或者退关的
  - 跨境销售服务和无形资产适用退（免）税规定的：按期申报办理，具体办法由国务院财政、税务主管部门制定

- 四、其他事项：纳税人缴纳增值税的有关事项，国务院或者国务院财政、税务主管部门经国务院同意另有规定的，依照其规定

第九章　进出口税收

第一节　进口环节增值税

章节目录

一、征税范围
二、纳税人
三、税率
四、应纳税额计算
五、减免税规定
六、纳税义务发生时间
七、纳税地点
八、纳税期限
九、征收机关
十、政策依据
十一、小例子

一、征税范围

- 申报进入中华人民共和国海关境内的货物，均应缴纳增值税
- 适用跨境电子商务零售进口（注1）增值税税收政策的进口商品

注1

- “跨境电商零售进口”，是指中国境内消费者通过已在海关备案的跨境电商第三方平台经营者自境外购买商品，并通过“网购保税进口”（海关监管方式代码1210）或“直购进口”（海关监管方式代码9610）运递进境的消费行为（商财发〔2018〕486号）
- 自2022年3月1日起，优化调整《跨境电子商务零售进口商品清单（2019年版）》，在原有商品基础上，增加了滑雪用具、家用洗碟机、番茄汁等29项近年来消费者需求旺盛的商品，正面清单商品数量增至1476个（财政部公告2022年第7号）

二、纳税人

- 进口货物的收货人（承受人）或办理报关手续的单位和个人（包括国内一切从事进口业务的企业、事业单位、机关团体和个人）
- 代理进口
  - 以海关开具的完税凭证上的纳税人为增值税纳税人（进口代理者代缴进口环节增值税，代理者与委托方结算，由委托方实际承担税款）
- 跨境电子商务零售进口商品
  - 购买跨境电子商务零售进口商品的个人作为纳税义务人
  - 电子商务企业、电子商务交易平台企业或物流企业可作为代收代缴义务人
  - 跨境电子商务零售进口商品购买人（订购人）的身份信息应进行认证；未进行认证的，购买人（订购人）身份信息应与付款人一致

三、税率

- 13%，9%，通常与增值税一般纳税人在国内销售同类货物的税率相同，详见《税率与征收率》章节思维导图
- 特殊
  - 空载重量在25吨以上的进口飞机，自2013年8月30日起，减按5%征收进口环节增值税
  - 对进口抗癌药品，自2018年5月1日起，减按3%征收进口环节增值税
  - 对进口罕见病药品，自2019年3月1日起，减按3%征收进口环节增值税

四、应纳税额计算

- （一）进口货物
  - 纳税人进口货物，按照组成计税价格和规定的税率计算应纳税额：应纳税额=组成计税价格×税率
  - 组成计税价格=关税完税价格（注2）+关税+消费税=（关税完税价格+关税）÷（1-消费税税率）
  - 进口货物在海关缴纳的增值税，符合抵扣范围的，凭海关进口增值税缴款书，可以从当期销项税额中抵扣
- （二）跨境电子商务零售进口商品
  - 1.单次交易限值为人民币≤5000元，个人年度交易限值为人民币≤26000元进口的跨境电子商务零售进口商品，关税税率暂设为0%，进口增值税、消费税按法定税额70%征收

四、应纳税额计算

2.完税价格>5000元单次交易限值但≤26000元年度交易限值，且订单下仅一件商品时，可以自跨境电商零售渠道进口，按照货物税率全额征收关税和进口环节增值税、消费税，交易额计入年度交易总额，但年度交易总额超过年度交易限值的，应按一般贸易管理

3.已经购买的电商进口商品属于消费者个人使用的最终商品，不得进入国内市场再次销售

4.跨境电子商务零售进口商品自海关放行之日起30日内退货的，可申请退税，并相应调整个人年度交易总额

Tips — 可以登录中国国际贸易单一窗口（https：//www.singlewindow.cn/）或通过掌上海关微信小程序，查询个人购买额度和缴税记录

注2

- 一般贸易下进口货物的关税完税价格以海关审定的成交价格为基础的到岸价格（注3）作为完税价格
- 跨境电子商务零售进口商品按照货物征收关税和进口环节增值税、消费税，以实际交易价格（包括货物零售价格、运费和保险费）作为完税价格
- 由海关以成交价格以及该货物运抵中华人民共和国境内输入地点起卸前的运输及其相关费用、保险费为基础审查确定
- 进口货物的保险费应当按照实际支付的费用计算。如果进口货物的保险费无法确定或者未实际发生，海关就当按照货价和运费两者总和的3‰计算保险费，公式为：保险费＝（货价＋运费）×3‰

注3

到岸价格包括货价，加上货物运抵我国关境内输入地点起卸前的包装费、运费、保险费和其他劳务费等费用构成的一种价格

五、减免税规定

1.对进口货物是否减免税由国务院统一规定，任何地方、部门都无权规定减免税项目

2.以“来料加工、进料加工”贸易方式进口国外的原材料、零部件等在国内加工后复出口的，对进口的料、件按规定给予免税或减税，但这些进口免、减税的料件若不能加工复出口，而是销往国内的，就要予以补税

3.对自2023年1月30日起1年内在跨境电子商务海关监管代码（1210、9610、9710、9810）项下申报出口，因滞销、退货原因，自出口之日起6个月内原状退运进境的商品（不含食品），免征进口关税和进口环节增值税、消费税；出口时已征收的出口关税准予退还，出口时已征收的增值税、消费税参照内销货物发生退货有关税收规定执行（财政部 海关总署 税务总局公告2023年第4号）

五、减免税规定

4.自2021年1月1日至2025年12月31日，对符合《进口种子种源免征增值税商品清单》的进口种子种源免征进口环节增值税（财关税〔2021〕29号）

5.自2021年1月1日至2030年12月31日，对卫生健康委委托进口的抗艾滋病病毒药物，免征进口关税和进口环节增值税（财关税〔2021〕13号）

6.自2021年1月1日至2025年12月31日，对科学研究机构、技术开发机构、学校、党校（行政学院）、图书馆进口国内不能生产或性能不能满足需求的科学研究、科技开发和教学用品，免征进口关税和进口环节增值税、消费税。对出版物进口单位为科研院所、学校、党校（行政学院）、图书馆进口用于科研、教学的图书、资料等，免征进口环节增值税（财关税〔2021〕23号）

7.自2021年1月1日至2025年12月31日，对公众开放的科技馆、自然博物馆、天文馆（站、台）、气象台（站）、地震台（站），以及高校和科研机构所属对外开放的科普基地，进口以下商品免征进口关税和进口环节增值税：（1）为从境外购买自用科普影视作品播映权而进口的拷贝、工作带、硬盘，以及以其他形式进口自用的承载科普影视作品的拷贝、工作带、硬盘。（2）国内不能生产或性能不能满足需求的自用科普仪器设备、科普展品、科普专用软件等科普用品（财关税〔2021〕26号）

8.全岛封关运作前，对海南自由贸易港注册登记并具有独立法人资格的企业进口自用的生产设备，除法律法规和相关规定明确不予免税、国家规定禁止进口的商品，以及本通知所附《海南自由贸易港"零关税"自用生产设备负面清单》所列设备外，免征关税、进口环节增值税和消费税（财关税〔2021〕7号）

9.自2021年1月1日至2025年12月31日，对具备研究和培育繁殖条件的动植物科研院所、动物园、植物园、专业动植物保护单位、养殖场、种植园进口的用于科研、育种、繁殖的野生动植物种源，以及军队、公安、安全部门（含缉私警察）进口的军警用工作犬、工作犬精液及胚胎，免征进口环节增值税（财关税〔2021〕28号）

10.对供应出境旅客的口岸免税店运进的有关物品，免征增值税、消费税。对在海关免税限量（限值）内个人携带或者邮寄进境的自用物品，免征关税同时免征增值税、消费税（署监二〔1994〕83号）

11.2023年4月1日至2023年12月31日，继续对煤炭实施税率为零的进口暂定税率（税委会公告2023年第3号）

六、纳税义务发生时间

报关进口的当天

七、纳税地点

由进口人或其代理人向报关地海关申报纳税

八、纳税期限

自海关填发海关进口增值税专用缴款书之日起15日内缴纳税款

九、征收机关

进口货物的增值税除另有规定外由海关代征。个人携带或者邮寄进境自用物品的增值税，连同关税一并计征

十、政策依据

《中华人民共和国增值税暂行条例》及实施细则、财税〔2016〕36号、《进出口关税条例》、《中华人民共和国海关进出口货物征税管理办法》

十一、小例子

（一）某制造业企业系增值税一般纳税人，2022年5月进口一批原材料，买价55万元，境外运费及保险费共计5万元（假设关税率为10%），该企业进口环节应缴纳多少增值税？

解：关税完税价格=55+5=60（万元）；

组价=60×（1+10%）=66（万元）；

进口环节缴纳增值税=66×13%=8.58（万元）。

（二）2022年5月，王某从境外电商单次购买了一套进口化妆品，价值人民币3400元（完税价格，下同）。假设该化妆品的消费税税率为30%，增值税税率为13%，关税最惠国税率为5%。王某本次消费合计应纳税额多少元？

解：由于王某单次购买未超过5000元的限值，关税税率暂设为0%，进口增值税、消费税按法定税额70%征收。王某法定应纳消费税税额=（完税价格+实征关税税额）÷（1−消费税税率）×消费税税率=（3400+0）÷（1−30%）×30%=1457.14（元）；法定应纳增值税税额=（完税价格+实征关税税额+实征消费税税额）×增值税税率=（3400+0+1457.14）×13%=631.43（元）；减征后应纳消费税=1457.14×70%=1020（元），应纳增值税税额=631.43×70%=442（元）。

王某本次消费合计应纳税额为：实征关税税额+实征消费税税额+实征增值税税额＝0+1020+442=1462（元）。

第二节　出口货物、劳务、服务退（免）税

章节目录

- 一、总的原理
- 二、退税依据
- 三、出口企业类型
- 四、生产企业出口形式
- 五、外贸企业退（免）税类型
- 六、免抵退税和免退税计算公式
- 七、出口退税率
- 八、出口货物不得加计抵减
- 九、增值税即征即退和先征后退项目不参与出口项目的免抵退税计算
- 十、留抵退税
- 十一、会计处理

一、总的原理

- 让出口企业以不含税价参与竞争，使企业整体税负为零，即出口环节免，出口之前国内采购负担的退还
- 免抵退税
  - “免”是指生产企业出口自产货物和视同自产货物及对外提供加工修理修配劳务，列名生产企业出口非自产货物，免征增值税
  - “抵”是指相应的进项税额抵减应纳增值税额（不包括适用增值税即征即退、先征后退政策的应纳增值税额）
  - “退”是指未抵减完的部分予以退还
- 免退税
  - 外贸企业或其他单位出口货物劳务，免征增值税，相应的进项税额予以退还。适用增值税一般计税方法的外贸企业外购服务或者无形资产出口实行“免、退”税办法；外贸企业外购研发服务和设计服务免征增值税，其对应的外购应税服务的进项税额予以退还

二、退税依据

- 生产企业
  - 生产出来的成品的对外售价（注1）＝出口货物、劳务的实际离岸价格（FOB，注2），实际离岸价格应以出口发票上的离岸价为准，但如果出口发票不能反映实际离岸价格，主管税务机关有权予以核定
  - 进料加工复出口企业：按出口货物离岸价格（FOB）扣除出口货物所耗用的海关保税进口料件的金额后确定（注3）
  - 来料加工：按出口货物离岸价格（FOB）扣除出口货物所含的国内购进免税原材料的金额后确定（注4）
- 外贸企业
  - 外贸企业出口货物（委托加工修理修配货物除外）增值税退（免）税的计税依据，为购进出口货物的增值税专用发票注明的金额或海关进口增值税专用缴款书注明的完税价格
  - 外贸企业出口委托加工修理修配货物增值税退（免）税的计税依据，为加工修理修配费用增值税专用发票注明的金额。外贸企业应将加工修理修配使用的原材料（进料加工海关保税进口料件除外）作价销售给受托加工修理修配的生产企业，受托加工修理修配的生产企业应将原材料成本并入加工修理修配费用开具增值税专用发票，即增值税退（免）税中含有原材料的作价成本

注1 生产企业出口的是加工的产品，无法一一计算所耗用的原料、辅料、能源、动力等，只能用产品的出口价作为退税依据

注2 FOB价格应以装运港船舷为界，之前所有的风险与费用以及卖方的利润、税金、报关费用等均包含在其中

注3：进料加工

- 免税并退税，需计算当期不得免征和抵扣税额抵减额
- 进口是一笔买卖，加工再出口又是一笔买卖，进口和出口没有关联
- 进料加工进口时免税，出口时也不用退，但加工完的离岸价中包含这些成本，要将不退的减去，所以要计算“免抵退税抵减额”
- 加工耗用的国内料件的进项税额可以按规定抵扣
- 自2013年7月1日起，进口料件组成计税价格计算统一采用“实耗法”，当期进料加工保税进口料件的组成计税价格为当期进料加工出口货物耗用的进口料件组成计税价格。其计算公式为：进料加工保税进口料件的组成计税价格＝进料加工出口货物离岸价×汇率×计划分配率，计划分配率＝计划进口总值÷计划出口总值×100%（国家税务总局公告2013年第12号）

注3：进料加工

- 自2022年5月1日起，实行免抵退税办法的进料加工出口企业，在国家实行出口产品征退税率一致政策后，因前期征退税率不一致等原因，结转未能抵减的免抵退税“不得免征和抵扣税额抵减额”，企业进行核对确认后，可调转为相应数额的增值税进项税额（国家税务总局公告2022年第9号）

注4：来料加工

- 增值税免税不退税，免税加工费对应的进项要作进项税额转出处理
- 国外的委托方提供原材料，由国内的加工方代垫部分辅助材料进行加工并收取加工费，进口和成品出口往往是一笔买卖，或者是两笔相关的买卖

三、出口企业类型

- 免抵退税
  - 生产企业　注5
  - 外贸企业　注8
- 免退税　外贸企业
- 外综服代办退税　外贸企业代办生产企业退税

注5

- 生产企业符合条件的外购货物，可以视同自产货物申报免抵退税（财税〔2012〕39号，详见注6）

注6

- 1.持续经营以来从未发生骗取出口退税、虚开增值税专用发票或农产品收购发票、接受虚开增值税专用发票（善意取得虚开增值税专用发票除外）行为且同时符合财税〔2012〕39号附件4第一条所列条件（注7）出口企业出口的视同自产货物
- 2.同时符合下列条件的外购货物
  - 与本企业生产的货物名称、性能相同
  - 使用本企业注册商标或境外单位或个人提供给本企业使用的商标
  - 出口给进口本企业自产货物的境外单位或个人
- 3.与本企业所生产的货物属于配套出口，且出口给进口本企业自产货物的境外单位或个人的外购货物，符合下列条件之一的：（1）用于维修本企业出口的自产货物的工具、零部件、配件。（2）不经过本企业加工或组装，出口后能直接与本企业自产货物组合成成套设备的货物
- 4.经税务局认定的集团公司及其控股的生产企业之间收购的自产货物
- 5.同时符合下列条件的委托加工货物：（1）与本企业生产的货物名称、性能相同，或者是用本企业生产的货物再委托深加工的货物。（2）出口给进口本企业自产货物的境外单位或个人。（3）委托方与受托方必须签订委托加工协议，且主要原材料必须由委托方提供，受托方不垫付资金，只收取加工费，开具加工费（含代垫的辅助材料）的增值税专用发票

注6
- 6.用于本企业中标项目下的机电产品
- 7.用于对外承包工程项目下的货物
- 8.用于境外投资的货物
- 9.用于对外援助的货物
- 10.生产自产货物的外购设备和原材料（农产品除外）

注7
- 已取得增值税一般纳税人资格
- 已持续经营2年及2年以上
- 纳税信用等级A级
- 上一年度销售额5亿元以上
- 外购出口的货物与本企业自产货物同类型或具有相关性

注8
- 外贸企业直接将服务或自行研发的无形资产出口，视同生产企业连同其出口货物统一实行免抵退税办法（财税〔2016〕36号附件4）

四、生产企业出口形式
- 出口免税并退税（进项税额退还）（注9）
- 出口免税不退税（进项税额不抵扣、不退还）（注11）
- 出口不免税也不退税（进项可抵扣）（注15）
- 依据：财税〔2012〕39号

注9免税并退税
- 理解：在出口前承担的税收负担，按照对应的退税率计算后予以退还
- 1.出口企业出口货物
- 2.出口企业或其他单位视同出口（注10）的货物
- 3.出口企业对外提供加工修理修配劳务
- 4.一般纳税人提供适用增值税零税率的应税服务

注10视同出口
- （1）出口企业对外援助、对外承包、境外投资的出口货物
- （2）出口企业经海关报关进入特殊区域并销售给特殊区域内单位或境外单位，个人的货物
- （3）免税品经营企业销售的货物（国家规定不允许经营和限制出口的货物、卷烟和超出免税品经营企业《企业法人营业执照》规定经营范围的货物除外）
- （4）出口企业或其他单位销售给用于国际金融组织或外国政府贷款国际招标建设项目的中标机电产品

注10视同出口

- （5）生产企业向海上石油天然气开采企业销售的自产的海洋工程结构物
- （6）出口企业或其他单位销售给国际运输企业用于国际运输工具上的货物
- （7）出口企业或其他单位销售给特殊区域内生产企业生产耗用且不向海关报关而输入特殊区域的水（包括蒸汽），电力，燃气

注11免税不退税

- 理解：因前一道生产、销售环节或进口环节是免税的，因此，出口时该货物、劳务和跨境应税行为的价格中本身就不含税，也无须退税
- 出口企业或其他单位出口规定的货物，具体是指（注12）
- 出口企业或其他单位视同出口的下列货物劳务（注13）
- 出口企业或其他单位未按规定申报或未补齐增值税退（免）税凭证的出口货物劳务（注14）

注12

- （1）增值税小规模纳税人出口的货物
- （2）避孕药品和用具，古旧图书
- （3）软件产品
- （4）含黄金，铂金成分的货物，钻石及其饰品
- （5）国家计划内出口的卷烟
- （6）已使用过的设备，其具体范围是指购进时未取得增值税专用发票、海关进口增值税专用缴款书但其他相关单证齐全的已使用过的设备
- （7）非出口企业委托出口的货物
- （8）非列名生产企业出口的非视同自产货物
- （9）农业生产者自产农产品
- （10）油画，花生果仁、黑大豆等财政部和国家税务总局规定的出口免税的货物
- （11）外贸企业取得普通发票、废旧物资收购凭证、农产品收购发票、政府非税收入票据的货物
- （12）来料加工复出口的货物
- （13）特殊区域内的企业出口的特殊区域内的货物
- （14）以人民币现金作为结算方式的边境地区出口企业从所在省（自治区）的边境口岸出口到接壤国家的一般贸易和边境小额贸易出口货物
- （15）以旅游购物贸易方式报关出口的货物

注13

- （1）国家批准设立的免税店销售的免税货物
- （2）特殊区域内的企业为境外的单位或个人提供加工修理修配劳务
- （3）同一特殊区域、不同特殊区域内的企业之间销售特殊区域内的货物

注14
- （1）未在国家税务总局规定的期限内申报增值税退（免）税的出口货物劳务
- （2）未在规定期限内申报开具《代理出口货物证明》的出口货物劳务
- （3）已申报增值税退（免）税，却未在国家税务总局规定的期限内向税务机关补齐增值税退（免）税凭证的出口货物劳务

注15不免税不退税
- 理解：出口不免税是指对国家限制或禁止出口的某些货物、劳务和跨境应税行为的出口环节视同内销环节，照常征税；出口不退税是出口不退还出口前其所负担的税款
- 1.出口企业出口或视同出口财政部和国家税务总局根据国务院决定明确的取消出口退（免）税的货物
- 2.出口企业或其他单位销售给特殊区域内的生活消费用品和交通运输工具
- 3.出口企业或其他单位因骗取出口退税被税务机关停止办理增值税退（免）税期间出口的货物
- 4.出口企业或其他单位提供虚假备案单证的货物
- 5.出口企业或其他单位增值税退（免）税凭证有伪造或内容不实的货物
- 6.出口企业或其他单位未在国家税务总局规定期限内申报免税核销以及经主管税务机关审核不予免税核销的出口卷烟

五、外贸企业退（免）税类型
- 免抵退税
  - 直接服务出口
  - 自行研发的无形资产出口
  - 依据：财税〔2016〕36号附件4
- 免退税
  - 外贸企业或其他单位出口货物劳务，免征增值税，相应的进项税额予以退还（财税〔2012〕39号）
- 代办退税
  - 生产企业出口货物，同时符合以下条件的（注16），可由综服企业代办退税（国家税务总局公告2017年第35号）
  - 符合条件的外贸综合服务企业代国内生产企业办理出口退（免）税事项同时，可由综服企业向综服企业所在地主管税务机关集中代为办理出口退（免）税事项（汇发〔2020〕11号）

注16

(1)出口货物为生产企业的自产货物或视同自产货物

(2)生产企业为增值税一般纳税人并已按规定办理出口退(免)税备案

(3)生产企业已与境外单位或个人签订出口合同

(4)生产企业已与综服企业签订外贸综合服务合同(协议),约定由综服企业提供包括报关报检、物流、代办退税、结算等在内的综合服务,并明确相关法律责任

(5)生产企业向主管税务机关提供代办退税的开户银行和账号

六、免抵退税和免退税计算公式

(一)生产企业免抵退税计算

1.当期应纳税额=当期内销货物的销项税额-(当期进项税额-当期免抵退税不得免征和抵扣税额)-上期留抵税额

2.免抵退税不得免征和抵扣税额=当期出口货物离岸价×外汇人民币折合率×(出口货物适用税率-出口货物退税率)-当期不得免征和抵扣税额抵减额

3.当期不得免征和抵扣税额抵减额=当期免税购进原材料价格×(出口货物适用税率-出口货物退税率)

4.当期免抵退税额=当期出口货物离岸价格×外汇人民币折合率×出口货物退税率-当期免抵退税额抵减额

当期免抵退税额抵减额=当期免税购进原材料价格×出口货物退税率

5.当期应纳税额<0时,且当期期末留抵税额≤当期免抵退税额时,当期应退税额=当期期末留抵税额,当期免抵税额=当期免抵退税额一当期应退税额

当期免抵税额=0,结转下期抵扣的进项税额=当期期末留抵税额-当期应退税额

当期应纳税额>0时,当期免抵税额=当期免抵退税额

(二)外贸企业免退税计算

1.外贸企业出口委托加工修理修配货物以外的货物

增值税应退税额=增值税退(免)税计税依据×出口货物退税率

2.外贸企业出口委托加工修理修配货物的货物

增值税应退税额=委托加工修理修配的增值税退(免)税计税依据×出口货物退税率

依据:财税〔2012〕39号第五条

七、出口退税率

- 自2019年4月1日（指货物服务的出口时间，下同）起，退税率为13%、10%、9%、6%、0%五档
- 自2020年3月20日起，将瓷制卫生器具等1084项产品出口退税率提高至13%；将植物生长调节剂等380项产品出口退税率提高至9%，退税率为13%、9%、6%、0%四档
- 退税率有调整的，除另有规定外，其执行时间以货物（包括被加工修理修配的货物）出口货物报关单（出口退税专用）上注明的出口日期为准
- 出口退税率的特殊规定　注17
- 不同退税率的退税
  - 适用不同退税率的货物、劳务及跨境应税行为，应分开报关、核算并申报退（免）税，未分开报关、核算或划分不清的，从低适用退税率
- 财政部 税务总局 海关总署公告2019年第39号、财税〔2012〕39号、财政部、税务总局公告2020年第15号

tips　2020年3月20日后，除了出口两高一资（高污染、高耗能、资源性产品）货物外，其他没有特别要求的，征退税率一致

注17

- 1.外贸企业购进按简易办法征税的出口货物、从小规模纳税人购进的出口货物，其退税率分别为简易办法实际执行的征收率、小规模纳税人征收率。出口货物取得增值税专用发票的，退税率按照增值税专用发票上的税率和出口货物退税率孰低的原则确定
- 2.出口企业委托加工修理修配货物，其加工修理修配费用的退税率，为出口货物的退税率
- 3.中标机电产品、出口企业向海关报关进入特殊区域销售给特殊区域内生产企业生产耗用的列名原材料、输入特殊区域的水电气，其退税率为适用税率。如果国家调整列名原材料的退税率，列名原材料应当自调整之日起按调整后的退税率执行

八、出口货物不得加计抵减

- 纳税人出口货物劳务、发生跨境应税行为不适用加计抵减政策，其对应的进项税额不得计提加计抵减额
- 纳税人兼营出口货物劳务、发生跨境应税行为且无法划分不得计提加计抵减额的进项税额，按照以下公式计算：
- 不得计提加计抵减额的进项税额＝当期无法划分的全部进项税额×当期出口货物劳务和发生跨境应税行为的销售额÷当期全部销售额
- 依据：财政部 税务总局 海关总署公告2019年第39号

九、增值税即征即退和先征后退项目不参与出口项目的免抵退税计算

- 纳税人应分开核算增值税即征即退、先征后退项目，出口及其他增值税应税项目，分别申请享受增值税即征即退，先征后退和免抵退税政策（财税〔2012〕39号）

十、留抵退税

- 适用免抵退税办法的，办理免抵退税后，仍符合留抵退税规定条件的，可以申请退还留抵税额
- 适用免退税办法的外贸企业，其进项税额要求内销和出口分别核算，出口业务对应的所有进项税额不得用于留抵退税；内销业务的留抵税额如果符合留抵退税条件，可就其内销业务按规定申请留抵退税
- 准予留抵退税时：按税务机关核准允许退还的留抵税额记借方，借记“应交税费—增值税留抵税额”科目，贷记应交税费—应交增值税（进项税额转出）
- 实际收到留抵退税款时：借记“银行存款”科目，贷记“应交税费—增值税留抵税额”科目
- 缴回并继续抵扣进项时：借记“应交税费—应交增值税（进项税额）”科目，贷记“应交税费—增值税留抵税额”科目，同时借记“应交税费—增值税留抵税额”科目，贷记“银行存款”科目
- 依据：《关于增值税期末留抵退税政策适用〈增值税会计处理规定〉有关问题的解读》（财政部会计司6月23日发布）

十一、会计处理

（一）生产企业免抵退税的会计处理

1.当期免抵退税不得免征和抵扣税额

借：主营业务成本
　　贷：应交税费——应交增值税（进项税额转出）

2.当期免抵退税额=当期出口货物离岸价格×外汇人民币折合率×出口货物退税率−当期免抵退税额抵减额

（1）当期期末留抵税额>当期免抵退税额时，当期应退税额=当期免抵退税额，当期免抵税额=0，未抵扣完的进项税额结转下期抵扣

借：应收出口退税款（增值税）
　　贷：应交税费——应交增值税（出口退税）

（2）当期期末留抵税额<当月免抵退税额，当期应退税额=当月期末留抵税额，当期免抵税额=当月免抵退税额−当月应退税额

借：应收出口退税款（增值税）
　　应交税费——应交增值税（出口抵减内销产品应纳税额）
　　贷：应交税费——应交增值税（出口退税）

3.收到退税款

借：银行存款
　　贷：应收出口退税款（增值税）

（二）外贸企业免退税的会计处理

1.外销购进商品，“退税勾选”认证：

借：库存商品一库存出口商品
　　应交税费一待抵扣进项税额
　　贷：银行存款

十一、会计处理

2.货物报关出口，以 FOB 价格确认外销收入

借：应收账款一应收外汇账款
　　贷：主营业务收入一出口收入

同时结转出口商品成本

借：主营业务成本一出口商品
　　贷：库存商品一库存出口商品

3.结转征退之差
借：应交税费一应交增值税（出口退税）
　　贷：应交税费一待抵扣进项税额
同时：
借：主营业务成本一出口商品
　　贷：应交税费一待抵扣进项税额

注：工业企业外销征退之差，贷：应交税费一应交增值税（进项税额转出）

4.应收退税款

借：应收出口退税款（增值税）
　　贷：应交税费——应交增值税（出口退税）

5.收到退税

借：银行存款
　　贷：应收出口退税款（增值税）

第三节 离境退税

章节目录

一、离境退税概念
二、离境退税地区
三、境外旅客购物申请离境退税条件
四、境外旅客如何申请办理离境退税
五、离境退税税率

一、概念

离境退税是指境外旅客（注1）在离境口岸（注2）离境时，对其在退税商店购买的退税物品（注3）退还增值税的政策

注1

境外旅客是指在我国境内连续居住不超过183天的外国人和港澳台同胞

注2

“离境口岸”，是指实施离境退税政策的地区正式对外开放并设有退税代理机构的口岸，包括航空口岸、水运口岸和陆地口岸

注3

“退税物品”，是指由境外旅客本人在退税商店购买且符合退税条件的个人物品，但不包括下列物品：（一）《中华人民共和国禁止、限制进出境物品表》所列的禁止、限制出境物品；（二）退税商店销售的适用增值税免税政策的物品；（三）财政部、海关总署、国家税务总局规定的其他物品

二、离境退税地区

全国符合条件的地区，经财政部、海关总署、税务总局备案后，均可实施离境退税政策。截至目前，实施离境退税政策的地区共有26个，包括北京、上海、天津、安徽、福建、四川、厦门、辽宁、青岛、深圳、江苏、云南、陕西、广东、黑龙江、山东、新疆、河南、宁夏、湖南、甘肃、海南、重庆、河北、广西、江西

三、境外旅客购物申请离境退税条件

- （一）同一境外旅客同一日在同一退税商店购买的退税物品金额达到500元人民币
- （二）退税物品尚未启用或消费
- （三）离境日距退税物品购买日不超过90天
- （四）所购退税物品由境外旅客本人随身携带或随行托运出境

四、境外旅客如何申请办理离境退税

- （一）旅客购物申请开单开票：境外旅客在退税商店购买退税物品后，需要申请退税的，应当向退税商店索取境外旅客购物离境退税申请单和销售发票
- （二）海关验核确认：境外旅客在离境口岸离境时，应当主动持退税物品、退税申请单、退税物品销售发票向海关申报并接受海关监管。海关验核无误后，在境外旅客购物离境退税申请单上签章
- （三）代理机构审核退税：境外旅客凭护照等本人有效身份证件、海关验核签章的退税申请单、退税物品销售发票向设在办理境外旅客离境手续的离境口岸隔离区内的退税代理机构申请办理退税。退税代理机构对相关信息审核无误后，为境外旅客办理退税

五、离境退税税率

- 自2019年4月1日（增值税普通发票开具日期）起，将退税物品的退税率调整为11%和8%两档，适用税率为13%的退税物品，退税率为11%；适用税率为9%的退税物品，退税率为8%
- 过渡期
  - 2019年6月30日前，按调整前税率征收增值税的，执行调整前的退税率（注4）；按调整后税率征收增值税的，执行调整后的退税率
- 注4　调整前离境退税率　11%

第十章　应交税费的会计处理

- 一、通过应交税费科目核算
  - 增值税明细科目　注1
  - 其他明细科目　注3

- 二、不通过应交税费科目核算
  - 1.残保金
  - 2.保险保障基金
  - 3.耕地占用税
  - 4.契税
  - 5.车购税
  - 6.印花税

- 1.残保金
  - 计提时
    - 借：管理费用——残疾人就业保障金
    - 贷：其他应付款
  - 实际上缴时
    - 借：其他应付款
    - 贷：银行存款
  - 收到奖励时
    - 借：银行存款
    - 贷：其他收益
  - 缴纳滞纳金时
    - 借：营业外支出
    - 贷：银行存款

- 2.保险保障基金
  - 借：业务及管理费
  - 贷：其他应付款——保险保障基金

- 3.耕地占用税
  - 借：在建工程/无形资产
  - 贷：银行存款

4.契税

- 借：固定资产/无形资产
- 贷：银行存款

5.车购税

- 借：固定资产
- 贷：银行存款

6.印花税

- 借：税金及附加
- 贷：银行存款

注1：应交税费—增值税相关二级科目

1.应交税费——预交增值税

预交增值税

- 核算
  - 转让不动产
  - 提供不动产经营租赁服务
  - 提供建筑服务
  - 采用预收款方式销售自行开发的房地产项目等
  - 其他按规定应预缴
- 月终　余额转至“未交增值税”明细
- 纳税义务发生　房地产开发企业等应直至纳税义务发生时方可结转

2.应交税费——未交增值税

未交增值税

- 月终从“应交增值税”或“预交增值税”明细科目转入当月应交未交、多交或预缴的增值税额
- 当月交纳以前期间未交的增值税额

3.应交税费——待抵扣进项税额

待抵扣进项税额——准予以后期间从销项税额中抵扣的进项税额

4.应交税费——待认证进项税额

待认证进项税额——由于未经税务机关认证而不得从当期销项税额中抵扣的进项税额

5.应交税费——待转销项税额

待转销项税额——已确认相关收入（或利得）但尚未发生增值税纳税义务而需于以后期间确认为销项税额的增值税额

6.应交税费——简易计税

简易计税——核算一般纳税人采用简易计税方法发生的增值税计提、扣减、预缴、缴纳等业务

7.应交税费——增值税留抵税额

准予留抵退税时——按税务机关核准允许退还的留抵税额，借记“应交税费—增值税留抵税额”科目，贷记“应交税费—应交增值税（进项税额转出）”科目

实际收到留抵退税款时——借记“银行存款”科目，贷记“应交税费—增值税留抵税额”科目

缴回并继续抵扣进项税额时——借记“应交税费—应交增值税（进项税额）”科目，贷记“应交税费—增值税留抵税额”科目，同时借记“应交税费—增值税留抵税额”科目，贷记“银行存款”科目

8.应交税费——应交增值税（注4）

9.应交税费——转让金融商品应交增值税（注2）

10.应交税费——代扣代交增值税

（8～10）小规模纳税人也设

- 注2
  - 月末产生转让收益：借记投资收益，贷记本科目
  - 月末产生转让损失：按结转下月抵扣税额，借记本科目，贷记投资收益
  - 年末：如有借方余额，则借记“投资收益”等科目，贷记本科目

- 注3
  - 借：税金及附加
    - 贷：
      - 应交税费——应交消费税
      - 应交税费——应交资源税
      - 应交税费——应交环境保护税
      - 应交税费——应交城市维护建设税
      - 应交税费——应交房产税
      - 应交税费——应交城镇土地使用税
      - 应交税费——应交车船税
      - 应交税费——应交出口关税
      - 应交税费——应交教育费附加
      - 应交税费——应交地方教育附加
      - 应交税费——文化事业建设费
      - 应交税费——应交土地增值税
  - 借：管理费用
    - 贷：应交税费——应交矿产资源补偿费
  - 借：应付职工薪酬/应付股利/其他应收款
    - 贷：应交税费——应交个人所得税
  - 借：所得税费用/以前年度损益调整/递延所得税资产
    - 贷：应交税费——应交企业所得税
    - 递延所得税负债
  - 借：材料采购/在途物资/原材料
    - 贷：应交税费——应交烟叶税
  - 借：材料采购/在途物资/原材料/库存商品/在建工程/固定资产
    - 贷：应交税费——应交进口关税

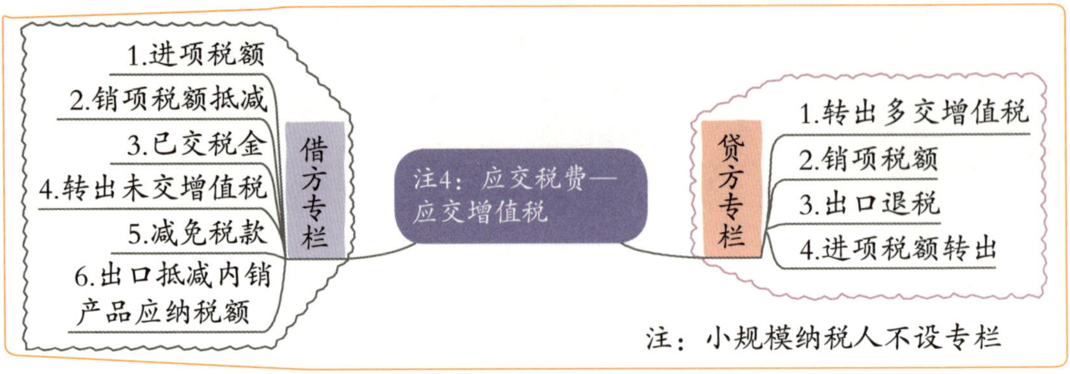
1.进项税额
2.销项税额抵减
3.已交税金
4.转出未交增值税
5.减免税款
6.出口抵减内销产品应纳税额
借方专栏
注4：应交税费—应交增值税
贷方专栏
1.转出多交增值税
2.销项税额
3.出口退税
4.进项税额转出
注：小规模纳税人不设专栏

消费税

第一章　纳税义务人和征税范围

第二章　消费税税目税率

第三章　纳税环节

第四章　应纳税额

第五章　已纳消费税的扣除

第六章　税收优惠

第七章　出口退（免）税

第八章　纳税义务发生时间

第九章　纳税期限

第十章　纳税申报表

第十一章　纳税地点

本篇未特别注明的政策依据为《中华人民共和国消费税暂行条例》和《中华人民共和国消费税暂行条例实施细则》

第一章　纳税义务人和征税范围

一、纳税人
在中华人民共和国境内（注1）生产、委托加工和进口（注2）条例规定的消费品的单位（注3）和个人（注4），以及国务院确定的销售本条例规定的消费品（注5）的其他单位和个人

注1境内
商品起运地或者所在地在境内

注2进口
进口货物的收货人或办理报关手续的单位和个人，为进口货物消费税的纳税义务人（国税发〔1993〕155号）

注3单位
企业、行政单位、事业单位、军事单位、社会团体及其他单位

注4个人
指个体工商户及其他个人

注5
- 金银首饰、铂金首饰和钻石及钻石饰品在零售环节纳税（财税字〔1994〕第095号、财税〔2003〕86号）
- 卷烟批发环节加征一道从价税（财税〔2009〕84号、财税〔2015〕60号）
- 电子烟生产（进口）、批发环节纳税（财政部、海关总署、税务总局公告2022年第33号、国家税务总局公告2022年第22号）
- 超豪华小汽车在零售环节加征消费税（财税〔2016〕129号、国家税务总局公告2016年第74号）

二、征税范围
包括
- 烟
- 酒
- 高档化妆品
- 贵重首饰及珠宝玉石
- 鞭炮、焰火
- 成品油
- 摩托车
- 小汽车
- 高尔夫球及球具
- 高档手表
- 游艇
- 木制一次性筷子
- 实木地板
- 电池
- 涂料

第二章 消费税税目税率

- 一、烟
  - 卷烟
    - 工业
      - 甲类：56%（每条≥70元）+150元/箱（0.6元/条，30元/万支）
      - 乙类：36%（每条<70元）+150元/箱（0.6元/条，30元/万支)
    - 批发：11%+250元/箱（1元/条，50元/万支）
  - 雪茄烟：36%
  - 烟丝：30%
  - 电子烟
    - 工业：36%
    - 批发：11%
  - 依据：财税〔2009〕84号、财税〔2015〕60号、财政部、海关总署、税务总局公告2022年第33号、国家税务总局公告2022年第22号
- 二、酒
  - 白酒
    - 20%+0.5元/斤/500克/500毫升
    - 其他配制酒按白酒税率征收消费税
    - 依据：财税〔2006〕33号
  - 黄酒：240元/吨
  - 啤酒
    - 甲类啤酒 250元/吨 出厂价（注1）≥3000元/吨
    - 乙类啤酒 220元/吨 出厂价<3000元/吨
    - 果啤均属于啤酒，应按规定征收消费税（国税函〔2005〕333号）
    - 娱乐业、饮食业自制啤酒，单位税额250元／吨（财税〔2001〕84号）
  - 其他酒
    - 10%
      - 葡萄酒
      - 以蒸馏酒或食用酒精为酒基，符合标准且酒精度≤38度的配制酒
      - 以发酵酒为酒基，酒精度≤20度的配制酒
    - 不征：调味料酒（国税函〔2008〕742号）

- 注1
  - 出厂价含包装物及包装物押金，不含增值税
  - 包装物押金不包括重复使用的塑料周转箱的押金（财税〔2006〕20号）

三、高档化妆品

- 高档美容、修饰类化妆品、高档护肤类化妆品（注2）和成套化妆品 —— 15%
- 注2：10元/毫升（克）或15元/片（张）及以上（财税〔2016〕103号）
- 不征：舞台、戏剧、影视演员化妆用的上妆油、卸妆油、油彩

四、贵重首饰及珠宝玉石

- 金银首饰（注3）、铂金首饰和钻石及钻石饰品 —— 零售环节 —— 5%
- 其他贵重首饰和珠宝玉石
  - 含宝石坯、人造宝石
  - 10%
- 注3：金、银和金基、银基合金首饰，以及金、银和金基、银基合金的镶嵌首饰（简称金银首饰）（财税字〔1994〕第095号）
- 不征：金条银锭、金银纪念币等收藏类金银制品，不在消费税的征税范围之内

五、鞭炮、焰火

- 15%
- 不征：体育上用的发令纸、鞭炮引线

六、成品油

- 汽油、石脑油、溶剂油、润滑油：1.52元/升；柴油、航空煤油、燃料油：1.20元/升
- 暂缓征收：航空煤油
- 进口：对混合芳烃、轻循环油、稀释沥青在进口环节征收消费税(财政部、海关总署、税务总局公告2021年第19号)
- 不征：变压器油、导热类油等绝缘油类产品不属于润滑油

- **六、成品油**
  - 退还
    - 购进石脑油、燃料油生产乙烯、芳烃类化工产品按实际耗用数量暂退还所含消费税（财税〔2011〕87号）
  - 免征
    - 符合标准的纯生物柴油
    - 利用废矿物油为原料生产的润滑油基础油、汽油、柴油等工业油料，符合规定条件的
    - 作为燃料、动力及原料消耗掉的自产成品油
    - 自产石脑油、燃料油生产乙烯、芳烃产品免税（财税〔2011〕87号）

- **七、摩托车**
  - 气缸容量=250毫升　3%
  - 气缸容量>250毫升　10%
  - 不征
    - 最大设计车速不超过50千米/小时，发动机气缸总工作容量不超过50毫升的三轮摩托车
    - 气缸容量250毫升（不含）以下

- **八、小汽车**
  - 乘用车
    - 气缸容量
      - ≤1.0升　1%
      - 1.0 −1.5升（含）　3%
      - 1.5−2.0升（含）　5%
      - 2.0−2.5升（含）　9%
      - 2.5−3升（含）　12%
      - 3.0−4.0升（含）　25%
      - >4.0升　40%
    - 排气量≤1.5升的乘用车底盘（车架）改装、改制的属于乘用车
  - 中轻型商用客车
    - 5%
    - 排气量>1.5升的乘用车底盘（车架）或用中轻型商用客车底盘（车架）改装、改制的属于中轻型商用客车
  - 超豪华小汽车(零售价≥130万元/辆）
    - 按乘用车和中轻型商用客车征的基础上，在零售环节加征10%（财税〔2016〕129号）
  - 不征
    - 电动汽车、沙滩车、雪地车、卡丁车、高尔夫车
    - 购进货车或者厢式货车改装生产的商务车、卫星通信车等专用汽车
    - 车身≥7米并且座位10−23座（含）以下的商用客车，不属于中轻型商用客车征税范围

九、高尔夫球及球具 —— 高尔夫球、高尔夫球杆、高尔夫球包（袋）、高尔夫球杆的杆头、杆身和握把 —— 10%

十、高档手表 —— 不含税价≥10000元/只 —— 20%

十一、游艇（机动艇） —— 8米≤长度≤90米 —— 10%

十二、木制一次性筷子
- 5%：包含未经打磨、倒角的木制一次性筷子
- 不征：竹制一次性筷子

十三、实木地板
- 5%：包含未经涂饰的素板

十四、电池
- 4%
- 免征：无汞原电池、氢镍（镍氢）蓄电池、锂原电池、锂离子蓄电池、太阳能电池、燃料电池、全钒液流电池

十五、涂料
- 4%：由主要成膜物质、次要成膜物质等构成
- 免征：施工状态下挥发性有机物含量低于420克/升（含）的涂料

从高适用税率
- 兼营不同税率应税消费品未分别核算的
- 将不同税率的应税消费品组成成套消费品销售的

第三章　纳税环节

章节目录

一、工业企业
二、非工业企业
三、委托加工应税消费品
四、进口应税消费品
五、批发环节
六、零售环节
七、政策依据

一、工业企业

- 纳税人生产的应税消费品，于纳税人销售（注1）时纳税
- 纳税人自产自用的应税消费品，用于连续生产应税消费品的，不纳税；用于其他方面（注2）的，于移送使用时纳税

注1　是指有偿转让应税消费品的所有权。有偿，是指从购买方取得货币、货物或者其他经济利益

注2　其他方面，是指纳税人将自产自用应税消费品用于生产非应税消费品、在建工程、管理部门、非生产机构、提供劳务、馈赠、赞助、集资、广告、样品、职工福利、奖励等方面

二、非工业企业

- 将外购的消费税非应税产品以消费税应税产品对外销售的
- 将外购的消费税低税率应税产品以高税率应税产品对外销售的
- 国家税务总局公告2012年第47号

三、委托加工应税消费品

- 委托加工（注3）的应税消费品，除受托方为个人外，由受托方在向委托方交货时代收代缴税款
- 委托加工的应税消费品直接出售（注4）的，不再缴纳消费税
- 委托方用于连续生产应税消费品的，所纳税款准予按规定抵扣
- 委托个人加工的应税消费品，由委托方收回后缴纳消费税
- 委托个体经营者加工的应税消费品，一律于委托方收回后在委托方所在地缴纳消费税

注3

是指由委托方提供原领料和主要材料，受托方只收取加工费和代垫部分辅助材料加工的应税消费品。对于由受托方提供原材料生产的应税消费品，或者受托方先将原材料卖给委托方，然后再接受加工的应税品，以及由受托方以委托方名义购进原材料生产的应税消费品，不论在财务上是否作销售处理，都不得作为委托加工应税消费品，而应当按照销售自制应税消费品缴纳消费税

注4

委托方将收回的应税消费品，以不高于受托方的计税价格出售的，为直接出售，不再缴纳消费税；委托方以高于受托方的计税价格出售的，不属于直接出售，需按照规定申报缴纳消费税，在计税时准予扣除受托方已代收代缴的消费税（财法〔2012〕8号）

四、进口应税消费品

- 进口的应税消费品，于报关进口时纳税
- 消费税由税务机关征收，进口应税消费品的消费税由海关代征
- 凡从境外进口应税消费品的，进口报关单位或个人为消费税的纳税人
- 个人携带或者邮寄进境的应税消费品的消费税，连同关税一并计征
- 携有应税个人自用物品的入境旅客及运输工具服务人员，进口邮递物品的收件人，以及以其他方式进口应税个人自用物品的收件人为纳税人（海关总署令第47号）

五、批发环节

- 将卷烟批发环节从价税税率由5%提高至11%，并按0.005元/支加征从量税（财税〔2009〕84号，财税〔2015〕60号）
- 自2022年11月1日起，将电子烟纳入消费税征收范围，批发环节的税率为11%（财政部、海关总署、税务总局公告2022年第33号）

六、零售环节

零售环节征收消费税的应税消费品范围仅限于：金、银、铂金首饰；金基、银基合金首饰；金、银和金基、银基合金的镶嵌首饰；钻石、钻石饰品。在零售环节征收消费税的金银首饰的范围不包括镀金（银）、包金（银）首饰，以及镀金（银）、包金(银）的镶嵌首饰,凡采用包金、镀金工艺以外的其他工艺制成的含金、银首饰及镶嵌首饰，如锻压金、铸金、复合金首饰等，都应在零售环节征收消费税（财税〔1994〕95号、财税〔2001〕176号、财税〔2003〕86号、财税〔2013〕40号、国税发〔1995〕94号）

对超豪华小汽车，在生产（进口）环节按现行税率征收消费税基础上，在零售环节加征消费税，税率为10%（财税〔2016〕129号）

七、政策依据

除特别注明外，依据：《中华人民共和国消费税暂行条例》、《中华人民共和国消费税暂行条例实施细则》

第四章 应纳税额

章节目录

一、概述
二、生产销售环节
三、委托加工环节
四、进口环节
五、电子烟生产、批发环节
六、卷烟批发环节
七、超豪华小汽车零售环节
八、贵重首饰及珠宝玉石零售环节

一、概述

消费税实行从价定率、从量定额，或者从价定率和从量定额复合计税的办法计算应纳税额

二、生产销售环节

- 对外销售
  - 从价定率：应纳税额＝销售额（注1，下同）×比例税率
  - 从量定额：应纳税额＝销售数量（注4，下同）×定额税率
  - 复合计税
    - 应纳税额=销售额×比例税率+销售数量×定额税率
    - 仅卷烟、白酒采用复合计税
- 自产自用
  - 连续生产应税消费品：不纳税
  - 用于其他方面（注5）：按纳税人生产的同类消费品销售价格（注6）计算纳税

注1

- 销售额为纳税人销售应税消费品向购买方收取的全部价款和价外费用（注2）
- 纳税人销售的应税消费品，以人民币以外的货币结算销售额的，其销售额的人民币折合率可以选择销售额发生的当天或者当月1日的人民币汇率中间价。纳税人应在事先确定采用何种折合率，确定后1年内不得变更

- 注1
  - 包装物
    - 销售：应税消费品连同包装物销售的，应计入应税消费品的销售额
    - 收取押金
      - 除啤酒和黄酒外的酒：收到时征收
      - 非酒类产品：逾期时并入征税
  - 品牌使用费：属于应税白酒销售价款的组成部分，应并入白酒销售额征税（国税发〔2002〕109号）
  - 计税依据的特殊规定：见注3

- 注2
  - 包括价外收取的手续费、补贴、基金、集资费、返还利润、奖励费、违约金、滞纳金、延期付款利息、赔偿金、代收款项、代垫款项、包装费、包装物租金、储备费、优质费、运输装卸费以及其他各种性质的价外收费
  - 不包括
    - 同时符合以下条件的代垫运输费用：（1）承运部门的运输费用发票开具给购买方的；（2）纳税人将该项发票转交给购买方的
    - 同时符合以下条件代为收取的政府性基金或者行政事业性收费：（1）由国务院或者财政部批准设立的政府性基金，由国务院或者省级人民政府及其财政、价格主管部门批准设立的行政事业性收费；（2）收取时开具省级以上财政部门印制的财政票据；（3）所收款项全额上缴财政

- 注3
  - 1.通过自设非独立核算门市部销售：按照门市部对外销售额或者销售数量征收消费税
  - 2.生产环节纳税人采用代销方式销售电子烟的——按照经销商（代理商）销售给电子烟批发企业的销售额计算纳税（例1）
  - 3.自产应税消费品用于换取生产资料、投资入股、抵偿债务——按同类应税消费品的最高销售价格作为计税依据
  - 4.计税价格的核定权限
    - 卷烟、小汽车：国家税务总局核定，送财政部备案
    - 其他应税消费品：由省、自治区和直辖市税务局核定
    - 进口应税消费品：由海关核定

注3

5.卷烟最低计税价格的核定

- 核定范围：为卷烟生产企业在生产环节销售的所有牌号、规格的卷烟
- 某牌号、规格卷烟计税价格=批发环节销售价格×（1-适用批发毛利率）
- 未经核定的新牌号、新规格卷烟：按卷烟调拨价申报纳税
- 实际售价高于核定计税价格：按实际销售价格申报纳税

6.白酒最低计税价格的核定

- 核定范围
  - 生产企业消费税计税价格低于销售单位对外销售价格（不含增值税）70%以下的应核定最低计税价格
  - 将委托加工收回的白酒销售给销售单位，消费税计税价格低于销售单位对外销售价格（不含增值税）70%以下
- 核定权限：白酒生产企业申报的销售给销售单位的消费税计税价格低于销售单位对外销售价格70%以下、年销售额1000万以上的各种白酒，消费税最低计税价格调整为由各省、自治区、直辖市和计划单列市国家税务局核定
- 当月该品牌、规格白酒消费税计税价格=该品牌、规格白酒销售单位上月平均销售价格×核定比例（核定比例暂统一确定为60%）
- 重新核定：已核定最低计税价格的白酒，销售单位对外销售价格持续上涨或下降时间达到3个月以上、累计上涨或下降幅度在20%（含）以上的白酒
- 申报纳税
  - 实际售价高于核定计税价格：按实际销售价格申报纳税
  - 实际销售价格低于消费税最低计税价格的：按最低计税价格申报
  - 未按规定上报销售单位销售价格的：按照销售单位销售价格征收
- 依据：国税函〔2009〕380号、国税函〔2009〕416号、税总函〔2015〕384号、税总函〔2017〕144号

注3

- 7.关联企业销售啤酒 —— 对啤酒生产企业销售的啤酒，不得以向其关联企业的啤酒销售公司销售的价格作为确定消费税税额的标准，而应当以其关联企业的啤酒销售公司对外的销售价格（含包装物及包装物押金）作为确定消费税税额的标准，并依此确定该啤酒消费税单位税额
- 8.未分别核算不同税率应税消费品销售额、销售数量 —— 从高适用税率
- 9.将不同税率的应税消费品组成成套消费品销售的 —— 从高适用税率

例1

某电子烟消费税纳税人2022年12月生产持有商标的电子烟产品并销售给电子烟批发企业，不含增值税销售额为100万元，该纳税人2023年1月应申报缴纳电子烟消费税为36万元（100万元×36%）。如果该纳税人委托经销商（代理商）销售同一电子烟产品，经销商（代理商）销售给电子烟批发企业不含增值税销售额为110万元，则该纳税人2023年1月应申报缴纳电子烟消费税为39.6万元（110万元×36%）。

注4

- 销售数量
  - 销售　应税消费品销售数量
  - 自产自用　应税消费品移送使用数量
  - 委托加工　收回应税消费品数量
  - 进口　海关核定的应税消费品进口征税数量
- 计量单位换算标准
  - 黄酒　962升/吨
  - 啤酒　988升/吨
  - 汽油　1388升/吨
  - 柴油　1176升/吨
  - 航空煤油　1246升/吨
  - 石脑油　1385升/吨
  - 溶剂油　1282升/吨
  - 润滑油　1126升/吨
  - 燃料油　1015升/吨

注5

其他方面，是指纳税人将自产自用应税消费品用于生产非应税消费品、在建工程、管理部门、非生产机构、提供劳务、馈赠、赞助、集资、广告、样品、职工福利、奖励等方面

- 注6按顺序确定
  - 1.当月销售的同类消费品的销售价格
  - 2.按销售数量加权平均计算
    - 注意：售价明显偏低又无正当理由或无销售价格的，不得列入加权平均计算
  - 3.当月无销售或者当月未完结
    - 按同类消费品上月或最近月份的售价
    - 没有同类消费品售价的，按照组成计税价格纳税
  - 4.组成计税价格
    - 从价定率
      - 组价=（成本+利润）/（1−比例税率）
      - 应纳税额=组价×比例税率
    - 复合计税
      - 组价=（成本+利润+自产自用数量×定额税率）/（1−比例税率）
      - 应纳税额=组价×比例税率+自产自用数量×消费税定额税率
  - 利润=成本×成本利润率
  - 成本利润率
    - 20% 高档手表
    - 10% 甲类卷烟、粮食白酒、高尔夫球及球具、游艇、电子烟
    - 8% 乘用车
    - 7% 涂料
    - 6% 摩托车、贵重首饰及珠宝玉石
    - 5% 乙类卷烟、雪茄烟、烟丝、薯类白酒、其他酒、高档化妆品、鞭炮、焰火、中轻型商用客车、木制一次性筷子、实木地板
    - 4% 电池

- 三、委托加工环节
  - 按照受托方的同类消费品的销售价格（注7）计算纳税

- 1.委托加工
  - 委托方提供原料和主要材料
  - 受托方只收取加工费和代垫部分辅助材料
- 销售自制应税消费品
  - 受托方提供原材料
  - 受托方先将原材料卖给委托方，然后再接受加工的应税消费品
  - 由受托方以委托方名义购进原材料生产的应税消费品

- 注7按顺序确定
  - 1.当月销售的同类消费品的销售价格
  - 2.按销售数量加权平均计算
    - 注意：售价明显偏低又无正当理由或无销售价格的，不得列入加权平均计算
  - 3.当月无销售或者当月未完结
    - 按同类消费品上月或最近月份的售价
    - 没有同类消费品售价的，按照组成计税价格纳税
  - 4.组成计税价格
    - 从价定率：组价=（材料成本+加工费）/（1−比例税率）
    - 复合计税：组价=（材料成本+加工费+委托加工数量×定额税率）/(1−比例税率）

- 2.代收代缴
  - 由受托方在向委托方交货时代收代缴消费税（注8）
  - 委托个人（含个体工商户）加工的应税消费品，由委托方收回后缴纳消费税

- 注8未代收代缴
  - 受托方：处以应代收代缴税款50%以上3倍以下的罚款
  - 委托方：补缴税款
    - 收回已销售：按销售额计税
    - 未销售或不能直接销售：按组成计税价格计税

- 3.收回委托加工应税消费品
  - 直接出售（以不高于受托方的计税价格出售）：不再缴纳
  - 以高于受托方的计税价格出售的：需缴纳消费税，准予扣除受托方已代收代缴的消费税
  - 依据：财法〔2012〕8号

- 四、进口环节
  - 于报关进口时缴纳消费税
  - 由进口人或其代理人向报关地海关申报纳税
  - 自海关填发海关进口消费税专用缴款书之日起15日缴纳税款

- 1.从价定率
  - 组成计税价格=（关税完税价格+关税）/（1−消费税比例税率）
  - 应纳税额=组价×适用税率
- 2.从量定额
  - 应纳税额=应税消费品数量×消费税定额税率
- 3.复合计税
  - 组成计税价格=（关税完税价格+关税+进口数量×消费税定额税率）/（1−消费税比例税率）
  - 应纳税额=组价×消费税税率+进口数量×定额税率）
- 4.小汽车进口环节消费税
  - 对我国驻外使领馆工作人员、外国驻华机构及人员、非居民常住人员、政府间协议规定等应税（消费税）进口自用，且完税价格130万元及以上的超豪华小汽车消费税，按照生产（进口）环节税率和零售环节税率（10%）加总计算，由海关代征（财关税〔2016〕63号）
- 5.进口卷烟适用税率
  - 1.用36%计算第一次组价
  - 2.确定适用税率
    - 第一次组价≥70元　56%
    - 第一次组价<70元　36%
  - 3.按第二步确定的税率重新计算组价并计算应纳税额

例2 某企业从境外进口卷烟5万条，关税完税价格360万元，假定关税税率为50%，每标准条200支，计算该公司应缴纳的消费税。

解：1.第一次组价：每标准条进口卷烟组成计税价格=（360+360×50%+0.6×5）/（1−36%）÷5=169.69（元）>70元，适用比例税率为56%；2.按照适用税率做第二次组价，该公司应纳消费税=（360+360×50%+0.6×5）/（1−56%）×56%+0.6×5=694.09（万元）。

注意 进口环节消费税除国务院另有规定外，一律不得给予减税、免税

- 五、电子烟生产、批发环节
  - 征税范围
    - 电子烟是指用于产生气溶胶供人抽吸等的电子传输系统
    - 烟弹　指含有雾化物的电子烟组件
    - 烟具　指将雾化物雾化为可吸入气溶胶的电子装置
    - 烟弹与烟具组合销售的电子烟产品

五、电子烟生产、批发环节

- 生产环节
  - 税率 36%
  - 指取得烟草专卖生产企业许可证，并取得或经许可使用他人电子烟产品注册商标（以下称持有商标）的企业
  - 只从事代加工电子烟产品业务的企业不属于电子烟消费税纳税人（通过代加工方式生产电子烟的，由持有商标的企业缴纳消费税，例1）
  - 从事电子烟代加工业务的，应当分开核算持有商标电子烟的销售额和代加工电子烟的销售额；未分开核算的，一并缴纳消费税
  - 采用代销方式销售电子烟的，按照经销商（代理商）销售给电子烟批发企业的销售额计算纳税
- 批发环节
  - 税率 11%
  - 指取得烟草专卖批发企业许可证并经营电子烟批发业务的企业
  - 计税价格 批发的销售额
- 应纳税额 =计税价格×税率
- 征收时间 自2022年11月1日起
- 政策依据 财政部 海关总署 税务总局公告2022年第33号、国家税务总局公告2022年第22号

六、卷烟批发环节

- 纳税人
  - 在中华人民共和国境内从事卷烟批发业务的单位和个人
  - 纳税人销售给纳税人以外的单位和个人的卷烟于销售时纳税
- 不缴纳 纳税人之间销售的卷烟不缴纳消费税
- 计税方法
  - 复合计税
  - 应纳消费税＝销售额（不含增值税）×11%+销售数量×0.005元/支
- 纳税地点 卷烟批发企业的机构所在地，总机构与分支机构不在同一地区的，由总机构申报纳税

六、卷烟批发环节

- 注意
  - 纳税人应将卷烟销售额与其他商品销售额分开核算，未分开核算的，一并征收消费税
  - 卷烟消费税在生产和批发两个环节征收后，批发企业在计算纳税时不得扣除已含的生产环节的消费税税款
- 依据：财税〔2015〕60号

tips 1箱250条，1个标准条为10标准包，1个标准包为20支，即按250元/箱加征从量税

七、超豪华小汽车零售环节

- 纳税人　将超豪华小轿车销售给消费者的单位和个人
- 税率　零售环节税率10%
- 征税范围　每辆零售价格130万元（不含增值税）及以上的乘用车和中轻型商用客车
- 应纳税额
  - 1.经销商销售给消费者：
    应纳税额=零售环节销售额（不含增值税）×10%
  - 2.国内汽车生产企业直接销售给消费者：
    应纳税额=生产环节销售额（不含增值税）×（生产环节税率+10%）
- 依据　财税〔2016〕129号

八、贵重首饰及珠宝玉石零售环节

- 纳税人
  - 从事金银首饰（注9）零售业务的单位和个人
  - 委托加工（除另有规定外）、委托代销金银首饰的，受托方也是纳税人
- 注9
  - 金、银和金基、银基合金首饰，以及金、银和金基、银基合金的镶嵌首饰；钻石及钻石饰品；铂金首饰
  - 不在零售环节征　镀金、包金首饰
  - 不征　修理、清洗金银首饰
- 税率
  - 金银首饰、铂金首饰和钻石及钻石饰品　5%　零售
  - 其他贵重首饰和珠宝玉石　10%

- 八、贵重首饰及珠宝玉石零售环节
  - 分别核算
    - 既销售金银首饰，又销售非金银首饰的生产经营单位，应将两类商品划分清楚，分别核算销售额
    - 凡划分不清楚或不能分别核算的
      - 生产环节销售：一律从高适用税率
      - 零售环节销售：按金银首饰征收
    - 金银首饰与其他产品组成消费品销售的：应按销售额全额征收消费税
  - 计税依据
    - 金银首饰连同包装物销售：并入金银首饰的销售额，计征消费税
    - 带料加工
      - 受托方销售同类金银首饰的销售价格
      - 组成计税价格=（材料成本+加工费）÷（1−消费税税率）
    - 以旧换新：按实际收取的不含增值税的全部价款确定计税依据征收消费税
    - 用于馈赠、赞助、集资、广告、样品、职工福利、奖励等
      - 纳税人销售同类金银首饰的销售价格
      - 组成计税价格=[购进原价×（1+利润率）]÷（1−消费税税率）
    - 用已税珠宝玉石生产的镶嵌首饰，在计税时一律不得扣除已纳的消费税税款

第五章　已纳消费税的扣除

章节目录

一、外购已税消费品的扣除
二、委托加工已纳消费税的扣除
三、进口已纳消费税的扣除

一、外购已税消费品的扣除

1.对外购已税消费品连续生产应税消费品销售时

可按当期生产领用数量计算准予扣除外购应税消费品已纳的消费税税款（国税发〔1995〕94号），详见注1

2.对既有自产应税消费品，同时又购进与自产应税消费品同样的应税消费品进行销售的工业企业

对其销售的外购应税消费品应当征收消费税，同时可以扣除外购应税消费品的已纳税款

上述允许扣除已纳税款的外购应税消费品仅限于烟丝、化妆品、珠宝玉石、鞭炮焰火

（国税发〔1997〕84号）

3.对自己不生产应税消费品，而只是购进后再销售应税消费品的工业企业

其销售的化妆品、鞭炮焰火和珠宝玉石，凡不能构成最终消费品直接进入消费品市场，而需进一步生产加工的，应当征收消费税，同时允许扣除上述外购应税消费品的已纳税款（国税发〔1997〕84号）

注1

1.外购已税烟丝生产的卷烟（卷烟批发不得扣除）（国税发〔1995〕94号）

2.外购已税高档化妆品生产的高档化妆品（国税发〔1995〕94号）

3.外购已税珠宝玉石生产的贵重首饰（注2）及珠宝玉石（国税发〔1995〕94号）

4.外购已税鞭炮焰火生产的鞭炮焰火（国税发〔1993〕156号）

5.外购已税杆头、杆身和握把为原料生产的高尔夫球杆（国税发〔2006〕33号）

6.外购已税木制一次性筷子为原料生产的木制一次性筷子（财税〔2006〕33号）

7.外购已税实木地板为原料生产的实木地板（财税〔2006〕33号）

8.外购已税汽油、柴油、石脑油、燃料油、润滑油（注3）用于连续生产应税成品油（注4）（财税〔2014〕15号）

9.从葡萄酒生产企业购进、进口葡萄酒连续生产应税葡萄酒的，准予从葡萄酒消费税应纳税额中扣除所耗用应税葡萄酒已纳消费税税款（税务总局公告2015年第15号）

10.集团内部企业间用啤酒液生产啤酒的（国税函〔2003〕382号）

注2

不包含在零售环节征收消费税的金银首饰（镶嵌首饰）

注3

外购润滑油大包装经简单加工改成小包装或者外购润滑油不经加工只贴商标的行为，视同应税消费税品的生产行为，应当申报缴纳消费税，准予扣除外购润滑油已纳的消费税税款

注4

外购、进口和委托加工收回的汽油、柴油、石脑油、燃料油、润滑油用于连续生产应税成品油的，应凭通过增值税发票选择确认平台确认的成品油专用发票、海关进口消费税专用缴款书，以及税收缴款书（代扣代收专用），按规定计算扣除已纳消费税税款，其他凭证不得作为消费税扣除凭证

外购石脑油、燃料油用于生产乙烯、芳烃类化工产品的，应凭取得的成品油专用发票所载明的石脑油、燃料油的数量，按规定计算退还消费税，其他发票或凭证不得作为计算退还消费税的凭证

征求意见稿：汽油、柴油、润滑油仅限于进口或从同税目纳税人购进的应税消费品

4.计算公式

- 按当期生产领用数量扣除其已纳消费税
- 从价定率
  - 当期准予扣除的外购应税消费品已纳税款=当期准予扣除的外购应税消费品买价×外购应税消费品适用税率
  - 当期准予扣除的外购应税消费品买价=（期初库存+当期购进-期末库存）的外购应税消费品买价（买价均不含增值税）
- 从量定额
  - 当期准予扣除的外购应税消费品已纳税款=当期准予扣除外购应税消费品数量×外购应税消费品单位税额
  - 当期准予扣除外购应税消费品数量=期初库存外购应税消费品数量+当期购进外购应税消费品数量-期末库存外购应税消费品数量

二、委托加工已纳消费税扣除

1.委托加工扣除

- 连续生产
  - 委托加工的应税消费品，除受托方为个人外，由受托方在向委托方交货时代收代缴税款。委托加工的应税消费品，委托方用于连续生产应税消费品的，所纳税款准予按规定抵扣
  - 扣除范围参照外购扣除
- 直接出售
  - 委托加工收回以不高于受托方的计税价格出售的为直接出售，不再征收消费税。委托方以高于受托方的计税价格出售的，不属于直接出售，需按照规定申报缴纳消费税，在计税时准予扣除受托方已代收代缴的消费税（财法〔2012〕8号、税务总局公告2015年第5号）

2.扣除范围

- 以委托加工收回的已税烟丝为原料生产的卷烟（国税发〔1993〕156号、国税发〔1995〕94号）
- 以委托加工收回的已税高档化妆品为原料生产的高档化妆品（国税发〔1993〕156号、国税发〔1995〕94号）
- 以委托加工收回的已税珠宝玉石生产的贵重首饰及珠宝玉石（国税发〔1993〕156号、国税发〔1995〕94号）
- 以委托加工收回的已税鞭炮焰火生产的鞭炮焰火（国税发〔1993〕156号、国税发〔1995〕94号）

2.扣除范围

- 以委托加工收回的已税杆头、杆身和握把为原料生产的高尔夫球杆（财税〔2006〕33号）
- 以委托加工收回的已税木制一次性筷子为原料生产的木制一次性筷子（财税〔2006〕33号）
- 以委托加工收回的已税实木地板为原料生产的实木地板（财税〔2006〕33号）
- 以委托加工收回的已税已税汽油、柴油、石脑油、燃料油、润滑油用于连续生产应税成品油（财税〔2008〕168号、财税〔2014〕15号）

3.计算公式

- 当期准予扣除的委托加工应税消费品已纳税款＝期初库存的委托加工应税消费品已纳税款＋当期收回的委托加工应税消费品已纳税款—期末库存的委托加工应税消费品已纳税款
- 委托加工应税消费品已纳税款为代扣代收税款凭证注明的受托方代收代缴的消费税

三、进口已纳消费税扣除

1.计算公式

- 当期准予扣除的进口应税消费品已纳税款=期初库存的进口应税消费品已纳税款+当期进口应税消费品已纳税款-期末库存的进口应税消费品已纳税款
- 进口应税消费品已纳税款为《海关进口消费税专用缴款书》注明的进口环节消费税

2.扣除范围

- 进口葡萄酒连续生产葡萄酒（国家税务总局公告2015年第15号）
- 进口高档化妆品为原料继续生产高档化妆品（国家税务总局公告2016年第66号）
- 进口的汽油、柴油、石脑油、燃料油、润滑油用于连续生产应税成品油（国家税务总局公告2018年第1号）

第六章 税收优惠

章节目录

- 一、区域发展
- 二、节能环保
- 三、体育
- 四、成品油

一、区域发展

- 横琴、平潭区企业销售货物免税（财税〔2014〕51号）
- 海南离岛免税店销售离岛免税商品免税（财政部 海关总署 税务总局公告2020年第33号、海关总署 财政部 税务总局公告2023年第25号）

二、节能环保

- 节能环保电池免税（财税〔2015〕16号）
- 节能环保涂料免税（财税〔2015〕16号）
- 废动植物油生产纯生物柴油免税（财税〔2010〕118号）
- 废矿物油生产工业油料免税（财税〔2018〕144号）

三、体育

- 北京冬奥组委会、北京冬奥会测试赛赛事组委会赛后再销售物品和出让资产免税（财税〔2017〕60号）
- 北京冬奥组委会、北京冬奥会测试赛赛事组委会委托加工生产的高档化妆品免税（财税〔2017〕60号）
- 对国际残奥会取得的与北京2022年冬残奥会有关的收入免税（财税〔2017〕60号）
- 对中国残奥会取得的由北京冬奥组委分期支付的收入免税（财税〔2017〕60号）
- 对赞助商、供应商、特许商及其分包商根据协议向北京冬奥组委提供指定货物免税（财政部公告2019年第92号）

四、成品油

- 用已税汽油生产的乙醇汽油免税（财税〔2008〕168号）
- 生产成品油过程中消耗的自产成品油部分免税（财税〔2010〕98号）
- 自产石脑油、燃料油生产乙烯、芳烃产品免税（财税〔2011〕87号）
- 外购石脑油、燃料油生产乙烯、芳烃产品退税（财税〔2011〕87号）
- 按照定点直供计划销售自产石脑油、燃料油免征消费税（国家税务总局公告2012年第36号）

第七章　出口退（免）税

章节目录

- 一、消费税退（免）税
- 二、消费税退税申报
- 三、应退税额计算
- 四、退关或退货

一、消费税退（免）税

依据：财税〔2012〕39号

- **1.出口免税并退税**：出口企业出口或视同出口适用增值税退（免）税的货物，免征消费税，如果属于购进出口的货物，退还前一环节对其已征的消费税
- **2.出口免税但不退税**：出口企业出口或视同出口适用增值税免税政策的货物，免征消费税，但不退还其以前环节已征的消费税，且不允许在内销应税消费品应纳消费税款中抵扣
- **3.出口不免税也不退税**：出口企业出口或视同出口适用增值税征税政策的货物，应按规定缴纳消费税，不退还其以前环节已征的消费税，且不允许在内销应税消费品应纳消费税款中抵扣

二、消费税退税申报

出口适用消费税退税政策的应税消费品，与当期增值税退（免）税一并申报

- **1.生产企业申报资料**
  - 消费税专用缴款书或分割单，海关进口消费税专用缴款书、委托加工收回应税消费品的代扣代收税款凭证原件或复印件
  - 生产企业出口的视同自产货物以及列名生产企业出口的非自产货物，还需提供《生产企业出口非自产货物消费税退税申报表》
- **2.外贸企业申报资料**：提供消费税专用缴款书或分割单、海关进口消费税专用缴款书

依据：国家税务总局公告2012年第24号

三、应退税额计算

依据：财税〔2012〕39号

计税依据

- 按购进出口货物的消费税专用缴款书和海关进口消费税专用缴款书确定
- 属于从价定率计征消费税的，为已征且未在内销应税消费品应纳税额中抵扣的购进出口货物金额
- 属于从量定额计征消费税的，为已征且未在内销应税消费品应纳税额中抵扣的购进出口货物数量
- 属于复合计征消费税的，按从价定率和从量定额的计税依据分别确定

消费税应退税额

=从价定率计征消费税的退税计税依据×比例税率+从量定额计征消费税的退税计税依据×定额税率

四、退关或退货

- 出口的应税消费品办理退税后，发生退关，或者国外退货进口时予以免税的，报关出口者必须及时向其机构所在地或者居住地主管税务机关申报补缴已退的消费税税款
- 纳税人直接出口的应税消费品办理免税后，发生退关或者国外退货，复进口时已予以免税的，可暂不办理补税，待其转为国内销售的当月申报缴纳消费税
- 依据：《中华人民共和国消费税暂行条例实施细则》、国家税务总局公告2015年第91号

第八章 纳税义务发生时间

- 纳税人销售应税消费品的
  - 按不同的销售结算方式分别为：见注1
- 注1
  - 采取赊销和分期收款结算方式的
    - 书面合同约定的收款日期的当天
    - 书面合同没有约定收款日期或者无书面合同的，为发出应税消费品的当天
  - 采取预收货款结算方式的
    - 发出应税消费品的当天
  - 采取托收承付和委托银行收款方式销售
    - 发出应税消费品并办妥托收手续的当天
  - 采取其他结算方式的
    - 收讫销售款或者取得索取销售款凭据的当天
- 自产自用的应税消费品
  - 移送使用的当天
- 委托加工的应税消费品
  - 纳税人提货的当天
- 进口的应税消费品
  - 报关进口的当天

第九章 纳税期限

纳税人具体纳税期限

由主管税务机关根据纳税人应纳税额的大小分别核定（见注1）

不能按照固定期限纳税的

可以按次纳税

注1

- 以1日、3日、5日、10日或者15日为一期纳税的：自期满之日起5日内预缴税款，于次月1日起至15日内申报纳税并结清上月应纳税款
- 以1个月或以1个季度为一期纳税的：自期满之日起15日内申报纳税

纳税人进口应税消费品

自海关填发海关进口消费税专用缴款书之日起15日内缴纳税款

第十章　纳税申报表

- 消费税及附加税费申报表
  - 消费税及附加税费申报表
    - 应税消费品
      - 名称
      - 项目
        - 适用税率
          - 定额税率
          - 比例税率
        - 计量单位
        - 本期销售数量
        - 本期销售额
        - 本期应纳税额
    - 本期减（免）税额
    - 期初留抵税额
    - 本期准予扣除税额
    - 本期应扣除税额
    - 本期实际扣除税额
    - 期末留抵税额
    - 本期预缴税额
    - 本期应补（退）税额
    - 城市维护建设税本期应补（退）税额
    - 教育费附加本期应补（退）税额
    - 地方教育附加本期应补（退）税额
  - 附注1　应税消费品名称、税率和计量单位对照表
  - 附注2　计量单位换算标准
  - 附表1-1　本期准予扣除税额计算表
  - 附表1-2　本期准予扣除税额计算表（成品油消费税纳税人适用）
  - 附表2　本期减（免）税额明细表
  - 附表3　本期委托加工收回情况报告表
  - 附表4　卷烟批发企业月份销售明细清单（卷烟批发环节消费税纳税人适用）
  - 附表5　卷烟生产企业合作生产卷烟消费税情况报告表（卷烟生产环节消费税纳税人适用）
  - 附表6　消费税附加税费计算表

第十一章 纳税地点

销售或自产自用应税消费品：应当向纳税人机构所在地或者居住地的主管税务机关申报纳税

委托加工业务
- 受托方为个人外：受托方向机构所在地或者居住地的主管税务机关解缴消费税税款
- 受托方为个人：委托方向其机构所在地或者居住地主管税务机关申报纳税

纳税人到外县（市）销售或者委托外县（市）代销自产应税消费品的：于应税消费品销售后，向机构所在地或者居住地主管税务机关申报纳税

总机构与分支机构不在同一县（市）
- 一般情况：应当分别向各自机构所在地的主管税务机关申报纳税
- 卷烟：卷烟批发企业的机构所在地，总机构与分支机构不在同一地区的，由总机构申报纳税（财税〔2009〕84号）
- 经批准后（注1）：可以由总机构汇总向总机构所在地的主管税务机关申报纳税

注1：同一省（自治区、直辖市）范围内，由省（自治区、直辖市）财政厅（局）、税务局审批，上报财政部、国家税务总局备案。否则须经财政部、国家税务总局或者其授权的财政、税务机关批准

进口的应税消费品：应当由进口人或者其代理人向报关地海关申报纳税

企业所得税

第一章　纳税人、纳税义务和税率

第二章　应纳税所得额

- 第一节　应纳税所得额概述
- 第二节　收入
- 第三节　税前扣除
- 第四节　资产的税务处理

第三章　应纳税额

第四章　企业所得税税收优惠

第五章　源泉扣缴

第六章　特别纳税调整

第七章　征收管理

第八章　季度预缴申报表

第九章　企业所得税年度纳税申报表

本篇未特别注明的政策依据为《中华人民共和国企业所得税法》和《中华人民共和国企业所得税法实施条例》

第一章　纳税人、纳税义务和税率

章节目录

- 一、纳税人
- 二、居民企业
- 三、非居民企业
- 四、纳税义务
- 五、境内、境外所得的划分
- 六、企业所得税税率

一、纳税人

- 中华人民共和国境内的
  - 企业
    - 居民企业
    - 非居民企业
  - 其他取得收入的组织
- 自2000年1月1日起，对个人独资企业和合伙企业停止征收企业所得税，其投资者的生产经营所得，比照个体工商户的生产、经营所得征收个人所得税（国发〔2000〕16号）
- 合伙企业生产经营所得和其他所得采取“先分后税”的原则。合伙人是法人和其他组织的，缴纳企业所得税（财税〔2008〕159号）

二、居民企业

- 中国境内成立
- 或依照外国（地区）法律成立但实际管理机构（注1）在中国境内

注1实际管理机构

- 对企业的生产经营、人员、账务、财产等实施实质性全面管理和控制的机构

三、非居民企业

- 依照外国（地区）法律成立且实际管理机构不在中国境内
  - 在中国境内设立机构、场所（注2）的
  - 在中国境内未设立机构、场所

注2机构、场所

- 包括
  - 管理机构、营业机构、办事机构
  - 工厂、农场、开采自然资源的场所
  - 提供劳务的场所
  - 从事建筑、安装、装配、修理、勘探等工程作业的场所
  - 其他从事生产经营活动的机构、场所
- 视为机构、场所
  - 非居民企业委托营业代理人（单位和个人）经常代其签订合同、储存、交付货物等
- 不包括
  - 外国政府、企业或机构在中国境内设立的不从事生产经营活动的场所

四、纳税义务

- 居民企业
  - 来源于中国境内、境外的所得缴纳企业所得税
- 非居民企业
  - 设立机构场所
    - 应当就其所设机构、场所取得的来源于中国境内的所得，以及发生在中国境外但与其所设机构、场所有实际联系（注3）的所得，缴纳企业所得税
  - 未设立机构、场所（注4）
    - 来源于中国境内的所得缴纳企业所得税

注3：有实际联系

- 非居民企业在中国境内设立的机构、场所
  - 拥有据以取得所得的股权、债权
  - 以及拥有、管理、控制据以取得所得的财产等

注4

- 在中国境内未设立机构、场所，或者虽设立机构、场所但取得的所得与其所设机构、场所没有实际联系的
  - 应当就其来源于中国境内的所得缴纳企业所得税

- 非居民企业取得注4所得
  - 税率：适用税率为20%，减按10%的税率征收
  - 应纳税所得额
    - 股息、红利等权益性投资收益和利息、租金、特许权使用费所得：收入全额
    - 转让财产所得：以收入全额减除财产净值后的余额
    - 其他所得：参照前两项规定的方法计算

- 五、境内、境外所得的划分
  - 销售货物所得：交易活动发生地
  - 提供劳务所得：劳务发生地
  - 转让财产所得
    - 不动产转让所得：不动产所在地
    - 动产转让所得：转让动产的企业或者机构、场所所在地
    - 权益性投资资产转让所得：被投资企业所在地
  - 股息红利等权益性投资所得：分配所得的企业所在地
  - 利息所得、租金所得、特许权使用费所得：负担、支付所得的企业或者机构、场所所在地确定，或者按照负担、支付所得的个人的住所地确定
  - 接受捐赠所得
  - 其他所得：国务院财政、税务主管部门确定

六、企业所得税税率

目录

- 25% 基本税率
- 20% 符合条件的小型微利企业
- 15%
  - 高新技术企业
  - 区域优惠
    - 深圳前海深港现代服务业合作区
    - 福建平潭综合实验区
    - 中国（上海）自贸试验区临港新片区
    - 横琴粤澳深度合作区
    - 西部地区
    - 海南自由贸易港
    - 南沙先行启动区
  - 经认定的技术先进型服务企业
  - 符合条件的从事污染防治的第三方企业
- 10%
  - 国家鼓励的重点集成电路设计企业和软件企业
  - 符合条件的非居民企业

25% 基本税率

20% 符合条件的小型微利企业，减按20%的税率征收企业所得税

1.优惠条件

符合财政部、税务总局规定的小型微利企业条件（注5）的企业（以下简称小型微利企业），按照相关政策规定享受小型微利企业所得税优惠政策

注5

- 从事国家非限制和禁止行业，且同时符合年度应纳税所得额不超过300万元、从业人数不超过300人、资产总额不超过5000万元等三个条件（财税〔2019〕13号）
- 从业人数，包括与企业建立劳动关系的职工人数和企业接受的劳务派遣用工人数。所称从业人数和资产总额指标，应按企业全年的季度平均值确定。具体计算公式如下：
- 季度平均值=（季初值+季末值）/2，全年季度平均值=全年各季度平均值之和/4。年度中间开业或者终止经营活动的，以其实际经营期作为一个纳税年度确定上述相关指标

2.现行政策

2023.1.1～2024.12.31：对小型微利企业年应纳税所得额不超过300万元的部分，减按25%计入应纳税所得额，按20%的税率缴纳企业所得税（实际税负5%）

依据：财政部 税务总局公告2023年第6号、财政部 税务总局公告2022年第13号

3.2019年以来政策沿革

年度	年应纳税所得额≤100万元	100万元<年应纳税所得额≤300万元
2019~2020年度	减按25%计入应纳税所得额(实际税负5%)	减按50%计入应纳税所得额(实际税负10%)
2021年度	减按12.5%计入应纳税所得额(实际税负2.5%)	减按50%计入应纳税所得额(实际税负10%)
2022年度	减按12.5%计入应纳税所得额(实际税负2.5%)	减按25%计入应纳税所得额(实际税负5%)
2023~2024年度	减按25%计入应纳税所得额(实际税负5%)	

4.小例子

A企业经过判断符合小型微利企业条件。

2023年第1季度预缴企业所得税时，相应的应纳税所得额为50万元，那么A企业实际应纳所得税额=50×25%×20%=2.5万元。减免税额= 50×25%−2.5=10万元。

第2季度预缴企业所得税时，相应的累计应纳税所得额为150万元，那么A企业实际应纳所得税额=150×5%=7.5万元。减免税额= 150×25%−7.5=30万元。

15%

国家需要重点扶持的高新技术企业，减按15%的税率征收企业所得税

- 设在深圳前海深港现代服务业合作区的符合条件（注6）的企业：2021.1.1～2025.12.31，财税〔2021〕30号
- 设在福建平潭综合实验区的符合条件（注7）的企业：2021.1.1～2025.12.31，财税〔2021〕29号
- 中国（上海）自贸试验区临港新片区重点产业企业（注8）：2020.1.1起，财税〔2020〕38号

15%

- 对设在横琴粤澳深度合作区符合条件的产业企业（注9）
  - 2021.1.1起
  - 财税〔2022〕19号
- 设在西部地区的鼓励类产业企业（注10）
  - 2021.1.1～2030.12.31
  - 财政部 税务总局 国家发展改革委公告2020年第23号
- 注册在海南自由贸易港并实质性运营的鼓励类产业企业（注11）
  - 2020.1.1～2024.12.31
  - 财税〔2020〕31号
- 设在南沙先行启动区的鼓励类产业企业（注12）
  - 2022.1.1～2026.12.31
  - 财税〔2022〕40号
- 经认定的技术先进型服务企业（注13）
  - 2017.1.1起
  - 财税〔2017〕79号
- 经认定的技术先进型服务企业（服务贸易类）（注14）
  - 2018.1.1起
  - 财税〔2018〕44号
- 符合条件的从事污染防治的第三方企业（注15）
  - 2019.1.1～2023.12.31
  - 财政部 税务总局 国家发展改革委 生态环境部公告2019年第60号
  - 国家税务总局 国家发展改革委 生态环境部公告2021年第11号、财政部 税务总局公告2022年第4号

注6：对设在前海深港现代服务业合作区的符合条件的企业按15%的税率征收企业所得税。享受上述优惠政策的企业需符合的条件，是指以《前海深港现代服务业合作区企业所得税优惠目录（2021版）》中规定的产业项目为主营业务，且其主营业务收入占收入总额60%以上

注7：是指以《平潭综合实验区企业所得税优惠目录（2021版）》（见附件）中规定的产业项目为主营业务，且其主营业务收入占收入总额60%以上

注8：对新片区内从事集成电路、人工智能、生物医药、民用航空等关键领域核心环节相关产品（技术）业务，并开展实质性生产或研发活动的符合条件的法人企业，自设立之日起5年内减按15%的税率征收企业所得税

注9：以《横琴粤澳深度合作区企业所得税优惠目录（2021版）》中规定的产业项目为主营业务，且其主营业务收入占收入总额60%以上。进行实质性运营，实质性运营是指企业的实际管理机构设在横琴粤澳深度合作区，并对企业生产经营、人员、账务、财产等实施实质性全面管理和控制。对不符合实质性运营的企业，不得享受优惠

注10
鼓励类产业企业是指以《西部地区鼓励类产业目录》中规定的产业项目为主营业务，且其主营业务收入占企业收入总额60%以上的企业
西部地区包括内蒙古自治区、广西壮族自治区、重庆市、四川省、贵州省、云南省、西藏自治区、陕西省、甘肃省、青海省、宁夏回族自治区、新疆维吾尔自治区和新疆生产建设兵团。湖南省湘西土家族苗族自治州、湖北省恩施土家族苗族自治州、吉林省延边朝鲜族自治州和江西省赣州市，可比照西部地区的企业所得税政策执行

注11
是指以海南自由贸易港鼓励类产业目录中规定的产业项目为主营业务，且其主营业务收入占企业收入总额60%以上的企业。所称实质性运营，是指企业的实际管理机构设在海南自由贸易港，并对企业生产经营、人员、账务、财产等实施实质性全面管理和控制。对不符合实质性运营的企业，不得享受优惠

注12
享受本条优惠政策的企业需符合以下条件：1.以《广州南沙企业所得税优惠目录（2022版）》中规定的产业项目为主营业务，且其主营业务收入占收入总额60%以上。2.开展实质性运营。对不符合实质性运营的企业，不得享受优惠。实质性运营是指企业的实际管理机构设在南沙先行启动区，并对企业生产经营、人员、账务、财产等实施实质性全面管理和控制。对总机构设在南沙先行启动区的企业，仅就其设在南沙先行启动区内符合规定条件的总机构和分支机构的所得适用15%税率；对总机构设在南沙先行启动区以外的企业，仅就其设在南沙先行启动区内符合本条规定条件的分支机构所得适用15%税率

注13
享受规定的企业所得税优惠政策的技术先进型服务企业必须同时符合以下条件：（1）在中国境内（不包括港、澳、台地区）注册的法人企业；（2）从事《技术先进型服务业务认定范围（试行）》中的一种或多种技术先进型服务业务，采用先进技术或具备较强的研发能力；（3）具有大专以上学历的员工占企业职工总数的50%以上；（4）从事《技术先进型服务业务认定范围（试行）》中的技术先进型服务业务取得的收入占企业当年总收入的50%以上；（5）从事离岸服务外包业务取得的收入不低于企业当年总收入的35%

注14
技术先进型服务企业（服务贸易类）须符合的条件及认定管理事项，按照财税〔2017〕79号的相关规定执行。其中，企业须满足的技术先进型服务业务领域范围按照《技术先进型服务业务领域范围（服务贸易类）》执行

注15
第三方防治企业应当同时符合以下条件：1.在中国境内（不包括港、澳、台地区）依法注册的居民企业；2.具有1年以上连续从事环境污染治理设施运营实践，且能够保证设施正常运行；3.具有至少5名从事本领域工作且具有环保相关专业中级及以上技术职称的技术人员，或者至少2名从事本领域工作且具有环保相关专业高级及以上技术职称的技术人员；4.从事环境保护设施运营服务的年度营业收入占总收入的比例不低于60%；5.具备检验能力，拥有自有实验室，仪器配置可满足运行服务范围内常规污染物指标的检测需求；6.保证其运营的环境保护设施正常运行，使污染物排放指标能够连续稳定达到国家或者地方规定的排放标准要求；7.具有良好的纳税信用，近三年内纳税信用等级未被评定为c级或d级

10%

- 国家鼓励的重点集成电路设计企业和软件企业
  - 自获利年度起，第1年至第5年免征企业所得税，接续年度减按10%的税率征收企业所得税
  - 财政部 税务总局 发展改革委 工业和信息化部公告2020年第45号，自2020年1月1日起执行
- 非居民企业
  - 设立机构场所：与其所设机构、场所没有实际联系
  - 未设立机构、场所
  - 取得来源于中国境内的所得，减按10%的税率征收企业所得税

政策依据

未特别注明的政策依据为《中华人民共和国企业所得税法》和《中华人民共和国企业所得税法实施条例》

第二章 应纳税所得额

第一节 应纳税所得额概述

章节目录

一、应纳税所得额
二、确认原则
三、清算应纳税所得额
四、弥补亏损

一、应纳税所得额

- 应纳税所得额=收入总额-不征税收入-免税收入-扣除额（注1）-允许弥补的以前年度亏损（注2）
- =会计利润总额-境外所得+纳税调整增加额-纳税调整减少额-免税、减计收入及加计扣除+境外应税所得抵减境内亏损-所得减免-弥补以前年度亏损-抵扣应纳税所得额

注1

- 企业实际发生的与取得收入有关的、合理的支出，包括成本、费用、税金、损失和其他支出，准予在计算应纳税所得额时扣除

注2

- 亏损=每一纳税年度的收入总额-不征税收入-免税收入和-各项扣除<0
- 企业在汇总计算缴纳企业所得税时，其境外营业机构的亏损不得抵减境内营业机构的盈利
- 企业纳税年度发生的亏损，准予向以后年度结转，用以后年度的所得弥补，但结转年限最长不得超过五年（另有规定的除外）

二、确认原则

- 权责发生制原则 注3
- 税法优先原则 注8

注3

- 权责发生制以取得收款权利或付款责任作为记录收入或费用的依据
- 属于当期的收入和费用，不论款项是否收付，均作为当期的收入和费用
- 不属于当期的收入和费用，即使款项已经在当期收付，均不作为当期的收入和费用
- 企业所得税法实施条例和国务院财政、税务主管部门另有规定的除外，如收付实现制见注4

注4

- 收付实现制指无现实支付能力或不具有纳税必要资金时，即使会计上按权责发生制确认为所得，税收上也按收付实现制不确认为收入或应纳税所得额。税法上接近收付实现制的见注5

注5接近收付实现制

- 股息、红利等权益性投资收益：除国务院财政、税务主管部门另有规定外（注6），按照被投资方作出利润分配决定的日期确认收入的实现
- 利息、租金、特许权使用费收入；分期收款销售货物：按合同约定的收款日期确认
- 受托加工制造大型机械设备、船舶、飞机等，以及从事建筑、安装、装配工程业务或者提供劳务等，持续时间超过12个月的：按完工进度或完成的工作量确认收入
- 采取产品分成方式取得收入的：按企业分得产品的时间确认
- 接受捐赠收入：按照实际收到捐赠资产的日期确认
- 股权转让收入：应于转让协议生效且完成股权变更手续时确认收入
- 政府财政资金：除（注7）外企业取得的各种政府财政支付，如财政补贴、补助、补偿、退税等，应当按照实际取得收入的时间确认收入（国家税务总局公告2021年第17号）

注6

- 企业权益性投资取得股息、红利等收入，应以被投资企业股东会或股东大会作出利润分配或转股决定的日期，确定收入的实现（国税函〔2010〕79号）

注7

- 企业按照市场价格销售货物、提供劳务服务等，凡由政府财政部门根据企业销售货物、提供劳务服务的数量、金额的一定比例给予全部或部分资金支付的，应当按照权责发生制原则确认收入

注8

- 在计算应纳税所得额时，企业财务、会计处理办法与税收法律、行政法规的规定不一致的，应当依照税收法律、行政法规的规定计算
- 对于企业财务、会计处理办法有规定，而税收法律、行政法规没有规定的，总体处理原则是按照已有的财务会计规定处理

三、清算应纳税所得额

- 清算应纳税所得额＝清算所得－免税收入－不征税收入－其他免税所得－弥补以前年度亏损
- 清算所得＝全部资产可变现价值或交易价格－资产的计税基础－清算费用－相关税费＋债务清偿损益，企业应将整个清算期作为一个独立的纳税年度计算清算所得（财税〔2009〕60号）
- 股息所得＝分得的剩余资产（注9）中相当于从累计未分配利润和累计盈余公积中应当分得的部分
- 投资资产转让所得/损失＝剩余资产－股息所得（注10）－投资成本

注9　可供分配的剩余资产＝企业全部资产的可变现价值或交易价格－清算费用－职工的工资、社会保险费用和法定补偿金－清算税金及附加－清算所得税额－以前年度欠税额－其他债务（国税函〔2009〕388号）

注10　股息所得＝（原留存收益＋清算所得－清算所得税）×持股比例

tips　清算所得是公司层面计算企业所得税；剩余财产分配是股东层面计算所得税

四、弥补亏损

- 亏损计算＝收入总额－不征税收入－免税收入－各项扣除<0的数额
- 亏损抵减：境外营业机构的亏损不得抵减境内营业机构的盈利
- 亏损结转：企业纳税年度发生的亏损，准予向以后年度结转，用以后年度的所得弥补，但结转年限最长不得超过规定年限，见注11
- 特别规定：见注12

- 注11
  - 5年
    - 属一般规定。亏损准予向以后年度结转，用以后年度的所得弥补，但结转年限最长不得超过五年
  - 8年
    - 受疫情影响较大的困难行业企业2020年度发生的亏损，最长结转年限由5年延长至8年，困难行业企业，包括交通运输、餐饮、住宿、旅游（指旅行社及相关服务、游览景区管理两类）、电影行业（财政部税务总局公告2020年第8号等）
    - 在南沙设立的高新技术重点行业企业，自2022年1月1日起，当年具备高新技术企业或科技型中小企业资格的，其具备资格年度之前8个年度发生的尚未弥补完的亏损，准予结转以后年度弥补，最长结转年限延长至13年（财税〔2022〕40号）
  - 10年
    - 自2018年1月1日起，当年具备高新技术企业或科技型中小企业资格的企业，其具备资格年度之前5个年度发生的尚未弥补完的亏损，准予结转以后年度弥补，最长结转年限由5年延长至10年（财税〔2018〕76号、总局公告2018年第45号）
    - 国家鼓励的线宽小于130纳米（含）的集成电路生产企业，属于国家鼓励的集成电路生产企业清单年度之前5个纳税年度发生的尚未弥补完的亏损，准予向以后年度结转，总结转年限最长不得超过10年（财政部 税务总局 发展改革委 工业和信息化部公告2020年第45号）

- 注12
  - 筹建期
    - 不得计算为当期的亏损
      - 企业自开始生产经营的年度，为开始计算企业损益的年度
    - 可以在开始经营之日的当年一次性扣除，也可以作为长期待摊费用不少于3年进行扣除
    - 依据：国税函〔2010〕79号、国税函〔2009〕98号
  - 清算期
    - 企业清算时，可以依法弥补以前年度亏损（财税〔2009〕60号）
  - 预缴
    - 季度预缴所得税时，可以弥补以前年度亏损（税务总局公告2020年第12号）

注12

- 企业分立
  - 特殊性重组被分立企业已分立出去资产相应的所得税事项由分立企业承继
  - 被分立企业未超过法定弥补期限的亏损额可按分立资产占全部资产的比例进行分配，由分立企业继续弥补
- 企业合并
  - 特殊性重组被合并企业合并前的相关所得税事项由合并企业承继
  - 可由合并企业弥补的被合并企业亏损的限额=被合并企业净资产公允价值×截至合并业务发生当年年末国家发行的最长期限的国债利率
  - 依据：财税〔2009〕59号
- 查补
  - 对企业以前年度进行检查时调增的应纳税所得额允许弥补亏损（税务总局公告2010年第20号）
- 搬迁
  - 企业以前年度发生尚未弥补的亏损的，凡企业由于搬迁停止生产经营无所得的，从搬迁年度次年起，至搬迁完成年度前一年度止，可作为停止生产经营活动年度，从法定亏损结转弥补年限中减除；企业边搬迁、边生产的，其亏损结转年度应连续计算（税务总局公告2012年第40号）

第二节 收入

章节目录

- 一、收入的形式
- 二、收入总额
- 三、收入确认条件
- 四、收入确认原则
- 五、收入确认时间
- 六、特殊销售方式
- 七、视同销售行为
- 八、不征税收入
- 九、免税收入

一、收入形式

- 货币形式
  - 现金、存款、应收账款、应收票据、准备持有至到期的债券投资以及债务的豁免等
- 非货币形式
  - 固定资产、生物资产、无形资产、股权投资、存货、不准备持有至到期的债券投资、劳务以及有关权益等
  - 企业以非货币形式取得的收入，应当按照公允价值（市场价格）确定收入额

二、收入总额

- 销售货物收入
  - 销售商品、产品、原材料、包装物、低值易耗品以及其他存货
- 提供劳务收入
  - 从事建筑安装、修理修配、交通运输、仓储租赁、金融保险、邮电通信、咨询经纪、文化体育、科学研究、技术服务、教育培训、餐饮住宿、中介代理、卫生保健、社区服务、旅游、娱乐、加工以及其他劳务服务活动
- 转让财产收入
  - 转让固定资产、生物资产、无形资产、股权、债权等财产取得
- 股息、红利等权益性投资收益
  - 因权益性投资从被投资方取得
- 利息收入
  - 因他人占用本企业资金取得的收入，包括存款利息、贷款利息、债券利息、欠款利息等

二、收入总额

- 租金收入：企业提供固定资产、包装物或者其他有形资产的使用权取得
- 特许权使用费收入：提供专利权、非专利技术、商标权、著作权以及其他特许权的使用权取得
- 接受捐赠收入：接受的来自其他企业、组织或者个人无偿给予的货币性资产、非货币性资产
- 其他收入
  - 企业资产溢余收入
  - 逾期未退包装物押金收入
  - 确实无法偿付的应付款项
  - 已作坏账损失处理后又收回的应收款项
  - 债务重组收入
  - 补贴收入
  - 违约金收入
  - 汇兑收益等
  - 上述规定以外的其他收入

三、收入确认条件

- 货物
  - 商品销售合同已经签订，企业已将商品所有权相关的主要风险和报酬转移给购货方
  - 企业对已售出的商品既没有保留通常与所有权相联系的继续管理权，也没有实施有效控制
  - 收入的金额能够可靠地计量
  - 已发生或将发生的销售方的成本能够可靠地核算
- 劳务
  - 提供劳务交易的结果能够可靠估计的（注1），应采用完工进度（完工百分比）法确认提供劳务收入
  - 注1 条件
    - 收入的金额能够可靠地计量
    - 交易的完工进度能够可靠地确定
    - 交易中已发生和将发生的成本能够可靠地核算
- 依据：国税函〔2008〕875号

四、收入确认原则

- 必须遵循
  - 权责发生制原则
  - 实质重于形式原则
- 企业所得税法及实施条例另有规定的除外

五、收入确认时间

1.销售货物收入

- 托收承付方式　办妥托收手续时
- 预收款方式　发出商品时
- 需要安装和检验
  - 购买方接受商品、安装和检验完毕时
  - 安装程序比较简单，可在发出商品时
- 支付手续费方式委托代销　收到代销清单时
- 分期收款方式销售货物　按照合同约定的收款日期（纳税必要资金原则）
- 依据：国税函〔2008〕875号

2.提供劳务收入

- 安装费
  - 安装完工进度确认
  - 安装工作是商品销售附带条件的，在确认商品销售实现时确认
- 宣传媒介的收费　在相关的广告或商业行为出现于公众面前时确认
- 特定客户开发软件的收费　根据开发的完工进度确认
- 商品售价内可区分的服务费　提供服务的期间分期确认
- 艺术表演、招待宴会和其他特殊活动的收费　在相关活动发生时确认
- 会员费
  - 只允许取得会籍，所有其他服务或商品都要另行收费的　取得该会员费时确认
  - 会员在会员期内不再付费或者以低于非会员的价格得到各种服务或商品　应在整个受益期内分期确认
- 特许权费
  - 提供设备和其他有形资产的　交付资产或转移资产所有权时确认
  - 提供初始及后续服务的　提供服务时确认

- 2.提供劳务收入
  - 劳务费：长期为客户提供重复的劳务收取的——在相关劳务活动发生时确认
  - 受托加工制造大型机械设备、船舶、飞机，以及从事建筑、安装、装配工程业务或者提供其他劳务等，持续时间超过12个月的——按照纳税年度内完工进度或者完成的工作量确认
  - 依据：国税函〔2008〕875号

- 3.财产转让收入
  - 原则上：企业取得财产（包括各类资产、股权、债权等）转让收入、债务重组收入、接受捐赠收入、无法偿付的应付款收入等，不论是以货币形式还是非货币形式体现，除另有规定外，均应一次性计入确认收入的年度计算缴纳企业所得税（国家税务总局公告2010年第19号）
  - 分期纳税
    - 居民企业以非货币性资产对外投资确认的非货币性资产转让所得，可在不超过5年期限内，分期均匀计入相应年度的应纳税所得额，按规定计算缴纳企业所得税（财税〔2014〕116号）
    - 企业在搬迁期间发生的搬迁收入和搬迁支出，可以暂不计入当期应纳税所得额，而在完成搬迁的年度，对搬迁收入和支出进行汇总清算（国家税务总局公告2012年第40号）
  - 递延纳税
    - 选择技术成果投资入股递延纳税政策的，经向主管税务机关备案，投资入股当期可暂不纳税，允许递延至转让股权时，按股权转让收入减去技术成果原值和合理税费后的差额计算缴纳所得税（财税〔2016〕101号）
    - 股权收购、资产收购适用特殊性税务处理的（财税〔2009〕59号）
  - 股权转让收入：应于转让协议生效、且完成股权变更手续时（国税函〔2010〕79号）

4.股息、红利等权益性投资收益
- 除国务院财政、税务主管部门另有规定外，按照被投资方作出利润分配决定的日期确认收入的实现
  - 企业权益性投资取得股息、红利等收入，应以被投资企业股东会或股东大会作出利润分配或转股决定的日期，确定收入的实现（国税函〔2010〕79号）
  - 非居民企业取得应源泉扣缴的所得为股息、红利等权益性投资收益的，相关应纳税款扣缴义务发生之日为股息、红利等权益性投资收益实际支付之日（税务总局公告2017年第37号）

5.利息收入
- 按照合同约定的债务人应付利息的日期确认

6.租金收入
- 按照合同约定的承租人应付租金的日期确认（纳税必要资金原则）
- 可分期均匀计入：交易合同或协议中规定租赁期限跨年度，且租金提前一次性支付的（国税函〔2010〕79号）

7.特许权使用费收入
- 按照合同约定的特许权使用人应付特许权使用费的日期确认

8.接受捐赠收入
- 按照实际收到捐赠资产的日期确认

六、特殊销售方式
- 售后回购
  - 按售价确认收入：回购的商品作为购进商品处理
  - 不符合收入确认条件
    - 收到的款项应确认为负债
    - 回购价格大于原售价的差额应在回购期间确认为利息费用
- 以旧换新
  - 按照销售商品收入确认条件确认收入，回收的商品作为购进商品处理
  - 联想：对金银首饰以旧换新业务，可以按销售方实际收取不含增值税的全部价款征收增值税（财税字〔1996〕74号）。注意该规定不适用企业所得税
- 商业折扣
  - 按照扣除商业折扣后的金额确定
  - 现金折扣作为财务费用，按扣除前金额确认
  - 已经确认销售收入的售出商品发生销售折让和销售退回，应当在发生当期冲减当期销售商品收入
- 产品分成方式取得收入
  - 按照企业分得产品的日期确认收入，收入额按照产品的公允价值确定

七、视同销售行为

- 1.企业发生非货币性资产交换，以及将货物、财产、劳务用于捐赠、偿债、赞助、集资、广告、样品、职工福利或者利润分配等用途的，应当视同销售货物、转让财产或者提供劳务，但国务院财政、税务主管部门另有规定的除外
- 2.因资产所有权属已发生改变应视同销售确定收入（见注2），应按照被移送资产的公允价值确认销售收入（国税函〔2008〕828号、总局公告2016年第80号）

注2

- 1.用于市场推广或销售
- 2.用于交际应酬
- 3.用于职工奖励或福利
- 4.用于股息分配
- 5.用于对外捐赠
- 6.其他改变资产所有权属的用途

八、不征税收入

收入总额中的下列收入为不征税收入：

- 财政拨款：各级人民政府对纳入预算管理的事业单位、社会团体等组织拨付的财政资金，但国务院和国务院财政、税务主管部门另有规定的除外。具体见（注3）
- 依法收取并纳入财政管理的行政事业性收费（注4）、政府性基金（注5）
- 国务院规定的其他不征税收入（注6）

tips 企业的不征税收入用于支出所形成的费用或者财产，不得扣除或者计算对应的折旧、摊销扣除

注3 纳入预算管理的事业单位、社会团体等组织按照核定的预算和经费报领关系收到的由财政部门或上级单位拨入的财政补助收入（财税〔2008〕151号）

注4 行政事业性收费，是指依照法律法规等有关规定，按照国务院规定程序批准，在实施社会公共管理，以及在向公民、法人或者其他组织提供特定公共服务过程中，向特定对象收取并纳入财政管理的费用

注5 政府性基金，是指企业依照法律、行政法规等有关规定，代政府收取的具有专项用途的财政资金

注6

国务院规定的其他不征税收入，是指企业取得的，由国务院财政、税务主管部门规定专项用途并经国务院批准的财政性资金（注7）

注7

财政性资金指企业取得的来源于政府及其有关部门的财政补助、补贴、贷款贴息，以及其他各类财政专项资金，包括直接减免的增值税和即征即退、先征后退、先征后返的各种税收，但不包括企业按规定取得的出口退税款（财税〔2008〕151号）

- 征税
  - 不符合规定条件的财政性资金
  - 企业取得的各类财政性资金，除属于国家投资和资金使用后要求归还本金的以外，均应计入企业当年收入总额（财税〔2008〕151号）
- 不征税
  - 1.企业取得的由国务院财政、税务主管部门规定专项用途并经国务院批准的财政性资金（财税〔2008〕151号）
  - 2.企业从县级以上各级人民政府财政部门及其他部门取得的应计入收入总额的财政性资金，凡同时满足（注8）条件的，可以作为不征税收入（财税〔2011〕70号）
  - 3.县级以上人民政府将国有资产无偿划入企业，凡指定专门用途并按财税〔2011〕70号规定进行管理的，企业可作为不征税收入进行企业所得税处理。其中，该项资产属于非货币性资产的，应按政府确定的接收价值计算不征税收入（税务总局公告2014年第29号）
  - 4.自2008年1月1日起，核力发电企业取得的增值税退税款，专项用于还本付息，不征收企业所得税（财税〔2008〕38号）
  - 5.符合条件的软件企业按照财税〔2011〕100号规定取得的即征即退增值税款，由企业专项用于软件产品研发和扩大再生产并单独进行核算（财税〔2012〕27号）
  - 6.经认定的动漫企业自主开发、生产动漫产品，可申请享受国家现行鼓励软件产业发展的所得税优惠政策（财税〔2009〕65号）
  - 7.对社保基金理事会、社保基金投资管理人管理的社保基金银行存款利息收入，社保基金从证券市场中取得的收入，包括买卖证券投资基金、股票、债券的差价收入，证券投资基金红利收入，股票的股息、红利收入，债券的利息收入及产业投资基金收益、信托投资收益等其他投资收入，作为企业所得税不征税收入（财税〔2008〕136号）
  - 8.对社保基金取得的直接股权投资收益、股权投资基金收益，作为企业所得税不征税收入（财税〔2018〕94号）
  - 9.对社保基金会及养老基金投资管理机构在国务院批准的投资范围内，运用养老基金投资取得的归属于养老基金的投资收入，作为企业所得税不征税收入（财税〔2018〕95号）

注8

- 企业能够提供规定资金专项用途的资金拨付文件
- 财政部门或其他拨付资金的政府部门对该资金有专门的资金管理办法或具体管理要求
- 企业对该资金以及以该资金发生的支出单独进行核算

九、免税收入

- 企业的下列收入为免税收入：
- 国债利息收入
- 股息、红利等权益性投资收益
  - 1.居民企业之间（居民企业直接投资于其他居民企业）
  - 2.非居民企业从居民企业取得与该机构、场所有实际联系的
  - 1、2均不包括连续持有居民企业公开发行并上市流通的股票不足12个月取得的投资收益
- 符合条件的非营利组织（注9）的收入
  - 不包括非营利组织从事营利性活动取得的收入
- 地方政府债券利息收入（财税〔2013〕5号）

注9

- 免税收入
  - 1.非营利组织接受其他单位或者个人捐赠的收入
  - 2.除《企业所得税法》第七条规定的财政拨款以外的其他政府补助收入，但不包括因政府购买服务取得的收入
  - 3.非营利组织按照省级以上民政、财政部门规定收取的会费
  - 4.非营利组织的不征税收入和免税收入孳生的银行存款利息收入
  - 5.财政部、国家税务总局规定的其他收入
  - 依据：财税〔2009〕122号

- 注9
  - 不免
    - 非营利组织从事营利性活动取得的收入，另有规定的除外
    - 非营利组织因政府购买服务取得的收入
    - 其他不符合免税条件的收入
  - 免税条件变化
    - 免税条件发生变化的，应当自发生变化之日起十五日内向主管税务机关报告；不再符合免税条件的，应当依法履行纳税义务；未依法纳税的，主管税务机关应当予以追缴
    - 取得免税资格的非营利组织注销时，剩余财产处置违反本通知规定的，主管税务机关应追缴其应纳企业所得税款
    - 有关部门在日常管理过程中，发现非营利组织享受优惠年度不符合本通知规定的免税条件的，应提请核准该非营利组织免税资格的财政、税务部门，由其进行复核，复核不合格的，相应年度不得享受税收优惠政策
    - 依据：财税〔2018〕13号
  - 取消资格
    - 已认定的享受免税优惠政策的非营利组织有下述情形之一的，应自该情形发生年度起取消其资格：
    - 1.登记管理机关在后续管理中发现非营利组织不符合相关法律法规和国家政策的
    - 2.在申请认定过程中提供虚假信息的
    - 3.纳税信用等级为税务部门评定的C级或D级的
    - 4.通过关联交易或非关联交易和服务活动，变相转移、隐匿、分配该组织财产的
    - 5.被登记管理机关列入严重违法失信名单的
    - 6.从事非法政治活动的
    - 违法第1-5项被取消的，自其被取消资格的次年起一年内不再受理该组织的认定申请；违法第6项被取消的，不再受理认定申请
    - 依据：财税〔2018〕13号

政策依据：除特别注明外来源于企业所得税法及实施条例

第三节 税前扣除

章节目录

- 一、扣除的条件
- 二、扣除的原则
- 三、准予扣除的支出
- 四、支出的分类
- 五、成本扣除项目
- 六、不得扣除项目
- 七、非居民企业发生的支出

一、扣除条件

- 真实性：税前扣除凭证反映的经济业务真实，且支出已经实际发生
- 合法性：支出必须符合税法有关扣除的规定，即使按财务会计法规或制度规定可作为费用支出，如果不符合税收法律、行政法规的规定，也不得在所得税前扣除
- 合理性：支出与取得的应税收入密切相关，成本分配和结转的方法符合经营常规和会计惯例

二、扣除的原则

- 权责发生制原则
  - 属于当期费用：不论款项是否支付
  - 不属于当期费用：即使款项已在当期支付
- 配比原则：发生的费用应在费用应配比或应分配的当期申报扣除，不得提前或滞后申报扣除
- 确定性原则：可扣除的费用金额确定
- 相关性原则：可扣除的费用从性质和根源上与取得应税收入相关

三、准予扣除的支出

- 企业实际发生的
- 与取得收入有关的
- 合理的

→ 支出
- 成本 注1
- 费用 注2
- 税金 注3
- 损失 注4
- 其他支出 注5

注1成本

- 企业在生产经营活动中发生的销售成本、销货成本、业务支出以及其他耗费
- 会计上指对象化的费用；税法上只有销售出去，并申报确认了才能扣除

注2费用

- 指企业在生产经营活动中发生的销售费用、管理费用和财务费用，已经计入成本的有关费用除外
- 不能在成本和期间费用之间重复扣除

注3税金

- 指企业发生的除企业所得税和允许抵扣的增值税以外的各项税金及其附加

注4损失

- 包括
  - 固定资产和存货的盘亏、毁损、报废损失
  - 转让财产损失
  - 呆账损失
  - 坏账损失
  - 自然灾害等不可抗力因素造成的损失
  - 其他损失
- 可扣除　损失－责任人赔偿和保险赔款
- 计入当期收入　已经作为损失处理的资产，在以后纳税年度又全部收回或者部分收回时

注5其他支出

- 指除成本、费用、税金、损失外，企业在生产经营活动中发生的与生产经营活动有关的、合理的支出

四、支出的分类

- 收益性支出：在发生当期直接扣除
- 资本性支出：分期扣除或者计入有关资产成本，不得在发生当期直接扣除

五、成本扣除项目

1.工资、薪金支出

- 指基本工资、奖金、津贴、补贴、年终加薪、加班工资，以及与员工任职或者受雇有关的其他支出
- 劳务派遣人员
  - 直接支付给劳务派遣公司：劳务费支出
  - 直接支付给员工个人：工资薪金

2.保险费支出

- 五险一金
  - 基本养老保险费、基本医疗保险费、失业保险费、工伤保险费、生育保险费等基本社会保险费和住房公积金
  - 对象：为职工缴纳
  - 范围和标准：在国务院财政、税务主管部门规定的范围和标准内
- 补充养老保险费、补充医疗保险费
  - 对象：为投资者或者职工支付
  - 范围和标准：在国务院财政、税务主管部门规定的范围和标准内
  - 为在本企业任职或者受雇的全体员工支付的补充养老保险费、补充医疗保险费，分别在不超过职工工资总额5%标准内的部分，在计算应纳税所得额时准予扣除；超过的部分，不予扣除（财税〔2009〕27号）
- 财产保险：按照规定缴纳的保险费准予扣除
- 商业保险
  - 一般不得扣除
  - 可以扣除
    - 依规为特殊工种职工支付的人身安全保险费
    - 国务院财政、税务主管部门规定可以扣除的其他商业保险费
    - 企业职工因公出差乘坐交通工具发生的人身意外保险费支出，准予企业在计算应纳税所得额时扣除（国家税务总局公告2016年第80号）
    - 企业参加雇主责任险、公众责任险等责任保险，按照规定缴纳的保险费，准予在企业所得税税前扣除（国家税务总局公告2018年第52号）

- **3.借款费用**
  - 费用化
    - 生产经营活动中发生的合理的不需要资本化的借款费用，准予扣除
  - 资本性
    - 企业为购置、建造固定资产、无形资产和经过12个月以上的建造才能达到预定可销售状态的存货发生借款的，在有关资产购置、建造期间发生的合理的借款费用，应当作为资本性支出计入有关资产的成本

- **4.利息支出**
  - 非金融企业
    - 向金融企业借款　准予扣除
    - 向非金融企业借款　不超过按照金融企业同期同类贷款利率计算的数额的部分准予扣除
  - 企业经批准发行债券的利息支出
  - 金融企业
    - 各项存款利息支出
    - 同业拆借利息支出
  - （企业经批准发行债券的利息支出、各项存款利息支出、同业拆借利息支出）准予扣除

- **5.汇兑损失**
  - 企业在货币交易中，以及纳税年度终了时将人民币以外的货币性资产、负债按照期末即期人民币汇率中间价折算为人民币时产生的汇兑损失，除已经计入有关资产成本以及与向所有者进行利润分配相关的部分外，准予扣除。

- **6.三项经费**
  - 职工福利费支出　不超过工资、薪金总额14%的部分
  - 拨缴的工会经费　不超过工资、薪金总额2%的部分
  - 职工教育经费支出
    - 不超过工资、薪金总额8%的部分；超过部分，准予在以后纳税年度结转扣除(财税〔2018〕51号)
    - 集成电路设计企业和符合条件软件企业的职工培训费用，应单独进行核算并按实际发生额在计算应纳税所得额时扣除（财税〔2012〕27号）
    - 经认定的动漫企业自主开发、生产动漫产品，可申请享受国家现行鼓励软件产业发展的所得税优惠政策（财税〔2009〕65号）
    - 核力发电企业为培养核电厂操纵员发生的培养费用，可作为企业的发电成本在税前扣除（国家税务总局公告2014年29号）
    - 航空企业实际发生的飞行员养成费、飞行训练费、乘务训练费、空中保卫员训练费等空勤训练费用，可以作为航空企业运输成本在税前扣除（国家税务总局公告2011年34号）

7.业务招待费支出

- 企业发生的与生产经营活动有关的业务招待费支出，按照发生额的60%扣除，但最高不得超过当年销售（营业）收入的5‰
- 企业在筹建期间，发生的与筹办活动有关的业务招待费支出，可按实际发生额的60%计入企业筹办费，并按有关规定在税前扣除（国家税务总局公告2012年第15号）

8.符合条件的广告费和业务宣传费支出

- 不超过当年销售（营业）收入15%的部分，准予扣除；超过部分，准予在以后纳税年度结转扣除
- 自2021年1月1日起至2025年12月31日止，对化妆品制造或销售、医药制造和饮料制造（不含酒类制造）企业发生的广告费和业务宣传费支出，不超过当年销售（营业）收入30%的部分，准予扣除；超过部分，准予在以后纳税年度结转扣除。烟草企业的烟草广告费和业务宣传费支出,一律不得在计算应纳税所得额时扣除（财政部　税务总局公告2020年第43号）
- 企业在筹建期间，发生的广告费和业务宣传费，可按实际发生额计入企业筹办费，并按规定在税前扣除（税务总局公告2012年第15号）

9.公益性捐赠

- 公益性捐赠，是指企业通过公益性社会组织或者县级以上人民政府及其部门，用于符合法律规定的慈善活动、公益事业的捐赠
- （1）扣除额　见注6
- （2）捐赠额　见注7
- （3）捐赠票据　见注8
- （4）公益性社会组织
  - 定义　注9
  - 慈善组织和其他社会组织　注10
  - 群众团体　注11

- 注6扣除额
  - 限额扣除
    - 企业发生的公益性捐赠支出，在年度利润总额（是指企业依照国家统一会计制度的规定计算的年度会计利润）12%以内的部分，准予在计算应纳税所得额时扣除；超过年度利润总额12%的部分，准予结转以后三年内在计算应纳税所得额时扣除
    - 企业当年发生以及以前年度结转的公益性捐赠支出，不超过年度利润总额12%的部分，准予扣除（条例）
    - 企业在对公益性捐赠支出计算扣除时，应先扣除以前年度结转的捐赠支出，再扣除当年发生的捐赠支出（财税〔2018〕15号）
  - 全额扣除
    - 扶贫捐赠（2019.1.1–2025.12.31）：财政部 税务总局 国务院扶贫办公告2019年第49号、财政部 税务总局 人力资源社会保障部 国家乡村振兴局公告2021年第18号
    - 向北京2022年冬奥会和冬残奥会捐赠：财税〔2017〕60号
    - 向杭州2020年亚运会和亚残运会捐赠：财政部 税务总局 海关总署公告2020年第18号
    - 抗疫捐赠（2020.1.1–2021.3.31）：财政部 税务总局公告2020年第9号、财政部 税务总局公告2020年第28号、财政部 税务总局公告2021年第7号
    - 企业和个人直接向承担疫情防治任务的医院捐赠用于应对新型冠状病毒感染的肺炎疫情的物品，允许在计算应纳税所得额时全额扣除
    - 地震捐赠（汶川地震、鲁甸地震、芦山地震、舟曲泥石流等）：财税〔2008〕104号、财税〔2010〕107号、财税〔2013〕58号、财税〔2015〕27号

注7：捐赠额

1.接受的货币性资产捐赠，以实际收到的金额确认捐赠额

2.接受的非货币性资产捐赠，以其公允价值确认捐赠额。捐赠方在向公益性社会组织、公益性群众团体、县级以上人民政府及其部门等国家机关捐赠时，应当提供注明捐赠非货币性资产公允价值的证明；不能提供证明的，接受捐赠方不得向其开具捐赠票据

以上依据：财政部 税务总局 民政部关于公益性捐赠税前扣除有关事项的公告财政部公告2020年第27号、财政部　税务总局公告2021年第20号

3.企业在非货币性资产捐赠过程中发生的运费、保险费、人工费用等相关支出，凡纳入国家机关、公益性社会组织开具的公益捐赠票据记载的数额中的，作为公益性捐赠支出按照规定在税前扣除；上述费用未纳入公益性捐赠票据记载的数额中的，作为企业相关费用按照规定在税前扣除（国家税务总局公告2021年第17号）

4.对于股权捐赠的，企业向公益性社会团体实施的股权捐赠，应按规定视同转让股权，股权转让收入额以企业所捐赠股权取得时的历史成本确定。以其股权历史成本为依据确定捐赠额，在所得税前扣除（财税〔2016〕45号）

注8：捐赠票据

公益性社会组织、县级以上人民政府及其部门等国家机关、公益性群众团体在接受捐赠时，应按照行政管理级次分别使用由财政部或省、自治区、直辖市财政部门监（印）制的公益事业捐赠票据，并加盖本单位的印章；对个人索取捐赠票据的，应予以开具

企业或个人将符合条件的公益性捐赠支出进行税前扣除，应当留存相关票据备查

为支持新冠肺炎疫情防控工作，捐赠人凭承担疫情防治任务的医院开具的捐赠接收函办理税前扣除事宜

依据：财政部 税务总局 民政部公告2020年第27号、财政部、税务总局公告2020年第9号、财政部 税务总局公告2021年第20号

注9

公益性社会组织，是指同时符合下列条件的慈善组织以及其他社会组织：

1.依法登记，具有法人资格

2.以发展公益事业为宗旨，且不以营利为目的

3.全部资产及其增值为该法人所有

4.收益和营运结余主要用于符合该法人设立目的的事业

5.终止后的剩余财产不归属任何个人或者营利组织

6.不经营与其设立目的无关的业务

7.有健全的财务会计制度

8.捐赠者不以任何形式参与该法人财产的分配

9.国务院财政、税务主管部门会同国务院民政部门等登记管理部门规定的其他条件。

依据：企业所得税法实施条例

公益性社会组织包括依法设立或登记并按规定条件和程序取得公益性捐赠税前扣除资格的慈善组织、其他社会组织（注10）和群众团体（注11）（财政部、税务总局、民政部公告2020年第27号）

注10社会组织

在民政部门依法登记的慈善组织和其他社会组织（以下统称社会组织），取得公益性捐赠税前扣除资格应当同时符合以下规定：

1.符合企业所得税法实施条例规定的条件（注9）

2.具有公开募捐资格的社会组织，前两年度每年用于公益慈善事业的支出占上年总收入的比例均不得低于70%。计算该支出比例时，可以用前三年收入平均数代替上年总收入

3.不具有公开募捐资格的社会组织，前两年度每年用于公益慈善事业的支出占上年末净资产的比例均不得低于8%。计算该比例时，可以用前三年年末净资产平均数代替上年末净资产

4.具有公开募捐资格的社会组织，前两年度每年支出的管理费用占当年总支出的比例均不得高于10%

5.不具有公开募捐资格的社会组织，前两年每年支出的管理费用占当年总支出的比例均不得高于12%

6.具有非营利组织免税资格，且免税资格在有效期内

7.前两年度未受到登记管理机关行政处罚（警告除外）

8.前两年度未被登记管理机关列入严重违法失信名单

9.社会组织评估等级为3A以上（含3A）且该评估结果在确认公益性捐赠税前扣除资格时仍在有效期内

依据：财政部 税务总局 民政部关于公益性捐赠税前扣除有关事项的公告财政部公告2020年第27号

注11群众团体

群众团体取得公益性捐赠税前扣除资格应当同时符合以下条件：

1.符合企业所得税法实施条例规定的条件（注9）

2.县级以上各级机构编制部门直接管理其机构编制

3.对接受捐赠的收入以及用捐赠收入进行的支出单独进行核算，且申报前连续3年接受捐赠的总收入中用于公益慈善事业的支出比例不低于70%

依据：财政部 税务总局公告2021年第20号

tips

将货物、财产、劳务用于捐赠，应当视同销售货物、转让财产或者提供劳务，但国务院财政、税务主管部门另有规定的除外

属于企业自制的资产，应按企业同类资产同期对外销售价格确定销售收入。属于外购的资产，应按照被移送资产的公允价值确定销售收入（总局公告2016年第80号）

10.提取的专项资金

依照法律、行政法规有关规定提取的用于环境保护、生态恢复等方面的专项资金

上述专项资金提取后改变用途的，不得扣除

11.经核定的准备金支出

政策性银行、商业银行、财务公司、城乡信用社和金融租赁公司等金融企业提取贷款损失准备金的贷款资产（注12，财政部 税务总局公告2019年第86号）

金融企业涉农贷款和中小企业贷款损失准备金（注13，财政部 税务总局公告2019年第85号）

证券行业准备金支出（财税〔2017〕23号、财政部、税务总局公告2021年第6号）

- 11.经核定的准备金支出
  - 保险公司准备金支出（财税〔2016〕114号、财政部、税务总局公告2021年第6号）
  - 中小企业融资（信用）担保机构有关准备金（财税〔2017〕22号、财政部、税务总局公告2021年第6号）
- 注12
  - 准予当年税前扣除的贷款损失准备金＝本年末准予提取贷款损失准备金的贷款资产余额×1%—截至上年末已在税前扣除的贷款损失准备金的余额
- 注13
  - 关注类贷款，计提比例为2%
  - 次级类贷款，计提比例为25%
  - 可疑类贷款，计提比例为50%
  - 损失类贷款，计提比例为100%

- 12.租赁费
  - 经营租赁　固定资产发生的租赁费支出　按照租赁期限均匀扣除
  - 融资租赁　构成融资租入固定资产价值的部分应当提取折旧费用，分期扣除

- 13.劳动保护支出
  - 合理的　准予扣除
  - 劳保用品管理规范（安监总厅安健〔2018〕3号）

- 六、不得扣除项目
  - 1.向投资者支付的股息、红利等权益性投资收益款项（tips 对被投资者税后利润的分配，本质上不是企业经营收入的正常费用支出）
  - 2.企业所得税税款（tips 利润分配的支出，非为取得经营收入实际发生的费用支出，还可能循环倒算）
  - 3.税收滞纳金
  - 4.罚金、罚款和被没收财物的损失
    - tips 违反法律法规或行政性规定造成的损失，不属于正常的经营性损失
  - 5.本法第九条规定以外的捐赠支出
  - 6.赞助支出（注14）
    - tips 非取得经营收入必要的支出，且易被用来开支不合理甚至非法费用

六、不得扣除项目

7.未经核定的准备金支出（注15）（tips 实际发生损失时扣除，体现企业所得税据实扣除和确定性原则）

8.取得收入无关的其他支出（无法一一列举，包括但不限于以下9–13）

9.不征税收入用于支出所形成的费用或者财产，不得扣除或者计算对应的折旧、摊销扣除

10.除企业所得税法和本条例另有规定外，不得重复扣除

11.企业之间支付的管理费（具体是指母公司以管理费形式向子公司提取费用，子公司因此支付给母公司的管理费，不得在税前扣除。依据：国税发〔2008〕86号）

12.企业内营业机构之间支付的租金和特许权使用费

13.非银行企业内营业机构之间支付的利息

注14 赞助支出是指企业发生的与生产经营活动无关的各种非广告性质支出

注15 未经核定的准备金支出是指不符合国务院财政、税务主管部门规定的各项资产减值准备、风险准备等准备金支出

七、非居民企业发生的支出

非居民企业在中国境内设立的机构、场所，就其中国境外总机构发生的与该机构、场所生产经营有关的费用，能够提供总机构出具的费用汇集范围、定额、分配依据和方法等证明文件，并合理分摊的，准予扣除

第四节　资产的税务处理

章节目录
- 一、资产的分类
- 二、资产的确认
- 三、资产的计税基础
- 四、资产的扣除
- 五、资产的处置
- 六、固定资产
- 七、长期待摊费用
- 八、生产性生物资产
- 九、无形资产
- 十、投资资产
- 十一、存货成本

一、资产的分类
- 包括固定资产、生物资产、无形资产、长期待摊费用、投资资产和存货等

二、资产的确认
- 与该资源有关的经济利益能够流入企业
- 资源的成本或者价值能够合理地计量

三、资产的计税基础
- 1.定义
  - 企业收回资产账面价值过程中，计算应纳税所得额时按税法规定可以从应纳税所得中扣除的金额
- 2.历史成本原则
  - 指以取得该资产时实际支付的购买价格为依据
  - 一般以取得该项资产时实际支付的购买价格为依据确定
  - 计税基础与账面价值可能存在差异
  - 除规定可以确认损益外，持有期间资产增值或者减值不得调整

三、资产的计税基础

- 3.重组资产：除另有规定外，应当在交易发生时确认有关资产的转让所得或者损失，相关资产计税基础应当按照交易价格重新确定
- 4.重新确认：税收上确认了收益和损失的，相关资产可按重新确认的价值确定计税基础
- 5.核定征收改为查账征收
  - 企业能够提供资产购置发票的，以发票载明金额为计税基础
  - 不能提供资产购置发票的，可以凭购置资产的合同（协议）、资金支付证明、会计核算资料等记载金额，作为计税基础
  - 企业核定征税期间投入使用的资产，改为查账征税后，按照税法规定的折旧、摊销年限，扣除该资产投入使用年限后，就剩余年限继续计提折旧、摊销额并在税前扣除
  - 依据：国家税务总局公告2021年第17号

四、资产的扣除

折旧、摊销、投资成本扣除以及存货成本的结转

五、资产的处置

- 处置所得=处置收入-资产的计税基础-相关税费，计入应纳税所得额征税，所产生的损失可以冲减应纳税所得额
- 该项资产的净值（注1）准予扣除

注1：是指有关资产、财产的计税基础减除已经按照规定扣除的折旧、折耗、摊销、准备金等后的余额

六、固定资产

1.定义：企业持有的、使用时间超过12个月的非货币性资产

2.计税基础

- 外购：购买价款和支付的相关税费以及直接归属于使该资产达到预定用途发生的其他支出
- 自行建造：竣工结算前发生的支出
- 融资租入
  - 租赁合同约定的付款总额和承租人在签订租赁合同过程中发生的相关费用
  - 租赁合同未约定付款总额的，以该资产的公允价值和承租人在签订租赁合同过程中发生的相关费用
- 盘盈：同类固定资产的重置完全价值
- 捐赠、投资、非货币性资产交换、债务重组等方式取得：公允价值和支付的相关税费

- **2.计税基础**
  - 改扩建
    - 除已足额提取折旧和租入固定资产的改建支出外，以改建过程中发生的改建支出增加计税基础
    - 未提足折旧前改扩建（例1）
      - 推倒重置
        - 该资产原值减除提取折旧后的净值，应并入重置后的固定资产计税成本
        - 按税法规定的折旧年限一并计提折旧
      - 提升功能、增加面积
        - 改扩建支出，并入该固定资产计税基础
        - 尚可使用年限与税法最低年限孰低计提折旧
    - 依据：税务总局公告2011年第34号
- **例1**
  - 甲公司某项固定资产进行改建，实际改建支出为400万元。改建前，该项固定资产原价为800万元，已计提折旧250万元，改建过程中对固定资产部分设施进行拆除，拆除部分的原价为200万元。不考虑其他因素，甲公司该项固定资产改建后的计税基础为（　　）万元
  - 解析：
    800−250+400−（200−200/800×250）=812.5

- **3.折旧扣除**
  - 折旧方法
    - 按照直线法计算的折旧，准予扣除
    - 缩短折旧年限　不得低于最低折旧年限的60%
    - 加速折旧
      - 双倍余额递减法　注2
      - 年数总和法　注3
    - 缩短折旧年限和加速折旧（注4）及一次性扣除（注5）
  - 开始计算折旧　投入使用月份的次月起
  - 停止计算折旧　停止使用月份的次月起
  - 预计净残值　一经确定，不得变更
  - 最低折旧年限
    - 房屋、建筑物　20年
    - 飞机、火车、轮船、机器、机械和其他生产设备　10年
    - 与生产经营活动有关的器具、工具、家具等　5年
    - 飞机、火车、轮船以外的运输工具　4年
    - 电子设备　3年
    - 软件　2年
    - 集成电路生产企业的生产设备　3年
    - （软件、集成电路生产企业的生产设备：财税〔2012〕27号）

- 3.折旧扣除
  - 不得扣除
    - 房屋、建筑物以外未投入使用的固定资产（tips 与经营活动无关）
    - 经营租赁方式租入的固定资产（tips 资产所有权不属于企业所有）
    - 融资租赁方式租出的固定资产（tips 资产所有权有关的全部风险和报酬转移给承租方）
    - 足额提取折旧仍继续使用的固定资产
    - 经营活动无关的固定资产
    - 单独估价作为固定资产入账的土地（tips 企业不拥有土地所有权，一般不得计入固定资产而是按照无形资产，但历史上曾按固定资产入账，由于土地不存在损耗因此无须计提折旧）
    - 其他不得计算折旧扣除的固定资产
  - 开采石油、天然气等矿产资源的企业另行规定
- 注2
  - 双倍余额递减法，年折旧额=期初固定资产净值（即原值−折旧）×2÷预计使用年限，最后两年改为直线法
- 注3
  - 年数总和法：年折旧额=（原值−净残值）×尚可使用年限÷预计使用寿命的年数总和

- 注4加速折旧法和缩短年限法
  - 全行业
    - 企业拥有并用于生产经营的主要或关键的固定资产，由于以下原因确需加速折旧的，可以缩短折旧年限或者采取加速折旧的方法：1.由于技术进步，产品更新换代较快的；2.常年处于强震动、高腐蚀状态的（国税发〔2009〕81号）
    - 企业采取缩短折旧年限方法的，对其购置的新固定资产，最低折旧年限不得低于《实施条例》第六十条规定的折旧年限的60%；若为购置已使用过的固定资产，其最低折旧年限不得低于《实施条例》规定的最低折旧年限减去已使用年限后剩余年限的60%
  - 六大行业
    - 对生物药品制造业，专用设备制造业，铁路、船舶、航空航天和其他运输设备制造业，计算机、通信和其他电子设备制造业，仪器仪表制造业，信息传输、软件和信息技术服务业等6个行业的企业2014年1月1日后购进行固定资产，可缩短折旧年限或采取加速折旧的方法（财税〔2014〕75号）

注4加速折旧法和缩短年限法

- 四大领域：对轻工、纺织、机构、汽车等四个领域重点行业的企业2015年1月1日后新购进的固定资产，可由企业选择缩短折旧年限或采取加速折旧的方法（财税〔2015〕106号）
- 制造业：自2019年1月1日起，前两项规定的固定资产加速折旧优惠的行业范围，扩大至全部制造业领域（财政部 税务总局公告2019年第66号）
- 海南自贸港：自2020年1月1起至2024年12月31日，对海南自由贸易港企业新购置（含自建、自行开发）固定资产（房屋、建筑物以外）或无形资产，单位价值超过500万元的，可以缩短折旧、摊销年限或采取加速折旧、摊销的方法（财税〔2020〕31号）
- 横琴粤澳深度合作区：自2021年1月1日起，对横琴粤澳深度合作区企业新购置(含自建、自行开发)固定资产（房屋、建筑物以外）或无形资产，单位价值超过500万元的，可以缩短折旧、摊销年限或采取加速折旧、摊销的方法（财税〔2022〕19号）

注5一次性扣除

- 所有行业企业
  - 持有的单价≤5000元的固定资产（财税〔2014〕75号）
  - 新购进专门用于研发仪器、设备，其中单价≤100万元的（财税〔2014〕75号）
  - 2018.1.1–2023.12.31，新购进单价≤500万元的设备、器具可一次性扣除（财税〔2018〕54号、国家税务总局公告2018年第46号、财政部 税务总局公告2021年第6号）
- 全部制造业以及信息传输、软件和信息技术服务业：小型微利企业新购进的研发和生产经营共用的仪器、设备且单位价值≤100万（财税〔2014〕75号、财税〔2015〕106号、财政部税务总局公告2019年第66号）
- 疫情防控重点保障物资生产企业：2020年1月1日起，为扩大产能新购置的相关设备（财政部 税务总局公告2020年第8号、财政部 税务总局公告2021年第7号，该政策执行期截至2021年3月31日）
- 海南自由贸易港：2020.1.1–2024.12.31，海南自由贸易港企业新购置（含自建、自行开发）固定资产或无形资产，单位价值≤500万元的，允许一次性计入当期成本费用在计算应纳税所得额时扣除（财税〔2020〕31号）
- 横琴粤澳深度合作区：自2021年1月1日起，对横琴粤澳深度合作区企业新购置（含自建、自行开发）固定资产（房屋、建筑物以外）或无形资产，单位价值≤500万元的，允许一次性计入当期成本费用在计算应纳税所得额时扣除，不再分年度计算折旧和摊销（财税〔2022〕19号）

注5一次性扣除

- 中小微企业
  - 中小微企业（注6）在2022年1月1日至2022年12月31日期间新购置的设备、器具(指除房屋、建筑物以外的固定资产），单位价值在500万元以上的，按照单位价值的一定比例（注7）自愿选择在企业所得税税前扣除
    - 享受时点和享受方式 注10
    - 企业可自愿选择是否享受 注11
    - 购置时间、单位价值等具体口径：可以按照国家税务总局公告2018年第46号规定执行
    - 依据：财政部 税务总局公告2022年第12号
- 高新技术企业
  - 高新技术企业在2022年10月1日至2022年12月31日期间新购置的设备、器具（注12）允许当年一次性全额在计算应纳税所得额时扣除，并允许在税前实行100%加计扣除（财政部 税务总局 科技部公告2022年第28号）
    - 享受方式 注13
    - 申报要求 注14

注6

中小微企业是指从事国家非限制和禁止行业，且符合以下条件的企业：

- （一）信息传输业、建筑业、租赁和商务服务业：从业人员（注8）2000人以下，或营业收入10亿元以下或资产总额（注9）12亿元以下
- （二）房地产开发经营：营业收入20亿元以下或资产总额1亿元以下
- （三）其他行业：从业人员1000人以下或营业收入4亿元以下

注7

- 其中最低折旧年限为3年 — 仅指电子设备 — 单位价值的100%可在当年一次性税前扣除
- 其中最低折旧年限为4年、5年、10年
  - 单位价值的50%可在当年一次性税前扣除
  - 其余50%按规定在剩余年度计算折旧进行税前扣除
  - 见例2

tips：中小微企业的判断标准,与现行小型微利企业的标准相比，不同之处是小型微利企业的从业人数、资产总额和应纳税所得额之间是“并且”的关系，必须同时符合3个指标；而中小微企业的指标之间是“或者”的关系，企业只要符合相关指标中的一项指标即可认定其符合中小微企业的条件，进而可适用按一定比例一次性扣除政策

注8：从业人数，包括与企业建立劳动关系的职工人数和企业接受的劳务派遣用工人数

注9：从业人数和资产总额指标，应按企业全年的季度平均值确定

注10

- 享受时点：办理企业所得税预缴申报和年度纳税申报
- 享受方式：自行判别，申报享受，相关资料留存备查
- 中小微企业在办理企业所得税预缴申报和年度纳税申报时，通过填报申报表相关行次即可享受优惠。其中，中小微企业通过手工申报的，填报预缴申报表时，根据实施条例规定的最低折旧年限，在《资产加速折旧、摊销（扣除）优惠明细表》（A201020）第2行“二、一次性扣除”下的明细行次中填写相应的优惠事项及固定资产优惠情况（例3）

注11

中小微企业可根据自身生产经营核算需要自行选择享受上述政策，当年度未选择享受的，以后年度不得再变更享受（例4）

注12

- 购置，包括以货币形式购进或自行建造，其中以货币形式购进的固定资产包括购进的使用过的固定资产
- 设备、器具是指除房屋、建筑物以外的固定资产
- 购进时点：以货币形式购进的固定资产，除采取分期付款或赊销方式购进外，按发票开具时间确认。以分期付款或赊销方式购进的固定资产，按固定资产到货时间确认。自行建造的固定资产，按竣工结算时间确认（国家税务总局公告2018年第46号）

注13

1.有关固定资产购进时点的资料（如以货币形式购进固定资产的发票，以分期付款或赊销方式购进固定资产的到货时间说明，自行建造固定资产的竣工决算情况说明等）；2.固定资产记账凭证；3.购置设备、器具有关资产税务处理与会计处理差异的台账

注14

- 高新技术企业在办理企业所得税预缴申报和年度纳税申报时，通过填报申报表相关行次即可享受优惠
- 预缴申报
  - 在《资产加速折旧、摊销（扣除）优惠明细表》（A201020）第2行“二、一次性扣除”下的明细行次中，分别填写“高新技术企业购进单价500万元以下设备、器具一次性扣除”和“高新技术企业购进单价500万元以上设备、器具一次性扣除”事项及其具体信息。填报完成后，将“纳税调减金额”列次的合计值（第3行第5列）同步填写在《中华人民共和国企业所得税月（季）度预缴纳税申报表（A类）》（A200000）第6行“资产加速折旧、摊销（扣除）调减额（填写A201020）”中
  - 在《中华人民共和国企业所得税月（季）度预缴纳税申报表（A类）》（A200000）第7行“减：免税收入、减计收入、加计扣除”下的明细行次填报加计扣除情况。在明细行次填写“高新技术企业设备、器具加计扣除（按100%加计扣除）”事项及加计扣除金额
- 年度申报：分别填报年报之《资产折旧、摊销及纳税调整明细表》（A105080）和《免税、减计收入及加计扣除优惠明细表》（A107010）有关栏次

例2 某中小微企业在2022年2月购进了一项单位价值为900万元的机器，企业按税法规定的最低折旧年限10年计提折旧，则该企业可就单位价值的50%，也就是450万元在2022年一次性扣除，其余450万元可在剩余9年中计算折旧进行扣除

例3 最低折旧年限为3年的设备器具，在"项目"列次填写"中小微企业单位价值500万元以上设备器具一次性扣除（折旧年限为3年）"，并在1列至6列填写享受优惠的资产情况及优惠情况。中小微企业通过电子税务局申报的，可直接在下拉菜单中选择相应的优惠事项，无需手动填写

例4 某中小微企业2022年2月份购置一项单位价值800万元的设备器具，在第一季度预缴申报时未选择享受优惠，在第二、三、四季度预缴申报或2022年度汇算清缴时仍然可以选择享受优惠；假如该企业到2023年办理2022年度汇算清缴时仍未选择享受此项政策，该企业购置的此项资产在2023年度及以后年度，均无法再享受按一定比例一次性扣除政策

七、长期待摊费用

1. 已足额提取折旧的固定资产的改建支出——预计尚可使用年限分期摊销
2. 租入固定资产的改建支出——合同约定的剩余租赁期限分期摊销

（1、2：指改变房屋或者建筑物结构、延长使用年限等发生的支出）

3. 固定资产的大修理支出——按照固定资产尚可使用年限分期摊销 见注15
4. 其他应当作为长期待摊费用的支出——自支出发生月份的次月起，分期摊销，摊销年限不得低于3年

注15大修理（同时符合）
- 修理支出达到取得固定资产时的计税基础50%以上
- 修理后固定资产的使用年限延长2年以上

八、生产性生物资产

确认 为生产农产品、提供劳务或者出租等而持有的生物资产，包括经济林、薪炭林、产畜和役畜等

- **计税基础**
  - 外购——购买价款和支付的相关税费
  - 捐赠、投资、非货币性资产交换、债务重组等方式取得——公允价值和支付的相关税费
- **折旧扣除**
  - 按照直线法计算的折旧，准予扣除
  - 开始计算折旧——投入使用月份的次月起
  - 停止计算折旧——停止使用月份的次月起
  - 预计净残值——一经确定，不得变更
- **最低折旧年限**
  - 林木类生产性生物资产——10年
  - 畜类生产性生物资产——3年

九、无形资产

- **1.定义**
  - 企业为生产产品、提供劳务、出租或者经营管理而持有的、没有实物形态的非货币性长期资产
  - 包括专利权、商标权、著作权、土地使用权、非专利技术、商誉等
- **2.计税基础**
  - 外购——购买价款和支付的相关税费以及直接归属于使该资产达到预定用途发生的其他支出
  - 自行开发——开发过程中该资产符合资本化条件后至达到预定用途前发生的支出
  - 通过捐赠、投资、非货币性资产交换、债务重组等方式取得——资产的公允价值和支付的相关税费
- **3.费用摊销**
  - 按照直线法计算的摊销费用，准予扣除
  - 摊销期限
    - 不得低于10年
    - 按照规定或者约定的使用年限分期摊销——作为投资或者受让的无形资产，有关法律规定或者合同约定了使用年限的
    - 企业外购的软件，凡符合固定资产或无形资产确认条件的，可以按照固定资产或无形资产进行核算，其折旧或摊销年限可以适当缩短，最短可为2年（含）（财税〔2012〕27号）

3.费用摊销

- 摊销期限
  - 2020.1.1–2024.12.31，海南自由贸易港企业新购置（含自建、自行开发）固定资产或无形资产，单位价值≤500万元的，允许一次性计入当期成本费用在计算应纳税所得额时扣除；单位价值>500万元的，可以缩短折旧、摊销年限或采取加速折旧、摊销的方法（财税〔2020〕31号）
- 不得扣除
  - 自行开发的支出已在计算应纳税所得额时扣除的无形资产
  - 自创商誉（在企业整体转让或者清算时，准予扣除）
  - 与经营活动无关的无形资产
  - 其他不得计算摊销费用扣除的无形资产

十、投资资产

- 指企业对外进行权益性投资和债权性投资和混合性投资所形成的资产
- 计价
  - 支付现金方式取得：以购买价款为成本
  - 支付现金以外的方式取得：以该资产的公允价值和支付的相关税费为成本
- 企业购买的文物、艺术品用于收藏、展示、保值增值的，作为投资资产进行税务处理。文物、艺术品资产在持有期间，计提的折旧、摊销费用，不得税前扣除（国家税务总局公告2021年第17号）

处置

- 对外投资期间，投资资产的成本不得扣除
- 企业在转让或者处置投资资产时，投资资产的成本，准予扣除

十一、存货成本

- 指企业持有以备出售的产品或者商品、处在生产过程中的在产品、在生产或者提供劳务过程中耗用的材料和物料等
- tips：会计上不计入存货成本直接进损益的有：非正常损耗、仓储费用（不包括生产过程中为达到下一生产阶段所必需的）、不能归属于使存货达到目前场所和状态的其他支出

- 十一、存货成本
  - 计税基础
    - 按照初始成本作为计税基础
    - 支付现金方式取得
      - 购买价款和支付的相关税费
    - 支付现金以外的方式取得
      - 该存货的公允价值和支付的相关税费
    - 生产性生物资产收获的农产品
      - 产出或者采收过程中发生的材料费、人工费和分摊的间接费用等必要支出
  - 成本结转
    - 可以在先进先出法、加权平均法、个别计价法中选用一种
    - 计价方法一经选用，不得随意变更

第三章　应纳税额

计算公式

- 应纳税额=应纳税所得额（注1）×适用税率−减免税额（注2）−抵免税额（注3、注5）
- 应纳税额应≥0
- 减免税额和抵免税额，是指依照企业所得税法和国务院的税收优惠规定减征、免征和抵免的应纳税额

注1

- 应纳税所得额=收入总额−不征税收入−免税收入−扣除额−允许弥补的以前年度亏损
- =会计利润总额−境外所得+纳税调整增加额−纳税调整减少额−免税、减计收入及加计扣除+境外应税所得抵减境内亏损−所得减免−弥补以前年度亏损−抵扣应纳税所得额

注2减免税额

- 详见第四章税收优惠

注3抵免税额

- 企业购置用于环境保护、节能节水、安全生产等专用设备（注4）的投资额，该专用设备的投资额的10%可以从企业当年的应纳税额中抵免；当年不足抵免的，可以在以后5个纳税年度结转抵免
- 注意
  - 应当实际购置并自身实际投入使用
  - 5年内转让、出租的，应当停止享受企业所得税优惠，并补缴已经抵免的企业所得税税款

注4

- 指企业购置并实际使用《环境保护专用设备企业所得税优惠目录》《节能节水专用设备企业所得税优惠目录》（财税〔2017〕71号）和《安全生产专用设备企业所得税优惠目录》（财税〔2018〕84号）规定的环境保护、节能节水、安全生产等专用设备

- 注5境外所得税税额抵免
  - 直接抵免
    - 主要适用于总分公司　注6
    - 本国纳税人在国外已缴纳的所得税的抵免
  - 间接抵免
    - 适用于母子公司　注7
    - 母公司所在的居住国政府允许母公司将其子公司已缴居住国的所得税中应由母公司分得股息承担的那部分税额，来冲抵母公司的应纳税额
  - 抵免限额
    - 该项所得依照企业所得税法规定计算的应纳税额
    - 超过抵免限额的部分，可以在以后五个年度内，用每年度抵免限额抵免当年应抵税额后的余额进行抵补
    - 抵免限额＝境内、境外所得依法计算的应纳税总额×来源于某国（地区）的应纳税所得额÷中国境内、境外应纳税所得总额
    - 财税〔2017〕84号：企业可选择不分国不分项
    - 不考虑境内外亏损：抵免限额=来源于境外的应纳税所得额×法定税率

- 注6直接抵免（抵免已在境外缴纳的税额）
  - 居民企业
    - 来源于境外的应税所得
  - 非居民企业在境内设立机构、场所
    - 取得发生在境外
    - 但与该机构、场所有实际联系的应税所得

- 注7间接抵免
  - 居民企业从外国企业（注8）分得的来源于境外的股息、红利等权益性投资收益，外国企业在境外实际缴纳（注9）的所得税税额中属于该项所得负担的部分

- 注8外国企业
  - 直接控制　居民企业直接持有外国企业20%以上股份
  - 间接控制　居民企业间接持股方式持有外国企业20%以上股份

- 注9境外已纳
  - 依照境外税收法律以及相关规定应当缴纳并已经实际缴纳的企业所得税性质的税款

第四章　企业所得税税收优惠

章节目录

一、基本规定
二、免税收入
三、减计收入
四、加计扣除
五、加速折旧
六、项目所得减免
七、抵扣应纳税所得额
八、减免所得税
九、抵免所得税
十、其他
十一、税收优惠管理

一、基本规定

优惠对象　重点扶持和鼓励发展的产业和项目

单独计算　企业同时从事适用不同企业所得税待遇的项目的，其优惠项目应当单独计算所得，并合理分摊企业的期间费用；没有单独计算的，不得享受企业所得税优惠

过渡优惠　国发〔2007〕39号规定的过渡优惠政策及西部大开发优惠政策的企业，在定期减免税的减半期内，可以按照企业适用税率计算的应纳税额减半征税。其他各类情形的定期减免税，均应按照25%的法定税率计算的应纳税额减半征税

优惠废止　除企业所得税法及实施条例、国发〔2007〕39号、国发〔2007〕40号及财税〔2008〕1号规定的优惠政策外，2008年1月1日之前实施的其他企业所得税优惠政策一律废止

二、免税收入

- 1.国债利息收入
  - 二级市场转让国债获得的收入不免（总局公告2011年第36号）
- 2.地方政府债券利息收入
  - 财税〔2013〕5号
- 3.符合条件的居民企业之间的股息、红利等权益性投资收益（注1）
- 4.境内设立机构、场所的非居民企业从居民企业取得与该机构、场所有实际联系的股息、红利等权益性投资收益（不包括连续持有居民企业公开发行并上市流通的股票不足12个月取得的投资收益）
- 5.符合条件的非营利组织的收入
  - 免税收入包括（注2）
  - 不免税情形（注3）
- 6.中国清洁发展机制基金取得的收入（注4）（财税〔2009〕30号）
- 7.对投资者从证券投资基金分配中取得的收入（财税〔2008〕1号）
- 8.中国保险保障基金有限责任公司取得的保险保障基金等收入（财税〔2018〕41号 财政部 税务总局公告2021年第6号）
- 9.中国奥委会取得北京冬奥组委支付的收入（财税〔2017〕60号）
- 10.中国残奥委会取得北京冬奥组委分期支付的收入（财税〔2017〕60号）
- 11.对非营利性科研机构、高等学校接收企业、个人和其他组织机构基础研究资金收入（财政部 税务总局公告2022年第32号）

tips

- 股息红利是来源于被投资企业的税后利润中分配，免税是为消除重复征税
- 居民从非居民取得股息、红利已缴纳税款通过抵免方法消除重复征税

注1

- 不包括连续持有居民企业公开发行并上市流通的股票不足12个月取得的投资收益
- 内地居民企业通过沪港通投资且连续持有H股满12个月取得的股息红利所得免征企业所得税（财税〔2014〕81号）
- 内地居民企业通过深港通投资且连续持有H股满12个月取得的股息红利所得免征企业所得税（财税〔2016〕127号）
- 居民企业持有创新企业CDR取得的股息红利所得免征企业所得税（财政部、税务总局、证监会公告2019年第52号）
- 符合条件的永续债利息收入免征企业所得税（财政部、税务总局公告2019年第64号）

注2免税收入

- 非营利组织接受其他单位或者个人捐赠的收入
- 除《企业所得税法》第七条规定的财政拨款以外的其他政府补助收入，但不包括因政府购买服务取得的收入
- 非营利组织按照省级以上民政、财政部门规定收取的会费
- 非营利组织的不征税收入和免税收入孳生的银行存款利息收入
- 财政部、国家税务总局规定的其他收入
- 依据：财税〔2009〕122号

注3不享受免税

- 非营利组织从事营利性活动取得的收入，另有规定的除外
- 非营利组织因政府购买服务取得的收入
- 其他不符合免税条件的收入

注4

对清洁基金取得的下列收入，免征企业所得税：

- 1.CDM项目温室气体减排量转让收入上缴国家的部分
- 2.国际金融组织赠款收入
- 3.基金资金的存款利息收入、购买国债的利息收入
- 4.国内外机构、组织和个人的捐赠收入

三、减计收入

- 企业综合利用资源，生产符合国家产业政策规定的产品（注5）所取得的收入减按90%计入收入总额
- 金融、保险等机构取得的涉农利息、保费减计收入（注6）
- 取得铁路债券利息收入减半征收企业所得税（注7）
- 取得的社区家庭服务收入在计算应纳税所得额时减计收入（注8）

注5

- 指以《资源综合利用企业所得税优惠目录》规定的资源为主要原料，生产国家非限制和禁止并符合国家和行业相关标准的产品（财税〔2008〕117号、财税〔2008〕47号、财政部 税务总局 发展改革委 生态环境部公告2021年第36号）

注6

- 自2017年1月1日至2023年12月31日，对金融机构农户小额贷款的利息收入，在计算应纳税所得额时，按90%计入收入总额（财税〔2017〕44号）
- 对经省级金融管理部门（金融办、局等）批准成立的小额贷款公司取得的农户小额贷款利息收入，在计算应纳税所得额时，按90%计入收入总额（财税〔2017〕48号）

注6
对保险公司为种植业、养殖业提供保险业务取得的保费收入，在计算应纳税所得额时，按90%计入收入总额（财税〔2017〕44号）
依据：财政部、税务总局公告2020年第22号

注7
对企业投资者持有2019–2023年发行的铁路债券取得的利息收入，减半征收企业所得税（财政部 税务总局公告2019年第57号）

注8
提供社区养老、托育、家政服务取得的收入，在计算应纳税所得额时，减按90%计入收入总额（财政部、税务总局、发展改革委、民政部、商务部、卫生健康委公告2019年第76号）

四、加计扣除

研究开发费用

企业开展研发活动中实际发生的研发费用，未形成无形资产计入当期损益的，在按规定据实扣除的基础上，自2023年1月1日起，再按照实际发生额的100%在税前加计扣除；形成无形资产的，自2023年1月1日起，按照无形资产成本的200%在税前摊销（财政部 税务总局公告2023年第7号）

企业10月份预缴申报第3季度（按季预缴）或9月份（按月预缴）企业所得税时，可以自主选择就当年前三季度研发费用享受加计扣除优惠政策（国家税务总局公告2022年第10号）

研发费用加计扣除比例发展变化：

期间	研发费用加计扣除比例		
	科技型中小企业	制造业	其他企业
2008~2016年度	50%		
2017年度	75%	50%	
2018~2020年度	75%		
2021年度	75%	100%	75%
2022年1~9月	100%		75%
2022年10~12月	100%		
2023年度	100%		

创意设计费用

企业为获得创新性、创意性、突破性的产品进行创意设计活动而发生的相关费用可按照上述规定进行税前加计扣除（财税〔2015〕119号）

安置残疾人员支付的工资

企业安置残疾人员的，在按照支付给残疾职工工资据实扣除的基础上，可以在计算应纳税所得额时按照支付给残疾职工工资的100%加计扣除（财税〔2009〕70号）

- 四、加计扣除
  - 高新技术企业新购置的设备、器具：高新技术企业在2022年10月1日至2022年12月31日期间新购置的设备、器具，允许当年一次性全额在计算应纳税所得额时扣除，并允许在税前实行100%加计扣除（财政部 税务总局 科技部公告2022年第28号）
  - 企业投入基础研究支出：企业出资给非营利性科学技术研究开发机构、高等学校和政府性自然科学基金用于基础研究的支出，在计算应纳税所得额时可按实际发生额在税前扣除，并可按100%在税前加计扣除（财政部 税务总局公告2022年第32号）
- 五、加速折旧
  - 详见资产的税务处理

- 六、项目所得减免
  - 1.农、林、牧、渔业项目
  - 2.公共基础设施项目
  - 3.符合条件的环境保护、节能节水项目
  - 4.符合条件的技术转让项目
  - 5.清洁发展机制项目所得
  - 6.节能服务公司合同能源管理项目所得
  - 7.集成电路生产项目

- 1.农、林、牧、渔业项目
  - 免征 注9
  - 减半 注10
  - 不得享受 注11
  - （以上）依据：企业所得税法实施条例和税务总局公告2011年第48号
  - 经营模式
    - “公司+农户” 注13
    - 委托
      - 企业委托其他企业或个人从事规定的农、林、牧、渔业项目取得的所得，可享受相应的税收优惠政策（税务总局公告2011年第48号）
      - 企业受托从事规定的农、林、牧、渔业项目取得的收入，比照委托方享受相应的税收优惠政策（税务总局公告2011年第48号）
    - 视为农产品的种植、养殖：企业将购入的农、林、牧、渔产品，在自有或租用的场地进行育肥、育秧等再种植、养殖，经过一定的生长周期，使其生物形态发生变化，且并非由于本环节对农产品进行加工而明显增加了产品的使用价值的，可视为农产品的种植、养殖项目享受相应的税收优惠（税务总局公告2011年第48号）

注9免征

- 1.蔬菜、谷物、薯类、油料、豆类、棉花、麻类、糖料、水果、坚果的种植
- 2.农作物新品种的选育：是指企业对农作物进行品种和育种材料选育形成的成果，以及由这些成果形成的种子（苗）等繁殖材料的生产、初加工、销售一体化取得的所得
- 3.中药材的种植
- 4.林木的培育和种植：是指企业对树木、竹子的育种和育苗、抚育和管理以及规模造林活动取得的所得，包括企业通过拍卖或收购方式取得林木所有权并经过一定的生长周期，对林木进行再培育取得的所得
- 5.牲畜、家禽的饲养：包括猪、兔的饲养，饲养牲畜、家禽产生的分泌物、排泄物
- 6.林产品的采集
- 7.灌溉、农产品初加工（注12）、兽医、农技推广、农机作业和维修等农、林、牧、渔服务业项目
- 8.远洋捕捞：对取得农业部颁发的“远洋渔业企业资格证书”并在有效期内的远洋渔业企业，从事远洋捕捞业务取得的所得免征企业所得税

注10减半征收

- 花卉、茶以及其他饮料作物和香料作物的种植：包括观赏性作物的种植
- 海水养殖、内陆养殖：指“牲畜、家禽的饲养”以外的生物养殖项目

注11不得享受

- 企业从事国家限制和禁止发展的项目，不得享受本项优惠
- 凡属于《产业结构调整指导目录（2011年版）》（国家发展和改革委员会令第9号）中限制和淘汰类的项目不得享受本项优惠
- 企业对外购茶叶进行筛选、分装、包装后进行销售的所得，不享受农产品初加工的优惠政策
- 企业购买农产品后直接进行销售的贸易活动产生的所得，不能享受农、林、牧、渔业项目的税收优惠政策
- 依据：税务总局公告2011年第48号

注12农产品初加工

- 农产品初加工指对各种农产品（包括天然橡胶、纺织纤维原料）进行脱水、凝固、打蜡、去籽、净化、分类、晒干、剥皮、初烤、沤软或大批包装以提供初级市场的服务，以及其他农产品的初加工；其中棉花等纺织纤维原料加工指对棉纤维、短绒剥离后的棉籽以及棉花秸秆、铃壳等副产品的综合加工和利用活动（《国民经济行业分类》）
- 企业根据委托合同，受托对符合规定的农产品进行初加工服务，其所收取的加工费，可以按照农产品初加工的免税项目处理（税务总局公告2011年第48号）

企业将购入的农、林、牧、渔产品，在自有或租用的场地进行育肥、育秧等再种植、养殖，经过一定的生长周期，使其生物形态发生变化，且并非由于本环节对农产品进行加工而明显增加了产品的使用价值的，可视为农产品的种植、养殖项目享受相应的税收优惠（税务总局公告2011年第48号）

注12农产品初加工

- 不属于
  - 以蔬菜为原料制作的各类蔬菜罐头（罐头是指以金属罐、玻璃瓶、经排气密封的各种食品，下同）及碾磨后的园艺植物（如胡椒粉、花椒粉等）不属于初加工范围
  - 精炼植物油不属于初加工范围
  - 精制茶、边销茶、紧压茶和掺兑各种药物的茶及茶饮料不属于初加工范围
  - 加工的各类中成药不属于初加工范围
  - 肉类罐头、肉类熟制品、蛋类罐头、各类酸奶、奶酪、奶油、王浆粉、各种蜂产品口服液、胶囊不属于初加工范围
  - 熟制的水产品和各类水产品的罐头以及调味烤制的水产食品不属于初加工范围
  - 罐装（包括软罐）产品不属于初加工范围
- 依据：财税〔2008〕149号、财税〔2011〕26号、国家税务总局公告2011年第48号

注13公司+农户经营模式

一些企业采取“公司＋农户”经营模式从事牲畜、家禽的饲养，即公司与农户签订委托养殖合同，向农户提供畜禽苗、饲料、兽药及疫苗等(所有权〈产权〉仍属于公司)，农户将畜禽养大成为成品后交付公司回收。鉴于采取“公司＋农户”经营模式的企业，虽不直接从事畜禽的养殖，但系委托农户饲养，并承担诸如市场、管理、采购、销售等经营职责及绝大部分经营管理风险，公司和农户是劳务外包关系。为此，对此类以“公司＋农户”经营模式从事农、林、牧、渔业项目生产的企业，可以按照规定享受减免企业所得税优惠政策（国家税务总局公告2010年第2号）

2.国家重点扶持的公共基础设施项目

注14

企业从事国家重点扶持的公共基础设施项目投资经营的所得可以免征、减征企业所得税

注14

- 具体是指《公共基础设施项目企业所得税优惠目录》（财税〔2008〕116号、财税〔2008〕46号、财税〔2014〕55号）规定的港口码头、机场、铁路、公路、城市公共交通、电力、水利等项目
- 可自取得项目第一笔收入年度起三免三减半
- 不得享受
  - 承包经营、承包建设
  - 内部自建自用
- 在减免税期限内转让的，受让方自受让之日起，可以在剩余期限内享受规定的减免税优惠；减免税期限届满后转让的，受让方不得就该项目重复享受减免税优惠

3.符合条件的环境保护、节能节水项目——注15

注15
- 企业从事符合《环境保护、节能节水项目企业所得税优惠目录（2021年版）》规定
- 公共污水处理、公共垃圾处理、沼气综合开发利用、节能减排技术改造、海水淡化等环境保护、节能节水项目
- 可自项目取得第一笔收入年度起三免三减半
- 在减免税期限内转让的，受让方自受让之日起，可以在剩余期限内享受规定的减免税优惠；减免税期限届满后转让的，受让方不得就该项目重复享受减免税优惠
- 依据：税务总局公告2013年第77号、财政部 税务总局 发展改革委 生态环境部公告2021年第36号

4.符合条件的技术转让项目
- 一个纳税年度内，居民企业技术转让所得：
  - 不超过500万元的部分——免征
  - 超过500万元的部分——减半征收
- 技术转让
  - 转让技术（注16）的所有权
  - 5年以上（含5年）全球独占许可使用权（财税〔2010〕111号）
  - 5年（含5年）以上非独占许可使用权（财税〔2015〕116号、国家税务总局公告2015年第82号）
- 享受减免企业所得税优惠的技术转让应符合以下条件（注17）
- 技术转让所得=技术转让收入-技术转让成本-相关税费（注18）
- 不得享受
  - 居民企业从直接或间接持有股权之和达到100%的关联方取得的技术转让所得（财税〔2010〕111号）
  - 非居民企业取得技术转让所得

注16
- 包括居民企业转让专利技术、计算机软件著作权、集成电路布图设计权、植物新品种、生物医药新品种，以及财政部和国家税务总局确定的其他技术（财税〔2010〕111号）

注17
- 享受优惠的技术转让主体是企业所得税法规定的居民企业
- 技术转让属于财政部、国家税务总局规定的范围
- 境内技术转让经省级以上科技部门认定
- 向境外转让技术经省级以上商务部门认定
- 国务院税务主管部门规定的其他条件
- 依据：国税函〔2009〕212号

注18

技术转让收入

不包括销售或转让设备、仪器、零部件、原材料等非技术性收入。不属于与技术转让项目密不可分的技术咨询、技术服务、技术培训等收入，不得计入技术转让收入

可以计入技术转让收入的技术咨询、技术服务、技术培训收入是指转让方为使受让方掌握所转让的技术投入使用、实现产业化而提供的必要的技术咨询、技术服务、技术培训所产生的收入，并应同时符合以下条件：在技术转让合同中约定的与该技术转让相关的技术咨询、技术服务、技术培训；技术咨询、技术服务、技术培训收入与该技术转让项目收入一并收取价款（税务总局公告2013年第62号）

技术转让成本

指转让的无形资产的净值，即该无形资产的计税基础减除在资产使用期间按照规定计算的摊销扣除额后的余额

相关税费

指技术转让过程中实际发生的有关税费，包括除企业所得税和允许抵扣的增值税以外的各项税金及其附加、合同签订费用、律师费等相关费用及其他支出

单独核算

享受技术转让所得减免企业所得税优惠的企业，应单独计算技术转让所得，并合理分摊企业的期间费用；没有单独计算的，不得享受技术转让所得企业所得税优惠

依据：国税函〔2009〕212号

5.清洁发展机制项目所得

对企业实施的将温室气体减排量转让收入的65%上缴给国家的HFC和PFC类CDM项目，以及将温室气体减排量转让收入的30%上缴给国家的N2O类CDM项目，其实施该类CDM项目的所得，自项目取得第一笔减排量转让收入所属纳税年度起，第一年至第三年免征企业所得税，第四年至第六年减半征收企业所得税（财税〔2009〕30号）

6.节能服务公司合同能源管理项目所得

对符合条件的节能服务公司实施合同能源管理项目，符合企业所得税税法有关规定的，自项目取得第一笔生产经营收入所属纳税年度起，第一年至第三年免征企业所得税，第四年至第六年按照25%的法定税率减半征收企业所得税（财税〔2010〕110号）

节能服务企业享受“三免三减半”项目的优惠期限，应连续计算。对在优惠期限内转让所享受优惠的项目给其他符合条件的节能服务企业，受让企业承续经营该项目的，可自项目受让之日起，在剩余期限内享受规定的优惠；优惠期限届满后转让的，受让企业不得就该项目重复享受优惠（税务总局 国家发展和改革委员会公告2013年第77号）

7.集成电路生产项目

- 10年免税
  - 国家鼓励的集成电路线宽≤28纳米，且经营期≥15年的集成电路生产项目
  - 第1年至第10年免征企业所得税
- 5免5减半
  - 国家鼓励的集成电路线宽≤65纳米，且经营期≥15年的集成电路生产项目
  - 第1年至第5年免征企业所得税，第6年至第10年按照25%的法定税率减半征收企业所得税
- 2免3减半
  - 国家鼓励的集成电路线宽≤130纳米，且经营期≥10年的集成电路生产项目
  - 第1年至第2年免征企业所得税，第3年至第5年按照25%的法定税率减半征收企业所得税
- 优惠期计算
  - 自项目取得第一笔生产经营收入所属纳税年度起计算
    - 对于按照集成电路生产项目享受税收优惠政策的
    - 集成电路生产项目需单独进行会计核算、计算所得，并合理分摊期间费用
- 依据：财政部 税务总局 发展改革委 工业和信息化部公告2020年第45号、中华人民共和国工业和信息化部 国家发展改革委 财政部 国家税务总局公告2021年第9号、发改高技〔2023〕287号

七、抵扣应纳税所得额

- 创业投资企业直接投资按投资额一定比例抵扣应纳税所得额（注19）
- 通过有限合伙制创业投资企业投资按一定比例抵扣分得的应纳税所得额（注22）

注19 创业投资企业采取股权投资方式投资于未上市的中小高新技术企业（注20）或种子期、初创期科技型企业（注21）2年以上的，可以按照其投资额的70%在股权持有满2年的当年抵扣该创业投资企业的应纳税所得额；当年不足抵扣的，可以在以后纳税年度结转抵扣

注20 中小高新技术企业是指按照国科发火〔2016〕32号和国科发火〔2016〕195号取得高新技术企业资格，且年销售额和资产总额均不超过2亿元、从业人数不超过500人的企业（财税〔2009〕69号）

注21 应同时满足：①在中国境内（不包括港、澳、台地区）注册成立、实行查账征收的居民企业；②接受投资时，从业人数不超过300人，其中具有大学本科以上学历的从业人数不低于30%，资产总额和年销售收入均不超过5000万元；③接受投资时设立时间不超过5年（60个月）；④接受投资时以及接受投资后2年内未在境内外证券交易所上市；⑤接受投资当年及下一纳税年度，研发费用总额占成本费用支出的比例不低于20%（财税〔2018〕55号、财税〔2019〕13号、财政部 税务总局公告2022年第6号）

注22

- 有限合伙制创业投资企业采取股权投资方式直接投资于初创科技型企业满2年的，该合伙创投企业的合伙人分别按以下方式处理：法人合伙人可以按照对初创科技型企业投资额的70%抵扣法人合伙人从合伙创投企业分得的所得；当年不足抵扣的，可以在以后纳税年度结转抵扣（财税〔2018〕55号）
- 法人合伙人投资于多个符合条件的合伙创投企业，可合并计算其可抵扣的投资额和分得的所得。当年不足抵扣的，可结转以后纳税年度继续抵扣；当年抵扣后有结余的，应按照企业所得税法的规定计算缴纳企业所得税（国家税务总局公告2018年第43号）

八、减免所得税

- 低税率（见税率章节）
  - 小型微利企业
  - 高新技术企业
  - 部分区域优惠
  - 技术先进型服务企业
  - 从事污染防治的第三方企业
  - 软件和集成电路企业
- 1.扶持退役士兵创业就业
- 2.扶持重点群体创业就业
- 3.冬奥会和冬残奥会
- 4.民族自治
- 5.非居民企业
- 6.动漫企业
- 7.经营性文化事业单位转制为企业
- 8.生产和装配伤残人员专门用品
- 9.新疆喀什、霍尔果斯
- 10.新疆困难地区
- 11.上海市浦东新区特定区域公司型创业投资企业
- 12.经济特区和上海浦东新区新设立的高新技术企业
- 13.集成电路生产企业
- 14.集成电路设计、装备、材料、封装、测试企业和软件企业
- 15.国家鼓励的重点集成电路设计企业和软件企业

1.扶持退役士兵创业就业 —— 自2019年1月1日至2023年12月31日，按实际招用人数予以定额依次扣减增值税、城建税、教育费附加、地方教育附加和企业所得税优惠，限额标准为每人每年6000元，最高可上浮50%（9000元各省确定）（财税〔2019〕21号、财政部税务总局公告2022年第4号）

2.扶持重点群体创业就业 —— 自2019年1月1日至2025年12月31日，按实际招用人数予以定额依次扣减增值税、城建税、教育费附加、地方教育附加和企业所得税优惠每人每年6000元，最高可上浮30%（7800元各省确定）（财税〔2019〕22号、财政部税务总局人力资源社会保障部国家乡村振兴局公告2021年第18号）

3.冬奥会和冬残奥会 —— 对北京冬奥组委免征应缴纳的企业所得税。北京冬奥组委全面负责和组织举办北京2022年冬残奥会，其取得的北京2022年冬残奥会收入及其发生的涉税支出比照执行北京2022年冬奥会的税收政策（财税〔2017〕60号）

4.民族自治

- 民族自治地方的自治机关对本民族自治地方的企业应缴纳的企业所得税中属于地方分享的部分，可以决定减征或者免征。自治州、自治县决定减征或者免征的，须报省、自治区、直辖市人民政府批准
- 不得减免：对民族自治地方内国家限制和禁止行业的企业，不得减征或者免征企业所得税

5.非居民企业

- 外国政府向中国政府提供贷款取得的利息所得
- 国际金融组织向中国政府和居民企业提供优惠贷款取得的利息所得
- 经国务院批准的其他所得
- 自2018年11月7日起至2025年12月31日止，对境外机构投资境内债券市场取得的债券利息收入暂免征收企业所得税，免税范围不包括境外机构在境内设立的机构、场所取得的与该机构、场所有实际联系的债券利息（财税〔2018〕108号、财政部税务总局公告2021年第34号）

6.动漫企业 —— 经认定的动漫企业自主开发、生产动漫产品，享受软件企业所得税优惠政策。自获利年度起，第一年至第二年免征所得税，第三年至第五年按照25%的法定税率减半征收所得税，并享受至期满为止（财税〔2009〕65号、文市发〔2008〕51号、文产发〔2009〕18号）

7.经营性文化事业单位转制为企业

从事新闻出版、广播影视和文化艺术的经营性文化事业单位转制为企业的，自转制注册之日起五年内免征企业所得税。2018年12月31日之前已完成转制的企业，自2019年1月1日起可继续免征五年企业所得税（财税〔2019〕16号）

8.生产和装配伤残人员专门用品

自2021年1月1日至2023年12月31日，对符合条件的生产和装配伤残人员专门用品的企业免征企业所得税

依据：财政部税务总局民政部公告2021年第14号

9.新疆喀什、霍尔果斯

2021年1月1日至2030年12月31日，对在新疆喀什、霍尔果斯两个特殊经济开发区内新办的属于《新疆困难地区重点鼓励发展产业企业所得税优惠目录》（以下简称《目录》）范围内的企业，自取得第一笔生产经营收入所属纳税年度起，五年内免征企业所得税

第一笔生产经营收入，是指产业项目已建成并投入运营后所取得的第一笔收入

属于《目录》范围内的企业是指以《目录》中规定的产业项目为主营业务，其主营业务收入占企业收入总额60%以上的企业

依据：财税〔2021〕27号、财税〔2021〕42号

10.新疆困难地区

2021年1月1日至2030年12月31日，对在新疆困难地区新办的属于《目录》范围内的企业，自取得第一笔生产经营收入所属纳税年度起，第一年至第二年免征企业所得税，第三年至第五年减半征收企业所得税。新疆困难地区包括南疆三地州、其他脱贫县（原国家扶贫开发重点县）和边境县市

第一笔生产经营收入，是指产业项目已建成并投入运营后所取得的第一笔收入

属于《目录》范围内的企业是指以《目录》中规定的产业项目为主营业务，其主营业务收入占企业收入总额60%以上的企业

依据：财税〔2021〕27号、财税〔2021〕42号

11.上海市浦东新区特定区域公司型创业投资企业

自2021年1月1日起，转让持有3年以上股权的所得占年度股权转让所得总额的比例超过50%的，按照年末个人股东持股比例减半征收当年企业所得税；转让持有5年以上股权的所得占年度股权转让所得总额的比例超过50%的，按照年末个人股东持股比例免征当年企业所得税（财税〔2021〕53号）

12.经济特区和上海浦东新区新设立的高新技术企业

经济特区和上海浦东新区内，在2008年1月1日（含）之后完成登记注册的国家需要重点扶持的高新技术企业，在经济特区和上海浦东新区内取得的所得，自取得第一笔生产经营收入所属纳税年度起，第一年至第二年免征企业所得税，第三年至第五年按照25%法定税率减半征收企业所得税（国发〔2007〕40号）

13.集成电路生产企业

- 10年免税
  - 国家鼓励的集成电路线宽≤28纳米，且经营期≥15年的集成电路生产企业
  - 第1年至第10年免征企业所得税
- 5免5减半
  - 国家鼓励的集成电路线宽≤65纳米，且经营期≥15年的集成电路生产企业
  - 第1年至第5年免征企业所得税，第6年至第10年按照25%的法定税率减半征收企业所得税
- 2免3减半
  - 国家鼓励的集成电路线宽≤130纳米，且经营期≥10年的集成电路生产企业
  - 第1年至第2年免征企业所得税，第3年至第5年按照25%的法定税率减半征收企业所得税
- 优惠期计算 —— 自获利年度起计算 —— 对于按照集成电路生产企业享受税收优惠政策的
- 依据：财政部税务总局发展改革委工业和信息化部公告2020年第45号、中华人民共和国工业和信息化部国家发展改革委财政部国家税务总局公告2021年第9号

14.集成电路设计、装备、材料、封装、测试企业和软件企业

- 优惠期计算 —— 自获利年度起
- 2免3减半
  - 第1年至第2年免征企业所得税，第3年至第5年按照25%的法定税率减半征收企业所得税
  - 政策依据：同13

15.国家鼓励的重点集成电路设计企业和软件企业

- 优惠期计算 —— 自获利年度起
- 5免后10%
  - 第1年至第5年免征企业所得税，接续年度减按10%的税率征收企业所得税
  - 政策依据：同13

九、抵免所得税

企业购置用于环境保护、节能节水、安全生产等专用设备（注23）的投资额，该专用设备的投资额的10%可以从企业当年的应纳税额中抵免；当年不足抵免的，可以在以后5个纳税年度结转抵免

注意

- 享受优惠的企业应当实际购置并自身实际投入使用
- 企业5年内转让、出租的，应当停止享受企业所得税优惠，并补缴已经抵免的企业所得税税款
- 取得增值税专用发票的，如增值税进项税额允许抵扣，其专用设备投资额不再包括增值税进项税额；如增值税进项税额不允许抵扣，其专用设备投资额应为增值税专用发票上注明的价税合计金额。取得普通发票的，其专用设备投资额为普通发票上注明的金额（国税函〔2010〕256号）

注23

- 指企业购置并实际使用《环境保护专用设备企业所得税优惠目录》《节能节水专用设备企业所得税优惠目录》（财税〔2017〕71号）和《安全生产专用设备企业所得税优惠目录》（财税〔2018〕84号）规定的环境保护、节能节水、安全生产等专用设备
- 包括承租方企业以融资租赁方式租入的、并在融资租赁合同中约定租赁期届满时租赁设备所有权转移给承租方企业，且符合规定条件的上述专用设备（财税〔2009〕69号）

十、其他

我国政府同外国政府订立的有关税收的协定与《企业所得税法》有不同规定的，依照协定的规定办理

十一、税收优惠管理

- 优惠事项办理方式：自行判别、申报享受、相关资料留存备查
- 企业留存备查资料应从企业享受优惠事项当年的企业所得税汇算清缴期结束次日起保留10年
- 企业享受优惠事项后发现其不符合优惠事项规定条件的，应当依法及时自行调整并补缴税款及滞纳金
- 无法证实符合优惠事项规定条件的，或者存在弄虚作假情况的，税务机关将依法追缴其已享受的企业所得税优惠，并按照税收征管法等相关规定处理
- 依据：国家税务总局公告2018年第23号

第五章　源泉扣缴

章节目录

一、概述
二、源泉扣缴应纳税所得额
三、扣缴义务人
四、扣缴义务发生时间
五、源泉扣缴的入库申报
六、缴纳地点

一、概述

- 源泉扣缴是企业所得税的一种征收方式，也被称为预提所得税。付款的一方是“源泉”，付款方支付款项时把收款方应缴的税扣下来缴入国库，就是源泉扣缴
- 对非居民企业在中国境内未设立机构、场所的，或者虽设立机构、场所但取得的所得与其所设机构、场所没有实际联系的，应当就其来源于中国境内的所得缴纳企业所得税，并实行源泉扣缴

二、源泉扣缴应纳税所得额

- 股息、红利等权益性投资收益（注1）和利息、租金、特许权使用费所得：收入全额（注2）
- 转让财产所得：=收入全额－财产净值
- 其他所得：参照前两项规定的方法计算

注1

- 对境外投资者从中国境内居民企业分配的利润，用于境内直接投资暂不征收预提所得税（国家税务总局公告2018年第53号、财税〔2018〕102号）

注2

- 以不含增值税的收入全额为应纳税所得额（国家税务总局公告2013年第9号）
- 凡合同中约定由扣缴义务人实际承担应纳税款的，应将非居民企业取得的不含税所得换算为含税所得计算并解缴应扣税款

三、扣缴义务人

- 法定扣缴义务人 注3
- 指定扣缴义务人 注6

注3

- 源泉扣缴以支付人为扣缴义务人
  - 税款由扣缴义务人在每次支付或者到期应支付（注4）时，从支付或者到期应支付的款项中扣缴

注4

- 支付包括现金支付、汇拨支付、转账支付和权益兑价支付等货币支付和非货币支付
- 到期应支付的款项，是指支付人按照权责发生制原则应当计入相关成本、费用的应付款项
- 扣缴义务人支付或者到期应支付的款项以人民币以外的货币支付或计价的（注5）（总局公告2017年第37号）

注5

- 按照扣缴义务发生之日人民币汇率中间价折合成人民币
- 按照主管税务机关作出限期缴税决定之日前一日人民币汇率中间价折合成人民币，计算非居民企业应纳税所得额
- 在主管税务机关责令限期缴纳税款前自行申报缴纳应源泉扣缴税款的，应当按照填开税收缴款书之日前一日人民币汇率中间价折合成人民币

注6指定扣缴

- 税务机关可以指定工程价款或者劳务费的支付人为扣缴义务人
- 指定机关
  - 县级以上税务机关指定，并同时告知扣缴义务人所扣税款的计算依据、计算方法、扣缴期限和扣缴方式
- 可指定情形（之一）
  - 预计工程作业或者提供劳务期限不足一个纳税年度，且有证据表明不履行纳税义务的
  - 没有办理税务登记或者临时税务登记，且未委托中国境内的代理人履行纳税义务的
  - 未按照规定期限办理企业所得税纳税申报或者预缴申报的

四、扣缴义务发生时间

- 相关款项实际支付或者到期应支付之日
- 到期应支付而未支付，应按照国家税务总局公告2011年第24号第一条规定（注7）进行税务处理
- 所得为股息、红利等权益性投资收益的，扣缴义务发生之日为股息、红利等权益性投资收益实际支付之日
- 采取分期收款方式取得应源泉扣缴所得税的同一项转让财产所得的，其分期收取的款项可先视为收回以前投资财产的成本，待成本全部收回后，再计算并扣缴应扣税款

注7

- 已计入企业当期成本、费用，并在企业所得税年度纳税申报中作税前扣除的，应在企业所得税年度纳税申报时代扣代缴企业所得税
- 分期摊入成本、费用，分年度在企业所得税前扣除的，应在企业计入相关资产的年度纳税申报时就上述所得全额代扣代缴企业所得税
- 在合同或协议约定的支付日期之前支付所得款项的，应在实际支付时代扣代缴企业所得税

五、源泉扣缴的入库申报

- 扣缴义务人每次代扣的税款，应当自代扣之日（注8）起7日内缴入国库，并向所在地的税务机关报送扣缴企业所得税报告表

注8

- 代扣之日指扣缴义务人发生扣缴义务之日，在向纳税人支付所得时扣缴税款的，为扣缴义务人向纳税人支付有关款项之日；在向纳税人到期应支付所得时扣缴的，为扣缴义务人相关支付责任的到期之日

六、缴纳地点

- 扣缴义务人所在地：扣缴义务人依法扣缴
- 所得发生地（注9）缴纳
  - 按规定应当扣缴所得税，扣缴义务人未依法扣缴或者无法履行扣缴义务的，由纳税人在所得发生地缴纳
  - 纳税人未依法缴纳的，税务机关可以从该纳税人在中国境内其他收入项目的支付人应付的款项中，追缴该纳税人的应纳税款
  - 需要向纳税人追缴税款的，由所得发生地主管税务机关依法执行
  - 应扣未扣对扣缴义务人按征管法第六十九条处罚（0.5–3倍）注：对比：已扣未缴（注11）
  - 税务机关在追缴该纳税人应纳税款时，应当将追缴理由、追缴数额、缴纳期限和缴纳方式等告知该纳税人

注9

- 依据“注10”原则确定所得发生地
- 在中国境内存在多处所得发生地的，由纳税人选择其中之一申报缴纳企业所得税

注10

- 销售货物所得：交易活动发生地
- 提供劳务所得：劳务发生地
- 转让财产所得
  - 不动产转让所得：不动产所在地
  - 动产转让所得：转让动产的企业或者机构、场所所在地
  - 权益性投资资产转让所得：被投资企业所在地
- 股息红利等权益性投资所得：分配所得的企业所在地
- 利息所得、租金所得、特许权使用费所得：负担、支付所得的企业或者机构、场所所在地确定，或者按照负担、支付所得的个人的住所地确定
- 其他所得：国务院财政、税务主管部门确定

注11已扣未缴情形

- 按规定应当源泉扣缴的款项已经由扣缴义务人实际支付，但未在规定的期限内解缴税款，具有以下情形之一的，应作为税款已扣但未解缴情形：
  - 1. 扣缴义务人已明确告知收款人已代扣税款的
  - 2. 已在财务会计处理中单独列示应扣税款的
  - 3. 已在其纳税申报中单独扣除或开始单独摊销扣除应扣税款的
  - 4. 其他证据证明已代扣税款的
- 除上述规定情形外，按规定应该源泉扣缴的税款未在规定的期限内解缴入库的，均作为应扣未扣税款情形
- 扣缴义务人书面承诺代纳税人支付税款的，应当认定扣缴义务人“已扣、已收税款”（国税发〔2002〕146号）

第六章 特别纳税调整

章节目录

一、基本规定
二、预约定价安排
三、关联申报和同期资料报送
四、受控外国企业管理
五、资本弱化管理
六、一般反避税管理
七、其他重要规定

一、基本规定

企业与其关联方之间的业务往来，不符合独立交易原则（注1）而减少企业或者其关联方（注2）应纳税收入或者所得额的，税务机关有权按照合理方法(注3）进行调整。企业与其关联方共同开发、受让无形资产，或者共同提供、接受劳务发生的成本，在计算应纳税所得额时应当按照独立交易原则进行分摊，并可以与其关联方达成成本分摊协议（注4）

注1独立交易原则：指没有关联关系的交易各方，按照公平成交价格和营业常规进行业务往来遵循的原则

注2关联方：是指与企业有下列关联关系（注5）之一的企业、其他组织或者个人：

- 在资金、经营、购销等方面存在直接或者间接的控制关系
- 直接或者间接地同为第三者控制
- 在利益上具有相关联的其他关系

- 注3合理方法
  - 可比非受控价格法：按照没有关联关系的交易各方进行相同或者类似业务往来的价格进行定价的方法
  - 再销售价格法：按照从关联方购进商品再销售给没有关联关系的交易方的价格，减除相同或者类似业务的销售毛利进行定价的方法
  - 成本加成法：按照成本加合理的费用和利润进行定价的方法
  - 交易净利润法：按照没有关联关系的交易各方进行相同或者类似业务往来取得的净利润水平确定利润的方法
  - 利润分割法：将企业与其关联方的合并利润或者亏损在各方之间采用合理标准进行分配的方法
  - 其他符合独立交易原则的方法

- 注4成本分摊协议
  - 分摊原则：按照成本与预期收益相配比的原则进行分摊
  - 提供资料：在税务机关规定的期限内，按照税务机关的要求报送有关资料

- 注5关联关系
  - 企业与其他企业、组织或者个人具有下列关系之一的，构成关联关系：
  - 1.一方直接或者间接持有另一方的股份总和达到25%以上；双方直接或者间接同为第三方所持有的股份达到25%以上
  - 如果一方通过中间方对另一方间接持有股份，只要其对中间方持股比例达到25%以上，则其对另一方的持股比例按照中间方对另一方的持股比例计算
  - 两个以上具有夫妻、直系血亲、兄弟姐妹以及其他抚养、赡养关系的自然人共同持股同一企业，在判定关联关系时持股比例合并计算
  - 2.双方存在持股关系或者同为第三方持股，虽持股比例未达到规定，但双方之间借贷资金总额占任一方实收资本比例达到50%以上，或者一方全部借贷资金总额的10%以上由另一方担保（与独立金融机构之间的借贷或者担保除外）
  - 借贷资金总额占实收资本比例=年度加权平均借贷资金/年度加权平均实收资本，其中：年度加权平均借贷资金= i笔借入或者贷出资金账面金额×i笔借入或者贷出资金年度实际占用天数/365；年度加权平均实收资本= i笔实收资本账面金额×i笔实收资本年度实际占用天数/365

注5关联关系

- 3.双方存在持股关系或者同为第三方持股，虽持股比例未达到规定，但一方的生产经营活动必须由另一方提供专利权、非专利技术、商标权、著作权等特许权才能正常进行
- 4.双方存在持股关系或者同为第三方持股，虽持股比例未达到规定，但一方的购买、销售、接受劳务、提供劳务等经营活动由另一方控制
- 上述控制是指一方有权决定另一方的财务和经营政策，并能据以从另一方的经营活动中获取利益
- 5.一方半数以上董事或者半数以上高级管理人员（包括上市公司董事会秘书、经理、副经理、财务负责人和公司章程规定的其他人员）由另一方任命或者委派，或者同时担任另一方的董事或者高级管理人员；或者双方各自半数以上董事或者半数以上高级管理人员同为第三方任命或者委派
- 6.具有夫妻、直系血亲、兄弟姐妹以及其他抚养、赡养关系的两个自然人分别与双方具有上述1–5项关系之一
- 7.双方在实质上具有其他共同利益
- 依据：国家税务总局公告2016年第42号

二、预约定价安排

- 是指税务机关按规定对企业提出的未来年度关联交易的定价原则和计算方法进行审核评估，并与企业协商达成预约定价安排等工作的总称（国税发〔2009〕2号）
- 企业向税务机关提出申请　税务机关与企业协商、确认　预约定价安排
- 预约定价安排的谈签与执行经过预备会谈、谈签意向、分析评估、正式申请、协商签署和监控执行6个阶段
- 预约定价安排包括单边、双边和多边3种类型（国家税务总局公告2016年第42号）

三、关联申报和同期资料报送

- 企业向税务机关报送年度企业所得税纳税申报表时：应当就其与关联方之间的业务往来，附送年度关联业务往来报告表。详见总局公告2016年第42号
- 税务机关在进行关联业务调查时：企业及其关联方，以及与关联业务调查有关的其他企业，应当在规定的期限内提供相关资料（注6）

三、关联申报和同期资料报送

- 同期资料
  - 企业应当根据“注6”规定，按照纳税年度准备并按税务机关要求提供其关联交易的同期资料。同期资料包括主体文档、本地文档和特殊事项文档（国家税务总局公告2016年第42号）
- 核定征收
  - 企业不提供与其关联方之间业务往来资料，或者提供虚假、不完整资料，不能真实反映其关联业务往来情况的，税务机关有权依法采用下列方法（注7）核定其企业所得税应纳税所得额（税务总局公告2017年第6号）

注6相关资料

- 与关联业务往来有关的价格、费用的制定标准、计算方法和说明等同期资料
- 关联业务往来所涉及的财产、财产使用权、劳务等的再销售（转让）价格或者最终销售（转让）价格的相关资料
- 与关联业务调查有关的其他企业应当提供的与被调查企业可比的产品价格、定价方式以及利润水平等资料
- 其他与关联业务往来有关的资料
- 同期资料应当自税务机关要求之日起30日内提供

注7核定应纳税所得额

- 1.参照同类或者类似企业的利润率水平核定
- 2.按照企业成本加合理的费用和利润的方法核定
- 3.按照关联企业集团整体利润的合理比例核定
- 4.按照其他合理方法核定

四、受控外国企业管理

- 由居民企业和中国居民控制（注8）的设立在实际税负低于12.5%的国家（地区）的企业对利润不作分配（并非由于合理的经营需要）或者减少分配的，利润中应归属于该居民企业的部分，应当计入该居民企业的当期收入
- 受控外国企业管理是指税务机关按照规定，对受控外国企业不作利润分配或减少分配进行审核评估和调查，并对归属于中国居民企业所得进行调整等工作的总称（国税发〔2009〕2号）

注8控制

- 中国居民，是指根据“个人所得税法”规定，就其从中国境内、境外取得的所得在中国缴纳个人所得税的个人
- 居民企业或者中国居民直接或者间接单一持有外国企业10%以上有表决权股份，且由其共同持有该外国企业50%以上股份
- 居民企业，或者居民企业和中国居民持股比例没有达到上述规定的标准，但在股份、资金、经营、购销等方面对该外国企业构成实质控制
- 中国居民股东多层间接持有股份按各层持股比例相乘计算，中间层持有股份超过50%的，按100%计算（国税发〔2009〕2号）

五、资本弱化管理

- 企业从其关联方接受的债权性投资（注9）与权益性投资（注10）的比例超过规定标准（注11）而发生的利息支出，不得在计算应纳税所得额时扣除
- 不得扣除利息支出=年度实际支付的全部关联方利息×（1−标准比例/关联债资比例）
- 如果企业能够按照规定提供相关资料，并证明相关交易活动符合独立交易原则，或者该企业的实际税负不高于境内关联方，其支付给境内关联方的利息在计算应纳税所得额时可以扣除
- “实际支付利息”是指企业按照权责发生制原则计入相关成本、费用的利息

注9债权性投资

- 企业直接或者间接（注12）从关联方获得的，需要偿还本金和支付利息或者需要以其他具有支付利息性质的方式予以补偿的融资

注10权益性投资

- 企业接受的不需要偿还本金和支付利息，投资人对企业净资产拥有所有权的投资

注11规定标准

- 企业从其关联方接受的债权性投资与权益性投资的比例，金融企业为5∶1；其他企业为2∶1
- 关联债资比例＝年度各月平均关联债权投资之和/年度各月平均权益投资之和
- 各月平均关联债权投资＝（关联债权投资月初账面余额+月末账面余额）/2
- 各月平均权益投资＝（权益投资月初账面余额+月末账面余额）/2

- 注11规定标准
  - 权益投资为企业资产负债表所列示的所有者权益金额。如果所有者权益小于实收资本（股本）与资本公积之和，则权益投资为实收资本（股本）与资本公积之和；如果实收资本（股本）与资本公积之和小于实收资本（股本）金额，则权益投资为实收资本（股本）金额
  - 依据：国税发〔2009〕2号、财税〔2008〕121号
- 注12间接从关联方获得的债权性投资
  - 通过无关联第三方提供的债权性投资
  - 无关联第三方提供的、由关联方担保且负有连带责任的债权性投资
  - 其他间接从关联方获得的具有负债实质的债权性投资

- 六、一般反避税管理
  - 企业实施其他不具有合理商业目的（注13）的安排而减少其应纳税收入或者所得额的，税务机关有权按照合理方法调整
  - 对企业实施的不具有合理商业目的而获取税收利益的避税安排，实施特别纳税调整（国家税务总局令第32号）
  - 企业存在以下避税安排的企业，启动一般反避税调查：（1）滥用税收优惠；（2）滥用税收协定；（3）滥用公司组织形式；（4）利用避税港避税；（5）其他不具有合理商业目的的安排（国税发〔2009〕2号）
- 注13
  - 是指以减少、免除或者推迟缴纳税款为主要目的

- 七、其他重要规定
  - 税务机关依照规定作出纳税调整，需要补征税款的，应当补征税款，自税款所属纳税年度的次年6月1日起至补缴税款之日止的期间，按日加收利息
  - 利息应当按照税款所属纳税年度中国人民银行公布的与补税期间同期的人民币贷款基准利率加5个百分点计算
  - 企业依照规定提供有关资料的，可以只按前款规定的人民币贷款基准利率计算利息
  - 加收的利息，不得在计算应纳税所得额时扣除
  - 企业与其关联方之间的业务往来，不符合独立交易原则，或者企业实施其他不具有合理商业目的的安排的，税务机关有权在该业务发生的纳税年度起10年内，进行纳税调整

第七章 征收管理

章节目录

一、法的适用
二、纳税地点
三、纳税期限
四、外币折算

一、法的适用

- 同一机关制定的法律，规定不一致的，特别法优于一般法
- 企业所得税的征收管理除《企业所得税法》规定外，依照《税收征收管理法》的规定执行

二、纳税地点

- 居民
  - 登记注册地在境内
    - 企业登记注册地（指登记注册的住所地）为纳税地点
    - 除税收法律、行政法规另有规定外
  - 登记注册地在境外
    - 以实际管理机构所在地（境内）为纳税地点
  - 在中国境内设立不具有法人资格的营业机构
    - 汇总计算缴纳（注1）企业所得税
- 非居民
  - 中国境内设立机构、场所的
    - 来源于中国境内的所得
    - 发生在中国境外但与其所设机构、场所有实际联系的所得
    - → 机构、场所所在地
  - 在中国境内未设立机构、场所的
  - 虽设立机构、场所但取得的所得与其所设机构、场所没有实际联系的
    - → 扣缴义务人所在地
  - 在中国境内设立两个或者两个以上机构、场所
    - 可以选择由其主要机构、场所（注2）汇总缴纳
    - 国家税务总局公告2019年第12号
- 除国务院另有规定外，企业之间不得合并缴纳企业所得税

- 注1汇总纳税
  - 应当统一核算应纳税所得额，具体办法由国务院财政、税务主管部门另行制定
  - 原则：统一计算、分级管理、就地预缴、汇总清算、财政调库（国家税务总局公告2012年第57号）
- 注2主要机构场所
  - 对其他各机构、场所的生产经营活动负有监督管理责任
  - 设有完整的账簿、凭证，能够准确反映各机构、场所的收入、成本、费用和盈亏情况

三、纳税期限

- 企业所得税按纳税年度计算（自公历1月1日起至12月31日止）
- 纳税年度的实际经营期不足十二个月的
  - 纳税年度中间开业
  - 纳税年度中间终止经营活动
  - → 以实际经营期为一个纳税年度
- 企业依法清算时
  - 应当以清算期间作为一个纳税年度
- 分月或分季预缴
  - 自月份或者季度终了之日起十五日内，向税务机关报送预缴企业所得税纳税申报表，预缴税款
  - 小型微利企业所得税统一实行按季度预缴
  - 应当按照月度或者季度的实际利润额预缴
  - 按照月度或者季度的实际利润额预缴有困难的
    - 可以按照上一纳税年度应纳税所得额的月度或者季度平均额预缴
    - 或者按照经税务机关认可的其他方法预缴
  - 预缴方法一经确定，该纳税年度内不得随意变更
- 汇算清缴
  - 应当自年度终了之日起五个月内，向税务机关报送年度企业所得税纳税申报表，并汇算清缴，结清应缴应退税款
  - 年度中间终止经营活动的
    - 应当自实际经营终止之日起六十日内办理汇算清缴
  - 注销登记
    - 应当在办理注销登记前，就其清算所得向税务机关申报并依法缴纳企业所得税

四、外币折算

企业依法缴纳的企业所得税，以人民币计算。所得以人民币以外的货币计算的，应当折合成人民币计算并缴纳税款

- 预缴时：按照月度或者季度最后一日的人民币汇率中间价，折合成人民币计算应纳税所得额
- 汇算清缴时：只就该纳税年度内未缴纳企业所得税的部分，按照纳税年度最后一日的人民币汇率中间价，折合成人民币计算应纳税所得额

第八章　季度预缴申报表

企业所得税月（季）度预缴纳税申报表
- 中华人民共和国企业所得税月（季）度预缴纳税申报表（A类），简称A表
- 中华人民共和国企业所得税月（季）度预缴和年度纳税申报表（B类），简称B表

A表
- 一主表两附表
  - A200000　《中华人民共和国企业所得税月（季）度预缴纳税申报表（A类）》，简称主表
  - A201020　《资产加速折旧、摊销（扣除）优惠明细表》，简称附表1
  - A202000　《企业所得税汇总纳税分支机构所得税分配表》，简称附表2
- 适用对象
  - 主表
    - 实行查账征收企业所得税的居民企业月度、季度预缴申报时填报
    - 汇总纳税企业（注1）的分支机构进行月度、季度预缴申报和年度汇算清缴申报
  - 附表1
    - 不享受资产加速折旧、摊销和一次性扣除优惠政策的纳税人，无需填报
  - 附表2
    - 适用于跨地区经营汇总纳税企业的总机构填报
- 事项名称填报
  - 企业申报各类优惠事项及扶贫捐赠等特定事项时，根据《企业所得税申报事项目录》中的事项名称填报，详见注2
  - 《企业所得税申报事项目录》在国家税务总局网站“纳税服务”栏目另行发布，并根据政策调整情况适时更新
  - 如今后政策调整，纳税人应根据《企业所得税申报事项目录》最新分类事项进行填报
- 依据　国家税务总局公告2021年第3号
- 实施时间　自2021年4月1日起施行

注1

- 执行《跨地区经营汇总纳税企业所得税征收管理办法》的跨地区经营汇总纳税企业
- 省（自治区、直辖市和计划单列市）税务机关对仅在本省（自治区、直辖市和计划单列市）内设立不具有法人资格分支机构的企业，参照《跨地区经营汇总纳税企业所得税征收管理办法》征收管理的企业

B表

- B100000 月（季）度预缴和年度纳税申报表（B类，2018年版）
- 适用对象
  - 实行核定征收企业所得税的居民企业纳税人在月（季）度预缴纳税申报时填报
  - 实行核定应税所得率方式的纳税人在年度纳税申报时填报
- 依据 国家税务总局公告2020年第12号
- 实施时间 自2020年7月1日起施行

注2企业所得税申报事项目录

- 一、免税收入、减计收入、加计扣除优惠事项
- 二、所得减免优惠事项
- 三、减免所得税额优惠事项
- 四、附报事项

（以上为主表）

- 五、资产加速折旧、摊销优惠事项
- 六、资产一次性扣除优惠事项

（以上为附表1）

一、免税收入、减计收入、加计扣除

- 免税收入
  - 1.国债利息收入免征企业所得税
  - 2.一般股息红利等权益性投资收益免征企业所得税
  - 3.通过沪港通投资且连续持有H股满12个月取得的股息红利所得免征企业所得税
  - 4.通过深港通投资且连续持有H股满12个月取得的股息红利所得免征企业所得税
  - 5.持有创新企业CDR取得的股息红利所得免征企业所得税
  - 6.永续债利息收入免征企业所得税
  - 7.符合条件的非营利组织的收入免征企业所得税

- 一、免税收入、减计收入、加计扣除
  - 免税收入
    - 8.中国清洁发展机制基金取得的收入免征企业所得税
    - 9.投资者从证券投资基金分配中取得的收入免征企业所得税
    - 10.取得的地方政府债券利息收入免征企业所得税
    - 11.中国保险保障基金有限责任公司取得的保险保障基金等收入免征企业所得税
    - 12.中国奥委会取得北京冬奥组委支付的收入免征企业所得税
    - 13.中国残奥委会取得北京冬奥组委分期支付的收入免征企业所得税
    - 14.取得的基础研究收入免征企业所得税
    - 15.其他
  - 减计收入
    - 1.综合利用资源生产产品取得的收入在计算应纳税所得额时减计收入
    - 2.金融机构取得的涉农贷款利息收入在计算应纳税所得额时减计收入
    - 3.保险机构取得的涉农保费收入在计算应纳税所得额时减计收入
    - 4.小额贷款公司取得的农户小额贷款利息收入在计算应纳税所得额时减计收入
    - 5.取得铁路债券利息收入减半征收企业所得税
    - 6.取得的社区家庭服务收入在计算应纳税所得额时减计收入
    - 7.其他
  - 加计扣除
    - 1.企业开发新技术、新产品、新工艺发生的研究开发费用（2023年1月1日起，统一按100%加计扣除）
    - 2.企业为获得创新性、创意性、突破性的产品进行创意设计活动发生的相关费用（2023年1月1日起，统一按100%加计扣除）

- 一、免税收入、减计收入、加计扣除
  - 加计扣除
    - 3.企业投入基础研究支出加计扣除（按100%加计扣除）
    - 4.高新技术企业在2022年10月1日至2022年12月31日期间新购置的设备、器具加计扣除（按100%加计扣除）

- 二、所得减免优惠事项
  - 1.从事农、林、牧、渔业项目的所得减免征收企业所得税（免税项目）
  - 2.从事农、林、牧、渔业项目的所得减免征收企业所得税（减半项目）
  - 3.从事国家重点扶持的公共基础设施项目（除农村饮水工程）投资经营的所得定期减免企业所得税
  - 4.从事农村饮水工程新建项目投资经营的所得定期减免企业所得税
  - 5.从事符合条件的环境保护、节能节水项目的所得定期减免企业所得税
  - 6.符合条件的一般技术转让项目所得减免征收企业所得税
  - 7.符合条件的中关村国家自主创新示范区特定区域技术转让项目所得减免征收企业所得税
  - 8.实施清洁发展机制项目的所得定期减免企业所得税
  - 9.符合条件的节能服务公司实施合同能源管理项目的所得定期减免企业所得税
  - 10.线宽小于130纳米（含）的集成电路生产项目的所得减免企业所得税
  - 11.线宽小于65纳米（含）或投资额超过150亿元的集成电路生产项目的所得减免企业所得税
  - 12.国家鼓励的线宽小于130纳米（含）的集成电路生产项目的所得减免企业所得税
  - 13.国家鼓励的线宽小于65纳米（含）的集成电路生产项目的所得减免企业所得税
  - 14.国家鼓励的线宽小于28纳米（含）的集成电路生产项目的所得减免企业所得税
  - 15.其他

三、减免所得税额优惠事项

- 1.符合条件的小型微利企业减免企业所得税
- 高新技术企业
  - 2.国家需要重点扶持的高新技术企业减按15%的税率征收企业所得税
  - 3.经济特区和上海浦东新区新设立的高新技术企业在区内取得的所得定期减免企业所得税
- 软件集成电路企业(原政策继续执行至到期)
  - 4.线宽小于0.8微米（含）的集成电路生产企业减免企业所得税
  - 5.线宽小于0.25微米的集成电路生产企业减免企业所得税
  - 6.投资额超过80亿元的集成电路生产企业减免企业所得税
  - 7.新办集成电路设计企业减免企业所得税
  - 8.符合条件的软件企业减免企业所得税
  - 9.线宽小于130纳米（含）的集成电路生产企业减免企业所得税
  - 10.线宽小于65纳米（含）或投资额超过150亿元的集成电路生产企业减免企业所得税
- 软件集成电路企业(新政策)
  - 11.国家鼓励的线宽小于28纳米（含）集成电路生产企业减免企业所得税
  - 12.国家鼓励的线宽小于65纳米（含）集成电路生产企业减免企业所得税
  - 13.国家鼓励的线宽小于130纳米（含）集成电路生产企业减免企业所得税
  - 14.国家鼓励的集成电路设计企业减免企业所得税
  - 15.国家鼓励的重点集成电路设计企业减免企业所得税
  - 16.国家鼓励的集成电路装备企业减免企业所得税
  - 17.国家鼓励的集成电路材料企业减免企业所得税
  - 18.国家鼓励的集成电路封装、测试企业减免企业所得税

- 三、减免所得税额优惠事项
  - 软件集成电路企业(新政策）
    - 19.国家鼓励的软件企业减免企业所得税
    - 20.国家鼓励的重点软件企业减免企业所得税
  - 技术先进型服务企业
    - 21.技术先进型服务企业（服务外包类）减按15%的税率征收企业所得税
    - 22.技术先进型服务企业（服务贸易类）减按15%的税率征收企业所得税
  - 特定类型企业
    - 23.动漫企业自主开发、生产动漫产品定期减免企业所得税
    - 24.经营性文化事业单位转制为企业的免征企业所得税
    - 25.符合条件的生产和装配伤残人员专门用品企业免征企业所得税
    - 26.从事污染防治的第三方企业减按15%的税率征收企业所得税
  - 区域性政策
    - 27.设在西部地区的鼓励类产业企业减按 15%的税率征收企业所得税
    - 28.新疆困难地区新办企业定期减免企业所得税
    - 29.新疆喀什、霍尔果斯特殊经济开发区新办企业定期免征企业所得税
    - 30.福建平潭综合实验区鼓励类产业企业减按15%税率征收企业所得税
    - 31.深圳前海深港现代服务业合作区鼓励类产业企业减按15%税率征收企业所得税
    - 32.广东横琴粤澳深度合作区鼓励类产业企业减按15%税率征收企业所得税
    - 33.上海自贸试验区临港新片区的重点产业企业减按15%的税率征收企业所得税
    - 34.海南自由贸易港鼓励类企业减按15%税率征收企业所得税
    - 35.南沙先行启动区鼓励类企业减按15%税率征收企业所得税
  - 专项政策
    - 36.北京冬奥组委、北京冬奥会测试赛赛事组委会免征企业所得税
  - 37.其他

- 四、附报事项
  - 扶贫捐赠支出全额扣除
  - 软件、集成电路企业优惠政策适用类型
  - 高新技术企业证书发证时间

- 五、资产加速折旧、摊销优惠事项
  - 1.重要行业固定资产加速折旧
  - 2.其他行业研发设备加速折旧
  - 3.海南自由贸易港企业固定资产加速折旧
  - 4.海南自由贸易港企业无形资产加速摊销
  - 5.横琴粤澳深度合作区企业固定资产加速折旧
  - 6.横琴粤澳深度合作区企业无形资产加速摊销

- 六、资产一次性扣除优惠事项
  - 1.500万元以下设备器具一次性扣除
  - 2.海南自由贸易港企业固定资产一次性扣除
  - 3.海南自由贸易港企业无形资产一次性摊销
  - 4.横琴粤澳深度合作区企业固定资产一次性扣除
  - 5.横琴粤澳深度合作区企业无形资产一次性摊销
  - 6.中小微企业单价500万元以上设备器具一次性扣除（折旧年限为3年）
  - 7.中小微企业单价500万元以上设备器具50%部分一次性扣除（折旧年限为4、5年）
  - 8.中小微企业单价500万元以上设备器具50%部分一次性扣除（折旧年限为10年）
  - 9.高新技术企业购进单价500万元以下设备、器具一次性扣除
  - 10.高新技术企业在2022年10月1日至2022年12月31日期间新购置的设备、器具当年一次性全额

第九章　企业所得税年度纳税申报表

文件依据

- ⑥国家税务总局公告2022年第27号
- ⑤国家税务总局公告2021年第34号
- ④国家税务总局公告2020年第24号
- ③国家税务总局公告2020年第12号
- ②国家税务总局公告2019年第41号
- 国家税务总局公告2018年第58号
- ①国家税务总局公告2018年第57号
- 国家税务总局公告2017年第54号

说明 — 下图以序号代表相应的文件依据，序号在右，表示仅修改填表说明；序号在左，表示表单和填表说明同时进行了修改；未标注序号的为税务总局公告2017年第54号

①《中华人民共和国企业所得税年度纳税申报表（A类，2017年版）》封面

④企业所得税年度纳税申报表填报表单

⑤A000000　年度纳税申报企业基础信息表

⑤A100000　中华人民共和国企业所得税年度纳税申报表（A类）

收入成本费用

- A101010　一般企业收入明细表
- A101020　金融企业收入明细表
- A102010　一般企业成本支出明细表
- A102020　金融企业支出明细表
- A103000　事业单位、民间非营利组织收入、支出明细表
- A104000　期间费用明细表

- 纳税调整
  - ④A105000 ⑥纳税调整项目明细表
  - A105010 视同销售和房地产开发企业特定业务纳税调整明细表
  - A105020 未按权责发生制确认收入纳税调整明细表
  - A105030 ①投资收益纳税调整明细表
  - A105040 专项用途财政性资金纳税调整明细表
  - ①A105050 职工薪酬支出及纳税调整明细表
  - ②A105060 广告费和业务宣传费跨年度纳税调整明细表
  - ④A105070 捐赠支出及纳税调整明细表
  - ⑥A105080 资产折旧、摊销及纳税调整明细表
  - ④A105090 资产损失税前扣除及纳税调整明细表
  - ⑥A105100 企业重组及递延纳税事项纳税调整明细表
  - A105110 政策性搬迁纳税调整明细表
  - ④A105120 贷款损失准备金及纳税调整明细表

- 弥补亏损
  - ④A106000 企业所得税弥补亏损明细表

- 税收优惠
  - ⑥A107010 免税、减计收入及加计扣除优惠明细表
  - ②A107011 符合条件的居民企业之间的股息、红利等权益性投资收益优惠明细表
  - ⑥A107012 研发费用加计扣除优惠明细表
  - ⑤A107020 所得减免优惠明细表
  - A107030 抵扣应纳税所得额明细表
  - ⑥A107040 减免所得税优惠明细表
  - ①A107041 高新技术企业优惠情况及明细表
  - ⑤A107042 软件、集成电路企业优惠情况及明细表
  - A107050 税额抵免优惠明细表

- 境外抵免
  - A108000　④境外所得税收抵免明细表
  - ⑤A108010　《境外所得纳税调整后所得明细表》
  - ①A108020　境外分支机构弥补亏损明细表
  - A108030　跨年度结转抵免境外所得税明细表

- 汇总纳税
  - ⑤A109000　跨地区经营汇总纳税企业年度分摊企业所得税明细表
  - A109010　企业所得税汇总纳税分支机构所得税分配表

- 核定征收
  - ③B100000　月（季）度预缴和年度纳税申报表（B类，2018年版）
    - 实行核定应税所得率方式的纳税人在年度纳税申报时填报

个人所得税

第一章　个人所得税纳税人和纳税义务

第二章　个人所得税税目、预扣率、税率

第一节　工资、薪金所得

第二节　劳务报酬所得

第三节　稿酬所得

第四节　特许权使用费所得

第五节　经营所得

第六节　利息、股息、红利所得

第七节　财产租赁所得

第八节　财产转让所得

第九节　偶然所得

第三章　个人所得税税收优惠

第四章　个人所得税应纳税所得额的计算

第一节　个人所得税专项扣除

第二节　个人所得税专项附加扣除

第三节　个人所得税其他扣除

第四节　个人所得税核定征收

第五章　公益捐赠扣除

第六章　境外所得抵免

第七章　特别纳税调整

第八章　纳税申报

第一节　全员全额扣缴申报

第二节　个人自行申报

第三节　综合所得汇算清缴

第四节　个人所得税纳税申报表

第九章　征收管理

本篇未特别注明的政策依据为《中华人民共和国个人所得税法》和《中华人民共和国个人所得税法实施条例》

第一章　个人所得税纳税人和纳税义务

章节目录

一　个人所得税纳税人
二　居民个人
三　居民个人纳税义务
四　非居民个人
五　非居民个人纳税义务
六　无住所个人
七　来源于中国境内的所得
八　来源于中国境外的所得

一、纳税人

- 个人所得税以所得人为纳税人
- 纳税人识别号
  - 有身份号码：直接使用
  - 没有身份号码：税务机关赋予其纳税人识别号
  - 纳税人应当提供纳税人识别号的情形
    - 办理纳税申报
    - 税款缴纳
    - 申请退税
    - 开具完税凭证
    - 纳税查询
- 纳税人
  - 居民个人
  - 非居民个人

二、居民个人

- 在中国境内有住所，或者无住所而一个纳税年度（注1）内在中国境内居住累计满183天的个人，为居民个人
- 居民个人
  - 有住所（注2）居民个人
  - 无住所居民个人（注3）

注1 纳税年度：公历1月1日－12月31日

注2 住所：指因户籍、家庭、经济利益关系而在中国境内习惯性居住

注3 无住所居民个人：无住所，但一个纳税年度内在中国境内居住累计满183天的个人

三、居民个人纳税义务

- 居民个人从中国境内和境外取得的所得，依法缴纳个人所得税
- 免税
  - 满足“注4”条件时，来源于境外且由境外单位或者个人支付的所得免税

注4 免税条件

- 无住所个人居住累计满183天的年度连续不满6年或此前六年（注5）的任一年在中国境内累计居住天数（注6）不满183天或者单次离境超过30天
- 依据：财政部 税务总局公告2019年第34号

注5 此前六年

- 指该纳税年度的前一年至前六年的连续六个年度，此前六年的起始年度自2019年（含）以后年度开始计算

注6 累计居住天数

- 在中国境内停留的当天满24小时计入，不满24小时的不计入境内居住天数（财政部 税务总局公告2019年第34号）
- tips：工作天数——在境内停留的当天不足24小时的，按照半天计算境内工作天数

四、非居民个人

- 在中国境内无住所又不居住，或者无住所而一个纳税年度内在中国境内居住累计不满183天的个人，为非居民个人
- 包括
  - 无住所又不居住
  - 无住所，居住但累计不满183天

五、非居民个人纳税义务

- 非居民个人从中国境内取得的所得，依法缴纳个人所得税
- 不征税
  - 从中国境外取得的所得
- 免税
  - 一个纳税年度内在中国境内居住累计≤90天，来源于中国境内的所得，由境外雇主支付并且不由该雇主在中国境内的机构、场所负担的部分免税

六、无住所个人

- 非居民个人
- 部分居民个人
  - 一个纳税年度内在中国境内居住累计满183天的无住所个人
- 无住所个人在一个纳税年度内首次申报时，应当根据合同约定等情况预计一个纳税年度内境内居住天数以及在税收协定规定的期间内境内停留天数，按照预计情况计算缴纳税款
- 实际情况与预计情况不符的，见注7

注 7

- 非居民→居民：无住所个人预先判定为非居民个人，因延长居住天数达到居民个人条件的，一个纳税年度内税款扣缴方法保持不变，年度终了后按照居民个人有关规定办理汇算清缴，但该个人在当年离境且预计年度内不再入境的，可以选择在离境之前办理汇算清缴
- 居民→非居民：无住所个人预先判定为居民个人，因缩短居住天数不能达到居民个人条件的，在不能达到居民个人条件之日起至年度终了15天内，应当向主管税务机关报告，按照非居民个人重新计算应纳税额，申报补缴税款，不加收税收滞纳金。需要退税的，按照规定办理
- 居住≤90天→居住>90天或居住≤183天→居住>183天：无住所个人预计一个纳税年度境内居住天数累计不超过90天，但实际累计居住天数超过90天的，或者对方税收居民个人预计在税收协定规定的期间内境内停留天数不超过183天，但实际停留天数超过183天的，待达到90天或者183天的月度终了后15天内，应当向主管税务机关报告，就以前月份工资薪金所得重新计算应纳税款，并补缴税款，不加收税收滞纳金

七、来源于境内的所得

除国务院财政、税务主管部门另有规定外，不论支付地点是否在中国境内，来源于中国境内的所得

来源于境内的所得

1. 工资薪金所得等劳务所得
   - 因任职、受雇、履约等在中国境内（注8）提供劳务取得的所得
   - 个人取得归属于中国境内工作期间的工资薪金所得
2. 稿酬所得：由境内企业、事业单位、其他组织支付或者负担的稿酬所得
3. 财产租赁所得：将财产出租给承租人在中国境内使用而取得的所得
4. 特许权使用费所得：许可各种特许权在中国境内使用而取得的所得
5. 利息、股息、红利所得：从中国境内企业、事业单位、其他组织以及居民个人取得的利息、股息、红利所得
6. 财产转让所得
   - 转让中国境内的不动产等财产
   - 在中国境内转让其他财产取得的所得
7. 经营所得：在中国境内从事生产、经营活动

- 注8境内工作天数
  - 包括在境内的实际工作日以及境内工作期间在境内、境外享受的公休假、个人休假、接受培训的天数
  - 在境内、境外单位同时担任职务或者仅在境外单位任职的个人，在境内停留的当天不足24小时的，按照半天计算境内工作天数
  - 无住所个人未在境外单位任职的，无论其是否在境外停留，都不计算境外工作天数
  - 高管人员
    - 指居民企业的董事、监事、企业正、副（总）经理、各职能总师、总监及其他类似公司管理层的职务
    - 境内雇主支付或负担的全部所得都计入境内工作天数

- 八、来源于境外的所得
  - 财政部、税务总局另有规定的，按照相关规定执行

- 来源于境外的所得
  - 1.工资薪金所得等劳务所得：因任职、受雇、履约等在中国境外提供劳务取得的所得
  - 2.稿酬所得：中国境外企业以及其他组织支付且负担的稿酬所得
  - 3.财产租赁所得：将财产出租给承租人在中国境外使用而取得的所得
  - 4.特许权使用费所得：许可各种特许权在中国境外使用而取得的所得
  - 5.利息、股息、红利所得：从中国境外企业、其他组织以及非居民个人取得的利息、股息、红利所得
  - 6.财产转让所得：转让中国境外的不动产、转让对中国境外企业以及其他组织投资形成的股票、股权以及其他权益性资产（以下称权益性资产）或者在中国境外转让其他财产取得的所得。但转让对中国境外企业以及其他组织投资形成的权益性资产，该权益性资产被转让前三年（连续36个公历月份）内的任一时间，被投资企业或其他组织的资产公允价值50%以上直接或间接来自位于中国境内的不动产的，取得的所得为来源于中国境内的所得
  - 7.经营所得：在中国境外从事生产、经营活动而取得的与生产、经营活动相关的所得
  - 8.偶然所得：中国境外企业、其他组织以及非居民个人支付且负担的偶然所得

文件依据

《中华人民共和国个人所得税法》《中华人民共和国个人所得税法实施条例》、财政部　税务总局公告2019年第34号、财政部　税务总局公告2019年第35号、财政部　税务总局公告2020年第3号

第二章　个人所得税税目、预扣率、税率

章节目录

一 税目

二 所得形式

三 所得计算

四 预扣率

五 税率

一、税目

- 工资、薪金所得
- 劳务报酬所得
- 稿酬所得
- 特许权使用费所得
  - 以上四项：
    - 居民：以下简称**综合所得**
    - 非居民：以下简称**前四项所得**
- 经营所得
  - 个体工商户从事生产、经营活动取得的所得，个人独资企业投资人、合伙企业的个人合伙人来源于境内注册的个人独资企业、合伙企业生产、经营的所得
  - 个人依法从事办学、医疗、咨询以及其他有偿服务活动取得的所得
  - 个人对企业、事业单位承包经营、承租经营以及转包、转租取得的所得
  - 个人从事其他生产、经营活动取得的所得
- 利息、股息、红利所得
- 财产租赁所得
- 财产转让所得
- 偶然所得
  - 以上四项：以下简称**分类所得**

二、所得形式

- 现金
- 实物
  - 按照取得的凭证上所注明的价格计算应纳税所得额
  - 无凭证的实物或者凭证上所注明的价格明显偏低的，参照市场价格核定应纳税所得额
- 有价证券　根据票面价格和市场价格核定应纳税所得额
- 其他形式的经济利益　参照市场价格核定应纳税所得额

三、所得计算

- 综合所得　按纳税年度合并计算
- 前四项所得　按月或者按次分项计算
- 经营所得　依法分别计算
- 分类所得　依法分别计算

四、预扣率

- 居民个人工资、薪金所得；保险营销员、证券经纪人取得的佣金收入；全日制学历教育的学生因实习取得劳务报酬所得　注1
- 居民个人劳务报酬所得　注2
- 居民个人稿酬所得、特许权使用费所得　20%

注1　个人所得税预扣率表一

（居民个人工资、薪金所得预扣预缴适用）

级数	累计预扣预缴应纳税所得额	预扣率（%）	速算扣除数
1	不超过36000元	3	0
2	超过36000元至144000元的部分	10	2520
3	超过144000元至300000元的部分	20	16920
4	超过300000元至420000元的部分	25	31920
5	超过420000元至660000元的部分	30	52920
6	超过660000元至960000元的部分	35	85920
7	超过960000元的部分	45	181920

注2　个人所得税预扣率表二

（居民个人劳务报酬所得预扣预缴适用）

级数	预扣预缴应纳税所得额	预扣率（%）	速算扣除数
1	不超过20000元	20	0
2	超过20000元至50000元的部分	30	2000
3	超过50000元的部分	40	7000

注3　个人所得税税率表三

（非居民个人工资、薪金所得，劳务报酬所得，稿酬所得，特许权使用费所得适用）

级数	应纳税所得额	税率（%）	速算扣除数
1	不超过3000元	3	0
2	超过3000元至12000元的部分	10	210
3	超过12000元至25000元的部分	20	1410
4	超过25000元至35000元的部分	25	2660
5	超过35000元至55000元的部分	30	4410
6	超过55000元至80000元的部分	35	7160
7	超过80000元的部分	45	15160

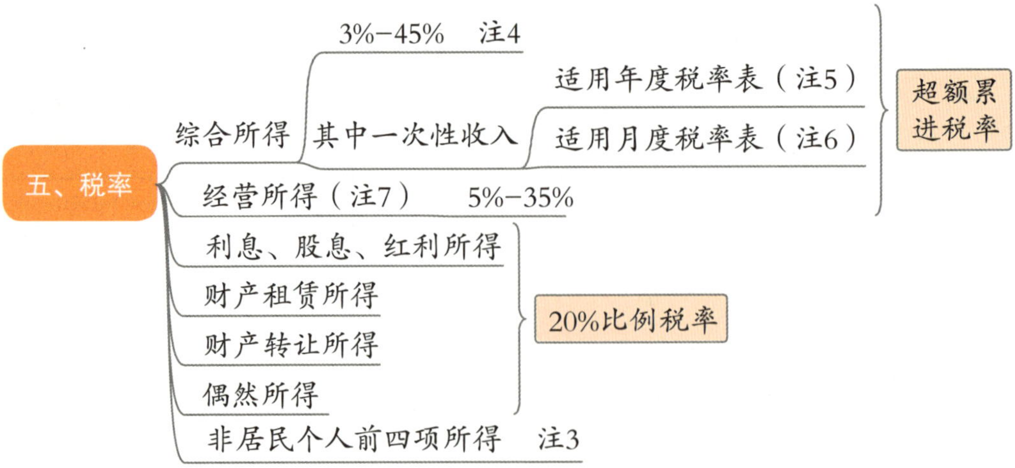

注4　综合所得税率表

级数	年应纳税所得额	月应纳税所得额	税率（%）	年速算扣除数	月速算扣除数
1	不超过36000元	不超过3000元	3	0	0
2	超过36000元至144000元的部分	超过3000元至12000元的部分	10	2520	210
3	超过144000元至300000元的部分	超过12000元至25000元的部分	20	16920	1410
4	超过300000元至420000元的部分	超过25000元至35000元的部分	25	31920	2660
5	超过420000元至660000元的部分	超过35000元至55000元的部分	30	52920	4410
6	超过660000元至960000元的部分	超过55000元至80000元的部分	35	85920	7160
7	超过960000元的部分	超过80000元的部分	45	181920	15160

注5　综合所得税率表(简称年度税率表)

级数	全年应纳税所得额	税率（%）	速算扣除数
1	不超过36000元	3	0
2	超过36000元至144000元的部分	10	2520
3	超过144000元至300000元的部分	20	16920
4	超过300000元至420000元的部分	25	31920
5	超过420000元至660000元的部分	30	52920
6	超过660000元至960000元的部分	35	85920
7	超过960000元的部分	45	181920

注6　按月折算后的综合所得税率表（简称月度税率表）

级数	全月应纳税所得额	税率（%）	速算扣除数
1	不超过3000元	3	0
2	超过3000元至12000元的部分	10	210
3	超过12000元至25000元的部分	20	1410
4	超过25000元至35000元的部分	25	2660
5	超过35000元至55000元的部分	30	4410
6	超过55000元至80000元的部分	35	7160
7	超过80000元的部分	45	15160

注7　经营所得税率表

级数	全年应纳税所得额	税率（%）	速算扣除数
1	不超过30000元	5	0
2	超过30000元至90000元的部分	10	1500
3	超过90000元至300000元的部分	20	10500
4	超过300000元至500000元的部分	30	40500
5	超过500000元的部分	35	65500

注5：适用年度税率表

- 全年一次性奖金
  - 2019.1.1–2023.12.31，选择并入综合所得的
- 股权激励
  - 在2023年12月31日前，不并入当年综合所得，全额单独适用综合所得税率表计算纳税
- 解除劳动关系取得一次性补偿收入
  - 超过当地上年职工平均工资3倍数额的部分不并入当年综合所得，单独适用综合所得税率表
- 一次性领取年金
  - 个人因出境定居而一次性领取的年金个人账户资金，或个人死亡后，其指定的受益人或法定继承人一次性领取的年金个人账户余额，适用综合所得税率表计算纳税
- 办理提前退休取得的一次性补贴收入
  - 按照办理提前退休手续至法定离退休年龄之间实际年度数平均分摊确定适用税率和速算扣除数，单独适用综合所得税率表

- 注6：适用月度税率表
  - 全年一次性奖金
    - 2019.1.1-2023.12.31，选择不并入综合所得的
    - 全年一次性奖金收入除以12个月得到的数额按照月度税率表，确定适用税率和速算扣除数，单独计算纳税
  - 中央企业负责人取得年度绩效薪金延期兑现收入和任期奖励
    - 参照全年一次性奖金执行
  - 一次性领取年金个人账户余额
    - 按月领取
      - 适用月度税率表
    - 按季领取
      - 平均分摊计入各月，按每月领取额适用月度税率表
  - 单位低价向职工售房
    - 职工因单位低于购置或建造成本价格出售住房而少支出的差价部分，符合规定的，不并入当年综合所得。以差价收入除以12个月得到的数额，按照月度税率表单独计算纳税
  - 办理内部退养手续而取得的一次性补贴收入
    - 应按办理内部退养手续后至法定离退休年龄之间的所属月份进行平均，并与领取当月的工资、薪金所得合并后减除当月费用扣除标准，以余额为基数确定适用税率，再将当月工资、薪金加上取得的一次性收入，减去费用扣除标准，按适用税率计征个人所得税

政策依据 《个人所得税法》及实施条例、财税〔2018〕164号、国家税务总局公告2018年第61号

第一节　工资、薪金所得

章节目录

- 一、政策沿革
- 二、征收范围
- 三、与劳务报酬的区分
- 四、与稿酬所得的区分
- 五、工资、薪金所得正列举
- 六、全年一次性奖金
- 七、两处或两处以上取得工资、薪金

一、政策沿革

开始实施时间	应纳税所得额
1980.9.10	每月收入额−800元
2006.1.1	每月收入额−1600元
2008.3.1	每月收入额−2000元
2011.9.1	每月收入额−3500元
2018.10.1	每月收入额−5000元−专项扣除−依法确定的其他扣除
2019.1.1	见注1

注1

- 居民个人的综合所得应纳税所得额=每一纳税年度的收入额−费用60000元−专项扣除−专项附加扣除−依法确定的其他扣除后的余额
- 非居民个人的工资、薪金所得以每月收入额减除费用五千元后的余额为应纳税所得额，适用个人所得税税率表三（见第二章注3）计算应纳税额

二、征收范围

指因任职或者受雇取得的下列所得：

- 工资
- 薪金
- 奖金
- 年终加薪
- 劳动分红
- 津贴、补贴
  - 免征情形见注2
  - 不征税情形见注3
- 与任职或者受雇有关的其他所得

注2免税

- 指按照国务院规定发给的政府特殊津贴、院士津贴，以及国务院规定免予缴纳个人所得税的其他补贴、津贴。其他各种补贴、津贴均应计入工资、薪金所得项目征税（国税发〔1994〕89号）
- 2019年1月1日至2023年12月31日期间，外籍个人符合居民个人条件的，可以选择享受个人所得税专项附加扣除，也可以选择按照规定享受住房补贴、语言训练费、子女教育费等津补贴免税优惠政策，但不得同时享受。外籍个人一经选择，在一个纳税年度内不得变更（财税〔2018〕164号、财政部税务总局公告2021年第43号）

注3不征税

- 独生子女补贴
- 执行公务员工资制度未纳入基本工资总额的补贴、津贴差额和家属成员的副食品补贴
- 托儿补助费
- 差旅费津贴，误餐补助（注4）
- 依据：国税发〔1994〕89号
- 生育津贴、生育医疗费或其他属于生育保险性质的津贴、补贴（财税〔2008〕8号）

注4

- 不征税的误餐补助，是指按财政部门规定，个人因公在城区、郊区工作，不能在工作单位或返回就餐，确实需要在外就餐的，根据实际误餐顿数，按规定的标准领取的误餐费。一些单位以误餐补助名义发给职工的补贴、津贴，应当并入当月工资、薪金所得计征个人所得税（财税字〔1995〕82号）
- 外国来华留学生，领取的生活津贴费、奖学金，不属于工资、薪金范畴，不征个人所得税（财税字〔1980〕第189号）

三、与劳务报酬的区分

- 工资、薪金所得是属于非独立个人劳务活动，即在机关、团体、学校、部队、企事业单位及其他组织中任职、受雇而得到的报酬
- 劳务报酬所得则是个人独立从事各种技艺、提供各项劳务取得的报酬
- 主要区别：前者存在雇佣与被雇佣关系，后者则不存在这种关系
- 依据：国税发〔1994〕89号

四、与稿酬所得的区分

- 任职、受雇于报刊、杂志等单位的记者、编辑等专业人员，因在本单位的报刊、杂志上发表作品取得的所得，属于因任职、受雇而取得的所得，应与其当月工资收入合并，按“工资、薪金所得”项目征收个人所得税
- 除上述专业人员以外，其他人员在本单位的报刊、杂志上发表作品取得的所得，应按“稿酬所得”项目征收个人所得税
- 依据：国税函〔2002〕146号

五、工资、薪金所得正列举

- 1.内部退养人员取得的收入　注5
- 2.福利费、抚恤金、救济金　注6
- 3.退休人员再任职取得的收入　注7
- 4.公务交通、通讯补贴收入　注8
- 5.用于购买企业国有股权的劳动分红所得　见注9
- 6.单车承包或承租方式运营的出租车驾驶员从事客货运营收入　注10
- 7.免费旅游　注11
- 8.企业为职工购买商业保险　注12
- 9.股权激励　见注13
- 10.以现金形式发放的住房补贴　注14
- 11.解除劳动关系取得一次性补偿收入　注15
- 12.个人领取年金　注16
- 13.办理提前退休取得的一次性补贴收入　注17
- 14.单位低价向职工售房　注18

注5 内部退养收入

- 实行内部退养的个人在其办理内部退养手续后至法定离退休年龄之间从原任职单位取得的工资、薪金，不属于离退休工资，应按“工资、薪金所得”项目计征个人所得税
- 按办理内部退养手续后至法定离退休年龄之间的所属月份进行平摊，与领取当月的“工资、薪金”所得合并后减除当月费用扣除标准，按适用税率计征个人所得税
- 依据：国税发〔1999〕58号、财税〔2018〕164号

注6 福利费、抚恤金、救济金

下列收入不属于免税的福利费范围，应当并入纳税人的工资、薪金收入计征个人所得税：（国税发〔1998〕155号）

- 1. 从超出国家规定的比例或基数计提的福利费、工会经费中支付给个人的各种补贴、补助
- 2. 从福利费和工会经费中支付给单位职工的人人有份的补贴、补助
- 3. 单位为个人购买汽车、住房、电子计算机等不属于临时性生活困难补助性质的支出

注 7 退休人员再任职收入

- 同时符合
  - 受雇人员与用人单位签订一年以上（含一年）劳动合同（协议），存在长期或连续的雇用与被雇用关系
  - 受雇人员因事假、病假、休假等原因不能正常出勤时，仍享受固定或基本工资收入
  - 受雇人员与单位其他正式职工享受同等福利、培训及其他待遇
  - 受雇人员的职务晋升、职称评定等工作由用人单位负责组织
- 依据：国税函〔2006〕526号第三条和国家税务总局公告2011年第27号

注 8 公务交通、通迅补贴收入

个人因公务用车和通讯制度改革而取得的公务用车、通讯补贴收入，扣除一定标准的公务费用后，按照“工资、薪金”所得项目计征个人所得税。按月发放的，并入当月“工资、薪金”所得计征个人所得税；不按月发放的，分解到所属月份并与该月份“工资、薪金”所得合并后计征个人所得税。公务费用的扣除标准，由省级税务局根据纳税人公务交通、通讯费用的实际发生情况调查测算，报经省级人民政府批准后确定，并报国家税务总局备案（国税发〔1999〕58号）

注 9 购买股权

对公司职工取得的用于购买企业国有股权的劳动分红，应按“工资、薪金所得”项目计征个人所得税（国税函〔2001〕832号）

注 10 出租车驾驶员

- 承包承租经营：出租汽车经营单位对出租车驾驶员采取单车承包或承租方式运营，出租车驾驶员从事客货运营取得的收入，按“工资、薪金所得”项目征收个人所得税
- 对比
  - 个体：从事个体出租车运营的出租车驾驶员取得的收入，按经营所得征收个人所得税
  - 挂靠经营：出租车属个人所有，但挂靠出租汽车经营单位或企事业单位，驾驶员向挂靠单位缴纳管理费的，或出租汽车经营单位将出租车所有权转移给驾驶员的，出租车驾驶员从事客货运营取得的收入，比照经营所得项目征税
- 依据：国税发〔1995〕50号

注11免费旅游

对商品营销活动中，企业和单位对营销业绩突出人员以培训班、研讨会、工作考察等名义组织旅游活动，通过免收差旅费、旅游费对个人实行的营销业绩奖励（包括实物、有价证券等），应根据所发生费用全额计入营销人员应税所得。企业雇员享受的此类奖励，应与当期的工资、薪金合并，按照“工资、薪金所得”项目征收个人所得税；对其他人员享受的此类奖励，应作为当期的劳务收入，按照“劳务报酬所得”项目征收个人所得税（财税〔2004〕11号）

注12购买商业保险

- 企业为员工支付各项免税之外的保险金，应在企业向保险公司缴付（即该保险落到保险人的保险账户）时并入员工当期的工资收入（国税函〔2005〕318号）
- 单位为职工个人购买商业性补充养老保险等，在办理投保手续时应作为个人所得税的“工资、薪金所得”项目，按税法规定缴纳个人所得税；因各种原因退保，个人未取得实际收入的，已缴纳的个人所得税应予以退回（财税〔2005〕94号）

注13股权激励

- 包括股票期权、股票增值权、限制性股票、股权奖励等
- 根据企业股票期权计划，员工行权时，其从企业取得股票的实际购买价（施权价）低于购买日公平市场价（指该股票当日的收盘价）的差额，以及员工在行权日之前将不可公开交易的股票期权转让的，股票期权的转让净收入按“工资、薪金所得”项目计征个人所得税
- 在2022年12月31日前，不并入当年综合所得，全额单独适用综合所得税率表计算纳税。2023年1月1日之后的股权激励政策另行明确
- 应纳税额=股权激励收入×适用税率−速算扣除数
- 居民个人一个纳税年度内取得两次以上（含两次）股权激励的，应将各次的所得合并
- 依据：财税〔2005〕35号、财税〔2018〕164号、财政部 税务总局公告2021年第42号

注14贴补房住

- 企业以现金形式发给个人的住房补贴、医疗补助费，应全额计入领取人的当期工资、薪金收入计征个人所得税
- 2019年1月1日至2023年12月31日期间，外籍个人符合居民个人条件的，可以选择享受住房补贴、语言训练费、子女教育费等津补贴免税优惠政策，也可以选择享受个人所得税专项附加扣除，但不得同时享受
- 依据：财税字〔1997〕144号、财税〔2018〕164号、财政部 税务总局公告2021年第42号、财政部 税务总局公告2021年第43号

注 15 解除劳动关系取得一次性补偿收入
- 在当地上年职工平均工资3倍数额以内的部分：免征
- 超过3倍数额的部分：不并入当年综合所得，单独适用综合所得税率表
- 依据：财税〔2018〕164号

注 16 领取年金
- 适用月度税率表
  - 按月领取：适用月度税率表
  - 按季领取：平均分摊计入各月，按每月领取额适用月度税率表
  - 除特殊原因外，一次性领取年金账户资金或余额
- 适用年度税率表
  - 按年领取的
  - 出国、继承等特殊事项
- 依据：财税〔2018〕164号

注 17 办理提前退休取得的一次性补贴收入
- 按照办理提前退休手续至法定离退休年龄之间实际年度数平均分摊确定适用税率和速算扣除数
- 单独适用综合所得税率表
- 应纳税额={〔(一次性补贴收入÷办理提前退休手续至法定退休年龄的实际年度数)-费用扣除标准〕×适用税率-速算扣除数}×办理提前退休手续至法定退休年龄的实际年度数
- 依据：财税〔2018〕164号

注 18 单位低价向职工售房
- 职工因单位低于购置或建造成本价格出售住房而少支出的差价部分，符合规定的，不并入当年综合所得
- 以差价收入除以12个月得到的数额
- 应纳税额＝职工实际支付的购房价款低于该房屋的购置或建造成本价格的差额×适用税率-速算扣除数
- 房改相关：免征个税
- 依据：财税〔2007〕13号、财税〔2018〕164号

六、全年一次性奖金

- 2005.1.1–2018.12.31，单独作为一个月工资、薪金所得计算纳税（国税发〔2005〕9号）
- 2019.1.1–2023.12.31，详见注19，依据：财税〔2018〕164号、财政部 税务总局公告2021年第42号
- 注意：在一个纳税年度内，对每一个纳税人，该计税办法只允许采用一次
- 中央企业负责人取得年度绩效薪金延期兑现收入和任期奖励，符合国税发〔2007〕118号规定的，在2023年12月31日前，参照全年一次性奖金执行；2024年1月1日之后的政策另行明确（财税〔2018〕164号、财政部 税务总局公告2021年第43号）

注 19

- 选择并入综合所得的，适用年度税率表
- 选择不并入综合所得的，适用月度税率表　见注20
- tips　选择单独计算还是选择并入综合所得更节税？详见注21

注 20

- 全年一次性奖金收入除以12个月得到的数额按照月度税率表，确定适用税率和速算扣除数，单独计算纳税
- 应纳税额=全年一次性奖金收入×月度适用税率–速算扣除数
- 计算时可能会遇到雷区，雷区位于税率表每个区间上限数×12附近（不含本数）

年终奖的6个新雷区　　单位：元

雷区	具体数值	多发1元–雷区末端，多交税款
3.6万元附近	36 000–38 566.67	2 310.10–2 566.67
14.4万元附近	144 000–160 500	13 200.20–16 500
30万元附近	300 000–318 333.33	13 750.25–18 333.33
42万元附件	420 000–447 500	19 250.30–27 500
66万元附近	660 000–706 538.46	30 250.35–46 538.46
96万元附近	960 000–1 120 000	88 000.45–160 000

注 21

- 综合所得的应纳税所得额<0　选择并入
- 综合所得的应纳税所得额+全年一次性奖金≤36000元　两种选择都一样
- 综合所得的应纳税所得额+全年一次性奖金>36000元
  - 需要具体分析
  - 但如能自主分配年终奖和综合所得数额，最优方法一定是全年一次性奖金单独计税

七、两处或两处以上取得工资、薪金

- 纳税人从中国境内两处或者两处以上取得工资、薪金所得的，应当合并计算纳税，在取得所得后，选择并固定向其中一处单位所在地主管税务机关自行申报（国税发〔2006〕162号）
- 有两处及以上任职受雇单位的
  - 可自主选择向其中一处单位所在地的主管税务机关申报（国家税务总局公告2022年第1号）

第二节 劳务报酬所得

章节目录

- 一、概念
- 二、易混税目
- 三、劳务报酬所得正列举
- 四、次的划分
- 五、居民纳税人
- 六、非居民纳税人

一、概念

劳务报酬所得是指个人从事设计，装潢，安装，制图，化验，测试，医疗，法律，会计，咨询，讲学，新闻，广播，翻译，审稿，书画，雕刻，影视，录音，录像，演出，表演，广告，展览，技术服务，介绍服务，代办服务以及其他劳务取得的所得

二、易混税目

- 劳务报酬所得：是个人独立从事各种技艺、提供各项劳务取得的报酬，不存在雇用与被雇用关系
- 工资薪金所得
  - 属于非独立个人劳务活动，即在机关、团体、学校、部队、企事业单位及其他组织中任职、受雇而得到的报酬，存在雇用与被雇用关系
  - 董事费按劳务报酬所得项目征税方法，仅适用于个人担任公司董事、监事，且不在公司任职、受雇的情形。个人在公司（包括关联公司）任职、受雇，同时兼任董事、监事的，应将董事费、监事费与个人工资收入合并，统一按工资、薪金所得项目缴纳个人所得税（国税发〔2009〕121号）
- 经营所得：具有机构的稳定性；经营的持续性；不是单一个人活动

三、劳务报酬所得正列举

- 个人无须经政府有关部门批准并取得执照举办学习班、培训班的取得的收入（国税函〔1996〕658号）
- 受医疗机构临时聘请坐堂门诊及售药，由该医疗机构支付报酬，或收入与该医疗机构按比例分成的人员取得的所得（国税发〔1997〕178号）
- 个人因包销商品房取得的差价收入及因此而产生的包销补偿款（国税函〔2007〕243号）

四、次的划分

- 属于一次性收入的：以取得该项收入为一次（注1）
- 属于同一项目（注2）连续性收入的：以一个月内取得的收入为一次（注3）
- 广告业：劳务报酬所得以纳税人每参与一项广告的设计、制作、发布所取得的所得为一次（国税发〔1996〕148号）
- 培训班：一次收取学费的，以一期取得的收人为一次；分次收取学费的，以每月取得的收入为一次（国税函〔1996〕658号）

注1 一次性收入

如夏某为客户画室内设计效果图，完成后取得的设计收入，为一次

注2 同一项目

- 是指劳务报酬所得列举具体劳务项目中的某一单项，个人兼有不同的劳务报酬所得，应当分别减除费用，计算缴纳个人所得税（国税发[1994]89号）
- 例：2020年12月王某从甲公司分别取得授课收入1000元、审稿收入4000元、广告收入2000元，应分三次收入分别扣除800元费用按劳务报酬所得缴纳个人所得税：
  $(1000-800)\times20\%+(4000-800)\times20\%+(2000-800)\times20\%=40+640+240=920$元

注3

- 属于同一项目连续性收入的，以一个月内取得的收入为一次，考虑属地管辖与时间划定有交叉的特殊情况，统一规定以县（含县级市、区）为一地，其管辖内的一个月内的劳务服务为一次；当月跨县地域的，则应分别计算（国税函发〔1996〕602号）
- 例：海湘老师开了汇算清缴专题系列课，两周一次，每次1小时，连续直播2个月，应以一个月内取得的劳务报酬所得为一次
- 例：企业请老师分别在不同月份来讲课，但报酬在同一个月支付的，属于同一项目连续性收入，应以一个月内取得的收入为一次

五、居民纳税人

- 纳税义务：就来源于中国境内和中国境外的劳务报酬所得缴纳个人所得税（注4）
- 按月按次预扣预缴
  - 由扣缴义务人按月或者按次预扣预缴税款
  - 应预扣预缴税额=预扣预缴应纳税所得额×预扣率−速算扣除数

个人所得税预扣率表二

（居民个人劳务报酬所得预扣预缴适用）

级数	预扣预缴应纳税所得额	预扣率（%）	速算扣除数
1	不超过20000元	20	0
2	超过20000元至50000元的部分	30	2000
3	超过 50000元的部分	40	7000

  - 应纳税所得额=每次收入额（注5）
  - 扣缴时间：扣缴义务人每月或者每次预扣、代扣的税款，应当在次月十五日内办理全员全额扣缴申报并缴入国库
- 注4：因任职、受雇、履约等在中国境内提供劳务取得的所得，除国务院财政、税务主管部门另有规定外，不论支付地点是否在中国境内，均为来源于中国境内的所得
- 注5：每次收入额=收入−费用（注6）
- 注6 费用扣除
  - 每次收入≤4000元　费用=800元
  - 每次收入≥4000元　费用=收入×20%
  - 劳务报酬所得按定率扣除20%的费用后，不再扣除支付给中介和其他人员的报酬（国税函发〔1996〕602号）
  - 在计算劳务报酬所得时，目前只有个人保险代理人、证券经纪人能扣除展业成本（国家税务总局公告2016年第45号）
- 连续性劳务报酬：保险营销员、证券经纪人佣金收入；正在接受全日制学历教育的学生因实习取得劳务报酬所得按累计预扣法计算预扣税款（财税〔2018〕164号、国家税务总局公告2020年第13号），详见注7
- 汇算清缴
  - 次年3.1−6.30办理年度综合所得汇算清缴
  - 劳务报酬所得收入额=收入×（1−20%），并入年度综合所得计算应纳税款，税款多退少补
  - 纳税人未取得工资、薪金所得，仅取得劳务报酬所得需要享受专项附加扣除的，应当在办理汇算清缴申报时扣除
  - 居民个人取得劳务报酬所得的，预扣预缴时不扣除公益捐赠支出，统一在汇算清缴时扣除

注7 连续性劳务报酬

- 保险营销员、证券经纪人取得的佣金收入
  - 收入额=不含增值税的收入×（1-20%），收入额-展业成本-附加税费，并入当年综合所得，展业成本=收入额×25%（财税〔2018〕164号）
  - 举例：张某为某市保险公司的营销员，2020年1月取得不含增值税佣金收入50000元，缴纳城建税52.5元，符合条件的专项附加扣除每月3000元，该保险公司接受税务机关委托代征营销员税款，按月汇总代开增值税专用发票。对张某应预扣预缴个人所得税：（50000×(1-20%)×（1-25%）-52.5-5000)×3%=24947.5×3%=748.43元。专项附加扣除3000元，只能在汇算清缴时扣除
- 正在接受全日制学历教育的学生因实习取得劳务报酬所得的
  - 可按照累计预扣法计算并预扣预缴税款（国家税务总局公告2020年第13号）
- 同时满足三个条件时（注8）
  - 自2021年1月1日起，扣缴义务人在预扣预缴个人所得税时，累计减除费用自1月份起直接按照全年6万元计算扣除（国家税务总局公告2020年第19号）

注8 条件

- 上一纳税年度1-12月均在同一单位取酬且按照累计预扣法预扣预缴申报了劳务报酬所得个人所得税
- 上一纳税年度1-12月的累计劳务报酬（不扣减任何费用及免税收入）不超过6万元
- 本纳税年度自1月起，仍在该单位取得按照累计预扣法预扣预缴税款的劳务报酬所得

六、非居民纳税人

- 纳税义务：非居民就来源于中国境内的所得（注9）依法缴纳个人所得税
- 扣缴时间：按月或者按次代扣代缴税款
- 应纳税额　=应纳税所得额×税率-速算扣除数
- 应纳税所得额　=每次收入额
- 收入额　=收入×（1-20%）
- 非居民→居民：达到居民个人条件时，应当告知扣缴义务人基础信息变化情况，年度终了后按照居民个人有关规定办理汇算清缴

注9 来源地

- 因任职、受雇、履约等在中国境外提供劳务取得的所得为来源于中国境外的所得（财政部 税务总局公告2020年第3号）

第三节 稿酬所得

章节目录

- 一、稿酬所得概念
- 易混税目
  - 二、属于稿酬所得
  - 二、不属于稿酬所得
- 三、居民纳税人　预扣预缴、汇算清缴
- 四、非居民纳税人　代扣代缴
- 五、次的理解
- 六、小案例

一、概念

- 指个人因其作品以图书、报刊等形式出版、发表而取得的所得

二、属于稿酬所得

- 遗作稿酬：作者去世后，取得其遗作稿酬的个人按稿酬所得项目计税（国税发〔1994〕89号）
- 专业人员：出版社的专业作者撰写、编写或翻译的作品，由本社以图书形式出版而取得的稿费收入，应按“稿酬所得”项目计算缴纳个人所得税（国税函〔2002〕146号）
- 非专业人员：任职、受雇于报刊、杂志等单位的非专业人员在本单位的报刊、杂志上发表作品取得的所得，应按“稿酬所得”项目征收个人所得税（国税函〔2002〕146号）

二、不属于稿酬所得

- **著作权使用权**：提供著作权的使用权取得的所得属于特许权使用费所得
- **专业人员**：任职、受雇于报刊、杂志等单位的专业人员在本单位的报刊、杂志上发表作品取得的所得，应按“工资、薪金所得”项目征收个人所得税（国税函〔2002〕146号）
- **剧本使用费收入**：剧本作者从电影、电视剧的制作单位取得的剧本使用费，不再区分剧本的使用方是否为其任职单位，统一按特许权使用费所得项目计征个人所得税（国税发〔2002〕52号）
- **拍卖**：作者将自己的文字作品手稿原件或复印件公开拍卖（竞价）取得的所得，应按特许权使用费所得项目征收个人所得税（国税发〔1994〕089号）
- **赔偿**：个人取得专利权经济赔偿收入，按“特许权使用费所得”应税项目缴纳个人所得税（国税函〔2000〕257号）
- **约稿**：由单位接受约稿，然后组织个人从事著译书籍、书画，完成约稿后，由接受约稿的单位收取稿费，将其中部分稿费发给著译书籍、书画的个人，只就个人实得的稿费收入，按劳务报酬所得征收个人所得税（〔80〕财税外字第50号）
- **退稿费**：个人接受出版单位约稿，完成约稿后由于各种原因，出版单位决定不予出版，但出版单位为贯彻按劳付酬的原则，仍付给作者“退稿费”（一般比原稿费低50%左右）。此项“退稿费”属劳务报酬性质，应按规定征收个人所得税（〔80〕财税外字第50号）

- 三、居民纳税人
  - 纳税义务：居民就来源于中国境内和中国境外的稿酬所得（注1）依法缴纳个人所得税
  - 扣缴时间
    - 由扣缴义务人按月或者按次预扣预缴税款
    - 扣缴义务人每月或者每次预扣、代扣的税款，应当在次月十五日内办理全员全额扣缴申报并缴入国库
  - 应预扣预缴税额 =预扣预缴应纳税所得额×20%
  - 预扣预缴应纳税所得额
    - =每次收入额
    - 收入额减按70%计算
  - 每次收入额 =收入−费用
  - 每次收入 ≤4000元 费用=800元
  - 每次收入 ≥4000元 费用=收入×20%
  - 汇算清缴
    - 次年3.1−6.30办理年度综合所得汇算清缴
    - 稿酬所得收入额（=收入×（1−20%）×70%），并入年度综合所得计算应纳税款，税款多退少补
    - 纳税人未取得工资、薪金所得，仅取得稿酬所得需要享受专项附加扣除的，应当在办理汇算清缴申报时扣除
    - 居民个人取得稿酬所得的，预扣预缴时不扣除公益捐赠支出，统一在汇算清缴时扣除

- 注1来源地
  - 由境内企业、事业单位、其他组织支付或者负担的稿酬所得，为来源于境内的所得（财政部 税务总局公告2019年第35号）
  - 由中国境外企业以及其他组织支付且负担的稿酬所得，为来源于中国境外的所得（财政部 税务总局公告2020年第3号）

- 四、非居民纳税人
  - 纳税义务：非居民就来源于中国境内的所得（注1）依法缴纳个人所得税
  - 扣缴义务人按月或者按次代扣代缴税款
  - 应纳税额=应纳税所得额×税率−速算扣除数
  - 应纳税所得额 =每次收入额
  - 收入额 =收入×（1−20%）×70%
  - 非居民→居民：达到居民个人条件时，应当告知扣缴义务人基础信息变化情况，年度终了后按照居民个人有关规定办理汇算清缴
  - 依据 总局公告2018年第61号

五、次的理解

- 属于一次性收入的：以取得该项收入为一次
- 属于同一项目连续性收入的：以一个月内取得的收入为一次
- 一次所得
  - 个人每次以图书、报刊方式出版、发表同一作品（文字作品、书画作品、摄影作品以及其他作品），不论出版单位是预付还是分笔支付稿酬，或者加印该作品后再付稿酬，均应合并其稿酬所得按一次计征个人所得税
  - 个人的同一作品在报刊上连载，应合并其因连载而取得的所有稿酬所得为一次，按税法规定计征个人所得税
- 多次所得
  - 个人在两处或两处以上出版、发表或再版同一作品而取得稿酬所得，则可分别各处取得的所得或再版所得按分次所得计征个人所得税
  - 个人的同一作品在报刊上连载，在其连载之后又出书取得稿酬所得，或先出书后连载取得稿酬所得，应视同再版稿酬分次计征个人所得税
- 依据：国税发〔1994〕089号、国家税务总局公告2018年第61号
- 广告业：稿酬所得以在图书、报刊上发布一项广告时使用其作品而取得的所得为一次（国税发〔1996〕148号）
- tips
  - “加印”为一次所得
  - “改版”为多次所得

六、小案例

王教授2020年度平均每月工资15000元，扣除“三险一金”2000元/月、专项附加扣除2000元/月，全年累计预扣预缴个人所得税4680元。利用业余时间授课，培训机构支付每月税前报酬30000元，共计12个月，累计预扣预缴个人所得税62400元；出版专业书籍，取得稿酬100000元，出版社预扣预缴个人所得税11200元。（不考虑增值税及附加）

1.全年应税收入额=15000×12+30000×12×（1−20%）+100000×（1−20%）×70%=524000元；
2.全年应纳税所得额=524000−60000−2000×12−2000×12=416000元；
3.全年累计预缴税额=4680+62400+11200=78280元；
4.全年应纳税额=416000×25%−31920=72080元；
5.应退税额=78280−72080=6200元。

tips 根据《中华人民共和国著作权法》第二条规定，中国公民、法人或者其他组织的作品，不论是否发表，依照本法享有著作权。第三条规定，本法所称的作品，包括以下列形式创作的文学、艺术和自然科学、社会科学、工程技术等作品：（一）文字作品；（二）口述作品……根据（财税〔2016〕36号附件3）第一条第十四项规定，个人转让著作权免征增值税

第四节 特许权使用费所得

- 章节目录
  - 一、概念
  - 二、易混税目
  - 三、次的划分
  - 四、居民纳税人
  - 五、非居民纳税人

一、概念

- 个人提供
  - 专利权
  - 商标权
  - 著作权　不包括稿酬
  - 非专利技术
  - 其他特许权

（以上）的使用权所得

二、易混税目

- 拍卖本人的文稿所得（注1）
  - ☑ 特许权使用费所得
  - ☒ 财产转让所得
  - ☒ 稿酬所得
- 剧本使用费所得（注2）
  - ☑ 特许权使用费所得
  - ☒ 劳务报酬所得
  - ☒ 稿酬所得
- 专利赔款所得（注3）
  - ☑ 特许权使用费所得
  - ☒ 偶然所得
- 提供拍摄的照片取得的所得（注4）
  - ☑ 特许权使用费所得
  - ☒ 劳务报酬所得
  - ☒ 稿酬所得
- 非专利技术所得（注5）
  - ☑ 特许权使用费所得
  - ☒ 工资薪金所得

注1

作者将自己的文字作品手稿原件或复印件公开拍卖（竞价）取得的所得，应按特许权使用费所得项目征收个人所得税（国税发〔1994〕89号）

注2

对于剧本作者从电影、电视剧的制作单位取得的剧本使用费，不再区分剧本的使用方是否为其任职单位，统一按特许权使用费所得项目计征个人所得税（国税发〔2002〕52号）

注3

个人取得专利权经济赔偿收入，应按照《个人所得税法》及其实施条例的规定，按“特许权使用费所得”应税项目缴纳个人所得税，税款由支付赔款方代扣代缴（国税函〔2000〕257号）

注4

《青岛年鉴》编辑部编辑×××因北京谊友公关广告公司青岛分公司使用其拍摄的艺术照片制作广告宣传路牌而取得的所得，应按照“特许权使用费所得”项目计算缴纳个人所得税（国税函〔1998〕482号）

注5

个人在其工资福利待遇与其工作大致相当及与企业其他员工相比没有异常的情况下，由于向本企业提供所需相关技术而取得本企业支付的按不超过一定比例的（如20%）全部可分配利润的这部分收入，与其任职、受雇无关，而与其提供有关技术直接相关，属于非专利技术所得，应按“特许权使用费所得”项目缴纳个人所得税（国税函〔2004〕952号）

三、次的划分

- 属于一次性收入的：以取得该项收入为一次
- 属于同一项目连续性收入的：以一个月内取得的收入为一次（注6）

注6

属于同一项目连续性收入的，以一个月内取得的收入为一次，考虑属地管辖与时间划定有交叉的特殊情况，统一规定以县（含县级市、区）为一地，其管辖内的一个月内的劳务服务为一次；当月跨县地域的，则应分别计算（国税函发〔1996〕602号）

四、居民纳税人

- 纳税义务
  - 就来源于中国境内和中国境外的所得缴纳个人所得税（注7）
- 按月按次预扣预缴
  - 由扣缴义务人按月或者按次预扣预缴税款
  - 应预扣预缴税额 =预扣预缴应纳税所得额×20%
  - 预扣预缴应纳税所得额 =每次收入额（注8）
  - 扣缴时间：扣缴义务人每月或者每次预扣、代扣的税款，应当在次月十五日内办理全员全额扣缴申报并缴入国库
- 注7
  - 许可各种特许权在中国境内使用而取得的所得，除国务院财政、税务主管部门另有规定外，不论支付地点是否在中国境内，均为来源于中国境内的所得（实施条例）；许可各种特许权在中国境外使用而取得的所得，为居民个人取得的来源于中国境外的所得（财政部 税务总局公告2020年第3号）
- 注8
  - 每次收入额 =收入－费用
  - 每次收入≤4000元 费用=800元
  - 每次收入≥4000元 费用=收入×20%
  - 对个人从事技术转让、提供劳务等过程中所支付的中介费，如能提供有效、合法凭证的，允许从其所得中扣除（财税字〔1994〕20号）
- 汇算清缴
  - 次年3.1–6.30办理年度综合所得汇算清缴
  - 特许权使用费所得收入额=收入×（1–20%），并入年度综合所得计算应纳税款，税款多退少补
  - 纳税人未取得工资、薪金所得，仅取得劳务报酬所得、稿酬所得、特许权使用费所得需要享受专项附加扣除的，应当在办理汇算清缴申报时扣除（国家税务总局公告2018年第60号第六条）
  - 居民个人取得特许权使用费所得的，预扣预缴时不扣除公益捐赠支出，统一在汇算清缴时扣除

五、非居民纳税人

- 纳税义务：非居民就来源于中国境内的所得（注9）依法缴纳个人所得税
- 扣缴时间：按月或者按次代扣代缴税款
- 应纳税额 =应纳税所得额×税率−速算扣除数
- 应纳税所得额 =每次收入额
- 收入额 =收入×（1−20%）
- 非居民→居民：达到居民个人条件时，应当告知扣缴义务人基础信息变化情况，年度终了后按照居民个人有关规定办理汇算清缴

注9来源地：许可各种特许权在中国境内使用而取得的所得，除国务院财政、税务主管部门另有规定外，不论支付地点是否在中国境内，均为来源于中国境内的所得（实施条例）

第五节 经营所得

章节目录

- 一、经营所得概念
- 二、应纳税额
- 三、应纳税所得额
- 四、扣除项目及标准
- 五、不允许扣除的支出
- 六、允许扣除的个人费用及其他扣除
- 七、投资抵扣
- 八、捐赠支出
- 九、纳税申报
- 十、终止经营
- 十一、易混税目

一、经营所得概念

- 个体工商户（注2）
  - 从事生产、经营活动取得的所得
- 个人独资企业投资人
  - 来源于境内注册的个人独资企业生产、经营的所得
- 合伙企业的个人合伙人
  - 来源于境内注册的合伙企业生产、经营的所得
- 个人
  - 依法从事办学、医疗、咨询以及其他有偿服务活动取得的所得
  - 对企业、事业单位承包经营、承租经营以及转包、转租取得的所得（注1）
  - 从事其他生产、经营活动取得的所得

注1

- 承包、承租人对企业的经营成果不拥有所有权，仅是按合同（协议）规定取得一定所得的，其所得按工资、薪金所得项目征税（国税发〔1994〕179号）

注2个体工商户包括

- 依法取得个体工商户营业执照，从事生产经营的个体工商户
- 经政府有关部门批准，从事办学、医疗、咨询等有偿服务活动的个人
- 其他从事个体生产、经营的个人

tips 经营所得特点：机构的稳定性；经营的持续性；不是单一个人活动

拓展

- 自然人从事工商业经营，经依法登记，为个体工商户。个体工商户可以起字号（《民法典》第54条）
- 个体工商户的债务，个人经营的，以个人财产承担；家庭经营的，以家庭财产承担；无法区分的，以家庭财产承担（《民法典》第56条）
- 个人独资企业，是指依照本法在中国境内设立，由一个自然人投资，财产为投资人个人所有，投资人以其个人财产对企业债务承担无限责任的经营实体（《个人独资企业法》第2条）
- 非法人组织是不具有法人资格，但是能够依法以自己的名义从事民事活动的组织。非法人组织包括个人独资企业、合伙企业、不具有法人资格的专业服务机构等。非法人组织的财产不足以清偿债务的，其出资人或者设立人承担无限责任。法律另有规定的，依照其规定（《民法典》第102条、第104条）

二、应纳税额

查账征收

- 适用5%–35%的五级超额累进税率
- 应纳税额 =应纳税所得额×适用税率–速算扣除数

经营所得税率表

级数	全年应纳税所得额	税率（%）	速算扣除数
1	不超过30000元的	5	0
2	超过30000元至90000元的部分	10	1500
3	超过90000元至300000元的部分	20	10500
4	超过300000元至500000元的部分	30	40500
5	超过500000元的部分	35	65500

核定征收

- 从事生产、经营活动，未提供完整、准确的纳税资料，不能正确计算应纳税所得额的，由主管税务机关核定应纳税所得额或者应纳税额
- 包括定额征收、核定应税所得率征收以及其他合理的征收方式，见注3
- 其中核定应税所得率征收方式：应纳所得税额=应纳税所得额×适用税率
- 应纳税所得额
  - =收入总额×应税所得率
  - =成本费用支出额÷（1–应税所得率）×应税所得率

应税所得率表

行业	应税所得率（%）
工业、交通运输业、商业	5—20
建筑业、房地产开发业	7—20
饮食服务业	7—25
娱乐业	20—40
其他行业	10—30

- 注3核定征收
  - 从事生产、经营活动，未提供完整、准确的纳税资料，不能正确计算应纳税所得额的，由主管税务机关核定应纳税所得额或者应纳税额
  - 不得弥补：查账征税方式改为核定征税方式后，在查账征税方式下认定的年度经营亏损未弥补完的部分，不得再继续弥补（国税函〔2001〕84号）
  - 不得扣除：经营所得采取核定征收方式的，不扣除公益捐赠支出（财政部 税务总局公告2019年第99号）
  - 不得核定
    - 对律师事务所、会计师事务所、税务师事务所、资产评估和房地产估价等鉴证类中介机构，不得实行核定征收个人所得税（国税发〔2010〕54号）
    - 自2022年1月1日起，持有股权、股票、合伙企业财产份额等权益性投资的个人独资企业、合伙企业，一律适用查账征收方式计征个人所得税（财政部 税务总局公告2021年第41号）
  - 不能享受优惠——实行核定征税的个人独资企业和合伙企业投资者，不能享受个人所得税的优惠政策（财税〔2000〕91号）
  - 可享受优惠：自2021年1月1日起至2024年12月31日，对个体工商户经营所得年应纳税所得额不超过100万元的部分，在现行优惠政策基础上，再减半征收个人所得税个体工商户不区分征收方式，均可享受（国家税务总局公告2021年第8号、财政部 税务总局公告2023年第6号）
  - 详见《个人所得税核定征收思维导图》

- 三、应纳税所得额
  - 原则　权责发生制（注4）
  - =每一纳税年度的收入总额（注5）−成本、费用（注7）−损失（注8）
  - 根据个人所得税经营所得纳税申报表（B表）应纳税所得额公式如下：
  - 应纳税所得额
    - =收入−营业成本−营业费用−管理费用−财务费用−税金−损失−其他支出+纳税调整增加额−纳税调整减少额−弥补以前年度亏损−允许扣除的个人费用及其他扣除−投资抵扣−准予扣除的个人捐赠支出
    - 自2021年1月1日至2022年12月31日，对个体工商户年应纳税所得额不超过100万元的部分，在现行优惠政策基础上，减半征收个人所得税（财政部 税务总局公告2021年第12号、国家税务总局公告2021年第8号）

三、应纳税所得额

- 合伙企业以每一个合伙人为纳税义务人。合伙企业合伙人是自然人的，缴纳个人所得税；合伙人是法人和其他组织的，缴纳企业所得税
- 合伙企业个人合伙人
  - =（收入－营业成本－营业费用－管理费用－财务费用－税金－损失－其他支出+纳税调整增加额－纳税调整减少额－弥补以前年度亏损：注9）×合伙企业个人合伙人分配比例（注10）－允许扣除的个人费用及其他扣除－投资抵扣－准予扣除的个人捐赠支出
  - 生产经营所得和其他所得，包括合伙企业分配给所有合伙人的所得和企业当年留存的所得（利润）
  - 依据：财税〔2008〕159号

注4权责发生制

- 属于当期的收入和费用，不论款项是否收付，均作为当期的收入和费用
- 不属于当期的收入和费用，即使款项已经在当期收付，均不作为当期收入和费用
- 财政部、国家税务总局另有规定的除外

注5收入总额

- 货币形式和非货币形式的各项收入
- 包括销售货物收入、提供劳务收入、转让财产收入、利息收入、租金收入、接受捐赠收入、其他收入（注6）

注6其他收入

- 包括个体工商户资产溢余收入、逾期一年以上的未退包装物押金收入、确实无法偿付的应付款项、已作坏账损失处理后又收回的应收款项、债务重组收入、补贴收入、违约金收入、汇兑收益等

注7成本费用

- 本年度实际发生的成本、费用、税金及其他支出的总额
- 税金：除个人所得税和允许抵扣的增值税以外的各项税金及其附加
- 其他支出：其他与生产经营活动有关的、合理的支出
- 收益性支出：发生当期直接扣除
- 资本性支出
  - 分期扣除或计入成本
  - 不得在发生当期直接扣除
- 使用或销售存货：按规定计算的存货成本准予扣除
- 转让资产：资产净值准予扣除

注8损失

- 是指生产、经营活动中发生的固定资产和存货的盘亏、毁损、报废损失，转让财产损失，坏账损失，自然灾害等不可抗力因素造成的损失以及其他损失
- 扣除
  - 减除责任人赔偿和保险赔款后的余额
  - 参照有关企业资产损失税前扣除规定扣除
- 以后年度收回时　计入收回当期收入

注9

- 企业的年度亏损，允许用本企业下一年度的生产经营所得弥补，下一年度所得不足弥补的，允许逐年延续弥补，但最长不得超过5年
- 投资者兴办两个或两个以上企业的，企业的年度经营亏损不能跨企业弥补（财税〔2000〕91号）

注10

- 1.合伙企业的合伙人以合伙企业的生产经营所得和其他所得，按照合伙协议约定的分配比例确定应纳税所得额。2.合伙协议未约定或者约定不明确的，以全部生产经营所得和其他所得，按照合伙人协商决定的分配比例确定应纳税所得额。3.协商不成的，以全部生产经营所得和其他所得，按照合伙人实缴出资比例确定应纳税所得额。4.无法确定出资比例的，以全部生产经营所得和其他所得，按照合伙人数量平均计算每个合伙人的应纳税所得额。合伙协议不得约定将全部利润分配给部分合伙人（财税〔2008〕159号）

四、扣除项目及标准

1.三项经费

- 工会经费　2%
- 职工福利费　14%
- 职工教育经费　2.5%
  - 可结转以后年度扣除
- 工资薪金总额（注11）的规定比例

注11

- 工资薪金总额是指允许在当期税前扣除的工资薪金支出数额
- 从业人员
  - 合理的工资薪金支出准予扣除
  - 三项经费在规定比例内据实扣除
- 业主本人
  - 支付给业主、投资者的工资薪金不得税前扣除
  - 业主本人向当地工会组织缴纳的工会经费、实际发生的职工福利费支出、职工教育经费支出，以当地（地级市）上年度社会平均工资的3倍为计算基数，在规定比例内据实扣除

- 2.利息支出
  - 扣除方法
    - 一次性扣除：生产经营活动中发生的合理的不需要资本化的借款费用，准予扣除。
    - 分摊扣除：为购置、建造固定资产、无形资产和经过12个月以上的建造才能达到预定可销售状态的存货发生借款的，在有关资产购置、建造期间发生的合理的借款费用，应当作为资本性支出计入有关资产的成本，按规定扣除
  - 扣除金额
    - 向金融企业借款的利息支出准予扣除
    - 向非金融企业和个人借款的利息支出，不超过按照金融企业同期同类贷款利率计算的数额的部分

- 3.业务招待费
  - 比较实际发生额的60%，销售（营业）收入的5‰，孰小扣除
  - 自申请营业执照之日起至开始生产经营之日止所发生的：按照实际发生额的60%计入开办费

- 4.广告费和业务宣传费
  - 不超过当年销售（营业）收入15%的部分，准予扣除；超过部分，准予在以后纳税年度结转扣除

- 5.保险费
  - 财产保险：准予扣除
  - 基本养老保险费、基本医疗保险费、失业保险费、生育保险费、工伤保险费和住房公积金：按照国务院有关主管部门或者省级人民政府规定的范围和标准为其业主和从业人员缴纳的准予扣除
  - 补充养老保险费、补充医疗保险费
    - 从业人员：分别在不超过工资总额5%标准内的部分据实扣除；超过部分，不得扣除
    - 业主本人：以当地（地级市）上年度社会平均工资的3倍为计算基数，分别在不超过该计算基数5%标准内的部分据实扣除；超过部分，不得扣除
  - 人身保险
    - 不得扣除：个体工商户业主本人或者为从业人员支付的商业保险费
    - 特殊情况可以扣除
      - 为特殊工种从业人员支付的人身安全保险费
      - 财政部、国家税务总局规定可以扣除的其他商业保险费外

- 6.研发费
  - 直接扣除
    - 研究开发新产品、新技术、新工艺所发生的开发费用
    - 研究开发新产品、新技术而购置单台价值在10万元以下的测试仪器和试验性装置的购置费
  - 分摊扣除
    - 单台价值≥10万元以上的测试仪器和试验性装置，按固定资产管理，不得在当期直接扣除
- 7.资产的税务处理
  - 参照企业所得税规定执行
- 8.租赁费
  - 经营租赁方式租入：按照租赁期限均匀扣除
  - 融资租赁方式租入：按照规定构成融资租入固定资产价值的部分应当提取折旧费用，分期扣除
- 9.开办费
  - 自申请营业执照之日起至开始生产经营之日止，除为取得固定资产、无形资产的支出，以及应计入资产价值的汇兑损益、利息支出外，作为开办费
  - 扣除方法：可以选择在开始生产经营（注12）的当年一次性扣除，也可自生产经营月份起在不短于3年期限内摊销扣除，但一经选定，不得改变
  - 注12：开始生产经营之日为个体工商户取得第一笔销售（营业）收入的日期
- 10.其他
  - 摊位费、行政性收费、协会会费等按实际发生数额扣除
  - 在货币交易中，以及纳税年度终了时将人民币以外的货币性资产、负债按照期末即期人民币汇率中间价折算为人民币时产生的汇兑损失，除已经计入有关资产成本部分外，准予扣除
  - 发生的合理的劳务保护支出准予扣除

- 五、不允许扣除的支出
  - 1.个人所得税款
  - 2.税收滞纳金
  - 3.罚金、罚款和被没收财物的损失
  - 4.不符合扣除规定的捐赠支出
  - 5.赞助支出：与生产经营无关的非广告性质支出
  - 6.用于个人和家庭的支出　注13
  - 7.与取得生产经营收入无关的其他支出
  - 8.投资者工资薪金支出
  - 9.其他不允许扣除的支出

注13生产经营费用和个人、家庭费用混用

- 个体工商户
  - 生产经营费用和个人、家庭费用混用未分别核算的，40%视为与生产经营有关费用扣除
- 个人独资企业和合伙企业
  - 难以划分的全部视为投资者个人及其家庭发生的生活费用，不允许在税前扣除
  - 企业生产经营和投资者及其家庭生活共用的固定资产，难以划分的，由主管税务机关根据企业的生产经营类型、规模等具体情况，核定准予在税前扣除的折旧费用的数额或比例

六、允许扣除的个人费用及其他扣除

不得重复申报减除

- 同时取得综合所得和经营所得的纳税人，可在综合所得或经营所得中申报减除费用6万元、专项扣除、专项附加扣除以及依法确定的其他扣除，但不得重复申报减除（国家税务总局公告2022年第1号、国家税务总局公告2023年第3号）

七、投资抵扣

- 合伙企业的个人合伙人
  - 合伙创投企业采取股权投资方式投资于初创科技型企业满2年（24个月，下同）
  - 可以抵扣
    - 个人合伙人从合伙创投企业分得的经营所得
  - 抵扣金额
    - 对初创科技型企业投资额的70%
    - 当年不足抵扣的，可以在以后纳税年度结转抵扣
- 天使投资个人
  - 天使投资个人采取股权投资方式直接投资于初创科技型企业满2年
  - 可以抵扣
    - 转让该初创科技型企业股权取得的应纳税所得
  - 抵扣金额
    - 投资额的70%
    - 当期不足抵扣的，取得转让该初创科技型企业股权的应纳税所得额时结转抵扣
    - 对其中办理注销清算的初创科技型企业，可自注销清算之日起36个月内抵扣天使投资个人转让其他初创科技型企业股权取得的应纳税所得额
- 依据：财税〔2018〕55号

八、捐赠支出

- 概念：是指个人将其所得通过中国境内的公益性社会组织、国家机关向教育、扶贫、济困等公益慈善事业的捐赠
- 金额确定
  - 捐赠货币性资产：实际捐赠金额确定
  - 捐赠股权、房产：财产原值确定
  - 捐赠其他非货币性资产：市场价格确定
- 扣除比例
  - 个人将其所得对教育、扶贫、济困等公益慈善事业进行捐赠，捐赠额未超过纳税人申报的应纳税所得额（指计算扣除捐赠额之前）30%的部分，可以从其应纳税所得额中扣除
  - 财政部、国家税务总局规定可以全额在税前扣除的捐赠支出项目，按有关规定执行
- 个体工商户：在其经营所得中扣除
- 个人独资企业、合伙企业：其个人投资者应当按照捐赠年度合伙企业的分配比例（个人独资企业分配比例为百分之百），计算归属于每一个人投资者的公益捐赠支出，个人投资者应将其归属的个人独资企业、合伙企业公益捐赠支出和本人需要在经营所得扣除的其他公益捐赠支出合并，在其经营所得中扣除
- 扣除时间：可以选择在预缴税款时扣除，也可以选择在汇算清缴时扣除
- 不得扣除：采取核定征收，不扣除公益捐赠支出
- 依据：财政部 税务总局公告2019年第99号，详见公益捐赠扣除思维导图

九、纳税申报

- 预缴纳税申报
- 年度汇总纳税申报
- 汇算清缴

预缴纳税申报

- 纳税人取得经营所得，应当在月度或者季度终了后15日内，向税务机关办理预缴纳税申报
- 申报地点：经营管理所在地主管税务机关
- 申报表：《个人所得税经营所得纳税申报表（A表）》

年度汇总纳税申报

- 纳税人从两处以上取得经营所得，应当于取得所得的次年3月31日前办理年度汇总纳税申报
- 境内两处及以上取得经营所得：《个人所得税经营所得纳税申报表（C表）》
- 申报地点：选择向其中一处经营管理所在地主管税务机关

- 汇算清缴
  - 在取得所得的次年3月31日前办理汇算清缴
  - 申报地点　经营管理所在地主管税务机关
  - 查账征收　《个人所得税经营所得纳税申报表（B表）》
  - 核定征收　不需办理汇算清缴

- 政策依据
  - 国家税务总局公告2019年第46号、总局公告2019年第7号、财税〔2000〕91号

十、终止经营

- 1.申报正常经营期间个人所得税
  - 个人独资企业和合伙企业在年度中间合并、分立、终止时，投资者应当在停止生产经营之日起60日内，向主管税务机关办理当期个人所得税汇算清缴
  - 企业在纳税年度的中间开业或者由于于合并、关闭等原因，使该纳税年度的实际经营期不足12个月的，应当以其实际经营期为一个纳税年度
  - 依据：财税〔2000〕91号

- 2.清算申报
  - 非法人组织解散的，应当依法进行清算（《民法典》第107条）
  - 投资者应当在注销工商登记之前，向主管税务机关结清有关税务事宜
  - 清算所得是指企业清算时的全部资产或者财产的公允价值扣除各项清算费用、损失、负债、以前年度留存的利润后，超过实缴资本的部分
  - 企业的清算所得应当视为年度生产经营所得，由投资者依法缴纳个人所得税
  - 依据：财税〔2000〕91号

- 3.个人合伙人转让其在合伙企业中的财产份额
  - 个人因各种原因终止投资、联营、经营合作等行为，从被投资企业或合作项目、被投资企业的其他投资者以及合作项目的经营合作人取得股权转让收入、违约金、补偿金、赔偿金及以其他名目收回的款项等，均属于个人所得税应税收入，应按照“财产转让所得”项目适用的规定计算缴纳个人所得税（税务总局公告2011年第41号）
  - 应纳税所得额＝个人取得的股权转让收入、违约金、补偿金、赔偿金及以其他名目收回款项合计数－原实际出资额（投入额）及相关税费

十一、经营所得易混税目

经营所得

1.个人独资企业投资人、合伙企业的个人合伙人来源于境内注册的个人独资企业、合伙企业生产、经营的所得属于经营所得

2.个人独资企业和合伙企业从事股权（票）、期货、基金、债券、外汇、贵重金属、资源开采权及其他投资品交易取得的所得应全部纳入生产经营所得（国税发〔2011〕50号）

3.对个人独资企业、合伙企业的个人投资者或其家庭成员取得的上述所得（见注14）视为企业对个人投资者的利润分配，按照经营所得计征个人所得税（财税〔2008〕83号）

4.个人独资企业和合伙企业个人投资者以企业资金为本人、家庭成员及其相关人员支付与企业生产经营无关的消费性支出及购买汽车、住房等财产性支出，视为企业对个人投资者的利润分配，并入投资者个人的经营所得（财税〔2003〕158号）

5.个人或者几个人合伙对外吸收存款、放出贷款，从中获取贷款利息的差额利润。对个人或个人合伙取得的吸存放贷收入，应按照“个体工商户的生产、经营所得”应税项目征收个人所得税（国税函〔2000〕516号）

6.个人独资企业和合伙企业的清算所得应当视为年度生产经营所得，由个人独资企业的投资者、个人合伙企业的每一个合伙人依法缴纳个人所得税（财税〔2000〕91号）

7.选择按年度所得整体核算的创投企业，对其个人合伙人来源于创投企业的所得按照经营所得项目缴纳个人所得税（财税〔2019〕8号）

8.个人因从事彩票代销业务而取得所得（国税函〔2002〕629号）

9.出租车属个人所有，但挂靠出租汽车经营单位或企事业单位，驾驶员向挂靠单位缴纳管理费的，或出租汽车经营单位将出租车所有权转移给驾驶员的，出租车驾驶员从事客货运营取得的收入（国税发〔1995〕50号）

10.个人未经政府有关部门批准，自行连续从事医疗服务活动，不管是否有经营场所，其取得与医疗服务活动相关的所得（国税发〔1997〕178号）

11.农场职工为他人有偿提供农用机械服务取得的所得（国税函〔1998〕85号）

12.对于个人经政府有关部门批准，取得执照，从事办学取得的所得，应按“个体工商户的生产、经营所得”应税项目计征个人所得税（国税函〔1998〕738号）

财产转让所得

- 财产转让所得，是指个人转让有价证券、股权、合伙企业中的财产份额、不动产、机器设备、车船以及其他财产取得的所得（《个人所得税法实施条例》）
- 选择按单一投资基金核算的创投企业个人合伙人从该基金应分得的股权转让所得按照20%税率计算缴纳个人所得税（财税〔2019〕8号）

股息、利息、红利所得

1.利息、股息、红利所得，是指个人拥有债权、股权等而取得的利息、股息、红利所得（《个人所得税法实施条例》）

2.对除个人独资企业、合伙企业以外其他企业的个人投资者或其家庭成员取得的上述所得（见注14），视为企业对个人投资者的红利分配，按照“利息、股息、红利所得”项目计征个人所得税（财税〔2008〕83号）

3.个人将资金提供给“个人或个人合伙吸存放贷”而取得的利息收入，应作为集资利息收入，按照“利息、股息、红利所得”应税项目征收个人所得税，税款由利息所得支付者代扣代缴（国税函〔2000〕516号）

4.选择按单一投资基金核算的创投企业个人合伙人从该基金应分得的股息红利所得，按照20%税率计算缴纳个人所得税（财税〔2019〕8号）

5.企业购买车辆并将车辆所有权办到股东个人名下，其实质为企业对股东进行了红利性质的实物分配，应按照“利息、股息、红利所得”项目征收个人所得税。考虑到该股东个人名下的车辆同时也为企业经营使用的实际情况，允许合理减除部分所得；减除的具体数额由主管税务机关根据车辆的实际使用情况合理确定（国税函〔2005〕364号）

6.个人独资企业和合伙企业对外投资分回的利息或者股息、红利，不并入企业的收入，而应单独作为投资者个人取得的利息、股息、红利所得（国税函〔2001〕84号）注意：不能享受股息红利差别化政策，见注15、注16

工资薪金所得

是指个人因任职或者受雇取得的工资、薪金、奖金、年终加薪、劳动分红、津贴、补贴以及与任职或者受雇有关的其他所得（《个人所得税法实施条例》）

上市公司派发股息红利时，暂不扣缴个人所得税；待个人转让股票时，由证券登记结算公司划付上市公司，上市公司在收到税款当月的法定申报期内向主管税务机关申报缴纳

个人独资企业、合伙企业其他人员取得的上述所得（注14），按照“工资、薪金所得”项目计征个人所得税（财税〔2008〕83号）

注14

符合以下情形的房屋或其他财产，不论所有权人是否将财产无偿或有偿交付企业使用，其实质均为企业对个人进行了实物性质的分配，应依法计征个人所得税。1.企业出资购买房屋及其他财产，将所有权登记为投资者个人、投资者家庭成员或企业其他人员的；2.企业投资者个人、投资者家庭成员或企业其他人员向企业借款用于购买房屋及其他财产，将所有权登记为投资者、投资者家庭成员或企业其他人员，且借款年度终了后未归还借款的

- 注15
  - 暂免征收　持股期限超过1年的
  - 暂减按50%计入应纳税所得额　持股期限在1个月以上至1年（含1年）的
  - 全额计入应纳税所得额　持股期限在1个月以内（含1个月）的
  - （以上两项）注16
  - 依据：财税〔2015〕101号、财政部、税务总局、证监会公告2019年第78号
- 注16
  - 上市公司派发股息红利时，暂不扣缴个人所得税；待个人转让股票时，由证券登记结算公司划付上市公司，上市公司在收到税款当月的法定申报期内向主管税务机关申报缴纳
- 文件依据
  - 除特别注明外，依据《中华人民共和国个人所得税法》、《中华人民共和国个人所得税法实施条例》、国家税务总局令第35号、财税〔2000〕91号

第六节　利息、股息、红利所得

章节目录

一、概念
二、应纳税所得额
三、应纳税额
四、扣缴申报
五、征税范围列举

一、概念

利息、股息、红利所得，是指个人拥有债权、股权等而取得的利息、股息、红利所得

二、应纳税所得额

- 每次收入额
- 以支付利息、股息、红利时取得的收入为一次

三、应纳税额

=应纳税所得额（每次收入额）×适用税率（20%）

四、扣缴申报

- 按次或者按月代扣代缴税款
- 扣缴时间：次月十五日内缴入国库
- 申报表
  - 《个人所得税扣缴申报表》
  - 《个人所得税基础信息表（A表）》
    - 首次向纳税人支付所得时填写
    - 次月扣缴申报时向税务机关报送
    - 基础信息变化次月扣缴申报时向税务机关报送

五、征税范围列举

1. 城市信用社改制取得的资产评估增值数额（国税函发〔1998〕289号），见注1
2. 取得量化资产参与分配获得股息红利（国税发〔2000〕60号），见注2
3. 个体工商户与企业联营分得利润（财税字〔1994〕20号），见注3
4. 个人独资和合伙企业对外投资分回利润（国税函〔2001〕84号），见注4
5. 未用于经营的投资者借款，见注5
6. 企业为股东个人购买汽车、房屋或其他财产，见注6
7. 以未分配利润、盈余公积和除股票溢价发行外的其他资本公积转增注册资本和股本，见注7
8. 股份制企业派发红股（国税发〔1994〕089号），见注9
9. 个人取得上市公司、新三板挂牌公司、北交所上市公司股息红利所得，按照持股期限实行差别化政策，见注10
10. 个人持有上市公司限售股（财税〔2012〕85号），见注12

注1：在城市信用社改制为城市合作银行过程中，个人（股东）以现金或股份及其他形式取得的资产评估增值数额

注2：职工个人以股份形式取得的企业量化资产参与企业分配而获得的股息、红利

注3：个体工商户与企业联营而分得的利润，按利息、股息、红利所得项目征收个人所得税

注4：
- 个人独资企业和合伙企业对外投资分回的利息或者股息、红利，不并入企业的收入，而应单独作为投资者个人取得的利息、股息、红利所得，按“利息、股息、红利所得”应税项目计算缴纳个人所得税
- 以合伙企业名义对外投资分回利息或者股息、红利的，按照财税〔2000〕91号规定精神，确定各个投资者的利息、股息、红利所得，分别按“利息、股息、红利所得”应税项目计算缴纳个人所得税

注5

纳税年度内个人投资者从其投资企业（个人独资企业、合伙企业除外）借款，在该纳税年度终了后既不归还，又未用于企业生产经营的，其未归还的借款可视为企业对个人投资者的红利分配，依照“利息、股息、红利所得”项目计征个人所得税(财税〔2003〕158号)

注6

除个人独资企业、合伙企业以外的其他企业的个人投资者，以企业资金为本人、家庭成员及其相关人员支付与企业生产经营无关的消费性支出及购买汽车、住房等财产性支出，视为企业对个人投资者的红利分配，依照“利息、股息、红利所得”项目计征个人所得税。企业的上述支出不允许在所得税前扣除（财税〔2003〕158号）

企业购买车辆并将车辆所有权登记到股东个人名下，其实质为企业对股东进行了红利性质的实物分配，应按照“利息、股息、红利所得”项目征收个人所得税。考虑到该股东个人名下的车辆同时也为企业经营使用的实际情况，允许合理减除部分所得；减除的具体数额由主管税务机关根据车辆的实际使用情况合理确定（国税函〔2005〕364号）

企业出资购买房屋及其他财产，将所有权登记为投资者个人、投资者家庭成员或企业其他人员的；企业投资者个人、投资者家庭成员或企业其他人员向企业借款用于购买房屋及其他财产，将所有权登记为投资者、投资者家庭成员或企业其他人员，且借款年度终了后未归还借款的，不论所有权人是否将财产无偿或有偿交付企业使用，其实质均为企业对个人进行了实物性质的分配，应依法计征个人所得税。对除个人独资企业、合伙企业以外其他企业的个人投资者或其家庭成员取得的上述所得，视为企业对个人投资者的红利分配，按照“利息、股息、红利所得”项目计征个人所得税（财税〔2008〕83号）

注7

对属于个人股东分得再投入公司（转增注册资本）的部分应按照“利息、股息、红利所得”项目征收个人所得税，税款由股份有限公司在有关部门批准增资、公司股东会决议通过后代扣代缴（国税函〔1998〕333号）

对以未分配利润、盈余公积和除股票溢价发行（注8）外的其他资本公积转增注册资本和股本的，按照“利息、股息、红利所得”计征个人所得税（国税发〔2010〕54号）

中小高新技术企业以未分配利润、盈余公积、资本公积向个人股东转增股本时，个人股东一次缴纳个人所得税确有困难的，可根据实际情况自行制定分期缴税计划，在不超过5个公历年度内（含）分期缴纳，并将有关资料报主管税务机关备案（财税〔2015〕116号）

注8

股份制企业用资本公积金转增股本不属于股息、红利性质的分配，对个人取得的转增股本数额，不作为个人所得，不征收个人所得税（国税发〔1997〕198号）

“资本公积金”是指股份制企业股票溢价发行收入所形成的资本公积金。将此转增股本由个人取得的数额，不作为应税所得征收个人所得税。而与此不相符合的其他资本公积金分配个人所得部分，应当依法征收个人所得税（国税函〔1998〕289号）

注9

股份制企业在分配股息、红利时，以股票形式向股东个人支付应得的股息、红利（即派发红利），应以派发红股的股票票面金额为收入额，按利息、股息、红利项目计征个人所得税（国税发〔1994〕089号）

注10

暂免征收	持股期限超过1年的	注11
暂减按50%计入应纳税所得额	持股期限在1个月以上至1年（含1年）的	
全额计入应纳税所得额	持股期限在1个月以内（含1个月）的	

上市公司派发股息红利时，暂不扣缴个人所得税；待个人转让股票时，由证券登记结算公司划付上市公司，上市公司在收到税款当月的法定申报期内向主管税务机关申报缴纳（财税〔2015〕101号）

注11

挂牌公司是指股票在全国中小企业股份转让系统公开转让的非上市公众公司；持股期限是指个人取得挂牌公司股票之日至转让交割该股票之日前一日的持有时间（财政部、税务总局、证监会公告2019年第78号）

新三板精选层公司转为北交所上市公司，以及创新层挂牌公司通过公开发行股票进入北交所上市后，投资北交所上市公司涉及的个人所得税、印花税相关政策，暂按照现行新三板适用的税收规定执行（财政部 税务总局公告2021年第33号）

注12

对个人持有的上市公司限售股，解禁后取得的股息红利，按照（注11）规定计算纳税，持股时间自解禁日起计算；解禁前取得的股息红利继续暂减按50%计入应纳税所得额，适用20%的税率计征个人所得税

第七节　财产租赁所得

章节目录

- 一、概念
- 二、纳税人
- 三、扣缴义务人
- 四、税率
- 五、应纳税所得额
- 六、全员全额扣缴申报
- 七、个人出租房屋要交哪些税

一、概念

- 财产租赁所得指个人出租不动产、机器设备、车船以及其他财产取得的所得

二、纳税人

- 取得财产租赁所得的自然人
- 应以产权凭证为依据。无产权凭证的，由主管税务机关根据实际情况确定纳税义务人
- 产权所有人死亡，在未办理产权继承手续期间，该财产出租而有租金收入的，以领取租金的个人为纳税义务人

三、扣缴义务人

- 支付所得的单位或者个人
- 扣缴义务人应当依法办理全员全额扣缴申报

四、税率

- 20%
- 个人出租住房
  - 减按10%
  - 依据：财税〔2008〕24号

- **五、应纳税所得额**
  - 每次收入≤4000元
    - =不含增值税收入（注1）−相关税费（注2）−修缮费−800元
  - 收入>4000元
    - =（不含增值税收入−相关税费−修缮费）×（1−20%）
  - 财产租赁所得，以一个月内取得的收入为一次

- **注1**
  - 免征增值税的，确定计税依据时，租金收入不扣减增值税额（财税〔2016〕43号）

- **注2**
  - 计算房屋出租所得可扣除的税费不包括本次出租缴纳的增值税
  - 出租财产过程中实际缴纳的可依法扣除的税费

- **扣除税费的扣除次序**
  1. 财产租赁过程中缴纳的税费
  2. 向出租方支付的租金（注3）
  3. 由纳税人负担的租赁财产实际开支的修缮费用（注4）
  4. 税法规定的费用扣除标准

- **注3**
  - 可扣除
    - 取得转租收入的个人向房屋出租方支付的租金
    - 个人转租房屋的，其向房屋出租方支付的租金及增值税额，在计算转租所得时予以扣除
  - 依据：国税函〔2009〕639号、财税〔2016〕43号

- **注4**
  - 能够提供有效、准确凭证，证明由纳税义务人负担的该出租财产实际开支的修缮费用准予扣除
  - 允许扣除的修缮费用，以每次800元为限，一次扣除不完的，准予在下一次继续扣除，直至扣完为止
  - 依据：国税发〔1994〕089号

六、全员全额扣缴申报

- 以一个月内取得的收入为一次
- 按月或按次代扣代缴税款
- 扣缴义务人每月或者每次预扣、代扣的税款，应当在次月15日内缴入国库，并向税务机关报送《个人所得税扣缴申报表》

七、个人出租房屋要交哪些税？

增值税

- 自然人
  - 住房　应纳税额=租金收入/（1+5%）×1.5%
  - 其他房屋　应纳税额=租金收入/（1+5%）×5%
  - 分摊后月租金≤10万，免税（开专票不免）
- 个体工商户
  - 住房　应纳税额=租金收入/（1+5%）×1.5%
  - 其他房屋
    - 简易计税：应纳税额=租金收入/（1+5%）×5%
    - 一般计税：销项税额=租金收入/（1+9%）×9%
- 依据：财税〔2016〕36号附件2、国家税务总局公告2023年第1号

城建税

- 应纳税额=增值税×（1%或5%或7%）
- 免征增值税的，同时免征
- 自2022年1月1日至2024年12月31日，由省、自治区、直辖市人民政府根据本地区实际情况，以及宏观调控需要确定，对增值税小规模纳税人、小型微利企业和个体工商户可以在50%的税额幅度内减征资源税、城市维护建设税、房产税、城镇土地使用税、印花税（不含证券交易印花税）、耕地占用税和教育费附加、地方教育附加（财政部　税务总局公告2022年第10号、国家税务总局公告2022年第3号）以下简称享受六税两费减半优惠

教育费附加

- 应纳税额=缴纳的增值税×3%
- 免税规定
  - 免征增值税的同时免征
  - 月（季）销售额≤10万（30万）免征（财税〔2016〕12号）
- 减半征收
  - 享受六税两费减半优惠

地方教育附加

- 应纳税额=缴纳的增值税×2%
- 免税规定
  - 免征增值税的同时免
  - 月（季）销售额≤10万（30万）（财税〔2016〕12号）
- 减半征收
  - 享受六税两费减半优惠

房产税

- 住房：应纳税额=不含增值税的租金收入×4%
- 其他房屋：应纳税额=不含增值税的租金收入×12%
- 免征增值税的，确定计税依据时，租金收入不扣减增值税额，下同
- 依据：财税〔2016〕43号、财税〔2008〕24号
- 享受六税两费减半优惠

土地使用税

- 住房：免征（财税〔2008〕24号）
- 其他房屋：应纳税额=每平方米土地年税额×占地面积
- 享受六税两费减半优惠

印花税

- 住房：免征（财税〔2008〕24号）
- 其他房屋：应纳税额=租赁合同总金额×1‰
- 享受六税两费减半优惠

- 个人所得税
  - 税率
    - 住房：10%（财税〔2008〕24号）
    - 其他房屋：20%
  - 税目
    - 财产租赁所得
  - 应纳税所得额
    - 收入≤4000：应纳税额=增值税不含税收入−相关税费−转租租金−修缮费−800元
    - 收入>4000：应纳税额=（增值税不含税收入−相关税费−转租租金−修缮费）×（1−20%）
    - 个人转租房屋的，其向房屋出租方支付的租金及增值税额，在计算转租所得时予以扣除
    - 依据：国税函〔2009〕639号、财税〔2016〕43号）

tips

一个月收取一年的租金，算一次收入，实务中税务机关放宽口径按照每月收入为一次。例：2022年某人出租一套商铺，每月租金8000元，一次性收取12个月租金，除房产税和装修费800元外，不考虑其他情况：

（1）按照政策规定，96000元为一次，则应纳个人所得税税额：（96000−96000×12%×50%−800）×（1−20%）×20%=14310.4（元）。
（2）按照放宽口径或者每月收租金，8000元为一次，总共12个月，则应纳个人所得税税额：（8000−8000×12%×50%−800）×（1−20%）×20%×12=12902.4（元）。
两种算法租金相差个人所得税：14310.4−12902.4=1408（元）。

小例子

2023年2月底，王某将住房出租给陈某，租期半年（2023年3～8月），租金一次性支付，共收取租金9000元。因房屋门窗损坏，3月，王某支付了300元修缮费用，支付凭证齐全。对于该笔租金收入，王某应如何缴纳税款？
解：王某收取半年租金共计9000元，分摊后的月租金收入为1500元，未超过10万元，可免缴增值税，同时免缴附加税费。王某还可享受印花税及城镇土地使用税免征，以及六税两费减半优惠。因此，王某出租住房，只要缴纳房产税和个人所得税。王某应于交付出租、出借房产次月起计征房产税：9000×4%×50%＝180（元）；由陈某代扣代缴个人所得税：（9000−180−300）×（1−20%）×10%＝681.6（元）。

第八节　财产转让所得

章节目录

一、概念
二、应纳税所得额
三、税率
四、应纳税额
五、部门协作
六、财产转让所得列举
七、财产转让中的递延纳税
八、个人转让住房要交哪些税
九、个人取得住房要交哪些税
十、个人转让商铺等非住房要交哪些税

一、概念：财产转让所得是指个人转让有价证券、股权、合伙企业中的财产份额、不动产、机器设备、车船以及其他财产取得的所得

二、应纳税所得额：=每次收入额（注1）−财产原值（注2）−合理税费（注3）

三、税率：20%

四、应纳税额：=应纳税所得额×适用税率

注1 转让财产的收入包括现金、实物、有价证券和其他形式的经济利益

注2
- 有价证券：买入价以及买入时按照规定交纳的有关费用
- 建筑物：建造费或者购进价格以及其他有关费用
- 土地使用权：为取得土地使用权所支付的金额、开发土地的费用以及其他有关费用
- 机器设备、车船：为购进价格、运输费、安装费以及其他有关费用
- 其他财产：参照上述规定的方法确定财产原值
- 核定征收：未提供完整、准确的财产原值凭证，不能按照规定的方法确定财产原值的，由主管税务机关核定财产原值

注3 指卖出财产时按照规定支付的有关税费

五、部门协作

- 个人转让不动产：登记机构办理转移登记时应当查验与该不动产转让相关的个人所得税的完税凭证
- 个人转让股权办理变更登记：市场主体登记机关应当查验与该股权交易相关的个人所得税的完税凭证

六、财产转让所得列举

- 转让房产：见《个人转让住房要交哪些税》、《个人转让商铺等非住房要交哪些税》
- 转让股权、股票
  - 转让非上市公司股权：详见国家税务总局公告2014年第67号
  - 转让上市公司股票（限售股除外）：免征个税（财税字〔1998〕61号）
  - 转让限售股：详见财税〔2009〕167号
  - 转让新三板挂牌/北交所上市公司股票：转让原始股，征税；转让非原始股，自2018年11月1日（含）起，暂免征税（财税〔2018〕137号、财政部、税务总局公告2021年第33号）
- 拍卖财产
  - 拍卖作者自己的文字作品手稿原件或复印件：特许权使用费所得
  - 拍卖除文字作品原稿及复印件外的其他财产：财产转让所得（注4）
- 非货币性资产投资：个人转让非货币性资产和投资同时发生（注8）

- 注4
  - 财产转让所得=转让收入额-财产原值（注5）-拍卖财产过程中缴纳的税金（注6）-有关合理费用（注7）
  - 纳税人凭合法有效凭证（税务机关监制的正式发票、相关境外交易单据或海关报关单据、完税证明等）减除相应的财产原值、拍卖财产过程中缴纳的税金及有关合理费用。不能提供的，核定计算缴纳个人所得税
  - 核定
    - 海外回流文物：按转让收入额的2%征收率
    - 其他：按转让收入额的3%征收率
  - 依据：国税发〔2007〕38号

- 注5
  - 财产原值是指售出方个人取得该拍卖品的价格（以合法有效凭证为准）
  - 商店、画廊等途径购买的：购买该拍卖品时实际支付的价款
  - 拍卖行拍得：拍得该拍卖品实际支付的价款及交纳的相关税费
  - 祖传收藏：收藏该拍卖品而发生的费用
  - 赠送取得：受赠该拍卖品时发生的相关税费
  - 其他形式取得的：参照以上原则确定财产原值
- 注6：指在拍卖财产时纳税人实际缴纳的相关税金及附加
- 注7：指拍卖财产时纳税人按照规定实际支付的拍卖费（佣金）、鉴定费、评估费、图录费、证书费等费用

- 注8
  - 非货币性资产：是指现金、银行存款等货币性资产以外的资产，包括股权、不动产、技术发明成果以及其他形式的非货币性资产
  - 纳税人：发生非货币性资产投资行为并取得被投资企业股权的个人
  - 个人以非货币性资产投资（注9），属于个人转让非货币性资产和投资同时发生
  - 应纳税所得额=非货币性资产转让收入（注10）-该资产原值（注11）-合理税费

- 注8
  - 纳税申报
    - 非货币性资产投资个人所得税由纳税人向主管税务机关自行申报缴纳
    - 发生应税行为的次月15日内向主管税务机关申报纳税
  - 纳税地点
    - 纳税人以不动产投资的，以不动产所在地税务机关为主管税务机关
    - 纳税人以其持有的企业股权对外投资的，以该企业所在地税务机关为主管税务机关
    - 纳税人以其他非货币资产投资的，以被投资企业所在地税务机关为主管税务机关
  - 分期纳税
    - 纳税人一次性缴税有困难的，可合理确定分期缴纳计划并报主管税务机关备案后，自发生上述应税行为之日起不超过5个公历年度内（含）分期缴纳个人所得税
    - 取得现金补价的，现金部分应优先用于缴税；现金不足以缴纳的部分，可分期缴纳
    - 个人在分期缴税期间转让其持有的上述全部或部分股权，并取得现金收入的，该现金收入应优先用于缴纳尚未缴清的税款
  - 依据：财税〔2015〕41号、国家税务总局公告2015年第20号、国家税务总局公告2014年第67号
- 注9
  - 非货币性资产投资，包括以非货币性资产出资设立新的企业，以及以非货币性资产出资参与企业增资扩股、定向增发股票、股权置换、重组改制等投资行为
- 注10
  - 应按评估后的公允价值确认非货币性资产转让收入
- 注11
  - 纳税人取得该项资产时实际发生的支出
  - 以非货币性资产出资方式取得的股权，按照税务机关认可或核定的投资入股时非货币性资产价格与取得股权直接相关的合理税费之和确认股权原值

七、财产转让中的递延纳税

- 科技：科研机构、高校转化职务科技成果股权奖励个人，取得股权时，暂不缴纳个人所得税；取得分红或转让所得时，依法缴纳个人所得税（财税字〔1999〕45号）
- 股权激励：非上市公司授予本公司员工的股票期权、股权期权、限制性股票和股权奖励，符合规定条件的，经向主管税务机关备案，可实行递延纳税政策，即员工在取得股权激励时可暂不纳税，递延至转让该股权时，按照股权转让收入减除股权取得成本以及合理税费后的差额，适用“财产转让所得”项目（财税〔2016〕101号）
- 以技术成果投资入股：企业或个人以技术成果投资入股到境内居民企业，被投资企业支付的对价全部为股票（权）的，企业或个人可选择适用递延纳税优惠政策，经向主管税务机关备案，投资入股当期可暂不纳税，允许递延至转让股权时，按股权转让收入减去技术成果原值和合理税费后的差额计算缴纳所得税（财税〔2016〕101号）

八、个人转让住房要交哪些税

目录

- 一、增值税
- 二、附加税费
- 三、个人所得税
- 四、印花税
- 五、土地增值税
- 六、关于购房时间

一、增值税

- 税目：★不动产★住宅
- 购买<2年：按照5%的征收率全额缴纳增值税
- 购买≥2年
  - 北上广深
    - 普通住房（注1）：免征
    - 非普通住房
      - 收入－买价
      - 5%征收率
  - 北上广深以外地区：免征

一、增值税

- 个人销售自建自用住房　免征
- 涉及家庭财产分割的个人无偿转让（注2）　免征
- 依据：财税〔2016〕36号附件3
- 非普通住房差额扣除：纳税人转让不动产，按照有关规定差额缴纳增值税的，如因丢失等原因无法提供取得不动产时的发票，可向税务机关提供其他能证明契税计税金额的完税凭证等资料，进行差额扣除（国家税务总局公告2016年第73号）
- 发票代开：其他个人转让、出租不动产，购买方或承租方不属于其他个人的，纳税人缴纳增值税后可以向税务机关申请代开增值税专用发票（税总函〔2016〕145号）

注1

- 对中小套型、中低价位普通住房给予优惠政策支持，享受优惠政策的住房原则上应同时满足以下条件：住宅小区建筑容积率在1.0以上、单套建筑面积在120平方米以下、实际成交价格低于同级别土地上住房平均交易价格1.2倍以下。各省、自治区、直辖市要根据实际情况，制定本地区享受优惠政策普通住房的具体标准。允许单套建筑面积和价格标准适当浮动，但向上浮动的比例不得超过上述标准的20%（国办发〔2005〕26号）
- 享受税收优惠政策普通住房的面积标准是指地方政府按国办发〔2005〕26号文件规定并公布的普通住房建筑面积标准。对于以套内面积进行计量的，应换算成建筑面积，判断该房屋是否符合普通住房标准（国税发〔2005〕172号）

注2家庭财产分割

- 离婚财产分割
- 无偿赠与
  - 配偶、父母、子女、祖父母、外祖父母、孙子女、外孙子女、兄弟姐妹
  - 对其承担直接抚养或者赡养义务的抚养人或者赡养人
- 房屋产权所有人死亡，法定继承人、遗嘱继承人或者受遗赠人依法取得房屋产权

二、附加税费

- 城建税　增值税×（1%或县、镇5%或市7%）
- 教育费附加　增值税×3%
- 地方教育附加　增值税×2%

- 二、附加税费
  - 优惠
    - 个人免征增值税的，同时免征城市维护建设税及附加
    - 自2022年1月1日至2024年12月31日，由省、自治区、直辖市人民政府根据本地区实际情况，以及宏观调控需要确定，对增值税小规模纳税人、小型微利企业和个体工商户可以在50%的税额幅度内减征资源税、城市维护建设税、房产税、城镇土地使用税、印花税（不含证券交易印花税）、耕地占用税和教育费附加、地方教育附加（财政部税务总局公告2022年第10号、国家税务总局公告2022年第3号）
    - 自2016年2月1日起，将免征教育费附加、地方教育附加、水利建设基金的范围，扩大到按月纳税的月销售额或营业额不超过10万元（按季度纳税的季度销售额或营业额不超过30万元）的缴纳义务人（财税〔2016〕12号）

- 三、个人所得税
  - 税目　　财产转让所得
  - 应纳税额=（转让财产的收入额—房产原值（注3）—转让住房过程中缴纳的税金及有关合理费用（注4））×20%
  - 计税依据
    - 个人转让房屋的个人所得税应税收入不含增值税，其取得房屋时所支付价款中包含的增值税计入财产原值，计算转让所得时可扣除的税费不包括本次转让缴纳的增值税
    - 免征增值税的，确定计税依据时，成交价格、租金收入、转让房地产取得的收入不扣减增值税额
    - 依据：财税〔2016〕43号
  - 核定征收
    - 未提供完整、准确的房屋原值凭证（注5），不能正确计算房屋原值和应纳税额的按纳税人住房转让收入的一定比例（各省在1%–3%的幅度内确定）核定应纳个人所得税额（国税发〔2006〕108号）
    - 个人通过拍卖市场取得的房屋拍卖收入在计征个人所得税时，其房屋原值应按照纳税人提供的合法、完整、准确的凭证予以扣除；不能提供完整、准确的房屋原值凭证，不能正确计算房屋原值和应纳税额的，统一按转让收入全额的3%计算缴纳个人所得税（国税函〔2007〕1145号）
    - 个人将受赠不动产对外销售，在计征个人受赠不动产个人所得税时，不得核定征收，必须严格按照税法规定据实征收（国税发〔2006〕144号）

三、个人所得税

- **转让离婚析产房屋**
  - 个人转让离婚析产房屋所取得的收入，允许扣除其相应的财产原值和合理费用后，余额按照规定的税率缴纳个人所得税；其相应的财产原值，为房屋初次购置全部原值和相关税费之和乘以转让者占房屋所有权的比例（国税发〔2009〕121号）
- **受赠人转让受赠房屋**
  - 受赠人转让受赠房屋的，以其转让受赠房屋的收入减除原捐赠人取得该房屋的实际购置成本以及赠与和转让过程中受赠人支付的相关税费后的余额，为受赠人的应纳税所得额，依法计征个人所得税。受赠人转让受赠房屋价格明显偏低且无正当理由的，税务机关可以依据该房屋的市场评估价格或其他合理方式确定的价格核定其转让收入（财税〔2009〕78号）
  - 取得房屋产权的子女再次转让房屋时，可以扣除的财产原值按以下公式确定：财产原值=取得房屋产权子女的继承份额+该子女向其他子女支付现金形式补偿款+相关税费；取得房屋产权子女的继承份额=发生继承行为前该房屋购置成本或者建造成本以及相关税费之和×该子女继承比例（国税函〔2010〕643号）
- **优惠**
  - 对个人转让自用5年以上，并且是家庭唯一生活用房（住房）取得的所得免征（财税字〔1994〕20号、财税字〔1999〕278号）（注6）
  - 符合规定的无偿赠与（注7）不征（财政部、税务总局公告2019年第74号）
  - 个人因离婚办理房屋产权过户手续不征个人所得税（国税发〔2009〕121号）
  - 自2022年10月1日至2023年12月31日，对出售自有住房并在现住房出售后1年内在同一城市重新购买住房的纳税人，对其出售现住房已缴纳的个人所得税予以退税优惠（财政部 税务总局公告2022年第30号、国家税务总局公告2022年第21号）

注3房屋原值

- 1.商品房：购置该房屋时实际支付的房价款及交纳的相关税费
- 2.自建住房：实际发生的建造费用及建造和取得产权时实际交纳的相关税费
- 3.经济适用房（含集资合作建房、安居工程住房）：原购房人实际支付的房价款及相关税费，以及按规定交纳的土地出让金。经济适用房价格按县级（含县级）以上地方人民政府规定的标准确定
- 4.已购公有住房：原购公有住房标准面积按当地经济适用房价格计算的房价款，加上原购公有住房超标准面积实际支付的房价款以及按规定向财政部门（或原产权单位）交纳的所得收益及相关税费。已购公有住房是指城镇职工根据国家和县级（含县级）以上人民政府有关城镇住房制度改革政策规定，按照成本价（或标准价）购买的公有住房
- 依据　国税发〔2006〕108号

- **注4合理费用**
  - 支付的住房装修费用
    - 已购公有住房、经济适用房
      - 扣除限额≤房屋原值的15%
    - 商品房及其他住房
      - 扣除限额≤房屋原值的10%
    - 纳税人原购房为装修房，即合同注明房价款中含有装修费（铺装了地板，装配了洁具、厨具等）的，不得再重复扣除装修费用
    - 依据：国税发〔2006〕108号
  - 支付的住房贷款利息
  - 实际支付的手续费、公证费

- **注5**
  - “未提供完整、准确的房屋原值凭证”，是指纳税人不能提供房屋购买合同、发票或建造成本、费用支出的有效凭证，或契税征管档案中没有上次交易价格或建造成本、费用支出金额等记录。凡纳税人能提供房屋购买合同、发票或建造成本、费用支出的有效凭证，或契税征管档案中有上次交易价格或建造成本、费用支出金额等记录的，均应按照核实征收方式计征个人所得税（国税发〔2007〕33号）

- **注6**
  - “自用5年以上”，是指个人购房至转让房屋的时间达5年以上。个人转让房屋的日期，以销售发票上注明的时间为准
  - “家庭唯一生活用房”是指在同一省、自治区、直辖市范围内纳税人（有配偶的为夫妻双方）仅拥有一套住房
  - 依据：国税发〔2007〕33号

- **注7**
  - 符合以下情形的，对当事双方不征收个人所得税：
  - 无偿赠与配偶、父母、子女、祖父母、外祖父母、孙子女、外孙子女、兄弟姐妹
  - 无偿赠与对其承担直接抚养或者赡养义务的抚养人或者赡养人
  - 房屋产权所有人死亡，依法取得房屋产权的法定继承人、遗嘱继承人或者受遗赠人

- **四、印花税**
  - 税目税率
    - 产权转移书据　0.5‰
  - 优惠
    - 对个人销售或购买住房暂免征收印花税（财税〔2008〕137号）

五、土地增值税

对个人销售住房暂免征收土地增值税（财税〔2008〕137号）

六、关于购房时间

除特别规定外，与住房交易有关的税种对购房时间判断标准为：按照契税完税证明和房屋产权证书（包括不动产权证书）的注明日期两项标准“孰先”原则判断(详见《个人取得住房》)

九、个人取得住房要交哪些税

目录

一、个人所得税
二、契税
三、印花税
四、关于购房时间

一、个人所得税

- 税目
  - 房屋产权所有人将房屋产权无偿赠与他人的，受赠人因无偿受赠房屋取得的受赠收入，按照“偶然所得”项目计算缴纳个人所得税（财政部、税务总局公告2019年第74号）
  - 符合规定的无偿受赠（见注8）不征收个人所得税（财政部、税务总局公告2019年第74号）
  - 多子女共同继承房屋，子女对房屋产权进行分割，房屋产权由其中一个子女取得，其他子女应继承房屋的部分产权折价后以现金形式给付，对其他子女取得现金补偿的份额，暂不征收个人所得税（国税函〔2010〕643号）
- 应纳税所得额
  - 对受赠人无偿受赠房屋计征个人所得税时，其应纳税所得额为房地产赠与合同上标明的赠与房屋价值减除赠与过程中受赠人支付的相关税费后的余额
  - 赠与合同标明的房屋价值明显低于市场价格或房地产赠与合同未标明赠与房屋价值的，税务机关可依据受赠房屋的市场评估价格或采取其他合理方式确定受赠人的应纳税所得额
  - 依据：财税〔2009〕78号
- 注8
  - 无偿赠与配偶、父母、子女、祖父母、外祖父母、孙子女、外孙子女、兄弟姐妹
  - 无偿赠与对其承担直接抚养或者赡养义务的抚养人或者赡养人
  - 房屋产权所有人死亡，依法取得房屋产权的法定继承人、遗嘱继承人或者受遗赠人

二、契税

- 税率　3%～5%
- 计税依据
  - 契税的计税依据不包括增值税
  - 免征增值税的，确定计税依据时，成交价格、租金收入、转让房地产取得的收入不扣减增值税额（财税〔2016〕43号）
  - 房屋买卖：实际取得增值税发票的，成交价格以发票上注明的不含税价格确定
  - 房屋互换：契税计税依据为不含增值税价格的差额
  - 房屋赠与等：房屋赠与以及其他没有价格的转移房屋权属行为，为税务机关参照房屋买卖的市场价格依法核定的价格
  - 税务机关核定
    - 纳税人申报的成交价格、互换价格差额明显偏低且无正当理由的，由税务机关依照《税收征收管理法》的规定核定
    - 税务机关依法核定计税价格，应参照市场价格，采用房地产价格评估等方法合理确定
  - 房屋附属设施：房屋附属设施（包括停车位、机动车库、非机动车库、顶层阁楼、储藏室及其他房屋附属设施）与房屋为同一不动产单元（注9）的，计税依据为承受方应交付的总价款，并适用与房屋相同的税率；房屋附属设施与房屋为不同不动产单元的，计税依据为转移合同确定的成交价格，并按当地确定的适用税率计税
  - 承受已装修房屋的：应将包括装修费用在内的费用计入承受方应交付的总价款
  - 依据：财政部税务总局公告2021年第23号、国家税务总局公告2021年第25号
  - 个人无偿赠与：对受赠人全额征收契税（国税发〔2006〕144号）

注9　根据《不动产登记暂行条例》及其实施细则规定，不动产单元是权属界线封闭且具有独立使用价值的空间，且不动产单元具有唯一编码（国家税务总局公告2021年第25号）

二、契税

税收优惠

- 法定继承人通过继承承受土地、房屋权属免征契税
- 婚姻关系存续期间夫妻之间变更土地、房屋权属免征契税
- 夫妻因离婚分割共同财产发生土地、房屋权属变更的，免征契税（财政部税务总局公告2021年第29号）
- 城镇职工按规定第一次购买公有住房的，免征契税（财政部税务总局公告2021年第29号）
- 公有制单位为解决职工住房而采取集资建房方式建成的普通住房或由单位购买的普通商品住房，经县级以上地方人民政府房改部门批准、按照国家房改政策出售给本单位职工的，如属职工首次购买住房，比照公有住房免征契税（财政部税务总局公告2021年第29号）
- 已购公有住房经补缴土地出让价款成为完全产权住房的，免征契税（财政部税务总局公告2021年第29号）
- 因不可抗力灭失住房而重新购买住房减征或免征契税
- 个人购买家庭唯一住房90平米及以下减按1%征收契税（财税〔2016〕23号）
- 个人购买家庭唯一住房90平米以上减按1.5%征收契税（财税〔2016〕23号）
- 除北、上、广、深外，个人购买家庭第二套改善性住房90平米及以下减按1%征收契税（财税〔2016〕23号）
- 除北、上、广、深外，个人购买家庭第二套住房90平米以上减按2%征收契税（财税〔2016〕23号）
- 因土地、房屋被县级以上人民政府征收、征用，重新承受土地、房屋权属，省、自治区、直辖市可以决定免征或者减征契税
- 因不可抗力灭失住房，重新承受住房权属，省、自治区、直辖市可以决定免征或者减征契税
- 棚户区个人首次购买90平方米以下改造安置住房减按1%征收契税（财税〔2013〕101号）
- 棚户区购买符合普通住房标准的改造安置住房减半征收契税（财税〔2013〕101号）
- 棚户区被征收房屋取得货币补偿用于购买安置住房免征契税（财税〔2013〕101号）
- 棚户区用改造房屋换取安置住房免征契税（财税〔2013〕101号）
- 易地扶贫搬迁人口取得安置住房免征契税（财税〔2018〕135号、财政部、税务总局公告2021年第6号）

二、契税

税收优惠

- 易地扶贫搬迁实施主体取得安置住房土地免征契税（财税〔2018〕135号、财政部、税务总局公告2021年第6号）
- 易地扶贫搬迁实施主体安置住房房源免征契税（财税〔2018〕135号、财政部、税务总局公告2021年第6号）
- 经营管理单位回购改造安置住房仍为安置房免征契税（财税〔2013〕101号）
- 对经济适用住房经营管理单位回购经济适用住房继续作为经济适用住房房源的，免征契税（财税〔2008〕24号）
- 个人购买经济适用住房减半征收契税（财税〔2008〕24号）
- 军建离退休干部住房及附属用房移交地方政府管理的免征契税（财税字〔2000〕176号）
- 个体工商户的经营者将其个人名下的房屋、土地权属转移至个体工商户名下，或个体工商户将其名下的房屋、土地权属转回原经营者个人名下，免征契税（财税〔2012〕82号）
- 合伙企业的合伙人将其名下的房屋、土地权属转移至合伙企业名下，或合伙企业将其名下的房屋、土地权属转回原合伙人名下，免征契税（财税〔2012〕82号）
- 单位、个人以房屋、土地以外的资产增资，相应扩大其在被投资公司的股权持有比例，无论被投资公司是否变更工商登记，其房屋、土地权属不发生转移，不征收契税（财税〔2012〕82号）
- 同一投资主体内部所属企业之间土地、房屋权属的划转，包括母公司与其全资子公司之间，同一公司所属全资子公司之间，同一自然人与其设立的个人独资企业、一人有限公司之间土地、房屋权属的划转，免征契税（税务总局公告2021年第17号）
- 在股权（股份）转让中，单位、个人承受公司股权（股份），公司土地、房屋权属不发生转移，不征收契税（税务总局公告2021年第17号）

契税

权属转移

- 下列情形发生土地、房屋权属转移的，承受方应当依法缴纳契税：
  - 1.因共有不动产份额变化的
  - 2.因共有人增加或者减少的
  - 3.因人民法院、仲裁委员会的生效法律文书或者监察机关出具的监察文书等因素，发生土地、房屋权属转移的
- 依据：财政部、税务总局公告2021年第23号

- 契税
  - 权属转移
    - 根据人民法院、仲裁委员会的生效法律文书发生土地、房屋权属转移，纳税人不能取得销售不动产发票的，可持人民法院执行裁定书原件及相关材料办理契税纳税申报，税务机关应予受理（国家税务总局公告2015年第67号）
    - 购买新建商品房的纳税人在办理契税纳税申报时，由于销售新建商品房的房地产开发企业已办理注销税务登记或者被税务机关列为非正常户等原因，致使纳税人不能取得销售不动产发票的，税务机关在核实有关情况后应予受理（国家税务总局公告2015年第67号）
  - 申请退税
    - 可申请退税情形
      - 1.因人民法院判决或者仲裁委员会裁决导致土地、房屋权属转移行为无效、被撤销或者被解除，且土地、房屋权属变更至原权利人的
      - 2.在新建商品房交付时，因实际交付面积小于合同约定面积需返还房价款的
    - 应提交的资料
      - 纳税人依照规定向税务机关申请退还已缴纳契税的，应提供纳税人身份证件，完税凭证复印件，并根据不同情形提交相关资料：
      - 1.在依法办理土地、房屋权属登记前，权属转移合同或合同性质凭证不生效、无效、被撤销或者被解除的，提交合同或合同性质凭证不生效、无效、被撤销或者被解除的证明材料
      - 2.因人民法院判决或者仲裁委员会裁决导致土地、房屋权属转移行为无效、被撤销或者被解除，且土地、房屋权属变更至原权利人的，提交人民法院、仲裁委员会的生效法律文书
      - 3.在新建商品房交付时，因实际交付面积小于合同约定面积需返还房价款的，提交补充合同（协议）和退款凭证
    - 退税的核实：税务机关收取纳税人退税资料后，应向不动产登记机构核实有关土地、房屋权属登记情况。核实后符合条件的即时受理，不符合条件的一次性告知应补正资料或不予受理原因
    - 依据：财政部税务总局公告2021年第23号

- 三、印花税
  - 税目税率：产权转移书据 0.5‰
  - 优惠：个人购买住房免征印花税（财税〔2008〕137号）

四、关于购房时间

- 个人购买住房以取得的房屋产权证或契税完税证明上注明的时间（契税完税证明上注明的填发日期）作为其购买房屋的时间（国税发〔2005〕89号、国税发〔2005〕172号）
- 个人转让住房，因产权纠纷等原因未能及时取得房屋所有权证书（包括不动产权证书），对于人民法院、仲裁委员会出具的法律文书确认个人购买住房的，法律文书的生效日期视同房屋所有权证书的注明时间，据以确定纳税人是否享受税收优惠政策（国家税务总局公告2017年第8号）
- 纳税人申报时，同时出具房屋产权证和契税完税证明且二者所注明的时间不一致的，按照“孰先”的原则确定购买房屋的时间。即房屋产权证上注明的时间早于契税完税证明上注明的时间的，以房屋产权证明的时间为购买房屋的时间；契税完税证明上注明的时间早于房屋产权证上注明的时间的，以契税完税证明上注明的时间为购买房屋的时间
- 个人将通过受赠、继承、离婚财产分割等非购买形式取得的住房对外销售的，其购房时间按发生受赠、继承、离婚财产分割行为前的购房时间确定，其购房价格按发生受赠、继承、离婚财产分割行为前的购房原价确定。个人需持其通过受赠、继承、离婚财产分割等非购买形式取得住房的合法、有效法律证明文书，到税务部门办理相关手续
- 根据国家房改政策购买的公有住房，以购房合同的生效时间、房款收据的开具日期或房屋产权证上注明的时间，按照“孰先”的原则确定购买房屋的时间
- 依据：国税发〔2005〕172号

tips

所有与住房交易有关的税种对购房时间都采取统一的判断标准：按照契税完税证明和房屋产权证书（包括不动产权证书）的注明日期两项标准“孰先”原则判断（国家税务总局公告2017年第8号的解读）

依据

未特别注明的政策依据为《中华人民共和国个人所得税法》、《中华人民共和国个人所得税法实施条例》、《中华人民共和国契税法》、《中华人民共和国印花税法》

十、个人转让商铺等非住房要交哪些税

目录
- 一、增值税
- 二、附加税费
- 三、个人所得税
- 四、印花税
- 五、土地增值税

一、增值税

- 税率 5%
- 应纳税额
  - =（收入−成本）/1.05×5%
  - 差额扣除凭证（见注10）

注10
- 纳税人同时保留取得不动产时的发票和其他能证明契税计税金额的完税凭证等资料的，应当凭发票进行差额扣除
- 纳税人转让不动产，按照有关规定差额缴纳增值税的，如因丢失等原因无法提供取得不动产时的发票，可向税务机关提供其他能证明契税计税金额的完税凭证等资料，进行差额扣除
- 2016年4月30日及以前缴纳契税的，增值税应纳税额=［全部交易价格（含增值税）−契税计税金额（含营业税）］÷（1+5%）×5%
- 2016年5月1日及以后缴纳契税的增值税应纳税额=［全部交易价格（含增值税）÷（1+5%）−契税计税金额（不含增值税）］×5%
- 依据：国家税务总局公告2016年第73号

二、附加税费

- 城建税　缴纳的增值税×（1%或县、镇5%或市7%）
- 教育费附加　缴纳的增值税×3%
- 地方教育附加　缴纳的增值税×2%
- 优惠
  - 个人免征增值税的，同时免征城市维护建设税及附加
  - 自2022年1月1日至2024年12月31日，享受六税两费减半优惠

二、附加税费

优惠：自2016年2月1日起，将免征教育费附加、地方教育附加、水利建设基金的范围，扩大到按月纳税的月销售额或营业额不超过10万元（按季度纳税的季度销售额或营业额不超过30万元）的缴纳义务人（财税〔2016〕12号）

三、个人所得税

- 应纳税额 ＝应纳税所得额×20%
- 应纳税所得额 ＝转让财产的收入额－房产原值－转让住房过程中缴纳的税金及有关合理费用
- 计税依据
  - 个人转让房屋的个人所得税应税收入不含增值税，其取得房屋时所支付价款中包含的增值税计入财产原值，计算转让所得时可扣除的税费不包括本次转让缴纳的增值税
  - 免征增值税的，确定计税依据时，成交价格、租金收入、转让房地产取得的收入不扣减增值税额
  - 依据：财税〔2016〕43号
- 核定征收
  - 个人通过拍卖市场取得的房屋拍卖收入在计征个人所得税时，其房屋原值应按照纳税人提供的合法、完整、准确的凭证予以扣除；不能提供完整、准确的房屋原值凭证，不能正确计算房屋原值和应纳税额的，统一按转让收入全额的3%计算缴纳个人所得税（国税函〔2007〕1145号）
  - 个人将受赠不动产对外销售，在计征个人受赠不动产个人所得税时，不得核定征收，必须严格按照税法规定据实征收（国税发〔2006〕144号）
- 转让离婚析产房屋：个人转让离婚析产房屋所取得的收入，允许扣除其相应的财产原值和合理费用后，余额按照规定的税率缴纳个人所得税；其相应的财产原值，为房屋初次购置全部原值和相关税费之和乘以转让者占房屋所有权的比例（国税发〔2009〕121号）
- 受赠人转让受赠房屋：受赠人转让受赠房屋的，以其转让受赠房屋的收入减除原捐赠人取得该房屋的实际购置成本以及赠与和转让过程中受赠人支付的相关税费后的余额，为受赠人的应纳税所得额，依法计征个人所得税。受赠人转让受赠房屋价格明显偏低且无正当理由的，税务机关可以依据该房屋的市场评估价格或其他合理方式确定的价格核定其转让收入（财税〔2009〕78号）

- 三、个人所得税
  - 受赠人转让受赠房屋
    - 取得房屋产权的子女再次转让房屋时，可以扣除的财产原值按以下公式确定：财产原值=取得房屋产权子女的继承份额+该子女向其他子女支付现金形式补偿款+相关税费；取得房屋产权子女的继承份额=发生继承行为前该房屋购置成本或者建造成本以及相关税费之和×该子女继承比例（国税函〔2010〕643号）
  - 优惠
    - 符合规定的无偿赠与（注11）不征（财政部、税务总局公告2019年第74号）
    - 个人因离婚办理房屋产权过户手续不征个人所得税（国税发〔2009〕121号)
  - 注11
    - 无偿赠与配偶、父母、子女、祖父母、外祖父母、孙子女、外孙子女、兄弟姐妹
    - 无偿赠与对其承担直接抚养或者赡养义务的抚养人或者赡养人
    - 房屋产权所有人死亡，依法取得房屋产权的法定继承人、遗嘱继承人或者受遗赠人
- 四、印花税
  - 税目　产权转移书据
  - 税率　0.05%
  - 享受六税两费减半优惠
- 五、土地增值税
  - 应纳税额
    - 增值率≤50%　税额=增值额×30%
    - 50%<增值率≤100%　税额=增值额×40%-扣除项目金额×5%
    - 100%<增值率≤200%　税额=增值额×50%-扣除项目金额×15%
    - 增值率>200%　税额=增值额×60%-扣除项目金额×35%
  - 增值率=增值额/扣除项目金额
  - 增值额=转让房地产所取得的收入（注12）-扣除项目金额
  - 扣除项目金额　=（取得土地使用权所支付的金额+旧房及建筑物的评估价格（注13）+与转让房地产有关的税金）

土地增值税纳税人转让房地产取得的收入为不含增值税收入；免征增值税的，确定计税依据时，成交价格、租金收入、转让房地产取得的收入不扣减增值税额（财税〔2016〕43号）

注12
- 房地产开发企业在营改增后进行房地产开发项目土地增值税清算时，土地增值税应税收入=营改增前转让房地产取得的收入+营改增后转让房地产取得的不含增值税收入（税务总局公告2016年第70号）

注13
- 1.能取得旧房及建筑物的评估价格
  - 旧房评估价格　=重置成本价×成新度折扣率
- 2.不能取得评估价格
  - 有发票　注14
  - 无发票核定　注15

注14
- 凡不能取得评估价格，但能提供购房发票的，经当地税务部门确认，可按发票金额从购买年度起至转让年度止每年加计5%计算，每满12个月计一年，超过一年，未满12个月但超过6个月的可视同为一年（财税〔2006〕21号、国税函〔2010〕220号）
- 购买时缴纳的契税能提供完税凭证准予扣除（不能加计）

注15
- 应纳税额　=计税依据×核定征收率
- 根据《税收征管法》第35条的规定，实行核定征收。根据国税发〔2010〕53号第四条规定，核定征收率原则上不得低于5%，各省级税务机关要结合本地实际，区分不同房地产类型制定核定征收率

第九节 偶然所得

章节目录

一、概念
二、税率
三、应纳税所得额
四、偶然所得项目
五、纳税申报

一、概念

偶然所得是指个人得奖、中奖、中彩以及其他偶然性质的所得

二、税率

20%

三、应纳税所得额

- =每次收入额
  - 以每次取得该项收入为一次
- 所得形式
  - 现金
  - 实物
    - 按照取得的凭证上所注明的价格计算应纳税所得额
    - 无凭证的实物或者凭证上所注明的价格明显偏低的，参照市场价格核定应纳税所得额
  - 有价证券
    - 根据票面价格和市场价格核定应纳税所得额
  - 其他形式的经济利益
    - 参照市场价格核定应纳税所得额

四、偶然所得项目

- 中奖、中彩收入
  - 列举见注1
  - 免税情形见注2
- 个人得奖收入
  - 列举见注3
  - 免税情形见注4
- 个人受赠收入
  - 详见注5
  - 不征税见注6
- 个人提供担保获得的收入
- 资产购买方企业向个人支付的不竞争款项（财税〔2007〕102号）
- 以上未标注的政策依据为财政部 国家税务总局公告2019年第74号

注1中奖中彩收入

- 企业对累积消费达到一定额度的顾客，给予额外抽奖机会，个人的获奖所得（财税〔2011〕50号）
- 居民个人在境外取得中彩所得属于“偶然所得”应税项目（国税函发〔1995〕663号）
- 个人购买体育彩票的中奖收入属于偶然所得，应全额依20%的税率征收个人所得税（财税字〔1996〕77号）
- 消费者在购物有奖活动中，取得的住房、汽车等实物的使用权，实质上是实物形态所得的表现形式，应按照“偶然所得”应税项目缴纳个人所得税（国税函〔1999〕549号）

注2

- 对个人购买社会福利有奖募捐奖券一次中奖收入不超过1万元的暂免征收个人所得税（国税发〔1994〕127号）
- 对个人购买体育彩票，凡一次中奖收入不超过1万元的，暂免征收个人所得税（财税字〔1998〕12号）
- 个人取得单张有奖发票奖金所得不超过800元（含800元）的，暂免征收个人所得税（财税〔2007〕34号）

注3得奖收入

- 个人因在各行各业做出突出贡献而从省级以下人民政府及其所属部门取得的一次性奖励收入，不论其奖金来源于何处，均不属于税法所规定的免税范畴，应按“偶然所得”项目征收个人所得税（国税函〔1998〕293号）
- 个人因参加由国家体委训练局、中国艺术研究院音乐研究所等单位联合主办的“营多杯”中国体育运动队队歌征集大奖赛而获得的奖金收入，属个人所得税“偶然所得”应税项目，不属免税范围（国税函发〔1994〕448号）

注4

- 省级人民政府、国务院部委和中国人民解放军军以上单位，以及外国组织、国际组织颁发的科学、教育、技术、文化、卫生、体育、环境保护等方面的奖金
- 曾宪梓教育基金会教师奖
- 学生个人参与“长江小小科学家”活动和“明天小小科学家”活动获得的奖金
- 联合国开发计划署和中国青少年发展基金会“国际青少年消除贫困奖”
- 中国青年乡镇企业家协会“母亲河（波司登）奖”
- 陈嘉庚基金会“陈嘉庚科学奖”
- 中国科学院“刘东生青年科学家奖”“刘东生地球科学奖学金”
- 中华全国总工会、科技部、人社部“全国职工职业技能大赛”获奖者取得的奖金收入
- 中华环境保护基金会“中华宝钢环境优秀奖”
- 国土资源部、李四光地质科学奖基金“李四光地质科学奖”
- 国土资源部、黄汲清青年地质科学技术奖基金管理委员会“黄汲清青年地质科学技术奖”

- 注5受赠收入
  - 个人无偿受赠房屋取得的受赠收入，但符合注7的除外
  - 企业在业务宣传、广告等活动中，随机向本单位以外的个人赠送礼品（包括网络红包），以及企业在年会、座谈会、庆典以及其他活动中向本单位以外的个人赠送礼品，但注8除外
  - 依据：财政部 税务总局公告2019年第74号

- 注6不征税
  - 企业通过价格折扣、折让方式向个人销售商品（产品）和提供服务
  - 企业在向个人销售商品（产品）和提供服务的同时给予赠品，如通信企业对个人购买手机赠话费、入网费，或者购话费赠手机等
  - 企业对累积消费达到一定额度的个人按消费积分反馈礼品
  - 以上依据 财税〔2011〕50号
  - 注7
    - 房屋产权所有人将房屋产权无偿赠与配偶、父母、子女、祖父母、外祖父母、孙子女、外孙子女、兄弟姐妹
    - 房屋产权所有人将房屋产权无偿赠与对其承担直接抚养或者赡养义务的抚养人或者赡养人
    - 房屋产权所有人死亡，依法取得房屋产权的法定继承人、遗嘱继承人或者受遗赠人
  - 注8 企业赠送的具有价格折扣或折让性质的消费券、代金券、抵用券、优惠券等礼品

- 五、纳税申报
  - 纳税人取得偶然所得，按月或者按次计算个人所得税
  - 有扣缴义务人的
    - 由扣缴义务人按月或者按次代扣代缴税款
    - 《个人所得税扣缴申报表》
  - 扣缴义务人未扣缴税款的
    - 《个人所得税自行纳税申报表（A表）》
    - 在取得所得的次年6月30日前，按相关规定向主管税务机关办理纳税申报，税务机关通知限期缴纳的，纳税人应当按照期限缴纳税款

第三章　个人所得税税收优惠

章节目录

- 法定优惠
  - 免征　10 类
  - 减征　3 类
- 分类优惠
  - 1.农业相关
  - 2.工资福利相关
  - 3.房屋相关
  - 4.救灾重建抗疫
  - 5.促进科教相关
  - 6.外籍人员相关
  - 7.奖金相关
  - 8.军人相关
  - 9.区域相关
  - 10.股票股权相关
  - 11.金融证券类
  - 12.个体工商户所得税优惠
  - 13.其他优惠

法定免征

- 1.省级人民政府、国务院部委和中国人民解放军军以上单位，以及外国组织、国际组织颁发的科学、教育、技术、文化、卫生、体育、环境保护等方面的奖金
- 2.国债（注1）和国家发行的金融债券利息（注2）
- 3.按照国家统一规定发给的补贴、津贴（注3）
- 4.福利费（注4）、抚恤金、救济金（注5）
- 5.保险赔款
- 6.军人的转业费、复员费、退役金
- 7.按照国家统一规定发给干部、职工的安家费、退职费、基本养老金或者退休费、离休费、离休生活补助费
- 8.依照有关法律规定应予免税的各国驻华使馆、领事馆的外交代表、领事官员和其他人员的所得（注6）
- 9.中国政府参加的国际公约、签订的协议中规定免税的所得
- 10.国务院规定的其他免税所得（注7）

注1 国债利息指个人持有财政部发行的债券而取得的利息

注2 金融债券利息指个人持有经国务院批准发行的金融债券而取得的利息

注3 补贴、津贴是指按照国务院规定发给的政府特殊津贴、院士津贴，以及国务院规定免予缴纳个人所得税的其他补贴、津贴

注4
- 指根据国家有关规定，从企业、事业单位、国家机关、社会组织提留的福利费或者工会经费中支付给个人的生活补助费
- 生活补助费，是指由于某些特定事件或原因而给纳税人本人或其家庭的正常生活造成一定困难，其任职单位按国家规定从提留的福利费或者工会经费中向其支付的临时性生活困难补助（国税发〔1998〕155号）
- 下列收入不属于免税的福利费范围，应当并入纳税人工资、薪金收入计征个人所得税：1.从超出国家规定的比例或基数计提的福利费、工会经费中支付给个人的各种补贴、补助；2.从福利费和工会经费中支付给本单位职工的人人有份的补贴、补助；3.单位为个人购买汽车、住房、电子计算机等不属于临时性生活困难补助性质的支出（国税发〔1998〕155号）
- 参照《国家税务总局2018年第三季度政策解读现场实录》有关回复，对于任职受雇单位发给个人的福利，不论是现金还是实物，依法均应缴纳个人所得税。但对于集体享受的、不可分割的、未向个人量化的非现金方式的福利，原则上不征收个人所得税

注5 救济金指各级人民政府民政部门支付给个人的生活困难补助费

注6 指依照《中华人民共和国外交特权与豁免条例》和《中华人民共和国领事特权与豁免条例》规定免税的所得

注7 其他所得由国务院报全国人民代表大会常务委员会备案

法定减征
- 残疾、孤老人员和烈属的所得 —— 注8幅度和期限
- 因自然灾害遭受重大损失的 —— 注8幅度和期限
- 其他减税情形 —— 国务院可以规定其他减税情形，报全国人民代表大会常务委员会备案

注8 具体幅度和期限由省、自治区、直辖市人民政府规定，并报同级人民代表大会常务委员会备案

一、农业相关

1.对个人或个体户从事种殖业、养殖业、饲养业、捕捞业（以下简称“四业”）其取得的“四业”所得暂不征收个人所得税（财税〔2004〕30号）

2.对个人独资企业和合伙企业从事“四业”，其投资者取得的“四业”所得暂不征收个人所得税（财税〔2010〕96号）

3.乡镇企业的职工和农民取得的青苗补偿费，属种植业的收益范围，同时，也属经济损失的补偿性收入，暂不征收个人所得税（国税函发〔1995〕079号）

二、工资福利相关

三险一金

- 单位和个人按照国家或省（自治区、直辖市）人民政府规定的缴费比例或办法实际缴付的基本养老保险费、基本医疗保险费和失业保险费，允许在个人应纳税所得额中扣除（财税〔2006〕10号）
- 按照国家或省级地方政府规定的比例缴付的住房公积金、医疗保险金、基本养老保险金、失业保险基金存入银行个人账户所取得的利息收入免征个人所得税（财税字〔1999〕267号）
- 个人实际领（支）取原提存的基本养老保险金、基本医疗保险金、失业保险金和住房公积金时，免征个人所得税（财税〔2006〕10号）

不征税的津补贴

- 独生子女补贴
- 执行公务员工资制度未纳入基本工资总额的补贴、津贴差额和家属成员的副食品补贴
- 托儿补助费
- 差旅费津贴，误餐补助
- 以上依据国税发〔1994〕89号
- 不征税的误餐补助，是指按财政部门规定，个人因公在城区、郊区工作，不能在工作单位或返回就餐，确实需要在外就餐的，根据实际误餐顿数，按规定的标准领取的误餐费。一些单位以误餐补助名义发给职工的补贴、津贴，应当并入当月工资、薪金所得计征个人所得税（财税字〔1995〕82号）
- 生育津贴、生育医疗费或其他属于生育保险性质的津贴、补贴（财税〔2008〕8号）

- 二、工资福利相关
  - 解除劳动关系
    - 个人与用人单位解除劳动关系取得一次性补偿收入（包括用人单位发放的经济补偿金、生活补助费和其他补助费），在当地上年职工平均工资3倍数额以内的部分，免征个人所得税（财税〔2018〕164号）
  - 离退休
    - 达到离休、退休年龄，但确因工作需要，适当延长离休退休年龄的高级专家（指享受国家发放的政府特殊津贴的专家、学者），其在延长离休退休期间的工资、薪金所得，视同退休工资、离休工资免征个人所得税（财税字〔1994〕20号）
  - 破产安置
    - 企业职工从破产企业取得的一次性安置费收入，免征个人所得税（财税〔2001〕157号）
  - 年金
    - 单位根据国家有关政策规定的办法和标准，为在本单位任职或者受雇的全体职工缴付的年金单位缴费部分，在计入个人账户时，个人暂不缴纳个人所得税
    - 年金基金投资运营收益分配计入个人账户时，个人暂不缴纳个人所得税
    - 财税〔2013〕103号
  - 个人养老金
    - 自2022年1月1日起，对个人养老金实施递延纳税优惠政策
      - 在缴费环节：个人向个人养老金资金账户的缴费，按照12000元/年的限额标准，在综合所得或经营所得中据实扣除
      - 投资环节：计入个人养老金资金账户的投资收益暂不征收个人所得税
      - 领取环节：个人领取的个人养老金，不并入综合所得，单独按照3%的税率计算缴纳个人所得税
      - 依据：财政部、税务总局公告2022年第34号
  - 工伤保险
    - 对工伤职工及其近亲属按照《工伤保险条例》规定取得的工伤保险待遇，免征个人所得税（财税〔2012〕40号）

二、工资福利相关

- 远洋船员：一个纳税年度内在船航行时间累计满183天的远洋船员，其取得的工资薪金收入减按50%计入应纳税所得额，依法缴纳个人所得税（财政部　税务总局公告2019年第97号）
- 专项附加扣除：详见个人所得税专项附加扣除思维导图

三、房屋相关

- 出租：对个人出租住房取得的所得减按10%的税率征收个人所得税（财税〔2008〕24号）
- 扶贫：自2018年1月1日至2025年12月31日，对易地扶贫搬迁贫困人口按规定取得的住房建设补助资金、拆旧复垦奖励资金等与易地扶贫搬迁相关的货币化补偿和易地扶贫搬迁安置住房，免征个人所得税（财税〔2018〕135号、财政部　税务总局公告2021年第6号）
- 拆迁：个人取得的拆迁补偿款按有关规定免征个人所得税（财税〔2005〕45号、财税〔2013〕101号）
- 低价购买：按照所在地县级以上人民政府规定的房改成本价格向职工出售公有住房，职工因支付的房改成本价格低于房屋建造成本价格或市场价格而取得的差价收益，免征个人所得税（财税〔2007〕13号）
- 公租房：对符合地方政府规定条件的城镇住房保障家庭从地方政府领取的住房租赁补贴，免征个人所得税（财政部　税务总局公告2019年第61号、财政部　税务总局公告2021年第6号）
- 转让：个人转让自用达五年以上、并且是唯一的家庭生活用房取得的所得（财税字〔1994〕20号）
- 离婚财产：通过离婚析产的方式分割房屋产权是夫妻双方对共同共有财产的处置，个人因离婚办理房屋产权过户手续，不征收个人所得税（国税发〔2009〕121号）
- 无偿赠与：以下情形（注9）的房屋产权无偿赠与，对当事双方不征收个人所得税（财税〔2009〕78号）
- 换购住房：自2022年10月1日至2023年12月31日，对出售自有住房并在现住房出售后1年内在同一城市重新购买住房的纳税人，对其出售现住房已缴纳的个人所得税予以退税优惠（财政部　税务总局公告2022年第30号、国家税务总局公告2022年第21号）

注9

- 房屋产权所有人将房屋产权无偿赠与配偶、父母、子女、祖父母、外祖父母、孙子女、外孙子女、兄弟姐妹
- 房屋产权所有人将房屋产权无偿赠与对其承担直接抚养或者赡养义务的抚养人或者赡养人
- 房屋产权所有人死亡，依法取得房屋产权的法定继承人、遗嘱继承人或者受遗赠人

四、救灾重建抗疫

- 参加疫情防治工作的医务人员和防疫工作者
  - 按照政府规定标准取得的临时性工作补助和奖金免征个人所得税
- 参与疫情防控人员
  - 省级及省级以上人民政府规定的临时性工作补助和奖金免征个人所得税
- 员工个人
  - 单位发给个人用于预防新型冠状病毒感染的肺炎的药品、医疗用品和防护用品等实物（不包括现金），不计入工资、薪金收入，免征个人所得税
- 以上依据：财政部、税务总局公告2020年第10号，执行期限，2020.1.1～2023.12.31
- 对受灾地区个人取得的抚恤金、救济金，免征个人所得税（财税〔2008〕62号）
- 自2014年8月3日起，对受灾地区个人接受捐赠的款项、取得的各级政府发放的救灾款项，以及参与抗震救灾的一线人员，按照地方各级人民政府及其部门规定标准取得的与抗震救灾有关的补贴收入，免征个人所得税（财税〔2015〕27号）
- 因地震灾害造成重大损失的个人，可减征个人所得税。具体减征幅度和期限由受灾地区省、自治区、直辖市人民政府确定（财税〔2008〕62号）

- 五、促进科教相关
  - 科技成果转化
    - 高等学校转化职务科技成果以股份或出资比例等股权形式给与个人奖励，获奖人在取得股份、出资比例时，暂不缴纳个人所得税（财税〔2004〕39号）
    - 科技机构、高等学校转化职务科技成果以股份或出资比例等股权形式给予科技人员个人奖励暂不征收个人所得税（国税发〔1999〕125号、国税函〔2007〕833号）
    - 全国范围内的高新技术企业转化科技成果，给予本企业相关技术人员的股权奖励，个人一次缴纳税款有困难的，可根据实际情况自行制定分期缴税计划，在不超过5个公历年度内（含）分期缴纳，并将有关资料报主管税务机关备案（财税〔2015〕116号）
    - 依法批准设立的非营利性研究开发机构和高等学校根据《中华人民共和国促进科技成果转化法》规定，从职务科技成果转化收入中给予科技人员的现金奖励，可减按50%计入科技人员当月“工资、薪金所得”，依法缴纳个人所得税（财税〔2018〕58号）
  - 奖学金
    - 对省级人民政府、国务院各部委和中国人民解放军军以上单位，以及外国组织、国际组织颁布的教育方面的奖学金，免征个人所得税
  - 高级专家
    - 对高级专家从其劳动人事关系所在单位取得的，单位按国家有关规定向职工统一发放的工资、薪金、奖金、津贴、补贴等收入，视同离休、退休工资，免征个人所得税（财税〔2008〕7号）
  - 股权激励
    - 企业或个人以技术成果投资入股到境内居民企业，被投资企业支付的对价全部为股票（权）的，企业或个人可选择继续按现行有关税收政策执行，也可选择适用递延纳税优惠政策（财税〔2016〕101号）

六、外籍人员相关

- **无偿援助**：援助国派往我国专为该国无偿援助我国的建设项目服务的工作人员，取得的工资、生活津贴，不论是我方支付或外国支付，均可免征个人所得税（财税字〔1980〕第189号）
- **文教专家**：外国来华文教专家，在我国服务期间，由我方发工资、薪金，并对其住房、使用汽车、医疗实行免费“三包”，对我方免费提供的住房、使用汽车、医疗，可免予计算纳税（财税字〔1980〕第189号）
- **工作人员**：外国来华工作人员。由外国派出单位发给包干款项，其中包括个人工资、公用经费（邮电费、办公费、广告费、业务上往来必要的交际费）、生活津贴费（住房费、差旅费），凡对上述所得能够划分清楚的，可只就工资薪金所得部分按照规定征收个人所得税（财税字〔1980〕第189号）
- **无住所**：一个纳税年度内在中国境内居住累计不超过90天，来源于中国境内的所得，由境外雇主支付并且不由该雇主在中国境内的机构、场所负担的部分免税
- **出差补贴**：对外籍个人按合理标准取得的境内、外出差补贴免征个人所得税，应由纳税人提供出差的交通费、住宿费凭证(复印件)或企业安排出差的有关计划（国税发〔1997〕54号、财税字〔1994〕20号、国税发〔2004〕80号）
- **探亲费等**：外籍个人取得的探亲费（仅限于外籍个人在我国的受雇地与其家庭所在地（包括配偶或父母居住地）之间搭乘交通工具且每年不超过2次的费用）、语言训练费、子女教育费等（财税字〔1994〕20号、国税发〔1997〕54号、国税函〔2001〕336号、国税发〔2004〕80号）

- 六、外籍人员相关
  - 住房补贴等
    - 外籍个人以非现金形式或实报实销形式取得的住房补贴、伙食补贴、搬迁费、洗衣费免税（财税字〔1994〕20号、国税发〔2004〕80号）
  - 专项附加
    - 2019年1月1日至2023年12月31日期间，外籍个人符合居民个人条件的，可以选择享受住房补贴、语言训练费、子女教育费等津补贴免税优惠政策，也可以选择享受个人所得税专项附加扣除，但不得同时享受（财税〔2018〕164号、财政部 税务总局公告2021年第43号）
  - 奖学金
    - 外国来华留学生，领取的生活津贴费、奖学金，不属于工资、薪金范畴，不征个人所得税（财税字〔1980〕第189号）
  - 驻华机构等
    - 对于仅在国际组织驻华机构和外国政府驻华使领馆中工作的外籍雇员，暂不征收个人所得税（国税函〔2004〕808号）
  - 港澳地区住房及补贴
    - 受雇于我国境内企业的外籍个人（不包括香港澳门居民个人），因家庭等原因居住在香港、澳门，每个工作日往返于内地与香港、澳门等地区，由此境内企业（包括其关联企业）给予在香港或澳门住房、伙食、洗衣、搬迁等非现金形式或实报实销形式的补贴，凡能提供有效凭证的，经主管税务机关审核确认后，可以按规定免予征收个人所得税（财税〔2004〕29号）
  - 股息、红利
    - 外籍个人从外商投资企业取得的股息、红利所得暂免征收个人所得税（财税字〔1994〕20号）
  - 专家
    - 凡符合（注10）的外籍专家取得的工资、薪金所得可免征个人所得税（财税字〔1994〕20号）

注10

- 1.根据世界银行专项贷款协议由世界银行直接派往我国工作的外国专家
- 2.联合国组织直接派往我国工作的专家
- 3.为联合国援助项目来华工作的专家
- 4.援助国派往我国专为该国无偿援助项目工作的专家
- 5.根据两国政府签订文化交流项目来华工作两年以内的文教专家，其工资、薪金所得由该国负担的
- 6.根据我国大专院校国际交流项目来华工作两年以内的文教专家，其工资、薪金所得由该国负担的
- 7.通过民间科研协定来华工作的专家，其工资、薪金所得由该国政府机构负担的

七、奖金相关

- 曾宪梓教育基金会教师奖
- 学生个人参与“长江小小科学家”活动和“明天小小科学家”活动获得的奖金
- 联合国开发计划署和中国青少年发展基金会“国际青少年消除贫困奖”
- 中国科学院“刘东生青年科学家奖”“刘东生地球科学奖学金”
- 中国青年乡镇企业家协会“母亲河（波司登）奖”
- 陈嘉庚基金会“陈嘉庚科学奖”
- 中华全国总工会、科技部、人社部“全国职工职业技能大赛”获奖者取得的奖金收入
- 中华环境保护基金会“中华宝钢环境优秀奖”
- 国土资源部、李四光地质科学奖基金“李四光地质科学奖”
- 国土资源部、黄汲清青年地质科学技术奖基金管理委员会“黄汲清青年地质科学技术奖”
- 单张有奖发票奖金所得不超过800元（含800元）的，暂免征收个人所得税（财税〔2007〕34号）
- 购买社会福利有奖募捐奖券、体育彩票一次中奖收入不超过1万元的暂免征收个人所得税（国税发〔1994〕127号）
- 个人购买体育彩票中奖收入，凡一次中奖收入不超过1万元的，暂免征收个人所得税（财税字〔1998〕12号）

八、军人相关

- 对退役士兵按照《退役士兵安置条例》规定，取得的一次性退役金以及地方政府发放的一次性经济补助，免征个人所得税（财税〔2011〕109号）
- 自主择业的军队转业干部或随军家属从事个体经营，自领取税务登记证之日起，3年内免征个人所得税（财税〔2000〕84号）
- 2019年1月1日至2023年12月31日，自主就业退役士兵从事个体经营的，自办理个体工商户登记当月起，在3年内按每户每年12000元为限额依次扣减其当年实际应缴纳的增值税、城市维护建设税、教育费附加、地方教育附加和个人所得税。各省限额标准最高可上浮20%（财税〔2019〕21号、财政部 税务总局公告2022年第4号）
- 从事个体经营的军队转业干部，经主管税务机关批准，自领取税务登记证之日起，3年内免征个人所得税（财税〔2003〕26号）
- 军队干部属于免税项目或者不属于本人所得的补贴、津贴有以下8项（注11），不计入工资、薪金所得项目；对以下5项补贴、津贴（注12），暂不征税（财税字〔1996〕14号）
- 注11
  - 1.政府特殊津贴；2.福利补助；3.夫妻分居补助费；4.随军家属无工作生活困难补助；5.独生子女保健费；6.子女保教补助费；7.机关在职军以上干部公勤费（保姆费）；8.军粮差价补贴
- 注12
  - 军人职业津贴
  - 军队设立的艰苦地区补助
  - 专业性补助
  - 基层军官岗位津贴（营连排长岗位津贴）
  - 伙食补贴

九、区域相关

- 西藏
  - 从西藏取得艰苦边远地区津贴免税，按规定发给在藏长期工作的人员和大中专毕业生的浮动工资，增发的工龄工资，离退休人员的安家费和建房补贴费免税（财税字〔1994〕21号）
  - 区域内工作的机关、事业单位职工，按照国家统一规定取得的西藏特殊津贴，免征个人所得税（财税字〔1996〕91号)

九、区域相关

- 大湾区
  - 自2019年1月1日起至2023年12月31日止，广东省、深圳市按内地与香港个人所得税税负差额，对在大湾区工作的境外（含港澳台）高端人才和紧缺人才给予补贴，该补贴免征个人所得税（财税〔2019〕31号）
- 平潭
  - 自2013年1月1日起至2025年12月31日止，执行福建省人民政府按不超过内地与台湾地区个人所得税负差额，给予在平潭综合实验区工作的台湾居民的补贴，免征个人所得税（财税〔2014〕24号、财政部 税务总局公告2021年第6号）
- 横琴
  - 自2021年1月1日起至2025年12月31日止，对在横琴粤澳深度合作区工作的境内外高端人才和紧缺人才，其个人所得税负超过15%的部分予以免征；对在横琴粤澳深度合作区工作的澳门居民，其个人所得税负超过澳门税负的部分予以免征。上述所得包括来源于横琴粤澳深度合作区的综合所得（包括工资薪金、劳务报酬、稿酬、特许权使用费四项所得）、经营所得以及经地方政府认定的人才补贴性所得（财税〔2022〕3号）
- 海南
  - 2020年1月1日起执行至2024年12月31日，对在海南自由贸易港工作的高端人才和紧缺人才（实行人才清单管理），其个人所得税实际税负超过15%的部分，予以免征
  - 享受上述优惠政策的所得包括来源于海南自由贸易港的综合所得、经营所得以及经海南省认定的人才补贴性所得。纳税人在海南省办理个人所得税年度汇算清缴时享受上述优惠政策
  - 依据：财税〔2020〕32号
- 南沙
  - 2022年1月1日至2026年12月31日，对在广州南沙工作的香港居民，其个人所得税税负超过香港税负的部分予以免征；对在广州南沙工作的澳门居民，其个人所得税税负超过澳门税负的部分予以免征
  - 享受上述规定的所得包括来源于广州南沙的综合所得（包括工资薪金、劳务报酬、稿酬、特许权使用费四项所得）、经营所得以及经地方政府认定的人才补贴性所得。纳税人在广州南沙办理个人所得税年度汇算清缴时享受上述优惠政策
  - 依据：财税〔2022〕29 号

十、股票、股权相关

- 转让股票
  - 对个人在上海证券交易所、深圳证券交易所转让从上市公司公开发行和转让市场取得的上市公司股票所得，继续免征个人所得税（财税〔2009〕167号）
  - 对个人转让新三板挂牌公司、北交所上市公司非原始股取得的所得，暂免征收个人所得税（财税〔2018〕137号、财政部 税务总局公告2021年第33号）
- 量化资产
  - 不拥有所有权
    - 对职工个人以股份形式取得的仅作为分红依据，不拥有所有权的企业量化资产，不征收个人所得税
  - 拥有所有权
    - 对职工个人以股份形式取得的拥有所有权的企业量化资产，暂缓征收个人所得税；待个人将股份转让时，按“财产转让所得”项目计征个人所得税（国税发〔2000〕60号）
- 资本公积转增股本
  - 股份制企业用资本公积金转增股本（指股份制企业股票溢价发行收入所形成的资本公积金）不属于股息、红利性质的分配，对个人取得的转增股本数额，不作为个人所得，不征收个人所得税（国税发〔1997〕198号、国税函〔1998〕289号）
- 股权分置
  - 股权分置改革非流通股股东向流通股股东支付对价免税（财税〔2005〕103号）
- 非货币投资
  - 个人以非货币性资产投资交易过程中取得现金补价的，现金不足以缴纳的部分，可分期缴纳（财税〔2015〕41号）

十、股票、股权相关

投资抵免

- 天使投资个人采取股权投资方式直接投资于初创科技型企业满2年的，可以按照投资额的70%抵扣转让该初创科技型企业股权取得的应纳税所得额；当期不足抵扣的，可以在以后取得转让该初创科技型企业股权的应纳税所得额时结转抵扣（财税〔2018〕55号、财税〔2019〕13号、财政部、税务总局公告2022年第6号）
- 天使投资个人投资多个初创科技型企业的，对其中办理注销清算的初创科技型企业，天使投资个人对其投资额的70%尚未抵扣完的，可自注销清算之日起36个月内抵扣天使投资个人转让其他初创科技型企业股权取得的应纳税所得额（财税〔2018〕55号、财税〔2019〕13号、财政部、税务总局公告2022年第6号）
- 有限合伙制创业投资企业采取股权投资方式直接投资于初创科技型企业满2年的，个人合伙人可以按照对初创科技型企业投资额的70%抵扣个人合伙人从合伙创投企业分得的经营所得；当年不足抵扣的，可以在以后纳税年度结转抵扣（财税〔2018〕55号、财税〔2019〕13号、财政部、税务总局公告2022年第6号）
- 全国范围内的有限合伙制创业投资企业采取股权投资方式投资于未上市的中小高新技术企业满2年（24个月）的，该有限合伙制创业投资企业的法人合伙人可按照其对未上市中小高新技术企业投资额的70%抵扣该法人合伙人从该有限合伙制创业投资企业分得的应纳税所得额，当年不足抵扣的，可以在以后纳税年度结转抵扣（财税〔2015〕116号）

十、股票、股权相关

- 股权激励
  - 上市公司：上市公司授予个人的股票期权、限制性股票和股权奖励，经向主管税务机关备案，个人可自股票期权行权、限制性股票解禁或取得股权奖励之日起，在不超过12个月的期限内缴纳个人所得税
  - 非上市公司：非上市公司授予本公司员工的股票期权、股权期权、限制性股票和股权奖励，符合规定条件的，经向主管税务机关备案，可实行递延纳税政策，即员工在取得股权激励时可暂不纳税，递延至转让该股权时纳税
  - 依据：财税〔2016〕101号
- 股息红利
  - 个人取得上市公司股息红利所得，按照持股期限实行差别化政策，详见（注13）（财税〔2015〕101号）
  - 截至2024年6月30日，全国中小企业股份转让系统挂牌公司、北交所上市公司股息红利差别化个人所得税政策也按上述政策执行（财政部 税务总局 证监会公告2019年第78号、财政部 税务总局公告2021年第33号）
  - 自试点开始之日起，对个人投资者持有创新企业CDR取得的股息红利所得，三年内（36个月）实施股息红利差别化个人所得税政策（财政部 税务总局 证监会公告2019年第52号）

注13

- 股息红利差别化政策
  - 暂免征收：持股期限超过1年的
  - 暂减按50%计入应纳税所得额：持股期限在1个月以上至1年（含1年）的
  - 全额计入应纳税所得额：持股期限在1个月以内（含1个月）的

十一、金融证券相关

- 地方政府债券利息免税（财税〔2013〕5号）
- 对个人投资者持有2019—2023年发行的铁路债券取得的利息收入，减按50%计入应纳税所得额计算征收个人所得税（财政部 税务总局公告2019年第57号）
- 对证券市场个人投资者取得的证券交易结算资金利息所得，暂免征收个人所得税，即证券市场个人投资者的证券交易结算资金在2008年10月9日后（含10月9日）孳生的利息所得，暂免征收个人所得税（财税〔2008〕140号）
- 对个人投资者买卖基金单位获得的差价收入，在对个人买卖股票的差价收入未恢复征收个人所得税以前，暂不征收个人所得税（财税字〔1998〕55号）
- 对投资者从基金分配中获得的国债利息、储蓄存款利息以及买卖股票价差收入，暂不征收所得税（财税字〔1998〕55号）
- 储蓄存款利息所得暂免征收个人所得税，储蓄存款在2008年10月9日后（含10月9日）孳生的利息所得，暂免征收个人所得税（财税〔2008〕132号）
- 对内地个人投资者通过沪港通、深港通投资香港联交所上市股票取得的转让差价所得和通过基金互认买卖香港基金份额取得的转让差价所得，自2019年12月5日起至2023年12月31日止，继续暂免征收个人所得税（财政部 税务总局 证监会公告2019年第93号、财政部 税务总局公告2023年第2号）
- 对个人投资者从投保基金公司取得的行政和解金，暂免征收个人所得税（财税〔2016〕100号）
- 自原油期货对外开放之日起，对境外个人投资者投资中国境内原油期货取得的所得，三年内暂免征收个人所得税（财税〔2018〕21号）
- 自试点开始之日起，对个人投资者转让创新企业CDR取得的差价所得，三年（36个月）内暂免征收个人所得税（财政部 税务总局 证监会公告2019年第52号）

十二、个体工商户

- **适用对象**：个体工商户，不区分征收方式，核定征收也可以享受

对个体工商户经营所得年应纳税所得额不超过100万元的部分，在现行优惠政策基础上，再减半征收个人所得税。

- **预缴享受**：个体工商户在预缴税款时即可享受，其年应纳税所得额暂按截至本期申报所属期末的情况进行判断，并在年度汇算清缴时按年计算、多退少补
- **多处经营所得**：若个体工商户从两处以上取得经营所得，需在办理年度汇总纳税申报时，合并个体工商户经营所得年应纳税所得额，重新计算减免税额，多退少补
- **减免税额**：
  - 减免税额=（个体工商户经营所得应纳税所得额不超过100万元部分的应纳税额－其他政策减免税额×个体工商户经营所得应纳税所得额不超过100万元部分÷经营所得应纳税所得额）×（1－50%）
  - 个体工商户需将按上述方法计算得出的减免税额填入对应经营所得纳税申报表“减免税额”栏次，并附报《个人所得税减免税事项报告表》。对于通过电子税务局申报的个体工商户，税务机关将提供该优惠政策减免税额和报告表的预填服务。实行简易申报的定期定额个体工商户，税务机关按照减免后的税额进行税款划缴
- **优惠期限**：2021年1月1日至2024年12月31日

附：经营所得税率表

级数	全年应纳税所得额	税率（%）	速算扣除数
1	不超过30000元的	5	0
2	超过30000元至90000元的部分	10	1500
3	超过90000元至300000元的部分	20	10500
4	超过300000元至500000元的部分	30	40500
5	超过500000元的部分	35	65500

十二、个体工商户

例1

纳税人张某同时经营个体工商户A和个体工商户B，年应纳税所得额分别为80万元和50万元，那么张某在年度汇总纳税申报时，可以享受减半征收个人所得税政策的应纳税所得额为100万元。

例2

纳税人李某经营个体工商户C，年应纳税所得额为80000元（适用税率10%，速算扣除数1500），同时可以享受残疾人政策减免税额2000元，那么李某该项政策的减免税额=[（80000×10%−1500）−2000]×（1−50%）=2250（元）。

例3

纳税人吴某经营个体工商户D，年应纳税所得额为1200000元（适用税率35%，速算扣除数65500），同时可以享受残疾人政策减免税额6000元，那么吴某该项政策的减免税额=[（1000000×35%−65500）−6000×1000000÷1200000]×（1−50%）=139750（元）。

政策依据

财政部 税务总局公告2021年第12号、财政部 税务总局公告2023年第6号

十三、其他

举报

个人举报、协查各种违法、犯罪行为而获得的奖金，免征个人所得税（财税字〔1994〕020号)

手续费

个人办理代扣代缴税款手续，按规定取得的扣缴手续费，免征个人所得税（财税字〔1994〕020号）

储蓄机构内从事代扣代缴工作的办税人员取得的扣缴利息税手续费所得，免征个人所得税（国税发〔2001〕31号）

十三、其他

北京冬奥会

个人捐赠北京2022年冬奥会、冬残奥会、测试赛的资金和物资支出可在计算个人应纳税所得额时予以全额扣除（财税〔2017〕60号）

对受北京冬奥组委邀请，在北京2022年冬奥会、冬残奥会、测试赛期间临时来华，从事奥运相关工作的外籍顾问以及裁判员等外籍技术官员取得的由北京冬奥组委、测试赛赛事组委会支付的劳务报酬免征个人所得税（财税〔2017〕60号、财政部公告2019年第92号）

残疾人

残疾人员投资兴办或参与投资兴办个人独资企业和合伙企业的，残疾人员取得的生产经营所得，符合各省、自治区、直辖市人民政府规定的减征个人所得税条件的，经本人申请、主管税务机关审核批准，可按各省、自治区、直辖市人民政府规定减征的范围和幅度，减征个人所得税（国税函〔2001〕84号）

重点群体

2019年1月1日至2025年12月31日，建档立卡贫困人口、持《就业创业证》（注明“自主创业税收政策”或“毕业年度内自主创业税收政策”）或《就业失业登记证》（注明“自主创业税收政策”）的人员，从事个体经营的，自办理个体工商户登记当月起，在3年（36个月）内按每户每年12000元为限额依次扣减其当年实际应缴纳的增值税、城市维护建设税、教育费附加、地方教育附加和个人所得税。限额标准最高可上浮20%，各省、自治区、直辖市人民政府可根据本地区实际情况在此幅度内确定具体限额标准（财税〔2019〕22号、财政部 税务总局 人力资源社会保障部 国家乡村振兴局公告2021年第18号）

促销

企业在销售商品（产品）和提供服务过程中向个人赠送礼品，属于以下（注14）情形的，不征收个人所得税（财税〔2011〕50号）

企业在业务宣传、广告等活动中，随机向本单位以外的个人赠送礼品（包括网络红包，下同），以及企业在年会、座谈会、庆典以及其他活动中向本单位以外的个人赠送礼品，个人取得的礼品收入，按照“偶然所得”项目计算缴纳个人所得税，但企业赠送的具有价格折扣或折让性质的消费券、代金券、抵用券、优惠券等礼品除外（财政部、税务总局公告2019年第74号）

注14

1.企业通过价格折扣、折让方式向个人销售商品（产品）和提供服务

2.企业在向个人销售商品（产品）和提供服务的同时给予赠品，如通信企业对个人购买手机赠话费、入网费，或者购话费赠手机等

3.企业对累积消费达到一定额度的个人按消费积分反馈礼品

第四章　个人所得税应纳税所得额的计算

章节目录

- 一、综合所得
  - 收入额
  - 专项扣除　详见第一节
  - 专项附加扣除　详见第二节
  - 其他扣除　详见第三节
- 二、非居民个人取得前四项所得
- 三、经营所得　详见第二章第五节
- 四、利息、股息、红利所得和偶然所得　详见第二章第六节
- 五、财产租赁所得　详见第二章第七节
- 六、财产转让所得　详见第二章第八节
- 七、公益捐赠
  - 限额扣除
  - 全额扣除
  - （限额扣除、全额扣除）详见第五章
- 八、分别纳税
- 九、政策依据

一、综合所得

应纳税所得额=每一纳税年度的收入额（注1）-费用60000元-专项扣除（注2）-专项附加扣除（注3）-依法确定的其他扣除（注4）

注1收入额
- 劳务报酬所得、特许权使用费所得　收入×（1-20%）
- 稿酬所得　收入×（1-20%）×70%

tips
- 单一项目扣除费用后不适合直接叫应纳税所得额，所以引入收入额的概念
- 收入　没有做任何扣除
- 收入额　对某些项目的收入征税前给予打折
- 所得　收入/收入额-扣除额=应纳税所得额

注2专项扣除
- 按照国家规定的范围和标准缴纳的基本养老保险、基本医疗保险、失业保险等社会保险费和住房公积金等

注3专项附加扣除
- 包括子女教育、继续教育、大病医疗、住房贷款利息或者住房租金、赡养老人、3岁以下婴幼儿照护等支出

注4其他扣除
- 企业年金
- 职业年金
- 商业健康保险
- 税收递延型商业养老保险
- 国务院规定可以扣除的其他项目

（注2、注3、注4）以居民个人一个纳税年度的应纳税所得额为限额；一个纳税年度扣除不完的，不结转以后年度扣除

- **二、非居民个人取得前四项所得**
  - 工资、薪金所得 —— 应纳税所得额=每月收入额－费用5000元
  - 劳务报酬所得、稿酬所得、特许权使用费所得 —— 应纳税所得额=每次（注5）收入额
- **注5每次**
  - 属于一次性收入的 —— 以取得该项收入为一次
  - 属于同一项目连续性收入的 —— 以一个月内取得的收入为一次

- **三、经营所得**
  - 应纳税所得额=每一纳税年度的收入总额－成本、费用（注6）－损失（注7）
  - 没有综合所得的 —— 应当减除费用6万元、专项扣除、专项附加扣除以及依法确定的其他扣除
  - 未提供完整、准确的纳税资料不能正确计算应纳税所得额 —— 核定应纳税所得额或者应纳税额
- **注6成本、费用**
  - 各项直接支出
  - 分配计入成本的间接费用
  - 销售费用、管理费用、财务费用
- **注7损失**
  - 固定资产和存货的盘亏、毁损、报废损失
  - 转让财产损失
  - 坏账损失
  - 自然灾害等不可抗力因素造成的损失
  - 其他损失

- **四、利息、股息、红利所得和偶然所得** —— 应纳税所得额=每次（注8）收入额
- **注8每次**
  - 利息、股息、红利所得 —— 以支付利息、股息、红利时取得的收入为一次
  - 偶然所得 —— 以每次取得该项收入为一次

- **五、财产租赁所得**
  - 每次（注9）收入≤4000元 —— 应纳税所得额 =收入－费用800元
  - 每次（注9）收入>4000元 —— 应纳税所得额 =收入×（1−20%）
- **注9每次** —— 以一个月内取得的收入为一次

六、财产转让所得

- 应纳税所得额=转让财产的收入额-财产原值（注10）-合理费用（注11）
- 按照一次转让财产的收入额减除财产原值和合理费用后的余额计算纳税

注10财产原值

- 有价证券：买入价+买入时按照规定交纳的有关费用
- 建筑物：建造费或者购进价格以及其他有关费用
- 土地使用权：为取得土地使用权所支付的金额、开发土地的费用以及其他有关费用
- 机器设备、车船：购进价格、运输费、安装费以及其他有关费用
- 其他财产：参照前款规定的方法确定财产原值

未提供完整、准确的财产原值凭证，核定

注11合理费用

- 指卖出财产时按照规定支付的有关税费

七、公益捐赠

- 限额扣除：个人将其所得对教育、扶贫、济困等公益慈善事业进行捐赠（注12），捐赠额未超过纳税人申报的应纳税所得额（指计算扣除捐赠额之前）百分之三十的部分，可以从其应纳税所得额中扣除
- 全额扣除：国务院规定对公益慈善事业捐赠实行全额税前扣除的，从其规定

注12

- 指个人将其所得通过中国境内的公益性社会组织、国家机关向教育、扶贫、济困等公益慈善事业的捐赠

八、分别纳税

- 两个以上的个人共同取得同一项目收入的，应当对每个人取得的收入分别按照个人所得税法的规定计算纳税

九、政策依据

- 《中华人民共和国个人所得税法》《中华人民共和国个人所得税法实施条例》

第一节　个人所得税专项扣除

章节目录

一、专项扣除内容
二、社会保险费
三、住房公积金
四、扣除事项
五、会计处理

一、专项扣除内容——包括居民个人按照国家规定的范围和标准缴纳的基本养老保险、基本医疗保险、失业保险等社会保险费和住房公积金等

tips——应纳税所得额=综合所得收入额-费用60000元-专项扣除-专项附加扣除-依法确定的其他扣除-捐赠

二、社会保险费

- 企事业单位按照国家或省（自治区、直辖市）人民政府规定的缴费比例或办法实际缴付的基本养老保险费、基本医疗保险费和失业保险费，免征个人所得税。个人按照国家或省（自治区、直辖市）人民政府规定的缴费比例或办法实际缴付的基本养老保险费、基本医疗保险费和失业保险费，允许在个人应纳税所得额中扣除
- 企事业单位和个人超过规定的比例和标准缴付的基本养老保险费、基本医疗保险费和失业保险费，应将超过部分并入个人当期的工资、薪金收入，计征个人所得税
- 个人实际领（支）取原提存的基本养老保险金、基本医疗保险金、失业保险金时，免征个人所得税
- 依据：财税〔2006〕10号
- 费率
  - 单位和个人缴费的具体费率由各省、自治区、直辖市人民政府确定。在省、自治区、直辖市行政区域内，单位及职工的费率应当一致
  - 基本养老保险
    - 个人　8%
    - 单位　一般为16%
  - 基本医疗保险
    - 个人　全国平均为2%
    - 单位　全国平均为8.5%
  - 失业保险
    - 个人　0.5%左右
    - 单位　不超过0.5%

二、社会保险费

- 费率
  - 工伤保险
    - 个人 0%
    - 单位
      - 实行行业差别费率，分为八类。一类至八类分别在0.2%、0.4%、0.7%、0.9%、1.1%、1.3%、1.6%、1.9%左右
      - 在行业差别费率基础上实行浮动费率

三、住房公积金

- 单位和个人分别在不超过职工本人上一年度月平均工资（注1）12%的幅度内，其实际缴存的住房公积金，允许在个人应纳税所得额中扣除
- 单位和个人超过规定比例和标准缴付的住房公积金，应将超过部分并入个人当期的工资、薪金收入，计征个人所得税
- 个人实际领（支）取原提存住房公积金时，免征个人所得税
- 依据：财税〔2006〕10号

注1：单位和职工个人缴存住房公积金的月平均工资不得超过职工工作地所在设区城市上一年度职工月平均工资的3倍，具体标准按照各地有关规定执行

四、扣除事项

- 计算居民个人的综合所得的应纳税所得额时，可以从每一纳税年度的收入额中减除专项扣除
- 专项扣除以居民个人一个纳税年度的应纳税所得额为限额；一个纳税年度扣除不完的，不结转以后年度扣除
- 取得劳务报酬所得、稿酬所得、特许权使用费所得中一项或者多项所得，且综合所得年收入额减除专项扣除的余额超过6万元时，需要办理汇算清缴

联想：企业所得税

- 四险一金
  - 基本养老保险费、基本医疗保险费（含生育保险费）、失业保险费、工伤保险费等基本社会保险费和住房公积金
  - 对象 为职工缴纳
  - 范围和标准 在国务院财政、税务主管部门规定的范围和标准内扣除

- 联想：企业所得税
  - 补充养老保险费、补充医疗保险费
    - 对象　为投资者或者职工支付
    - 范围和标准　在国务院财政、税务主管部门规定的范围和标准内
    - 为在本企业任职或者受雇的全体员工支付的补充养老保险费、补充医疗保险费，分别在不超过职工工资总额5%标准内的部分，在计算应纳税所得额时准予扣除；超过的部分，不予扣除（财税〔2009〕27号）
  - 财产保险　按照规定缴纳的保险费准予扣除
  - 商业保险
    - 一般不得扣除
    - 可扣除
      - 依规为特殊工种职工支付的人身安全保险费
      - 国务院财政、税务主管部门规定可以扣除的其他商业保险费

- 五、会计处理
  - 计提工资时
    - 借：生产成本/工程施工/在建工程/研发支出/管理费用等
    - 贷：应付职工薪酬—工资薪金
  - 计提四险一金时
    - 借：生产成本/工程施工/在建工程/研发支出/管理费用等
    - 贷：应付职工薪酬—养老保险
—医疗保险
—失业保险
—工伤保险
—住房公积金
  - 工资结算时
    - 借：应付职工薪酬—工资薪金
    - 贷：其他应付款—社会保险（个人承担）
    - 其他应付款—住房公积金（个人承担）
    - 应交税费—应交个人所得税
    - 银行存款（实发）
  - 缴纳四险一金时
    - 借：应付职工薪酬—养老保险
—医疗保险
—失业保险
—工伤保险
—住房公积金
    - 其他应付款—社会保险（个人承担）
    - 其他应付款—住房公积金（个人承担）
    - 贷：银行存款

第二节　个人所得税专项附加扣除

章节目录

一、概念
二、子女教育
三、继续教育
四、大病医疗
五、住房贷款利息
六、住房租金
七、赡养老人
八、3岁以下婴幼儿照护
九、办理时间
十、享受方式
十一、后续管理
十二、法律责任
十三、专项附加扣除信息提供与核实

一、概念

专项附加扣除是指子女教育、继续教育、大病医疗、住房贷款利息、住房租金、赡养老人、3岁以下婴幼儿照护等7项专项附加扣除

二、子女教育

- 扣除人
  - 父母（注1）其中一方按扣除标准的100%扣除或由双方分别按扣除标准的50%扣除
  - 具体扣除方式在一个纳税年度内不能变更
- 扣除额：每个子女（注2）每月1000元
- 计算时间
  - 学前教育：子女年满3周岁当月至小学入学前一月
  - 学历教育：子女接受全日制学历教育（注3）入学的当月至全日制学历教育结束的当月
  - 包含因病或其他非主观原因休学但学籍继续保留的休学期间，以及施教机构按规定组织实施的寒暑假等假期
- 注1
  - 父母，是指生父母、继父母、养父母
  - 父母之外的其他人担任未成年人的监护人的，比照本办法规定执行

二、子女教育

- 注2：子女，是指婚生子女、非婚生子女、继子女、养子女
- 注3：义务教育（小学、初中教育）、高中阶段教育（普通高中、中等职业、技工教育）、高等教育（大学专科、大学本科、硕士研究生、博士研究生教育）
- 填报信息：填报配偶及子女的姓名、身份证件类型及号码、子女当前受教育阶段及起止时间、子女就读学校以及本人与配偶之间扣除分配比例等信息
- 留存备查（注4）：子女在境外接受教育的，应当留存境外学校录取通知书、留学签证等境外教育佐证资料
- 注4：税务机关核查时，纳税人无法提供留存备查资料，或者留存备查资料不能支持相关情况的，税务机关可以要求纳税人提供其他佐证；不能提供其他佐证材料，或者佐证材料仍不足以支持的，不得享受相关专项附加扣除，下同

三、继续教育

- 扣除人
  - 学历（学位）继续教育
    - 本人
    - 本科及以下：本人或父母
  - 职业资格继续教育
- 扣除额
  - 学历（学位）继续教育：每月400元定额扣除，扣除期限≤48个月
  - 职业资格继续教育：取得相关证书的当年，按照3600元定额扣除
- 计算时间
  - 学历（学位）继续教育
    - 在中国境内接受学历（学位）继续教育入学的当月至学历（学位）继续教育结束的当月
    - 同一学历（学位）继续教育的扣除期限最长不得超过48个月
  - 职业资格继续教育：取得相关证书的当年
  - 包含因病或其他非主观原因休学但学籍继续保留的休学期间，以及施教机构按规定组织实施的寒暑假等假期
- 填报信息
  - 接受学历（学位）继续教育的，应当填报教育起止时间、教育阶段等信息
  - 接受技能人员或者专业技术人员职业资格继续教育的，应当填报证书名称、证书编号、发证机关、发证（批准）时间等信息
- 留存备查：纳税人接受技能人员职业资格继续教育、专业技术人员职业资格继续教育的，应当留存职业资格相关证书等资料

四、大病医疗

- 扣除人
  - 由本人或者其配偶扣除
  - 未成年子女
    - 由其父母一方扣除
  - 纳税人及其配偶、未成年子女发生的医药费用支出，按规定分别计算扣除额
- 扣除额
  - 在一个纳税年度内，发生的与基本医保相关的医药费用支出，扣除医保报销后个人负担（指医保目录范围内的自付部分）累计超过15000元的部分，由纳税人在办理年度汇算清缴时，在80000元限额内据实扣除
- 计算时间
  - 为医疗保障信息系统记录的医药费用实际支出的当年
- 填报信息
  - 应当填报患者姓名、身份证件类型及号码、与纳税人关系、与基本医保相关的医药费用总金额、医保目录范围内个人负担的自付金额等信息
- 留存备查
  - 应当留存大病患者医药服务收费及医保报销相关票据原件或复印件，或者医疗保障部门出具的纳税年度医药费用清单等资料
- 小例子
  - 2019年李某一家医疗费用支出（扣除医保报销后个人负担部分）如下：李某自己2万元，妻子10万元，女儿0.3万元，父亲5万元。如李某一家符合条件的大病医疗支出全部由李某扣除，女儿因小于1.5万元所以不扣，李某本人可扣0.5万元，妻子可扣8万元，如选择由李某扣除，因目前税法未将纳税人父母纳入纳税人大病医疗扣除范围，所以李某最多可以扣除的金额为8.5万元。

五、住房贷款利息

- 扣除人
  - 由夫妻双方其中一方扣除
  - 夫妻双方婚前分别购买住房
    - 购买方其中一方扣除，或夫妻双方对各自购买的住房各扣50%
  - 具体扣除方式在一个纳税年度内不能变更
- 扣除额
  - 纳税人本人或者配偶单独或者共同使用商业银行或者住房公积金个人住房贷款为本人或者其配偶购买中国境内住房，发生的首套住房贷款利息支出（注5），在实际发生贷款利息的年度，按照每月1000元的标准定额扣除，扣除期限最长不超过240个月
  - 纳税人只能享受一次首套住房贷款的利息扣除
  - 纳税人及其配偶在一个纳税年度内不能同时分别享受住房贷款利息和住房租金专项附加扣除

- **五、住房贷款利息**
  - 计算时间：为贷款合同约定开始还款的当月至贷款全部归还或贷款合同终止的当月，扣除期限最长不得超过240个月
  - 注5：首套住房贷款是指购买住房享受首套住房贷款利率的住房贷款
  - 填报信息：应当填报住房权属信息、住房坐落地址、贷款方式、贷款银行、贷款合同编号、贷款期限、首次还款日期等信息；纳税人有配偶的，填写配偶姓名、身份证件类型及号码
  - 留存备查：应当留存住房贷款合同、贷款还款支出凭证备查

- **六、住房租金**
  - 扣除人
    - 前提
      - 纳税人在主要工作城市（注6）没有自有住房而发生的住房租金支出
      - 纳税人的配偶在纳税人的主要工作城市有自有住房的，视同纳税人在主要工作城市有自有住房
    - 由签订租赁住房合同的承租人扣除
    - 纳税人及其配偶在一个纳税年度内不能同时分别享受住房贷款利息和住房租金专项附加扣除
    - 夫妻双方主要工作城市相同的，只能由一方扣除住房租金支出
  - 扣除额
    - 直辖市、省会（首府）城市、计划单列市以及国务院确定的其他城市：每月1500元
    - 市辖区户籍人口>100万的城市：每月1100元
    - 市辖区户籍人口≤100万的城市：每月800元
  - 计算时间：为租赁合同（协议）约定的房屋租赁期开始的当月至租赁期结束的当月。提前终止合同（协议）的，以实际租赁期限为准
  - 填报信息：应当填报主要工作城市、租赁住房坐落地址、出租人姓名及身份证件类型和号码或者出租方单位名称及纳税人识别号（社会统一信用代码）、租赁起止时间等信息；纳税人有配偶的，填写配偶姓名、身份证件类型及号码
  - 留存备查：住房租赁合同、协议等资料
  - 注6：指纳税人任职受雇的直辖市、计划单列市、副省级城市、地级市（地区、州、盟）全部行政区域范围；纳税人无任职受雇单位的，为受理其综合所得汇算清缴的税务机关所在城市

七、赡养老人

- 扣除人
  - 赡养人均摊、约定分摊，或被赡养人（注7）指定分摊
  - 约定或者指定分摊的须签订书面分摊协议，指定分摊优先于约定分摊
  - 具体分摊方式和额度在一个纳税年度内不能变更
- 扣除额
  - 独生子女：每月2000元的标准定额扣除
  - 非独生子女：本人与兄弟姐妹分摊每月2000元的扣除额度，每人分摊的额度不能超过每月1000元
- 计算时间：为被赡养人年满60周岁的当月至赡养义务终止的年末
- 填报信息：应当填报纳税人是否为独生子女、月扣除金额、被赡养人姓名及身份证件类型和号码、与纳税人关系；有共同赡养人的，需填报分摊方式、共同赡养人姓名及身份证件类型和号码等信息
- 留存备查：非独生子女：约定或指定分摊的书面分摊协议等资料
- 注7：被赡养人是指年满60岁的父母，以及子女均已去世的年满60岁的祖父母、外祖父母

八、3岁以下婴幼儿照护

- 该项政策自2022年1月1日起实施
- 扣除人：父母可以选择由其中一方按扣除标准的100%扣除，也可以选择由双方分别按扣除标准的50%扣除，具体扣除方式在一个纳税年度内不能变更。监护人不是父母的，也可以按上述政策规定扣除
- 扣除额：每个婴幼儿每月1000元的标准定额扣除
- 计算时间
  - 为婴幼儿出生的当月至年满3周岁的前一个月
  - 例：2022年5月出生的婴幼儿，一直到2025年4月，其父母都可以按规定享受此项专项附加扣除政策
- 填报信息：应当填报配偶及子女的姓名、身份证件类型（如居民身份证、子女出生医学证明等）及号码（注8）以及本人与配偶之间扣除分配比例等信息
- 留存备查：子女的出生医学证明等资料

八、3岁以下婴幼儿照护

注8：婴幼儿名下的中国护照、外国护照、港澳居民来往内地通行证、台湾居民来往大陆通行证等可证明身份的证件，均可作为填报证件。极少数暂未获取上述证件的，也可选择“其他个人证件”并在备注中如实填写相关情况，不影响纳税人享受扣除。后续取得相关证件的，再补充更新

九、办理时间

- 享受子女教育、继续教育、住房贷款利息或者住房租金、赡养老人、3岁以下婴幼儿照护专项附加扣除（注9）
- 纳税人同时从两处以上取得工资、薪金所得，并由扣缴义务人办理上述专项附加扣除的（注10）
- 享受大病医疗专项附加扣除的纳税人（注11）
- 纳税人未取得工资、薪金所得，仅取得劳务报酬所得、稿酬所得、特许权使用费所得需要享受专项附加扣除的（注13）

注9：
- 自符合条件开始，可以向支付工资、薪金所得的扣缴义务人提供上述专项附加扣除有关信息，由扣缴义务人在预扣预缴税款（注12）时，按其在本单位本年可享受的累计扣除额办理扣除
- 也可以在次年3月1日至6月30日内，向汇缴地主管税务机关办理汇算清缴申报时扣除
- 一个纳税年度内，纳税人在扣缴义务人预扣预缴税款环节未享受或未足额享受专项附加扣除的可以在当年内向支付工资、薪金的扣缴义务人申请在剩余月份发放工资、薪金时补充扣除，也可以在次年3月1日至6月30日内，向汇缴地主管税务机关办理汇算清缴时申报扣除

注10——对同一专项附加扣除项目，一个纳税年度内，纳税人只能选择从其中一处扣除

注11——由其在次年3月1日至6月30日内，自行向汇缴地主管税务机关办理汇算清缴申报时扣除

注12——纳税人年度中间更换工作单位的，在原单位任职、受雇期间已享受的专项附加扣除金额，不得在新任职、受雇单位扣除。原扣缴义务人应当自纳税人离职不再发放工资薪金所得的当月起，停止为其办理专项附加扣除

注13——应当在次年3月1日至6月30日内，自行向汇缴地主管税务机关报送《扣除信息表》，并在办理汇算清缴申报时扣除

十、享受方式

- 申报即可享受、资料留存备查
- 纳税人通过远程办税端报送专项附加扣除信息
- 也可以直接报送电子或者纸质《个人所得税专项附加扣除信息表》（一式两份）

十一、后续管理

- 纳税人应当将《扣除信息表》及相关留存备查资料，自法定汇算清缴期结束后保存五年
- 纳税人报送给扣缴义务人的《扣除信息表》，扣缴义务人应当自预扣预缴年度的次年起留存五年
- 扣缴义务人发现纳税人提供的信息与实际情况不符，可以要求纳税人修改。纳税人拒绝修改的，扣缴义务人应当向主管税务机关报告，税务机关应当及时处理
- 除纳税人另有要求外，扣缴义务人应当于年度终了后两个月内，向纳税人提供已办理的专项附加扣除项目及金额等信息
- 税务机关核查时，纳税人无法提供留存备查资料，或者留存备查资料不能支持相关情况的，税务机关可以要求纳税人提供其他佐证；不能提供其他佐证材料，或者佐证材料仍不足以支持的，不得享受相关专项附加扣除

十二、法律责任

- 纳税人有下列情形之一的（注14），主管税务机关应当责令其改正；情形严重的，应当纳入有关信用信息系统，并按照国家有关规定实施联合惩戒；涉及违反税收征管法等法律法规的，税务机关依法进行处理
- 纳税人在任职、受雇单位报送虚假扣除信息的，税务机关责令改正的同时，通知扣缴义务人

注14

- 报送虚假专项附加扣除信息
- 重复享受专项附加扣除
- 超范围或标准享受专项附加扣除
- 拒不提供留存备查资料
- 税务总局规定的其他情形

- 十三、专项附加扣除信息提供与核实
  - 公安部门
    - 有关户籍人口基本信息、户成员关系信息、出入境证件信息、相关出国人员信息、户籍人口死亡标识等信息
  - 卫生健康部门
    - 有关出生医学证明信息、独生子女信息
  - 民政部门、外交部门、法院
    - 有关婚姻状况信息
  - 教育部门
    - 有关学生学籍信息（包括学历继续教育学生学籍、考籍信息）、在相关部门备案的境外教育机构资质信息
  - 人力资源社会保障等部门
    - 有关技工院校学生学籍信息、技能人员职业资格继续教育信息、专业技术人员职业资格继续教育信息
  - 住房城乡建设部门
    - 有关房屋（含公租房）租赁信息、住房公积金管理机构有关住房公积金贷款还款支出信息
  - 自然资源部门
    - 有关不动产登记信息
  - 人民银行、金融监督管理部门
    - 有关住房商业贷款还款支出信息
  - 医疗保障部门
    - 有关在医疗保障信息系统记录的个人负担的医药费用信息
  - 国务院税务主管部门
    - 确定需要提供的其他涉税信息

政策依据　国发〔2018〕41号、国发〔2022〕8号、国家税务总局公告2022年第7号

第三节 个人所得税其他扣除

章节目录

- 一、概念
- 二、企业年金和职业年金（补充养老保险）
- 三、商业健康保险
- 四、个人养老金
- 五、国务院规定可以扣除的其他项目

一、概念

- 其他扣除包括个人缴付符合国家规定的企业年金、职业年金，个人购买符合国家规定的商业健康保险、税收递延型商业养老保险的支出，以及国务院规定可以扣除的其他项目
- 依法确定的其他扣除在计算综合所得应纳税所得额时允许从居民个人每一纳税年度的收入额中扣除
- 同时取得综合所得和经营所得的纳税人，可在综合所得或经营所得中申报减除费用6万元、专项扣除、专项附加扣除以及依法确定的其他扣除，但不得重复申报减除

tips 综合所得应纳税所得额=综合所得收入额−费用60000元−专项扣除−专项附加扣除−依法确定的其他扣除−符合条件的公益慈善事业捐赠

二、企业年金和职业年金（补充养老保险）

1.国家标准

- 企业年金：企业缴费每年不超过本企业职工工资总额的8%。企业和职工个人缴费合计不超过本企业职工工资总额的12%（人力资源和社会保障部财政部令第36号）
- 职业年金：事业单位缴纳职业年金费用的比例最高不超过本单位上年度缴费工资基数的8%，当期计入的最高额一般不得超过本单位工作人员平均分配额的3倍(国办发〔2011〕37号）

- 2.环节
  - 缴费环节
    - 单位缴费部分计入个人账户时　国家标准内暂不缴纳
    - 个人缴费　注1标准内可扣除
  - 年金基金投资运营收益分配环节　暂不缴纳
  - 实际领取环节　注2

- 注1
  - 超过国家标准缴付部分，应并入个人当期的工资、薪金所得
  - 个人根据国家有关政策规定缴付的年金个人缴费部分，在不超过本人缴费工资计税基数（注3）的4%标准内的部分，暂从个人当期的应纳税所得额中扣除
  - 依据：财税〔2013〕103号

- 注2领取年金
  - 个人达到国家规定的退休年龄，领取的企业年金、职业年金，符合财税〔2013〕103号规定的，不并入综合所得，全额单独计算应纳税款
  - 按月领取　适用月度税率表
  - 按季领取　平均分摊计入各月，按每月领取额适用月度税率表
  - 按年领取　适用综合所得年度税率表
  - 出国、继承等特殊事项　适用综合所得年度税率表
  - 依据：财税〔2018〕164号

- 注3
  - 企业年金个人缴费工资计税基数为本人上一年度月平均工资
  - 月平均工资超过职工工作地所在设区城市上一年度职工月平均工资300%以上的部分，不计入个人缴费工资计税基数

- tips
  - 补充医疗保险：单位为职工个人购买商业性补充养老保险等，在办理投保手续时应作为个人所得税的“工资、薪金所得”项目，按税法规定缴纳个人所得税；因各种原因退保，个人未取得实际收入的，已缴纳的个人所得税应予以退回（财税〔2005〕94号）
  - 企业所得税：企业为本企业全体员工支付的补充养老保险、补充医疗保险，分别在不超过职工工资总额5%标准内的部分，在计算企业所得税应纳税所得额时准予扣除；超过部分，不予扣除（财税〔2009〕27号）

小例子：王某是甲公司员工。假设王某2032年达到法定退休年龄时，年金账户余额为480000元，分10年按季领取，需缴纳多少个人所得税？
解：按季领取的，平均分摊计入各月，按每月领取额适用月度税率表计算纳税。每季领取48000/4=12000元，每月应纳税所得额4000元，每季缴纳个人所得税（4000×10%−210)×3=570（元）。

三、商业健康保险

- 适用对象
  - 对个人（取得工资薪金所得或连续性劳务报酬所得的个人）购买符合规定的商业健康保险产品的支出允许按月限额扣除
  - 单位统一组织为员工购买或者单位和个人共同负担购买符合规定的商业健康保险产品，单位负担部分应当实名计入个人工资薪金明细清单，视同个人购买按月限额扣除
  - 个体工商户业主、企事业单位承包承租经营者、个人独资和合伙企业投资者自行购买按年扣除
- 按月扣除　≤200元/月
- 按年扣除　≤2400元/年
- 不得扣除
  - 一年内保费金额>2400元的部分
  - 个人购买商业健康保险未获得税优识别码的，其支出金额不得税前扣除
- 扣除时间
  - 个人自行购买的，自个人提交保单凭证的次月起扣除
  - 单位购买的，自购买产品次月起扣除
- 终止扣除
  - 个人未续保或退保的，应于未续保或退保当月告知扣缴义务人终止商业健康保险税前扣除
- 扣除地点
  - 个人从中国境内两处或者两处以上取得工资薪金所得，只能选择在其中一处扣除

三、商业健康保险

- 依据：财税〔2017〕39号、国家税务总局公告2017年第17号、财税〔2022〕21号
- 申报
  - 填报《商业健康保险税前扣除情况明细表》
  - 个人购买商业健康保险支出金额填至申报表“其他扣除”（注明商业健康保险扣除金额）
  - 经营所得汇算清缴时，将商业健康保险税前扣除金额填至“依法确定的其他扣除”

小例子：王某是甲公司员工，2020年每月工资薪金收入10000元，符合扣除标准的“三险一金”为1000元/月。2020年1月，甲企业统一为员工购买了每人每年3000元符合规定的商业健康保险，不考虑专项附加扣除，2020年1月甲公司为王某代扣代缴的个人所得税是多少？

解：甲公司应代扣代缴王某1月个人所得税=（10000+3000−5000−1000）×3%=210（元）。

四、个人养老金

- 自2022年1月1日起，对个人养老金实施递延纳税优惠政策
- 缴费环节：注4
- 投资环节：计入个人养老金资金账户的投资收益暂不征收个人所得税
- 领取环节：注5
- 依据：财政部 税务总局公告2022年第34号

注4：个人向个人养老金资金账户的缴费，按照12000元/年的限额标准，在综合所得或经营所得中据实扣除

注5：
- 个人领取的个人养老金，不并入综合所得，单独按照3%的税率计算缴纳个人所得税，其缴纳的税款计入“工资、薪金所得”项目
- 个人按规定领取个人养老金时，由开立个人养老金资金账户所在市的商业银行机构代扣代缴其应缴的个人所得税

tips

我国养老保险体系三大支柱：

- 第一支柱 基本养老保险
  - 强制实施
  - 社会统筹与个人账户相结合
- 第二支柱 企业年金和职业年金
  - 单位及其职工建立、共同缴费
  - 退休时个人权益完全归个人所有
  - 补充养老
- 第三支柱
  - 个人养老金
    - 自愿参加
    - 个人缴费
    - 补充养老
  - 个人商业养老金融

上海某公司员工王某购买了一份个人养老金，自2022年1月起每月缴纳800元，王某选择在汇算清缴时扣除。2022年王某取得工资薪金收入120000元，取得劳务报酬收入20000元，暂不考虑专项扣除、专项附加扣除以及除税收递延型商业养老保险以外的其他扣除。计算王某2022年应缴纳的个人所得税。假设王某2025年退休，其购买的商业养老保险按月可领取商业养老金3000元，计算领取时应缴纳的个人所得税。

解析：王某2022年年度综合所得收入额=120000+20000×80%=136000元，其缴纳的保费9600元准予在申报扣除当年计算应纳税所得额时予以限额据实扣除，扣除限额按照不超过12000元/年确定，因此王某可税前扣除的保费为9600元。王某2022年应纳税所得额=136000−60000−9600=66400（元），应缴纳个人所得税66400×10%−2520=4120（元）。

退休后王某按月领取商业养老金，领取的税收递延型商业养老保险的养老金收入在支付时代扣代缴个人所得税=3000×3%=90（元）。

五、国务院规定可以扣除的其他项目

- 公务交通费与通讯补贴（注6）
  - 国税发〔1999〕58号
  - 国税函〔2006〕245号
- 远洋运输船员伙食费（注8）
  - 国税发〔1999〕202号
- 保险营销员、证券经纪人展业成本（注10）
  - 财税〔2018〕164号
- 律师办理案件费用（注11）
  - 国税发〔2000〕149号

注6：公务交通费与通讯补贴

- 公务用车、通讯补贴收入减除一定标准（注7）的公务费用后，按照“工资、薪金”所得项目计征个人所得税。即超过扣除基数的补贴，应计入个人所得征税
- 视为个人取得公务用车补贴
  - 私车公用，单位反租职工个人的车辆支付车辆租赁费
  - 直接以现金形式发放，在限额内据实报销用车支出
  - 现金、报销等形式向职工个人支付的收入

注7

扣除标准，由省级税务局根据纳税人公务交通、通讯费用的实际发生情况调查测算，报经省级人民政府批准后确定，并报国家税务总局备案

注8：远洋运输船员伙食费

- 按年计算、分月预缴
- 船员的伙食费（注9）：不计入船员个人的应纳税工资、薪金收入

注9

由于船员的伙食费统一用于集体用餐，不发给个人，故特案允许该项补贴不计入船员个人的应纳税工资、薪金收入（国税发〔1999〕202号）

注10

收入额=不含增值税的收入×（1−20%），收入额−展业成本−附加税费，并入当年综合所得，展业成本=收入额×25%

注11

- 律师从其分成收入中扣除办理案件支出费用的标准，由各省税务局根据当地律师办理案件费用支出的一般情况、律师与律师事务所之间的收入分成比例及其他相关参考因素，在律师当月分成收入的30%比例内确定（国税发〔2000〕149号）
- 小例子：王某是一家律师事务所的雇员，2022年1月取得分成收入10000元，工资收入2800元，不考虑其他条件，王某当月应预扣预缴个人所得税=[10000×（1−30%）+2800−5000]×3%=4800×3%=144（元）。

第四节　个人所得税核定征收

章节目录

- 一、税收征管法
- 二、税收征管法实施细则
- 三、个人所得税法实施条例
- 四、经营所得核定征收
- 五、股权转让核定征收
- 六、货运行业核定征收
- 七、建筑业核定征收
- 八、律师行业核定征收
- 九、其他核定

一、税收征管法

- 第三十五条规定，税务机关有权核定应纳税款的情形（见注1）
- 第三十七条规定，未办证及临时从事经营纳税人（见注2）

注1情形之一

- 依照法律、行政法规的规定可以不设置账簿的
- 依照法律、行政法规的规定应当设置账簿但未设置的
- 擅自销毁账簿或者拒不提供纳税资料的
- 虽设置账簿，但账目混乱或者成本资料、收入凭证、费用凭证残缺不全，难以查账的
- 发生纳税义务，未按照规定的期限办理纳税申报，经税务机关责令限期申报，逾期仍不申报的
- 纳税人申报的计税依据明显偏低，又无正当理由的
- 税务机关核定应纳税额的具体程序和方法由国务院税务主管部门规定

注2

- 对未按照规定办理税务登记的从事生产、经营的纳税人以及临时从事经营的纳税人，由税务机关核定其应纳税额，责令缴纳

二、税收征管法实施细则

第四十七条规定，纳税人有注1或注2所列情形之一的，税务机关有权采用下列任何一种方法核定其应纳税额（注3）

注3

- 参照当地同类行业或者类似行业中经营规模和收入水平相近的纳税人的税负水平核定
- 按照营业收入或者成本加合理的费用和利润的方法核定
- 按照耗用的原材料、燃料、动力等推算或者测算核定
- 按照其他合理方法核定

三、个人所得税法实施条例

- 第八条规定，所得的形式，见注4
- 第十五条第三款规定，由主管税务机关核定应纳税所得额或者应纳税额的条件，见注5
- 第十六条规定，计算财产转让所得应纳税所得额时核定财产原值的情形，见注6

注4

- 所得为实物的：应当按照取得的凭证上所注明的价格计算应纳税所得额，无凭证的实物或者凭证上所注明的价格明显偏低的，参照市场价格核定应纳税所得额
- 所得为有价证券的：根据票面价格和市场价格核定应纳税所得额
- 所得为其他形式的经济利益的：参照市场价格核定应纳税所得额

注5

从事生产、经营活动，未提供完整、准确的纳税资料，不能正确计算应纳税所得额的，由主管税务机关核定应纳税所得额或者应纳税额

注6

纳税人未提供完整、准确的财产原值凭证，不能按照规定的方法确定财产原值的，由主管税务机关核定财产原值

四、经营所得的核定征收

- 个体工商户
  - 生产经营费用和个人、家庭费用共用时费用的扣除（注7）
- 个人独资企业和合伙企业投资者
  - 生产经营费用混用时（注8）
  - 固定资产混用时（注9）
  - 主管税务机关应采取核定征收方式（注10）征收个人所得税的情形（注11）
  - 实行核定征税的投资者，不能享受个人所得税的优惠政策
  - 依据：财税〔2000〕91号
- 不得核定
  - 自2022年1月1日起，持有股权、股票、合伙企业财产份额等权益性投资的个人独资企业、合伙企业，一律适用查账征收方式计征个人所得税（财政部 税务总局公告2021年第41号）
  - 税务师、会计师、律师、资产评估和房地产估价等鉴证类中介机构不得实行核定征收个人所得税（国税发〔2010〕54号）
- 经营所得采取核定征收方式的，不扣除公益捐赠支出（财政部 税务总局公告2019年第99号）

注7

- 对于生产经营与个人、家庭生活混用难以分清的费用，其40%视为与生产经营有关费用，准予扣除
- 依据：《个体工商户个人所得税计税办法》第十六条

注8

- 投资者及其家庭发生的生活费用与企业生产经营费用混合在一起，并且难以划分的，全部视为投资者个人及其家庭发生的生活费用，不允许在税前扣除

注9

- 企业生产经营和投资者及其家庭生活共用的固定资产，难以划分的，由主管税务机关根据企业的生产经营类型、规模等具体情况，核定准予在税前扣除的折旧费用的数额或比例

注10核定征收方式

- 核定征收方式，包括定额征收、核定应税所得率征收以及其他合理的征收方式（财税〔2000〕91号）
- 定期定额征收
  - 适用于经认定和批准的规模小、达不到设置账簿标准的个体工商户(国家税务总局令第16号)
  - 对虽设置账簿，但账目混乱或成本资料、收入凭证、费用凭证残缺不全，难以查账的个体工商户，税务机关可以实行定期定额征收（国税发〔2006〕183号)

注10核定征收方式

- 核定应税所得率
  - 应纳所得税额=应纳税所得额×适用税率
  - 应纳税所得额=收入总额×应税所得率（或）=成本费用支出额÷（1-应税所得率）×应税所得率
  - 依据：财税〔2000〕91号

应税所得率表

行业	应税所得率（%）
工业、交通运输业、商业	5-20
建筑业、房地产开发业	7-20
饮食服务业	7-25
娱乐业	20-40
其他行业	10-30

- 经营多业：无论其经营项目是否单独核算，均应根据其主营项目确定其适用的应税所得率
- 核定征收率：应纳所得税额=收入总额×个人所得税附征率(国税发〔2006〕183号)

注11情形之一

- 企业依照国家有关法规应当设置但未设置账簿的
- 企业虽设置账簿，但账目混乱或者成本资料、收入凭证、费用凭证残缺不全，难以查账的
- 纳税人发生纳税义务，未按照法规的期限办理纳税申报，经税务机关责令限期申报，逾期仍不申报的

五、股权转让核定征收

- 主管税务机关可以核定股权转让收入的情形（注12）
- 核定股权转让收入的方法（注13）
- 限售股按实际转让收入的15%核定限售股原值及合理税费（财税〔2009〕167号、国税发〔2010〕8号、财税〔2010〕70号）（注14）

注12

- 申报的股权转让收入明显偏低且无正当理由的
- 未按照规定期限办理纳税申报，经税务机关责令限期申报，逾期仍不申报的
- 转让方无法提供或拒不提供股权转让收入的有关资料
- 其他应核定股权转让收入的情形
- 依据：税务总局公告2014年第67号

注13

- 主管税务机关应依次按照下列方法核定股权转让收入
- 净资产核定法
- 类比法
- 其他合理方法

注14　转让价格明显偏低且无正当理由的，主管税务机关可以依据协议签订日的前一交易日该股收盘价或其他合理方式核定其转让收入

六、货运行业核定征收
- 代开货运发票统一按开票金额的1.5%预征个人所得税。实行核定征收个人所得税的，被预征的个人所得税，不得从已核定税额中扣除（该政策自2021年4月1日起停止执行，国家税务总局公告2021年第8号）
- 依据：国家税务总局公告2011年第44号

七、建筑业核定征收
- 对未设立会计账簿，或者不能准确、完整地进行会计核算的单位和个人，主管税务机关可根据其工程规模、工程承包合同（协议）价款和工程完工进度等情况，核定其应纳税所得额或应纳税额（国税发〔1996〕127号）
- 跨省异地施工单位应就其所支付的工程作业人员工资、薪金所得，向工程作业所在地税务机关办理全员全额扣缴明细申报。凡实行全员全额扣缴明细申报的，工程作业所在地税务机关不得核定征收个人所得税（国家税务总局公告2015年第52号）

八、律师业核定征收
- 律师行业不得实行核定征收个人所得税（国税发〔2010〕54号）
- 律师从其分成收入中扣除办理案件支出费用的标准，由各省级地方税务局根据当地律师办理案件费用支出的一般情况、律师与律师事务所之间的收入分成比例及其他相关参考因素，在律师当月分成收入的30%比例内确定（国税发〔2000〕149号）

九、其他核定
- 拍卖收入　注15
- 转让住房
  - 不得核定　在计征个人受赠不动产个人所得税时，不得核定征收，必须严格按照税法规定据实征收（国税发〔2006〕144号）
  - 转让住房所得　=转让收入－房屋原值（注16）－转让住房过程中缴纳的税金－住房装修费用（注18）、住房贷款利息、手续费、公证费等有关合理费用
- 限售股转让　国税发〔2010〕8号注19

注15拍卖品

- 纳税人凭合法有效凭证（税务机关监制的正式发票、相关境外交易单据或海关报关单据、完税证明等），从其转让收入额中减除相应的财产原值、拍卖财产过程中缴纳的税金及有关合理费用计算应纳税所得额（国税发〔2007〕38号）
- 不能提供合法、完整、准确的财产原值凭证：按转让收入额的3%征收率计算缴纳个人所得税
- 为经文物部门认定是海外回流文物的：按转让收入额的2%征收率计算缴纳个人所得税
- 拍卖房屋：按转让收入全额的3%计算缴纳个人所得税
- 依据：国税函〔2007〕1145号

注16转让住房

- 未提供完整、准确的房屋原值凭证（注17），可核定征税，即应纳个人所得税=住房转让收入×比例（1%—3%）
- 依据：国税发〔2006〕108号

注17房屋原值

是指纳税人不能提供房屋购买合同、发票或建造成本、费用支出的有效凭证，或契税征管档案中没有上次交易价格或建造成本、费用支出金额等记录。凡纳税人能提供房屋购买合同、发票或建造成本、费用支出的有效凭证，或契税征管档案中有上次交易价格或建造成本、费用支出金额等记录的，均应按照核实征收方式计征个人所得税（国税发〔2007〕33号）

注18装修费

- 已购公有住房、经济适用房：最高扣除限额为房屋原值的15%
- 商品房及其他住房：最高扣除限额为房屋原值的10%
- 不得重复扣除：合同注明房价款中含有装修费（铺装了地板，装配了洁具、厨具等）的，不得再重复扣除装修费用

注19限售股

纳税人办理清算时，应按照收入与成本相匹配的原则计算应纳税所得额。即，限售股转让收入必须按照实际转让收入计算，限售股原值按照实际成本计算；如果纳税人未能提供完整、真实的限售股原值凭证，不能正确计算限售股原值的，主管税务机关一律按限售股实际转让收入的15%核定限售股原值及合理税费

第五章 公益捐赠扣除

章节目录

- 一、公益捐赠概念
- 二、公益性捐赠税前扣除原则
- 三、扣除顺序
- 四、非居民个人的捐赠扣除
- 五、捐赠票据
- 六、告知义务
- 七、捐赠扣除的申报
- 八、政策依据

一、公益捐赠概念

- 指个人将其所得通过中国境内的公益性社会组织、国家机关向教育、扶贫、济困等公益慈善事业的捐赠
- 捐赠途径
  - 境内公益性社会组织
    - 慈善组织
    - 其他社会组织
    - 群众团体
  - 县级以上人民政府及其部门等国家机关
- 捐赠对象：教育、扶贫、济困等公益慈善事业

二、公益捐赠税前扣除原则

- 个人将其所得对教育、扶贫、济困等公益慈善事业进行捐赠，捐赠额（注1）未超过纳税人申报的应纳税所得额（指计算扣除捐赠额之前）30%的部分，可以从其应纳税所得额中扣除；国务院规定对公益慈善事业捐赠实行全额税前扣除(注2)的，从其规定
- 同时发生按30%扣除和全额扣除的公益捐赠支出时，自行选择扣除次序

注1捐赠额

- 捐赠货币性资产：实际捐赠金额确定
- 捐赠股权、房产：财产原值确定
- 捐赠其他非货币性资产：市场价格确定

注2

1.自2020年1月1日—2021年3月31日，个人通过公益性社会组织或者县级以上人民政府及其部门等国家机关，捐赠用于应对新型冠状病毒感染的肺炎疫情的现金和物品，以及个人直接向承担疫情防治任务的医院捐赠用于应对新型冠状病毒感染的肺炎疫情的物品，允许在计算应纳税所得额时全额扣除（财政部、税务总局公告2020年第9号、财政部 税务总局公告2021年第7号）

2.个人捐赠北京2022年冬奥会、冬残奥会、测试赛的资金和物资支出（财税〔2017〕60号）

3.个人通过非营利性的社会团体和政府部门向福利性、非营利性的民办养老机构的捐赠（民发〔2015〕33号）

4.个人通过公益性社会团体、县级以上人民政府及其部门向受灾地区的捐赠（国发〔2014〕57号）

5.对个人通过中国医药卫生事业发展基金会用于公益救济性捐赠，准予在缴纳个人所得税前全额扣除（财税〔2006〕67号）

6.对个人通过中国老龄事业发展基金会、中国华文教育基金会、中国绿化基金会、中国妇女发展基金会、中国关心下一代健康体育基金会、中国生物多样性保护基金会、中国儿童少年基金会和中国光彩事业基金会用于公益救济性捐赠，准予在缴纳个人所得税前全额扣除（财税〔2006〕66号）

7.对个人通过宋庆龄基金会、中国福利会、中国残疾人福利基金会、中国扶贫基金会、中国煤矿尘肺病治疗基金会、中华环境保护基金会用于公益救济性的捐赠，准予在缴纳个人所得税前全额扣除（财税〔2004〕172号）

8.纳税人通过中国境内非营利的社会团体、国家机关向教育事业的捐赠（财税〔2004〕39号）

9.企业、事业单位、社会团体和个人等社会力量，向中华健康快车基金会和孙冶方经济科学基金会、中华慈善总会、中国法律援助基金会和中华见义勇为基金会的捐赠（财税〔2003〕204号）

10.企事业单位、社会团体和个人等社会力量通过非营利的社会团体和国家机关向农村义务教育的捐赠，准予在缴纳个人所得税前的所得额中全额扣除（财税〔2001〕103号）

11.企事业单位、社会团体和个人等社会力量，通过非营利性的社会团体和国家机关对公益性青少年活动场所(包括新建)的捐赠（财税〔2000〕21号）

12.对企事业单位、社会团体和个人等社会力量，通过非营利性的社会团体和政府部门向福利性、非营利性的老年服务机构的捐赠，在缴纳个人所得税前准予全额扣除（财税〔2000〕97号）

13.企业、事业单位、社会团体和个人等社会力量，通过非营利性的社会团体和国家机关（包括中国红十字会）向红十字事业的捐赠，在计算缴纳个人所得税时准予全额扣除（财税〔2000〕30号）

小例子

小张中了彩票，获得奖金500万元，将其中300万元捐赠给慈善机构，可以扣除500×30%=150万元，需要交个人所得税（500−150）×20%=350×20%=70万元；如果小张通过红十字会捐的，可以扣除100%，只需要交个人所得税（500−300）×20%=40（万元）。

三、扣除顺序

- 综合所得　注3
- 经营所得　注4
- 分类所得　注5
- （以上）居民个人自行决定扣除顺序
- 当期一个所得项目扣除不完可以按规定在其他所得项目中继续扣除

注3从综合所得扣除

- 工资薪金所得
  - 可在预扣预缴时扣除
    - 扣除限额：截止当月累计应纳税所得额的30%；累计预扣法计算
    - 全额扣除：从其规定
    - 两处以上取得：选择其中一处扣除，选择后当年不得变更
  - 也可以选择在年度汇算清缴时扣除
- 劳务报酬所得、稿酬所得、特许权使用费所得：预扣预缴时不扣除公益捐赠支出，统一在汇算清缴时扣除
- 全年一次性奖金、股权激励等所得，且采取不并入综合所得而单独计税方式处理的：比照分类所得（注5）扣除规定

注4从经营所得扣除

- 个体工商户：在其经营所得中扣除
- 个人独资企业、合伙企业（以下两项合并扣除）
  - 按捐赠年度合伙企业的分配比例（个人独资企业为100%）计算归属于每一个人投资者的公益捐赠支出
  - 个人投资者本人需要在经营所得扣除的其他公益捐赠支出
- 可以选择在预缴税款时扣除，也可以选择在汇算清缴时扣除
- 采取核定征收：不扣除公益捐赠支出

- **注5从分类所得扣除**
  - 财产租赁所得、财产转让所得、利息股息红利所得、偶然所得统称分类所得
  - 公益捐赠支出可在捐赠当月取得的分类所得中扣除
  - 捐赠当月有多项多次分类所得
    - 先在其中一项一次分类所得中扣除
    - 已经在分类所得中扣除的公益捐赠支出，不再调整到其他所得中扣除
  - 追补扣除
    - 已代扣未解缴
      - 向扣缴义务人提出追补扣除申请
      - 退还已扣税款
    - 已代扣且解缴
      - 可在90日内提请扣缴义务人办理更正申报追补扣除
    - 居民个人自行申报纳税
      - 可在90日内办理更正申报追补扣除

- **四、非居民个人的捐赠扣除**
  - 未超过其在公益捐赠支出发生的当月应纳税所得额30%的部分，可以从其应纳税所得额中扣除
  - 扣除不完的
    - 可以在经营所得中继续扣除（注4）
  - 未实际扣除的
    - 按规定追补扣除

- **五、捐赠票据**
  - 公益事业捐赠票据
    - 公益性社会组织、县级以上人民政府及其部门等国家机关、公益性群众团体在接受捐赠时，应按照行政管理级次分别使用由财政部或省、自治区、直辖市财政部门监（印）制的公益事业捐赠票据，并加盖本单位的印章；对个人索取捐赠票据的，应予以开具
  - 汇总开具的捐赠票据
    - 机关、企事业单位统一组织员工开展公益捐赠的，纳税人可以凭汇总开具的捐赠票据和员工明细单扣除
  - 留存备查
    - 个人通过扣缴义务人享受公益捐赠扣除政策，应当告知扣缴义务人符合条件可扣除的公益捐赠支出金额，并提供捐赠票据的复印件，其中捐赠股权、房产的还应出示财产原值证明
    - 个人将符合条件的公益性捐赠支出进行税前扣除，应当留存相关票据备查（财政部 税务总局 民政部公告2020年第27号）

五、捐赠票据

- 不能及时取得捐赠票据的
  - 可暂时凭公益捐赠银行支付凭证扣除，并向扣缴义务人提供公益捐赠银行支付凭证复印件
  - 个人应在捐赠之日起90日内向扣缴义务人补充提供捐赠票据，未按规定提供的，扣缴义务人应在30日内向主管税务机关报告
  - 捐赠人凭承担疫情防治任务的医院开具的捐赠接收函办理税前扣除事宜（财政部、税务总局公告2020年第9号）

六、告知义务

- 纳税人
  - 应当告知扣缴义务人符合条件可扣除的公益捐赠支出金额
  - 并提供捐赠票据的复印件，其中捐赠股权、房产的还应出示财产原值证明
- 扣缴义务人
  - 按规定在预扣预缴、代扣代缴税款时予扣除，并将公益捐赠扣除金额告知纳税人

七、捐赠扣除的申报

- 在申报时一并报送
  - 《个人所得税公益慈善事业捐赠扣除明细表》
- 个人应留存捐赠票据
  - 留存期限为五年

八、政策依据

- 《中华人民共和国个人所得税法》、《中华人民共和国个人所得税法实施条例》、财政部、税务总局公告2019年第99号

第六章　境外所得抵免

章节目录

一、境外所得抵免概念
二、来源于境外的所得
三、抵免限额
四、可抵免的境外所得税税额
五、抵免凭证
六、纳税年度
七、政策依据
八、追溯抵免
九、申报期限
十、申报地点
十一、居民个人被派往境外工作所得的工资薪金所得或劳务报酬所得预扣预缴
十二、外币折算

一、境外所得抵免概念

居民个人在一个纳税年度内来源于中国境外的所得，依照所得来源国家（地区）税收法律规定在中国境外已缴纳的所得税税额允许在抵免限额内从其该纳税年度应纳税额中抵免

二、来源于境外的所得

- 因任职、受雇、履约等在中国境外提供劳务取得的所得
- 中国境外企业以及其他组织支付且负担的稿酬所得
- 许可各种特许权在中国境外使用而取得的所得
- 在中国境外从事生产、经营活动而取得的与生产、经营活动相关的所得
- 从中国境外企业、其他组织以及非居民个人取得的利息、股息、红利所得
- 将财产出租给承租人在中国境外使用而取得的所得
- 转让中国境外的不动产、转让对中国境外企业以及其他组织投资形成的股票、股权以及其他权益性资产（以下称权益性资产）或者在中国境外转让其他财产取得的所得。但转让对中国境外企业以及其他组织投资形成的权益性资产，该权益性资产被转让前三年（连续36个公历月份）内的任一时间，被投资企业或其他组织的资产公允价值50%以上直接或间接来自位于中国境内的不动产的，取得的所得为来源于中国境内的所得
- 中国境外企业、其他组织以及非居民个人支付且负担的偶然所得
- 财政部、税务总局另有规定的，按照相关规定执行
- 依据：财政部、税务总局公告2020年第3号

三、抵免限额

- 居民个人抵免已在境外缴纳的综合所得、经营所得以及其他所得的所得税税额的限额，简称抵免限额
- 居民个人从中国境内和境外取得的综合所得、经营所得，应当分别合并计算应纳税额，见注1
- 从中国境内和境外取得的其他分类所得，应当分别单独计算应纳税额，见注2
- 来源于一国（地区）所得抵免限额
  - =来源于该国（地区）综合所得抵免限额+来源于该国（地区）经营所得抵免限额+来源于该国（地区）其他分类所得抵免限额
- 综合所得抵免限额
  - =中国境内和境外综合所得依照规定计算的综合所得应纳税额×来源于该国（地区）的综合所得收入额÷中国境内和境外综合所得收入额合计
- 经营所得抵免限额
  - =中国境内和境外经营所得依照规定计算的经营所得应纳税额×来源于该国（地区）的经营所得应纳税所得额÷中国境内和境外经营所得应纳税所得额合计
- 其他分类所得抵免限额
  - =该国（地区）的其他分类所得依照规定计算的应纳税额
- 境外实际缴纳<抵免限额
  - 补缴差额部分
- 境外实际缴纳>抵免限额
  - 超过部分不得在本纳税年度的应纳税额中抵免
  - 可以在以后纳税年度来源于该国家（地区）所得的抵免限额的余额中补扣
  - 补扣期限最长不得超过五年

注1合并计算

- 综合所得
  - 应当与境内综合所得合并计算应纳税额
- 经营所得
  - 应当与境内经营所得合并计算应纳税额
  - 亏损不得抵减其境内或他国（地区）的应纳税所得额，但可以用来源于同一国家（地区）以后年度的经营所得按中国税法规定弥补

注2单独计算

其他分类所得（利息、股息、红利所得，财产租赁所得，财产转让所得和偶然所得）不与境内所得合并，应当分别单独计算应纳税额

四、可抵免的境外所得税税额

- 可抵免的境外所得税税额是指居民个人取得境外所得，依照该所得来源国（地区）税收法律应当缴纳且实际已经缴纳的所得税性质的税额，但不包括注3
- 居民个人从与我国签订税收协定的国家（地区）取得的所得，按照该国（地区）税收法律享受免税或减税待遇，且该免税或减税的数额按照税收协定饶让条款规定应视同已缴税额在中国的应纳税额中抵免的，该免税或减税数额可作为居民个人实际缴纳的境外所得税税额按规定申报税收抵免

注3

- 按照境外所得税法律属于错缴或错征的境外所得税税额
- 按照我国政府签订的避免双重征税协定以及内地与香港、澳门签订的避免双重征税安排规定不应征收的境外所得税税额
- 因少缴或迟缴境外所得税而追加的利息、滞纳金或罚款
- 境外所得税纳税人或者其利害关系人从境外征税主体得到实际返还或补偿的境外所得税税款
- 按照我国个人所得税法及其实施条例规定，已经免税的境外所得负担的境外所得税税款

五、抵免凭证

- 除另有规定外，应当提供境外征税主体出具的税款所属年度的完税证明、税收缴款书或者纳税记录等纳税凭证，未提供符合要求的纳税凭证，不予抵免
- 纳税人确实无法提供纳税凭证的，可同时凭境外所得纳税申报表（或者境外征税主体确认的缴税通知书）以及对应的银行缴款凭证办理境外所得抵免事宜

六、纳税年度

- 居民个人取得境外所得的境外纳税年度与公历年度不一致的，取得境外所得的境外纳税年度最后一日所在的公历年度，为境外所得对应的我国纳税年度

七、政策依据

- 个人所得税法及实施条例，财政部 税务总局公告2020年第3号

八、追溯抵免

- 居民个人已申报境外所得、未进行税收抵免，在以后纳税年度取得纳税凭证并申报境外所得税收抵免的，可以追溯至该境外所得所属纳税年度进行抵免，但追溯年度不得超过五年
- 自取得该项境外所得的五个年度内，境外征税主体出具的税款所属纳税年度纳税凭证载明的实际缴纳税额发生变化的，按实际缴纳税额重新计算并办理补退税，不加收税收滞纳金，不退还利息

九、申报期限

- 居民个人从中国境外取得所得的，应当在取得所得的次年3月1日至6月30日内申报纳税

十、申报地点

- 应当向中国境内任职、受雇单位所在地主管税务机关办理纳税申报
- 在中国境内没有任职、受雇单位的，向户籍所在地或中国境内经常居住地主管税务机关办理纳税申报
- 户籍所在地与中国境内经常居住地不一致的，选择其中一地主管税务机关办理纳税申报
- 在中国境内没有户籍的，向中国境内经常居住地主管税务机关办理纳税申报

十一、居民个人被派往境外工作所得的工资薪金所得或劳务报酬所得预扣预缴

- 由派出单位或者其他境内单位支付或负担的，派出单位或者其他境内单位应按照个人所得税法及其实施条例规定预扣预缴税款
- 由境外单位支付或负担的，如果境外单位为境外任职、受雇的中方机构的
  - 可以由境外任职、受雇的中方机构（注4）预扣税款，并委托派出单位向主管税务机关申报纳税
  - 中方机构未预扣税款的或者境外单位不是中方机构的，派出单位应当于次年2月28日前向其主管税务机关报送外派人员情况

注4中方机构

- 中方机构包括中国境内企业、事业单位、其他经济组织以及国家机关所属的境外分支机构、子公司、使（领）馆、代表处等

十二、外币折算

- 按照办理纳税申报或者扣缴申报的上一月最后一日人民币汇率中间价，折合成人民币计算应纳税所得额
- 年度终了后办理汇算清缴的，对已经按月、按季或者按次预缴税款的人民币以外货币所得，不再重新折算
- 对应当补缴税款的所得部分，按照上一纳税年度最后一日人民币汇率中间价，折合成人民币计算应纳税所得额

第七章　特别纳税调整

章节目录

一、税务机关有权进行纳税调整的情形
二、作出纳税调整

一、税务机关有权进行纳税调整的情形

- 与关联方之间：个人与关联方（注1）之间业务往来不符合独立交易原则（注2）而减少本人或者其关联方应纳税额，且无正当理由
- 受控外国企业：居民个人控制（注3）的，或者居住个人和居民企业共同控制的设立在实际税负明显偏低（注4）的国家（地区）的企业，无合理经营需要，对应当归属于居民个人的利润不作分配或者减少分配
- 其他避税手段：个人实施其他不具有合理商业目的的安排而获取不当税收利益

注1　指与企业有下列关联关系之一的企业、其他组织或者个人：(1) 在资金、经营、购销等方面存在直接或者间接的控制关系；(2) 直接或者间接地同为第三者控制；(3) 在利益上具有相关联的其他关系

注2　独立交易原则，指没有关联关系的交易各方，按照公平成交价格和营业常规进行业务往来遵循的原则

注3　控制，包括：(1) 居民企业或者中国居民直接或者间接单一持有外国企业10%以上有表决权股份，且由其共同持有该外国企业50%以上股份；(2) 居民企业，或者居民企业和中国居民持股比例没有达到第 (1) 项规定的标准，但在股份、资金、经营、购销等方面对该外国企业构成实质控制

注4　实际税负明显偏低，指低于规定税率的50%

二、作出纳税调整

税务机关依照规定作出纳税调整，需要补征税款的，应当补征税款，并依法加收利息

- 利率：应当按照税款所属纳税申报期最后一日中国人民银行公布的与补税期间同期的人民币贷款基准利率计算
- 期限：自税款纳税申报期满次日起至补缴税款期限届满之日止按日加收。纳税人在补缴税款期限届满前补缴税款的，利息加收至补缴税款之日

第八章 纳税申报

第一节 全员全额扣缴申报

章节目录

- 一、扣缴义务人
- 二、全员全额扣缴申报
- 三、居民个人工资、薪金所得
- 四、居民个人劳务报酬所得、稿酬所得、特许权使用费所得
- 五、非居民个人前四项所得
- 六、利息、股息、红利所得
- 七、财产租赁所得
- 八、财产转让所得
- 九、偶然所得
- 十、税收协定
- 十一、扣缴义务人的权利和义务

一、扣缴义务人

- 指向个人支付所得的单位或者个人
- 扣缴义务人应当依法办理全员全额扣缴申报
- 凡税务机关认定对所得的支付对象和支付数额有决定权的单位和个人即为扣缴义务人（国税函发〔1996〕602号）

二、全员全额扣缴申报

- 是指扣缴义务人应当在代扣税款的次月十五日内，向主管税务机关报送其支付所得的所有个人的有关信息、支付所得数额、扣除事项和数额、扣缴税款的具体数额和总额以及其他相关涉税信息资料
- 扣缴时间　次月十五日内缴入国库
- 申报表
  - 《个人所得税扣缴申报表》
  - 《个人所得税基础信息表（A表）》
    - 首次向纳税人支付所得时填写
    - 次月扣缴申报时向税务机关报送
    - 基础信息变化次月扣缴申报时向税务机关报送
- 实行全员全额扣缴申报的应税所得
  - 工资、薪金所得
  - 劳务报酬所得
  - 稿酬所得
  - 特许权使用费所得
  - 利息、股息、红利所得
  - 财产租赁所得
  - 财产转让所得
  - 偶然所得
- tips：除了经营所得，其他所得项目均需预扣、代扣税款

三、居民个人工资、薪金所得

1. 按累计预扣法（注1）计算预扣税款，并按月办理扣缴申报
2. 调整部分纳税人个人所得税预扣预缴（注2）
3. 简便优化部分纳税人个人所得税预扣预缴方法（注3）

- 注1累计预扣法
  - A累计减除费用
    - 按照5000元/月×纳税人当年截至本月在本单位的任职受雇月份数计算
  - B累计预扣预缴应纳税所得额
    - =累计收入−累计免税收入−累计减除费用A−累计专项扣除−累计专项附加扣除−累计依法确定的其他扣除
  - C本期应预扣预缴税额
    - =（累计预扣预缴应纳税所得额B×预扣率−速算扣除数）−累计减免税额−累计已预扣预缴税额
  - 预扣率

个人所得税预扣率表一

（居民个人工资、薪金所得预扣预缴适用）

级数	累计预扣预缴应纳税所得额	预扣率（%）	速算扣除数
1	不超过36000元	3	0
2	超过36000元至144000元的部分	10	2520
3	超过144000元至300000元的部分	20	16920
4	超过300000元至420000元的部分	25	31920
5	超过420000元至660000元的部分	30	52920
6	超过660000元至960000元的部分	35	85920
7	超过960000元的部分	45	181920

  - C<0时
    - 暂不退税
    - 年底终了
      - 汇算清缴多退少补
  - 依据：总局公告2018年第61号

- 注2调整
  - 对象
    - 首次取得工资、薪金所得的居民个人
  - 自2020年7月1日起，对一个纳税年度内首次取得工资、薪金所得的居民个人，扣缴义务人在预扣预缴个人所得税时，可按照5000元/月乘以纳税人当年截至本月月份数计算累计减除费用
  - 首次取得工资、薪金所得的居民个人是指自纳税年度首月起至新入职时，没有取得过工资、薪金所得或者连续性劳务报酬所得（注6）的居民个人
  - 依据：国家税务总局公告2020年第13号

注3简便优化

- 对象：上一完整纳税年度内每月均在同一单位预扣预缴工资、薪金所得个人所得税且全年工资、薪金收入不超过6万元的居民个人
- 自2021年1月1日起，扣缴义务人在预扣预缴本年度工资、薪金所得个人所得税时，累计减除费用自1月份起直接按照全年6万元计算扣除。即：在纳税人累计收入不超过6万元的月份，暂不预扣预缴个人所得税；在其累计收入超过6万元的当月及年内后续月份，再预扣预缴个人所得税
- 备注栏：《个人所得税扣缴申报表》相应纳税人的备注栏注明“上年各月均有申报且全年收入不超过6万元”字样
- 对按照累计预扣法预扣预缴劳务报酬所得（注6）个人所得税的居民个人，扣缴义务人比照上述规定执行
- 操作方法见注4
- 依据：国家税务总局公告2020年第19号

注4操作方法

- 采用自然人电子税务局扣缴客户端和自然人电子税务局WEB端扣缴功能申报的：扣缴义务人在计算并预扣本年度1月份个人所得税时，系统会根据上一年度扣缴申报情况，自动汇总并提示可能符合条件的员工名单，扣缴义务人根据实际情况核对、确认后，即可按规定的方法预扣预缴个人所得税
- 采用纸质申报的：扣缴义务人根据上一年度扣缴申报情况，判断符合规定的纳税人，再按本公告执行，并需从当年1月份税款扣缴申报起，在《个人所得税扣缴申报表》相应纳税人的备注栏填写“上年各月均有申报且全年收入不超过6万元”

四、居民个人劳务报酬所得、稿酬所得、特许权使用费所得

扣缴方法

- 按次或者按月预扣预缴税款（注5）
- 按照累计预扣法计算预扣税款（注1）

注5：属于一次性收入的，以取得该项收入为一次；属于同一项目连续性收入的，以一个月内取得的收入为一次

应纳税所得额 =每次收入额

收入额
- =收入-费用
- 每次收入≤4000元　　费用=800元
- 每次收入≥4000元　　费用=收入×20%
- 其中：稿酬所得的收入额=（收入-费用）×70%

预扣率
- 稿酬所得、特许权使用费所得　20%
- 劳务报酬所得

个人所得税预扣率表二

（居民个人劳务报酬所得预扣预缴适用）

级数	预扣预缴应纳税所得额	预扣率（%）	速算扣除数
1	不超过20000元	20	0
2	超过20000元至50000元的部分	30	2000
3	超过50000元的部分	40	7000

汇算清缴时
- 日常预扣预缴税款时暂不减除专项附加扣除(国家税务总局公告2018年第60号）
- 收入额并入年度综合所得计算应纳税款，税款多退少补

注6
- （一）保险营销员、证券经纪人取得的佣金收入，属于劳务报酬所得，以不含增值税的收入减除20%的费用后的余额为收入额，收入额减去展业成本以及附加税费后，并入当年综合所得，计算缴纳个人所得税。保险营销员、证券经纪人展业成本按照收入额的25%计算（财税〔2018〕164号）
- （二）自2020年7月1日起，正在接受全日制学历教育的学生因实习取得劳务报酬所得的，扣缴义务人预扣预缴个人所得税时，可按照累计预扣法计算并预扣预缴税款（国家税务总局公告2020年第13号）
- （三）对按照累计预扣法预扣预缴劳务报酬所得个人所得税的居民个人，具体说同时满足三个条件（注7），自2021年1月1日起，扣缴义务人在预扣预缴个人所得税时，累计减除费用自1月份起直接按照全年6万元计算扣除。即：在纳税人累计收入不超过6万元的月份，暂不预扣预缴个人所得税；在其累计收入超过6万元的当月及年内后续月份，再预扣预缴个人所得税（国家税务总局公告2020年第19号）

注7条件
- 上一纳税年度1-12月均在同一单位取酬且按照累计预扣法预扣预缴申报了劳务报酬所得个人所得税
- 上一纳税年度1-12月的累计劳务报酬（不扣减任何费用及免税收入）不超过6万元
- 本纳税年度自1月起，仍在该单位取得按照累计预扣法预扣预缴税款的劳务报酬所得

五、非居民个人前四项所得
- 按月或者按次代扣代缴税款
- 应纳税所得额
  - 工资薪金所得　=每月收入额-费用5000元
  - 劳务报酬所得、稿酬所得、特许权使用费所得　=收入额（注8）
- 应纳税额　=应纳税所得额×税率

注8收入额
- =收入×（1-20%）
- 稿酬所得收入额　=收入×（1-20%）×70%

个人所得税税率表三

（非居民个人工资、薪金所得，劳务报酬所得，稿酬所得，特许权使用费所得适用）

级数	应纳税所得额	税率（%）	速算扣除数
1	不超过3000元	3	0
2	超过3000元至12000元的部分	10	210
3	超过12000元至25000元的部分	20	1410
4	超过25000元至35000元的部分	25	2660
5	超过35000元至55000元的部分	30	4410
6	超过55000元至80000元的部分	35	7160
7	超过80000元的部分	45	15160

非居民→居民
- 非居民个人在一个纳税年度内税款扣缴方法保持不变，达到居民个人条件时，应当告知扣缴义务人基础信息变化情况，年度终了后按照居民个人有关规定办理汇算清缴

- **六、利息、股息、红利所得**
  - 按次或者按月代扣代缴税款
  - 应纳税所得额=每次收入额
  - 以支付利息、股息、红利时取得的收入为一次

- **七、财产租赁所得**
  - 按次或者按月代扣代缴税款
  - 应纳税所得额=每次收入-费用
  - 以一个月内取得的收入为一次
  - 费用
    - 每次收入≤4000元：=800元
    - 每次收入≥4000元：=收入×20%

- **八、财产转让所得**
  - 应纳税所得额=转让财产的收入额-财产原值-合理费用
  - 依法按次或者按月代扣代缴税款

- **九、偶然所得**
  - 应纳税所得额=每次收入额
  - 依法按次或者按月代扣代缴税款
  - 以每次取得该项收入为一次

- **十、税收协定**
  - 应当在取得应税所得时主动向扣缴义务人提出，并提交相关信息、资料
  - 扣缴义务人代扣代缴税款时按照享受税收协定待遇有关办法办理

十一、扣缴义务人的权利和义务

- **办理扣缴申报**
  - 扣缴义务人应当按照纳税人提供的信息计算税款、办理扣缴申报，不得擅自更改纳税人提供的信息

报告税务机关

- 扣缴义务人依法履行代扣代缴义务，纳税人不得拒绝。纳税人拒绝的，扣缴义务人应当及时报告税务机关
- 扣缴义务人发现纳税人提供的信息与实际情况不符的，可以要求纳税人修改。纳税人拒绝修改的，扣缴义务人应当报告税务机关，税务机关应当及时处理

向纳税人提供信息

- 支付工资、薪金所得的扣缴义务人应当于年度终了后两个月内，向纳税人提供其个人所得和已扣缴税款等信息
- 除工资、薪金所得以外的其他所得，扣缴义务人应当在扣缴税款后，及时向纳税人提供其个人所得和已扣缴税款等信息

留存备查

- 扣缴义务人对纳税人提供的《个人所得税专项附加扣除信息表》，应当按照规定妥善保存备查
- 扣缴义务人应当依法对纳税人报送的专项附加扣除等相关涉税信息和资料保密

手续费

- 对扣缴义务人按照规定扣缴的税款，按年付给百分之二的手续费。不包括税务机关、司法机关等查补或者责令补扣的税款。扣缴义务人领取的扣缴手续费可用于提升办税能力、奖励办税人员

法律责任

- 扣缴义务人有未按照规定向税务机关报送资料和信息、未按照纳税人提供信息虚报虚扣专项附加扣除、应扣未扣税款、不缴或少缴已扣税款、借用或冒用他人身份等行为的，依照《中华人民共和国税收征收管理法》（注9）等相关法律、行政法规处理

注9

- 《税收征管法》第六十九条扣缴义务人应扣未扣、应收而不收税款的，由税务机关向纳税人追缴税款，对扣缴义务人处应扣未扣、应收未收税款百分之五十以上三倍以下的罚款
- 国税函〔2004〕1199号第三条关于应扣未扣税款是否加收滞纳金的问题，按照《征管法》规定的原则，扣缴义务人应扣未扣税款，无论适用修订前还是修订后的《征管法》，均不得向纳税人或扣缴义务人加收滞纳金
- 国税发〔2003〕47号第二条第二款扣缴义务人违反征管法及其实施细则规定应扣未扣、应收未收税款的，税务机关除按征管法及其实施细则的有关规定对其给予处罚外，应当责成扣缴义务人限期将应扣未扣、应收未收的税款补扣或补收

政策依据

- 《中华人民共和国个人所得税法》、《中华人民共和国个人所得税法实施条例》、国家税务总局公告2018年第61号、财税〔2018〕164号、国家税务总局公告2020年第13号、国家税务总局公告2020年第19号、国家税务总局公告2022年第7号

第二节 个人自行申报

章节目录

- 一、应当办理纳税申报的情形
- 二、申报时间和申报地点

一、应当办理纳税申报的情形

- 综合所得
  - 取得综合所得需要办理汇算清缴（详见第三节）
- 扣缴义务人
  - 取得应税所得没有扣缴义务人
  - 取得应税所得，扣缴义务人未扣缴税款
- 非居民个人
  - 在中国境内从两处以上取得工资、薪金所得
- 境外
  - 取得境外所得
  - 因移居境外注销中国户籍
- 国务院规定的其他情形

二、申报时间和申报地点

- 综合所得
- 非居民前四项所得
- 经营所得
- 分类所得
- 扣缴义务人未扣缴税款的
- 居民个人从中国境外取得所得的
- 非居民个人在中国境内从两处以上取得工资、薪金所得的
- 纳税人因移居境外注销中国户籍的

1.综合所得

- **申报时间**
  - 按年计算个人所得税
  - 预扣预缴
    - 按规定扣除专项附加扣除
    - 有扣缴义务人
      - 扣缴义务人按月或者按次预扣预缴税款
      - 次月十五日内缴入国库，并向税务机关报送扣缴个人所得税申报表
    - 没有扣缴义务人
      - 次月十五日内向税务机关报送纳税申报表，并缴纳税款
  - 需要办理汇算清缴的
    - 次年3月1日至6月30日内
    - 在中国境内无住所的纳税人在2020年3月1日前离境的，可以在离境前办理年度汇算

- **申报地点**
  - 原则：方便就近
  - 自行办理或受托代办
    - 有任职受雇单位：向任职受雇单位所在地的主管税务机关申报（注1）
    - 有两处及以上任职受雇单位：可自主选择向其中一处单位所在地的主管税务机关申报
    - 没有任职受雇单位：向户籍所在地或者经常居住地（注2）的主管税务机关申报
  - 扣缴义务人办理：向扣缴义务人的主管税务机关申报

- **注1**：指接受纳税人提交的年度汇算申报并负责处理年度汇算相关事宜的税务机关
- **注2**
  - 已在中国境内申领居住证的：居住证登载的居住地住址为经常居住地
  - 没有申领居住证的：以当前实际居住地址为经常居住地

2.非居民个人取得前四项所得（注3）

- 申报时间
  - 不办理汇算清缴
  - 有扣缴义务人
    - 由扣缴义务人按月或者按次代扣代缴税款
    - 次月十五日内缴入国库，并向税务机关报送扣缴个人所得税申报表
  - 没有扣缴义务人
    - 次月十五日内向税务机关报送纳税申报表，并缴纳税款
- 注3前四项所得
  - 指工资、薪金所得，劳务报酬所得，稿酬所得和特许权使用费所得
- 申报地点
  - 向扣缴义务人所在地主管税务机关办理纳税申报
  - 有两个以上扣缴义务人均未扣缴税款的，选择向其中一处扣缴义务人所在地主管税务机关办理纳税申报

3.经营所得

- 申报时间
  - 按年计算个人所得税
  - 预缴税款
    - 月度或者季度终了后15日内向税务机关报送纳税申报表
  - 汇算清缴
    - 次年3月31日前办理
- 申报地点
  - 月度或季度预缴申报
    - 经营管理所在地主管税务机关
  - 汇算清缴
    - 经营管理所在地主管税务机关
    - 两处以上取得经营所得的
      - 选择向其中一处经营管理所在地主管税务机关

4.分类所得（注4）

申报时间

- 按月或者按次计算个人所得税
- 有扣缴义务人
  - 由扣缴义务人按月或者按次代扣代缴税款
  - 次月十五日内缴入国库，并向税务机关报送扣缴个人所得税申报表
- 没有扣缴义务人
  - 次月十五日内向税务机关报送纳税申报表，并缴纳税款

注4分类所得

- 指利息、股息、红利所得，财产租赁所得，财产转让所得和偶然所得

申报地点

- 按相关规定向主管税务机关办理纳税申报

5.扣缴义务人未扣缴税款的

申报时间

- 次年6月30日前，缴纳税款；税务机关通知限期缴纳的，纳税人应当按照期限缴纳税款

申报地点

- 综合所得　同上
- 非居民取得前四项所得
  - 向扣缴义务人所在地主管税务机关办理纳税申报
  - 有两个以上扣缴义务人均未扣缴税款的，选择向其中一处扣缴义务人所在地主管税务机关办理纳税申报

6.居民个人从中国境外取得所得的

- 申报时间
  - 次年3月1日至6月30日内申报纳税
- 申报地点
  - 中国境内任职、受雇单位所在地主管税务机关办理纳税申报
  - 在中国境内没有任职、受雇单位的，向户籍所在地或中国境内经常居住地主管税务机关办理纳税申报
  - 户籍所在地与中国境内经常居住地不一致的，选择其中一地主管税务机关办理纳税申报
  - 在中国境内没有户籍的，向中国境内经常居住地主管税务机关办理纳税申报

7.非居民个人在中国境内从两处以上取得工资、薪金所得的

- 申报时间
  - 应当在取得所得的次月十五日内申报纳税
- 申报地点
  - 向其中一处任职、受雇单位所在地主管税务机关办理纳税申报

8.纳税人因移居境外注销中国户籍的

- 申报时间
  - 应当在注销中国户籍前办理税款清算
- 申报地点
  - 向户籍所在地主管税务机关办理纳税申报

第三节 综合所得汇算清缴

章节目录

- 一、个人所得税综合所得汇算清缴的一般规定
- 二、2022年度个人所得税综合所得汇算清缴事项
  - （一）汇算的主要内容
  - （二）无需办理汇算的情形
  - （三）需要办理汇算的情形
  - （四）可享受的税前扣除
  - （五）办理时间
  - （六）办理方式
  - （七）办理渠道
  - （八）申报信息及资料留存
  - （九）受理申报的税务机关
  - （十）退（补）税
  - （十一）汇算服务
  - （十二）其他事项

一、个人所得税综合所得汇算清缴的一般规定

- 取得综合所得且符合下列情形（见注1）之一的纳税人，应当依法办理汇算清缴
- 残疾、孤老人员和烈属取得综合所得办理汇算清缴（见注4）
- 专项附加扣除信息存在明显错误时（注5）
- 取得境外所得的纳税申报（注6）
- 2019年1月1日至2023年12月31日居民个人取得的综合所得，年度综合所得收入不超过12万元且需要汇算清缴补税的，或者年度汇算清缴补税金额不超过400元的，居民个人可免于办理个人所得税综合所得汇算清缴。居民个人取得综合所得时存在扣缴义务人未依法预扣预缴税款的情形除外（财政部、税务总局公告2019年第94号、财政部、税务总局公告2021年第42号）
- 汇算清缴的具体办法由国务院税务主管部门制定（《个人所得税法实施条例》，以下简称条例）

注1
- 从两处以上取得综合所得，且综合所得年收入额减除专项扣除（注2）的余额超过6万元
- 取得劳务报酬所得、稿酬所得、特许权使用费所得中一项或者多项所得，且综合所得年收入额减除专项扣除的余额超过6万元
- 纳税年度内预缴税额低于应纳税额
- 纳税人申请退税（注3）
- 依据：条例、国家税务总局公告2018年第62号

注2
- 基本养老保险、基本医疗保险、失业保险等社会保险费和住房公积金等

注3
- 应当提供其在中国境内开设的银行账户
- 在汇算清缴地就地办理税款退库
- 依据：条例

注4
- 残疾、孤老人员和烈属取得综合所得办理汇算清缴时，汇算清缴地与预扣预缴地规定不一致的，用预扣预缴地规定计算的减免税额与用汇算清缴地规定计算的减免税额相比较，按照孰高值确定减免税额（财政部 税务总局公告2019年第94号）

注5
- 经税务机关通知，居民个人拒不更正或者不说明情况的，税务机关可暂停纳税人享受专项附加扣除
- 居民个人按规定更正相关信息或者说明情况后
  - 经税务机关确认，居民个人可继续享受专项附加扣除，以前月份未享受扣除的，可按规定追补扣除
- 依据：财政部 税务总局公告2019年第94号

注6
- 居民个人从中国境外取得所得的，应当在取得所得的次年3月1日至6月30日内，向中国境内任职、受雇单位所在地主管税务机关办理纳税申报；在中国境内没有任职、受雇单位的，向户籍所在地或中国境内经常居住地主管税务机关办理纳税申报；户籍所在地与中国境内经常居住地不一致的，选择其中一地主管税务机关办理纳税申报；在中国境内没有户籍的，向中国境内经常居住地主管税务机关办理纳税申报（国家税务总局公告2018年第62号）

二、2022年度个人所得税综合所得汇算清缴

依据——国家税务总局公告2023年第3号，以下简称3号公告

（一）汇算的主要内容

1.对象：居民个人（以下简称纳税人）。非居民个人，无需办理年度汇算

2.范围
- 2022年1月1日至12月31日取得的工资薪金、劳务报酬、稿酬、特许权使用费等四项所得（以下简称综合所得）
- 不涉及
  - 利息股息红利所得、财产租赁所得等分类所得
  - 纳税人按规定选择不并入综合所得计算纳税的所得（注7）

注7
1. 单独计算的全年一次性奖金
2. 单独计算的中央企业负责人年度绩效薪金延期兑现收入和任期奖励
3. 上市公司股权激励
4. 个人领取企业年金、职业年金
5. 解除劳动关系取得一次性补偿收入
6. 提前退休取得的一次性补贴收入
7. 内部退养取得的一次性补贴收入
8. 单位低价向职工售房

依据：财税〔2018〕164号、财政部　税务总局公告2021年第42号、财政部、税务总局公告2021年第43号、财政部 税务总局公告2023年第2号

3.应纳税所得额——=综合所得的收入额（注8）−费用6万元−专项扣除−专项附加扣除−依法确定的其他扣除−符合条件的公益慈善事业捐赠

注8
- 工资薪金所得　=收入
- 劳务报酬所得　=收入×80%
- 稿酬所得　=收入×80%×70%
- 特许权使用费所得　=收入×80%
- 综合所得收入额为上述四项所得的合计数

4.应纳税额

——=应纳税所得额×适用税率−速算扣除数

个人所得税税率表（综合所得适用）			
级数	全年应纳税所得额	税率（%）	速算扣除数
1	不超过36000元的	3	0
2	超过36000-144000元的部分	10	2520
3	超过144000元-300000元的部分	20	16920
4	超过300000元-420000元的部分	25	31920
5	超过420000元-660000元的部分	30	52920
6	超过660000元-960000元的部分	35	85920
7	超过960000元的部分	45	181920

5.应退或应补税额

=[（综合所得收入额−60000元−“三险一金”等专项扣除−子女教育等专项附加扣除−依法确定的其他扣除−符合条件的公益慈善事业捐赠）×适用税率−速算扣除数]−已预缴税额

- 专项扣除
  - 按照国家规定的范围和标准缴纳的基本养老保险、基本医疗保险、失业保险等社会保险费和住房公积金等
- 专项附加扣除
  - 包括子女教育、继续教育、大病医疗、住房贷款利息或者住房租金、赡养老人、3岁以下婴幼儿照护等支出
- 其他扣除
  - 企业年金
  - 职业年金
  - 商业健康保险
  - 个人养老金
  - 国务院规定可以扣除的其他项目
- 专项扣除、专项附加扣除和依法确定的其他扣除，以居民个人一个纳税年度的应纳税所得额为限额；一个纳税年度扣除不完的，不结转以后年度扣除

（二）无需汇算的情形

在2022年已依法预缴个人所得税且符合下列情形之一的：

- 汇算需要补税但综合所得收入全年≤12万元的
- 汇算需补税金额≤400元的
- 已预缴税额与年度应纳税额一致的
- 符合年度汇算退税条件但不申请退税的

tips

- 纳税人只要综合所得年收入不超过12万元，则不论补税金额多少，均不需办理年度汇算
- 纳税人只要补税金额不超过400元，则不论综合所得年收入的高低，均不需办理年度汇算

（三）需要办理汇算的情形

符合下列情形之一的：

- 1.已预缴税额>汇算应纳税额且申请退税的
- 2.2022年取得的综合所得收入>12万元且汇算需要补税金额>400元的

因适用所得项目错误或者扣缴义务人未依法履行扣缴义务，造成2022年少申报或者未申报综合所得的，纳税人应当依法据实办理汇算

（四）可享受的税前扣除

下列在2022年发生的税前扣除，纳税人可在汇算期间填报或补充扣除

1.纳税人及其配偶、未成年子女符合条件的大病医疗支出

2.符合条件的3岁以下婴幼儿照护、子女教育、继续教育、住房贷款利息或住房租金、赡养老人等专项附加扣除，以及减除费用、专项扣除、依法确定的其他扣除

3.符合条件的公益慈善事业捐赠

4.符合条件的个人养老金扣除

同时取得综合所得和经营所得的纳税人，可在综合所得或经营所得中申报减除费用6万元、专项扣除、专项附加扣除以及依法确定的其他扣除，但不得重复申报减除

（五）办理时间

- 2022年汇算办理时间：2023.3.1－6.30
- 在中国境内无住所的纳税人在2023年3月1日前离境的：可以在离境前办理

tips：无住所居住个人，指无住所但一个纳税年度内在中国境内居住累计满183天的个人

（六）办理方式

纳税人可自主选择下列办理方式：

1.自行办理

2.通过任职受雇单位（含按累计预扣法预扣预缴其劳务报酬所得个人所得税的单位）代为办理（注9）

3.委托受托人（含涉税专业服务机构或其他单位及个人）办理，纳税人需与受托人签订授权书（注11）

注9——纳税人提出代办要求的：
- 单位应当代为办理（注10）
- 或者培训、辅导纳税人完成汇算申报和退（补）税

注10：
- 由单位代为办理的，纳税人应在2023年4月30日前与单位以书面或者电子等方式进行确认，补充提供2022年在本单位以外取得的综合所得收入、相关扣除、享受税收优惠等信息资料，并对所提交信息的真实性、准确性、完整性负责
- 纳税人未与单位确认请其代为办理年度汇算的，单位不得代办

注11——单位或受托人为纳税人办理汇算后，应当及时将办理情况告知纳税人。纳税人发现汇算申报信息存在错误的，可以要求单位或受托人更正申报，也可自行更正申报

（七）办理渠道

- 网络办税渠道
  - 可优先通过手机个人所得税APP、自然人电子税务局网站办理汇算
  - 税务机关将为纳税人提供申报表项目预填服务
- 邮寄申报：纳税人需将申报表寄送至确定的主管税务机关（见导图第九项）所在省、自治区、直辖市和计划单列市税务局公告的地址
- 到办税服务厅办理

（八）申报信息及资料留存

申报信息
- 适用个人所得税年度自行纳税申报表（注12）
- 一并填报相关信息
  - 如需修改本人相关基础信息
  - 新增享受扣除或者税收优惠的
- 纳税人需仔细核对，确保所填信息真实、准确、完整

资料留存
- 纳税人、代办汇算的单位，需各自将专项附加扣除、税收优惠材料等汇算相关材料，自汇算期结束之日起留存5年

报告备案
- 存在股权（股票）激励（含境内企业以境外企业股权为标的对员工进行的股权激励）、职务科技成果转化现金奖励等情况的单位，应当按照相关规定报告、备案

注12
- 《个人所得税年度自行纳税申报表（A表）》、《个人所得税年度自行纳税申报表（问答版）》：仅从境内取得综合所得的居民个人年度汇算
- 《个人所得税年度自行纳税申报表（简易版）》：从境内取得年综合所得收入额≤6万元的居民个人进行年度汇算
- 《个人所得税年度自行纳税申报表（B表）》：取得境外所得的居民个人进行年度自行申报

（九）受理申报的税务机关

汇算机关
- 原则：方便就近原则
- 纳税人自行办理或受托人为纳税人代为办理的：向纳税人任职受雇单位的主管税务机关申报（注12）
- 单位为纳税人代办汇算的：向单位的主管税务机关申报
- 确定主管税务机关：为方便纳税服务和征收管理，汇算期结束后，税务部门将为尚未办理申报的纳税人确定主管税务机关

注12
- 有两处及以上任职受雇单位的：可自主选择向其中一处申报
- 纳税人没有任职受雇单位的
  - 向其户籍所在地、经常居住地或者主要收入来源地的主管税务机关申报
  - 收入来源地是指2022年向纳税人累计发放劳务报酬、稿酬及特许权使用费金额最大的扣缴义务人所在地

（十）退（补）税

- **1.办理退税**
  - 纳税人申请汇算退税
    - 应当提供其在中国境内开设的符合条件的银行账户
  - 税务机关审核
    - 税务机关按规定审核后，按照国库管理有关规定办理税款退库
    - 纳税人未提供本人有效银行账户，或者提供的信息资料有误的，税务机关将通知纳税人更正，纳税人按要求更正后依法办理退税
  - 便捷退税
    - 为方便办理退税，2022年综合所得全年收入额不超过6万元且已预缴个人所得税的纳税人，可选择使用个税 APP及网站提供的简易申报功能，便捷办理汇算退税
  - 2021及以前年度汇算
    - 申请2022年度汇算退税的纳税人，如存在应当办理2021及以前年度汇算补税但未办理，或者经税务机关通知2021及以前年度汇算申报存在疑点但未更正或说明情况的，需在办理2021及以前年度汇算申报补税、更正申报或者说明有关情况后依法申请退税
- **2.办理补税**
  - 缴纳方式
    - 纳税人办理汇算补税的，可以通过网上银行、办税服务厅POS机刷卡、银行柜台、非银行支付机构等方式缴纳
    - 邮寄申报并补税的，纳税人需通过个税APP及网站或者主管税务机关办税服务厅及时关注申报进度并缴纳税款
  - 未足额补缴税款
    - 汇算需补税的纳税人，汇算期结束后未足额补缴税款的，税务机关将依法加收滞纳金，并在其个人所得税《纳税记录》中予以标注
  - 首违不罚
    - 纳税人因申报信息填写错误造成汇算多退或少缴税款的，纳税人主动或经税务机关提醒后及时改正的，税务机关可以按照“首违不罚”原则免予处罚

（十一）汇算服务

- 税务机关推出系列优化服务措施（注13），帮助纳税人解决疑难问题，积极回应纳税人诉求
  - 汇算准备：纳税人可登录个税APP及网站，查看自己的综合所得和纳税情况，核对银行卡、专项附加扣除涉及人员身份信息等基础资料，为汇算做好准备
  - 分批分期：为合理有序引导纳税人办理汇算，提升纳税人办理体验，主管税务机关将分批分期通知提醒纳税人在确定的时间段内办理
  - 预约办税
    - 有汇算初期（3月1日至3月20日）办理需求的纳税人，可以根据自身情况，在2月16日后通过个税APP及网站预约上述时间段中的任意一天办理
    - 3月21日至6月30日，纳税人无需预约，可以随时办理
  - 优先退税：对符合汇算退税条件且生活负担较重的纳税人，税务机关提供优先退税服务
  - 个性化便民服务：独立完成汇算存在困难的年长、行动不便等特殊人群提出申请，税务机关可提供个性化便民服务

注13

- 加强汇算的政策解读和操作辅导力度
- 分类编制办税指引
- 通俗解释政策口径、专业术语和操作流程
- 多渠道、多形式开展提示提醒服务
- 通过个税APP及网站、12366纳税缴费服务平台等渠道提供涉税咨询

（十二）其他事项

国家税务总局公告2018年第62号第一条（注1）、第四条（注6）与3号公告不一致的，依照3号公告执行

tips

与以前年度相比，3号公告主要有三处变化：

1. 增加了3岁以下婴幼儿照护专项附加扣除、个人养老金等可以在年度汇算中予以扣除的规定
2. 完善了“预约办税”制度，在维持预约办税起始时间（2月16日）基础上，将预约结束时间延长至3月20日
3. 新增对生活负担较重的纳税人优先退税的规定

第四节 个人所得税纳税申报表

章节目录

- 一、基础信息登记类
- 二、扣缴申报类
- 三、自行申报类
- 四、经营所得类
- 五、税前扣除类
- 六、税额抵扣类
- 七、税收优惠类
- 八、分期缴纳类
- 九、递延纳税类
- 十、其他类

文件依据色块标识

- 浅绿色代表　国家税务总局公告2019年第7号
- 粉红色代表　国家税务总局公告2019年第46号
- 浅黄色代表　国家税务总局公告2023年第3号
- 浅灰色代表　国家税务总局公告2022年第7号

一、基础信息登记类

- 《个人所得税基础信息表（A表）》　扣缴义务人填报
- 《个人所得税基础信息表（B表）》　自然人直接填报

二、扣缴申报类

- 《个人所得税扣缴申报表》
  - 向居民个人综合所得（注1）全员全额预扣预缴申报
  - 向非居民个人支付前四项所得（注1）全员全额扣缴申报
  - 支付分类所得（注2）全员全额扣缴申报
- 《限售股转让所得扣缴个人所得税报告表》（国税发〔2010〕8号）

- 二、扣缴申报类
  - 《单一投资基金核算的合伙制创业投资企业个人所得税扣缴申报表》
    - 适用于选择按单一投资基金核算的合伙制创业投资企业（含创投基金）按规定办理年度股权转让所得扣缴申报时，于取得所得的次年3月31日前报送
  - 《合伙制创业投资企业单一投资基金核算方式备案表》
    - 选择按单一投资基金核算的创投企业，应当在管理机构完成备案的30日内，向主管税务机关进行核算方式备案，报送本表
- 注1：工资、薪金所得，劳务报酬所得，稿酬所得和特许权使用费所得
- 注2：利息、股息、红利所得，财产租赁所得，财产转让所得和偶然所得

- 三、自行申报类
  - 《个人所得税自行纳税申报表（A表）》
    - 居民
      - 取得应税所得，扣缴义务人未扣缴税款
    - 非居民
      - 取得应税所得，扣缴义务人未扣缴税款
      - 在中国境内从两处以上取得工资、薪金所得
  - 《个人所得税年度自行纳税申报表（A表）》
  - 《个人所得税年度自行纳税申报表（问答版）》
    - （以上两表）仅从境内取得综合所得的居民个人年度汇算
  - 《个人所得税年度自行纳税申报表（简易版）》
    - 从境内取得年综合所得收入额≤6万元的居民个人进行年度汇算
  - 《个人所得税年度自行纳税申报表（B表）》
    - 取得境外所得的居民个人进行年度自行申报
  - 《境外所得个人所得税抵免明细表》
    - 计算取得境外所得的抵免限额
  - 《限售股转让所得个人所得税清算申报表》（国税发〔2010〕8号）

四、经营所得类

- 《个人所得税经营所得纳税申报表（A表）》——预缴纳税申报——查账征收和核定征收
- 《个人所得税经营所得纳税申报表（B表）》——汇算清缴申报——查账征收
- 《个人所得税经营所得纳税申报表（C表）》——年度汇总纳税申报——境内两处及以上取得经营所得

五、税前扣除类

- 《个人所得税专项附加扣除信息表》
  - 享受七项专项附加扣除的自然人纳税人填写
  - 以后年度继续申报扣除的，应对扣除事项有无变化进行确认
- 《个人所得税公益慈善事业捐赠扣除明细表》——国家税务总局公告2019年第99号
- 《商业健康保险税前扣除明细表》——国家税务总局公告2017年第17号
- 《个人税收递延型商业养老保险税前扣除情况明细表》——国家税务总局公告2018年第21号

六、税额抵扣类

- 《合伙创投企业个人所得税投资抵扣备案表》
- 《合伙创投企业个人所得税投资抵扣情况表》
- 《天使投资个人所得税投资抵扣备案表》
- 《天使投资个人所得税投资抵扣情况表》

以上——国家税务总局公告2018年第43号

七、税收优惠类

- 《个人所得税减免税事项报告表》——发生减免税事项填报享受税收优惠
- 《科技成果转化暂不征收个人所得税备案表》——国家税务总局公告2016年第5号
- 科技人员取得职务科技成果转化现金奖励个人所得税备案表——财税〔2018〕58号、国家税务总局公告2018年第30号

八、分期缴纳类

- 《个人所得税分期缴纳备案表（股权奖励）》、《个人所得税分期缴纳备案表（转增股本）》——国家税务总局公告2015年第80号
- 《个人取得股票期权或认购股票等取得折扣或补贴收入分期缴纳个人所得税备案表》——国家税务总局公告2016年第5号
- 《非货币性资产投资分期缴纳个人所得税备案表》——国家税务总局公告2015年第20号

九、递延纳税类

- 《非上市公司股权激励个人所得税递延纳税备案表》、《上市公司股权激励个人所得税延期纳税备案表》、《技术成果投资入股个人所得税递延纳税备案表》、《个人所得税递延纳税情况年度报告表》——国家税务总局公告2016年第62号
- 《股权激励情况报告表》——税总征科发〔2021〕69号

十、其他类

- 《代扣代缴手续费申请表》——扣缴义务人申请个人所得税代扣代缴手续费

第九章 征收管理

章节目录

- 一、部门协作
- 二、信息查验
- 三、货币单位
- 四、代扣扣缴手续费

一、部门协作

- 协助确认纳税人的身份、金融账户信息
  - 公安、人民银行、金融监督管理等相关部门
- 提供专项附加扣除信息
  - 教育、卫生、医疗保障、民政、人力资源社会保障、住房城乡建设、公安、人民银行、金融监督管理等相关部门

二、信息查验

- 个人转让不动产
  - 登记机构办理转移登记时应当查验与该不动产转让相关的个人所得税的完税凭证
- 个人转让股权办理变更登记
  - 市场主体登记机关应当查验与该股权交易相关的个人所得税的完税凭证

三、货币单位

- 按照办理纳税申报或者扣缴申报的上一月最后一日人民币汇率中间价折合成人民币
- 年度终了后办理汇算清缴的
  - 对已经按月、按季或者按次预缴税款的人民币以外货币所得，不再重新折算
  - 对应当补缴税款的所得部分，按照上一纳税年度最后一日人民币汇率中间价，折合成人民币计算应纳税所得额

四、代扣代缴手续费

- 百分之二的手续费
- 应当填开退还书

其他税费

第一章　车船税
第二章　环境保护税
第三章　船舶吨税
第四章　烟叶税
第五章　车辆购置税
第六章　耕地占用税
第七章　资源税
第八章　契税
第九章　城市维护建设税
第十章　印花税
第十一章　土地增值税
第十二章　房产税
第十三章　城镇土地使用税
第十四章　“六税两费”减免政策
第十五章　关税
第十六章　教育费附加
第十七章　地方教育附加
第十八章　残疾人就业保障金
第十九章　文化事业建设费
第二十章　财产和行为税纳税申报表

第一章 车船税

章节目录

- 一、纳税人
- 二、扣缴义务人
- 三、税目税率
- 四、计税依据
- 五、应纳税额
- 六、税收优惠
- 七、纳税义务发生时间
- 八、征收管理
- 九、纳税期限
- 十、纳税地点
- 十一、部门协作
- 十二、政策依据
- 十三、小例子

一、纳税人

境内规定的车辆、船舶（注1）的
- 所有人：拥有车船的单位和个人
- 管理人：对车船具有管理权或者使用权，不具有所有权的单位和个人

注1
- 属于《中华人民共和国车船税法》所附《车船税税目税额表》规定的车辆、船舶
- 依法应当在车船登记管理部门登记的机动车辆和船舶
- 依法不需要在车船登记管理部门登记的在单位内部场所行驶或作业的机动车辆和船舶
- 境内单位和个人将船舶出租到境外的应依法征收
- 不征
  - 临时入境的外国车船和港澳台地区车船
  - 境内单位和个人租入外国籍船舶（国家税务总局公告2013年第42号）
  - 船舶上装备的救生艇筏和长度小于5米的艇筏（国税函〔2011〕712号）
  - 拖拉机、电动自行车、火车、履带式专用机械车
  - 纯电动乘用车和燃料电池乘用车（财税〔2018〕74号）

- 二、扣缴义务人
  - 从事机动车第三者责任强制保险业务的保险机构为机动车车船税的扣缴义务人，应当在收取保险费时依法代收车船税，并出具代收税款凭证（注2）
  - 已完税或者依法减免税的车辆，纳税人应当向扣缴义务人提供登记地的主管税务机关出具的完税凭证或者减免税证明
  - 纳税人没有按照规定期限缴纳车船税的，扣缴义务人在代收代缴税款时，可以一并代收代缴欠缴税款的滞纳金
  - 扣缴义务人解缴税款和滞纳金的具体期限，由省、自治区、直辖市税务机关依照法律、行政法规的规定确定

- 注2
  - 机动车车船税扣缴义务人在代收车船税时，应当在机动车交通事故责任强制保险的保险单以及保费发票上注明已收税款的信息，作为代收税款凭证

- 三、税目税率
  - 税目
    - 包括乘用车、商用车、挂车、其他车辆、摩托车和船舶6个税目
  - 税率
    - 定额税率。车船的适用税额依照《车船税税目税额表》执行
    - 车辆车船税的纳税人按照纳税地点所在的省、自治区、直辖市人民政府确定的具体适用税额缴纳车船税
    - 车辆的具体适用税额由省、自治区、直辖市人民政府依照规定的税额幅度和国务院的规定确定，报国务院备案
    - 船舶的具体适用税额由国务院在规定的税额幅度内确定
  - 乘用车（依排气量从小到大递增分档）
    - 载客人数≤9人
    - ≤1.0升：每辆每年税额（下同）60～360元
    - >1.0≤1.6升：300～540元
    - >1.6≤2.0升：360～660元
    - >1.6≤2.5升：660～1200元
    - >2.5≤3.0升：1200～2400元
    - >2.5≤3.0升：2400～3600元
    - >4.0升：3600～5400元

三、税目税率

- 商用车
  - 客车
    - 载客人数>9人，包括电车
    - 9～20人　小客车
    - ≥20人　大客车
    - 每辆每年税额　480～1440元
  - 货车
    - 包括半挂牵引车、三轮汽车和低速载货汽车等
    - 客货两用车，是指主要载运货物，可运载3人以上乘客的货车
    - 客货两用车依照货车的计税单位和年基准税额计征车船税（国家税务总局公告2013年第42号）
    - 按整备质量每吨每年税额　16～120元
- 挂车　按相同整备质量的货车税额的50%计算应纳税额
- 其他车辆
  - 不包括拖拉机
  - 专用作业车
    - 用于特殊工作，如汽车起重机、消防车、混凝土泵车、清障车、高空作业车、洒水车、扫路车等（国家税务总局公告2013年第42号）
    - 救护车不属于专用作业车
  - 轮式专用机械车（履带式不征）　是指有特殊结构和专门功能，装有橡胶车轮可以自行行驶，最高设计车速大于每小时20公里的轮式工程机械车
  - 按整备质量每吨每年税额　16～120元
- 摩托车
  - 最高设计车速>50公里/小时，或者使用内燃机排量>50毫升的两轮或三轮车辆
  - 每辆每年税额　36～180元
- 船舶
  - 机动船舶
    - 净吨位
      - ≤200吨　3元/吨
      - >200≤2000吨　4元/吨
      - >2000≤10000吨　5元/吨
      - >10000吨　6元/吨
    - 拖船、非机动驳船　分别按机动船舶税额的50%计算
    - 拖船　发动机功率1千瓦=0.67吨
  - 游艇
    - 长度在90米以下
    - 艇身长度
      - ≤10米　600元/米
      - >10≤18米　900元/米
      - >18≤30米　1300元/米
      - >30米　2000元/米
      - 辅助动力帆艇　600元/米

四、计税依据

从量计征

税目	计税单位
乘用车、客车、摩托车	每辆
货车、挂车、专用作业车、轮式专用机械车	整备质量每吨
机动船舶	净吨位每吨
游艇	艇身长度每米

排气量、整备质量、核定载客人数、净吨位、千瓦、艇身长度，以车船登记管理部门核发的车船登记证书或者行驶证所载数据为准

依法不需要办理登记的车船和依法应当登记而未办理登记或者不能提供车船登记证书、行驶证的车船，以车船出厂合格证明或者进口凭证标注的技术参数、数据为准；不能提供车船出厂合格证明或者进口凭证的，由主管税务机关参照国家相关标准核定，没有国家相关标准的参照同类车船核定

五、应纳税额

1.应纳税额=年应纳税额/12×应纳税月份数

2.购置的新车船，购置当年的应纳税额自纳税义务发生的当月起按月计算

3.按照纳税地点所在的省、自治区、直辖市人民政府确定的具体适用税额缴纳车船税

4.在一个纳税年度内，已完税的车船被盗抢、报废、灭失的，纳税人可以凭有关管理机关出具的证明和完税凭证，向纳税所在地的主管税务机关申请退还自被盗抢、报废、灭失月份起至该纳税年度终了期间的税款

5.已经缴纳车船税的车船，因质量原因，车船被退回生产企业或者经销商的，纳税人可以向纳税所在地的主管税务机关申请退还自退货月份起至该纳税年度终了期间的税款。退货月份以退货发票所载日期的当月为准（国家税务总局公告2013年第42号）

6.已办理退税的被盗抢车船失而复得的，纳税人应当从公安机关出具相关证明的当月起计算缴纳车船税

7.已缴纳车船税的车船在同一纳税年度内办理转让过户的，不另纳税，也不退税

8.整备质量、净吨位、艇身长度等计税单位，有尾数的一律按照含尾数的计税单位据实计算车船税应纳税额。计算得出的应纳税额小数点后超过两位的可四舍五入保留两位小数（国家税务总局公告2013年第42号）

六、税收优惠

1.捕捞、养殖渔船（注3）免征车船税

2.军队、武装警察部队专用的车船（注4）免征车船税

3.警用车船（注5）免征车船税

4.悬挂应急救援专用号牌的国家综合性消防救援车辆（注6）和国家综合性消防救援专用船舶

5.依法规定应当予以免税的外国驻华使领馆、国际组织驻华代表及其有关人员的车船

6.对节约能源、使用新能源的车船可以减征或者免征车船税（注7）

7.对受严重自然灾害影响纳税困难以及有其他特殊原因确需减税、免税的，可以减征或者免征车船税。具体办法由国务院规定，并报全国人民代表大会常务委员会备案（注8）

8.省、自治区、直辖市人民政府根据当地实际情况，可以对公共交通车船，农村居民拥有并主要在农村地区使用的摩托车、三轮汽车和低速载货汽车定期减征或者免征车船税

9.按规定缴纳船舶吨税的机动船舶，自车船税法实施之日起5年内免征

10.依法不需要在车船登记管理部门登记的机场、港口、铁路站场内部行驶或者作业的车船，自车船税法实施之日起5年内免征

11.拖船、非机动驳船分别按照机动船舶税额的50%计算车船税

12.挂车按照货车税额50%计算车船税

13.对北京冬奥组委、北京冬奥会测试赛赛事组委会免征车船税（财税〔2017〕60号）

注3：是指在渔业船舶登记管理部门登记为捕捞船或者养殖船的船舶

注4：是指按照规定在军队、武装警察部队车船登记管理部门登记，并领取军队、武警牌照的车船

注5：是指公安机关、国家安全机关、监狱、劳动教养管理机关和人民法院、人民检察院领取警用牌照的车辆和执行警务的专用船舶

注6：国家综合性消防救援车辆由部队号牌改挂应急救援专用号牌的，一次性免征改挂当年车船税（财税〔2019〕18号）

注7：
- 节能汽车，减半征收车船税
- 免征车船税的新能源汽车是指纯电动商用车、插电式（含增程式）混合动力汽车、燃料电池商用车
- 依据：财税〔2018〕74号

注8

- 对受地震、洪涝等严重自然灾害影响纳税困难以及其他特殊原因确需减免税的车船，可以在一定期限内减征或者免征车船税。具体减免期限和数额由省、自治区、直辖市人民政府确定，报国务院备案
- 对疾病控制机构和妇幼保健机构等卫生机构自用的车船，免征车船使用税（财税〔2000〕42号）
- 对非营利性医疗机构自用的车船，免征车船使用税（财税〔2000〕42号）
- 对政府部门和企事业单位、社会团体以及个人等社会力量投资兴办的福利性、非营利性的老年服务机构自用的车船，免征车船使用税（财税〔2000〕97号）
- 对被撤销金融机构清算期间自有的或从债务方接收的车辆，免征车船使用税（财税〔2003〕141号）

七、纳税义务发生时间

- 取得车船所有权或者管理权的当月
- 应当以购买车船的发票或者其他证明文件所载日期的当月为准

八、征收管理

- 从事机动车第三者责任强制保险业务的保险机构为机动车车船税的扣缴义务人，应当在收取保险费时依法代收车船税，并出具代收税款凭证
- 扣缴义务人已代收代缴车船税的，纳税人不再向车辆登记地的主管税务机关申报缴纳车船税
- 没有扣缴义务人的，纳税人应当向主管税务机关自行申报缴纳车船税
- 纳税人在购买“交强险”时，由扣缴义务人代收代缴车船税的，凭注明已收税款信息的“交强险”保险单，车辆登记地的主管税务机关不再征收该纳税年度的车船税。再次征收的，车辆登记地主管税务机关应予退还（国家税务总局公告2013年第42号）
- 纳税人缴纳车船税时，应当提供反映排气量、整备质量、核定载客人数、净吨位、千瓦、艇身长度等与纳税相关信息的相应凭证以及税务机关根据实际需要要求提供的其他资料。纳税人以前年度已经提供前款所列资料信息的，可以不再提供
- 自2021年6月1日起使用财产和行为税纳税申报表（国家税务总局公告2021年第9号）（详见《财产和行为税合并申报》）

九、纳税期限

- 按年申报缴纳，分月计算，一次性缴纳
- 纳税年度为公历1月1日至12月31日
- 具体申报纳税期限由省、自治区、直辖市人民政府各省规定

十、纳税地点

- 车船的登记地或者车船税扣缴义务人所在地
- 依法不需要办理登记的车船，为车船的所有人或者管理人所在地

十一、部门协作

- 公安机关交通管理部门在办理车辆相关登记和定期检验手续时，经核查，对没有提供依法纳税或者免税证明的，不予办理相关手续
- 税务机关可以在车船登记管理部门、车船检验机构的办公场所集中办理车船税征收事宜
- 公安、交通运输、农业、渔业等车船登记管理部门、船舶检验机构和车船税扣缴义务人的行业主管部门应当在提供车船有关信息等方面，协助税务机关加强车船税的征收管理

十二、政策依据

- 未特别注明的政策依据为《中华人民共和国车船税法》及其实施条例、国税函〔2011〕712号

十三、小例子

1.某企业拥有整备质量10吨货车10辆，7.8吨挂车5辆。该企业2020年7月购置2.5吨客货两用车2辆，合同载明不含税金额10万元，当月领取行驶证书。货车车船税年税额20元/吨，计算该企业全年应缴纳的车船税。
解：应纳车船税＝10×10×20+7.8×5×20×50%+2.5×2×20÷12×6＝2440（元）。

2.2021年1月，某船运公司购进拖船2艘，发动机功率均为1000千瓦。已知机动船舶车船税年税额为：净吨位201吨至2000吨的，每吨4元，计算该船运公司 2021年拖船应缴纳的车船税。
解：拖船应纳车船税=1000×0.67×4×50%×2=2680（元）。

第二章 环境保护税

章节目录

- 一、纳税义务人
- 二、计税依据
- 三、税目税额
- 四、税款计算
- 五、税收优惠
- 六、纳税地点
- 七、纳税义务发生时间
- 八、纳税期限
- 九、纳税申报
- 十、法律责任
- 十一、部门协作
- 十二、政策依据
- 十三、小例子

一、纳税义务人

- 在中华人民共和国领域和中华人民共和国管辖的其他海域，直接向环境排放应税污染物（注1）的企业事业单位和其他生产经营者为环境保护税的纳税人
- 不征
  - 排放生活污水和垃圾的居民个人
  - 间接向环境排放应税污染物的（注2）

注1应税污染物

- 大气污染物：包括二氧化硫、氮氧化物等44种主要大气污染物
- 水污染物：包括化学需氧量、氨氮等65种主要水污染物
- 固体废物
  - 包括煤矸石、尾矿、危险废物、冶炼渣、粉煤灰、炉渣以及其他固体废物
  - 其他固体废物具体范围授权由各省、自治区、直辖市人民政府确定
- 噪声
  - 仅指工业噪声
  - 不包括交通噪声、建筑噪声等其他噪声
- 具体税目查阅《环境保护税税目税额表》和《应税污染物和当量值表》

- 注2
  - 向依法设立的污水集中处理（注9）、生活垃圾集中处理场所排放应税污染物的不征
  - 在符合国家和地方环境保护标准的设施、场所贮存或者处置固体废物的不征（不符合国家和地方环境保护标准的要征）
  - 达到省级人民政府确定的规模标准并且有污染物排放口的畜禽养殖场，应当依法缴纳环境保护税；依法对畜禽养殖废弃物进行综合利用和无害化处理的，不属于直接向环境排放污染物
- Tips
  - 一般纳入排污许可管理，并直接向环境排放应税污染物的单位，就需要缴纳环境保护税

二、计税依据

- 大气污染物
  - 污染物排放量折合的污染当量数（注3）确定
    - 污染当量数从大到小排序
    - 对前三项污染物征收环境保护税
- 水污染物
  - 污染物排放量折合的污染当量数（注3）确定
    - 按照污染当量数从大到小排序
    - 对第一类水污染物按照前五项征收环境保护税
    - 对其他类水污染物按照前三项征收环境保护税
- 固体废物
  - 固体废物的排放量确定
    - =当期固体废物的产生量−当期固体废物的贮存量、处置量、综合利用量
  - 以产生量作为排放量
    - 非法倾倒应税固体废物
    - 进行虚假纳税申报
- 噪声
  - 超过国家规定标准的分贝数确定
- 省、自治区、直辖市人民政府根据本地区污染物减排的特殊需要，可以增加同一排放口征收环境保护税的应税污染物项目数，报同级人民代表大会常务委员会决定，并报全国人民代表大会常务委员会和国务院备案
- 应税大气污染物、水污染物、固体废物的排放量和噪声的分贝数，按照下列方法和顺序计算（注6）

- tips
  - 计税依据
    - 应税大气污染物、应税水污染物：污染当量数
    - 应税固体废物：排放量
    - 应税噪声：超过国家规定标准的分贝数

- 注3污染当量数
  - 应税大气污染物和水污染物的污染当量数=该污染物的排放量/该污染物的污染当量值（注5）
  - 对每一排放口或者没有排放口的应税污染物，按照污染当量数从大到小排序，应税大气污染物的前三项、总汞等第一类应税水污染物的前五项、悬浮物等应税其他类水污染物的前三项需要计算缴纳环境保护税
  - （注4）情形下　以产生量作为排放量

- 注4
  - 未依法安装使用污染物自动监测设备或者未将污染物自动监测设备与环境保护主管部门的监控设备联网
  - 损毁或者擅自移动、改变污染物自动监测设备
  - 篡改、伪造污染物监测数据
  - 通过暗管、渗井、渗坑、灌注或者稀释排放以及不正常运行防治污染设施等方式违法排放应税污染物
  - 进行虚假纳税申报

- 注5
  - 依照《应税污染物和当量值表》执行
  - 污染当量是指根据污染物或者污染排放活动对环境的有害程度以及处理的技术经济性，衡量不同污染物对环境污染的综合性指标或者计量单位。同一介质相同污染当量的不同污染物，其污染程度基本相当
  - 污染当量值是相当于1个污染当量的污染物排放数量，用于衡量大气污染物和水污染物对环境造成的危害和处理费用

- 注6
  - 一是对安装使用符合国家规定和监测规范的污染物自动监测设备的，按自动监测数据计算
  - 二是对未安装自动监测设备的，按监测机构出具的符合国家有关规定和监测规范的监测数据计算。为减轻监测负担，对当月无监测数据的，可沿用最近一次的监测数据
  - 三是对不具备监测条件的，按照国务院生态环境主管部门公布的排污系数（注7）或者物料衡算方法（注8）计算（财政部国家税务总局公告2021年第16号）
  - 四是不能按照前三种方法计算的，按照省、自治区、直辖市生态环境主管部门公布的抽样测算方法核定计算

注7 排污系数是指在正常技术经济和管理条件下，生产单位产品所应排放的污染物量的统计平均值

注8 物料衡算，是指根据物质质量守恒原理对生产过程中使用的原料、生产的产品和产生的废物等进行测算的一种方法

三、税目税额

- 大气污染物　每污染当量　1.2～12元
- 水污染物　每污染当量　1.4～14元
- 应税大气污染物和水污染物的具体适用税额的确定和调整，由省、自治区、直辖市人民政府在《环境保护税税目税额表》规定的税额幅度内提出，报同级人民代表大会常务委员会决定，并报全国人民代表大会常务委员会和国务院备案
- 固体废物
  - 煤矸石　每吨　5元
  - 尾矿　每吨　15元
  - 危险废物　每吨　1000元
  - 冶炼渣、粉煤灰、炉渣、其他固体废物（含半固态、液态废物）　每吨　25元
- 噪声
  - 工业噪声
    - 超标1～3分贝　350元/月
    - 超标4～6分贝　700元/月
    - 超标7～9分贝　1400元/月
    - 超标10～12分贝　2800元/月
    - 超标13～15分贝　5600元/月
    - 超标16分贝　11200元/月
- tips
  - 环境保护税采用定额税率
  - 环境保护税的计税单位为“每污染当量”、“每吨”、“超标分贝”
  - 应税大气污染物和水污染物实行浮动税额
  - 固体废物和噪声实行固定税额
  - 应税固体废物有差额计税的规定

四、税款计算

- 应纳税额
  - =计税依据×具体适用税额
  - 应税大气污染物和水污染物：=污染当量数×具体适用税额
  - 应税固体废物：=固体废物的排放量×具体适用税额
  - 应税噪声：=超过国家规定标准的分贝数对应的具体适用税额
- 从两个以上排放口排放应税污染物的，对每一排放口排放的应税污染物分别计算征收环境保护税；纳税人持有排污许可证的，其污染物排放口按照排污许可证载明的污染物排放口确定

五、税收优惠

- 暂予免征
  - 1.农业生产（不包括规模化养殖）排放应税污染物的
  - 2.机动车、铁路机车、非道路移动机械、船舶和航空品等流动污染源排放应税污染物的
  - 3.依法设立的城乡污水集中处理（注9）、生活垃圾集中处理场所排放相应应税污染物，不超过国家和地方规定的排放标准的
  - 4.纳税人综合利用的固体废物，符合国家和地方环境保护标准的（注10）
  - 5.国务院批准免税的其他情形（由国务院报人大常委员备案）
- 减征
  - 排放应税大气污染物或者水污染物的浓度值（注11）低于污染物排放标准30%的，减按75%征收环境保护税；低于污染物排放标准50%的，减按50%征收环境保护税
  - 噪声声源一个月内超标不足15天的　减半计算应纳税额
- Tips
  - 多排多缴、少排少缴、不排不缴
  - 规模化养殖不免税
  - 已有车船税、消费税、车辆购置税等税种对机动车的生产和使用进行调节，因此，对机动车、船舶和航空器等流动污染源排放的应税污染物暂予免税

注9 城乡污水集中处理场所不包括为工业园区、开发区等工业聚集区域内的企业事业单位和其他生产经营者提供污水处理服务的场所，以及企业事业单位和其他生产经营者自建自用的污水处理场所

注10 企业事业单位和其他生产经营者贮存或者处置固体废物不符合国家和地方环境保护标准的，应当缴纳环境保护税

注11 浓度值是指纳税人安装使用的污染物自动监测设备当月自动监测的应税大气污染物浓度值的小时平均值再平均所得数值或者应税水污染物浓度值的日平均值再平均所得数值，或者监测机构当月监测的应税大气污染物、水污染物浓度值的平均值

六、纳税地点 向应税污染物排放地（注12）的税务机关申报缴纳环境保护税

注12
- 排放应税大气污染物、水污染物——排放口的所在地
- 排放应税固体废物、应税噪声——固体废物或噪声的产生地

七、纳税义务发生时间 排放应税污染物的当日

八、纳税期限
- 按月计算，按季申报缴纳——季度终了之日起15日内
- 不能按固定期限计算缴纳的，可以按次申报缴纳——纳税人要在纳税义务发生之日起15日内，办理纳税申报并缴纳税款

九、纳税申报
- 纳税人可以直接到办税服务厅办理纳税申报，也可以通过电子税务局进行网上申报
- 自2021年6月1日起使用财产和行为税纳税申报表（国家税务总局公告2021年第9号）（详见《财产和行为税合并申报》）
- 留存备查——妥善保管应税污染物监测和管理的有关资料。减免税相关资料由纳税人留存备查

十、法律责任

- 税务机关发现纳税人的纳税申报数据资料异常（注13）或者纳税人未按照规定期限办理纳税申报的，可以提请生态环境主管部门进行复核，生态环境主管部门应当自收到税务机关的数据资料之日起15日内向税务机关出具复核意见。税务机关应当按照生态环境主管部门复核的数据资料调整纳税人的应纳税额
- 直接向环境排放应税污染物的企业事业单位和其他生产经营者，除依照本法规定缴纳环境保护税外，应当对所造成的损害依法承担责任

注13 纳税申报数据资料异常

- 纳税人当期申报的应税污染物排放量与上一年同期相比明显偏低，且无正当理由
- 纳税人单位产品污染物排放量与同类型纳税人相比明显偏低，且无正当理由

十一、部门协作

- 税务机关　征收管理
- 环境保护主管部门　负责对污染物的监测管理
- 两部门应当建立涉税信息共享平台和工作配合机制

十二、政策依据

- 未特别注明的依据《中华人民共和国环境保护税法》及《中华人民共和国环境保护税法实施条例》，自2018年1月1日起实施

十三、小例子

甲企业某月向大气直接排放二氧化硫160吨、氮氧化物228吨，烟尘45吨、一氧化碳20吨，该企业所在地区大气污染物的税额标准为1.2元/污染当量（千克），该企业只有一个排放口。已知二氧化硫、氮氧化物的污染当量值为0.95，烟尘污染当量值为2.18，—氧化碳污染当量值为16.7。计算甲企业当月排放大气污染物应缴纳的环境保护税。

解：1.计算各污染物的污染当量数=该污染物的排放量/该污染物的污染当量值，其中：二氧化硫：160×1000÷0.95=168421.05；氮氧化物：228×1000÷0.95=240000；烟尘：45×1000÷2.18=20642.20；一氧化碳：20×1000÷16.7=1197.60。

2.按污染物的污染当量数排序：氮氧化物>二氧化硫>烟尘>一氧化碳。

3.选取前三项污染物计算应纳税额：氮氧化物：240000×1.2=288000（元）；二氧化硫：168421.05×1.2=202105.26（元）；烟尘：20642.20×1.2=24770.64（元）。

甲企业当月应缴纳环境保护税税额=288000+202105.26+24770.64=514875.90（元）。

第三章　船舶吨税

章节目录

一、征税对象
二、税目税率
三、应纳税额
四、征收机关
五、纳税义务发生时间
六、减免税
七、延长吨税执照期限
八、纳税期限
九、先行申报
十、退税期限
十一、追征期
十二、法律责任
十三、货币计量
十四、政策依据
十五、小例子

一、征税对象

自中华人民共和国境外港口进入境内港口的船舶（以下称应税船舶）

二、税目税率

- 依照《吨税税目税率表》执行，见注4
- 税率
  - 优惠税率：中国籍的应税船舶，船籍国（地区）与中国签订含有相互给予船舶税费最惠国待遇条款的条约或者协定的应税船舶，适用优惠税率
  - 普通税率：其他应税船舶适用普通税率

三、应纳税额

- =船舶净吨位×适用税率
- 按照船舶净吨位和吨税执照（注1）期限征收

注1

- 应税船舶负责人在每次申报纳税时，可以按照《吨税税目税率表》选择申领一种期限的吨税执照
- 应税船舶负责人缴纳吨税或者提供担保后，海关按照其申领的执照期限填发吨税执照
- 应税船舶在进入港口办理入境手续时，应当向海关申报纳税领取吨税执照，或者交验吨税执照（或者申请核验吨税执照电子信息）
- 应税船舶在离开港口办理出境手续时，应当交验吨税执照（或者申请核验吨税执照电子信息）
- 应税船舶在吨税执照期满后尚未离开港口的，应当申领新的吨税执照，自上一次执照期满的次日起续缴吨税
- 应税船舶在吨税执照期限内，因税目税率调整或者船籍改变而导致适用税率变化的，吨税执照继续有效
- 吨税执照在期满前毁损或者遗失的，应当向原发照海关书面申请核发吨税执照副本，不再补税

四、征收机关

- 吨税由海关负责征收

五、纳税义务发生时间

- 应税船舶进入港口的当日

六、减免税

- （一）应纳税额在人民币五十元以下的船舶
- （二）自境外以购买、受赠、继承等方式取得船舶所有权的初次进口到港的空载船舶
- （三）吨税执照期满后24小时内不上下客货的船舶
- （四）非机动船舶（不包括非机动驳船）
- （五）捕捞、养殖渔船
- （六）避难、防疫隔离、修理、改造、终止运营或者拆解，并不上下客货的船舶
- （七）军队、武装警察部队专用或者征用的船舶
- （八）警用船舶
- （九）依照法律规定应当予以免税的外国驻华使领馆、国际组织驻华代表机构及其有关人员的船舶
- （十）国务院规定的其他船舶

七、延长吨税执照期限

在吨税执照期限内，应税船舶发生下列情形之一的，海关按照实际发生的天数批注延长吨税执照期限：

- （一）避难、防疫隔离、修理、改造，并不上下客货
- （二）军队、武装警察部队征用

八、纳税期限

- 应税船舶负责人应当自海关填发吨税缴款凭证之日起十五日内缴清税款
- 未按期缴清税款的，自滞纳税款之日起至缴清税款之日止，按日加收滞纳税款万分之五的税款滞纳金

九、先行申报

应税船舶到达港口前，经海关核准先行申报并办结出入境手续的，应税船舶负责人应当向海关提供与其依法履行吨税缴纳义务相适应的担保（注2）；应税船舶到达港口后，依照本法规定向海关申报纳税

注2可担保财产、权利

- （一）人民币、可自由兑换货币
- （二）汇票、本票、支票、债券、存单
- （三）银行、非银行金融机构的保函
- （四）海关依法认可的其他财产、权利

十、退税期限

- 海关发现多征税款的，应当在24小时内通知应税船舶办理退还手续，并加算银行同期活期存款利息
- 应税船舶发现多缴税款的，可以自缴纳税款之日起3年内以书面形式要求海关退还多缴的税款并加算银行同期活期存款利息；海关应当自受理退税申请之日起30日内查实并通知应税船舶办理退还手续
- 应税船舶应当自收到通知之日起3个月内办理有关退还手续

十一、追征期

- 海关发现少征或者漏征税款的，应当自应税船舶应当缴纳税款之日起1年内，补征税款
- 但因应税船舶违反规定造成少征或者漏征税款的，海关可以自应当缴纳税款之日起3年内追征税款，并自应当缴纳税款之日起按日加征少征或者漏征税款万分之五的税款滞纳金

十二、法律责任

应税船舶有下列行为之一（见注3）的，由海关责令限期改正，处二千元以上三万元以下的罚款；不缴或者少缴应纳税款的，处不缴或者少缴税款百分之五十以上五倍以下的罚款，但罚款不得低于二千元

注3

- （一）未按照规定申报纳税、领取吨税执照
- （二）未按照规定交验吨税执照（或者申请核验吨税执照电子信息）以及提供其他证明文件

十三、货币计量

吨税税款、税款滞纳金、罚款以人民币计算

十四、政策依据

- 《中华人民共和国船舶吨税法》，自2018年7月1日起施行
- 吨税的征收，本法未作规定的，依照有关税收征收管理的法律、行政法规的规定执行

注4税目税率表

税目按船舶净吨位划分，税率按执照期限划分

净吨位	税率类别	执照期限	税率
净吨位≤2000	普通税率	1年	12.6元/吨
		90日	4.2元/吨
		30日	2.1元/吨
	优惠税率（注5，下同）	1年	9.0元/吨
		90日	3.0元/吨
		30日	1.5元/吨
2000<净吨位≤10000	普通税率	1年	24.0元/吨
		90日	8.0元/吨
		30日	4.0元/吨
	优惠税率	1年	17.4元/吨
		90日	5.8元/吨
		30日	2.9元/吨
10000<净吨位≤50000	普通税率	1年	27.6元/吨
		90日	9.2元/吨
		30日	4.6元/吨
	优惠税率	1年	19.8元/吨
		90日	6.6元/吨
		30日	3.3元/吨

- 注4税目税率表
  - 净吨位>50000
    - 普通税率
      - 1年 31.8元/吨
      - 90日 10.6元/吨
      - 30日 5.3元/吨
    - 优惠税率
      - 1年 22.8元/吨
      - 90日 7.6元/吨
      - 30日 3.8元/吨

- 注释
  - 净吨位，是指由船籍国（地区）政府签发或者授权签发的船舶吨位证明书上标明的净吨位
  - 非机动船舶，是指自身没有动力装置，依靠外力驱动的船舶
  - 非机动驳船，是指在船舶登记机关登记为驳船的非机动船舶
  - 捕捞、养殖渔船，是指在中华人民共和国渔业船舶管理部门登记为捕捞船或者养殖船的船舶
  - 拖船，是指专门用于拖（推）动运输船舶的专业作业船舶
  - 吨税执照期限，是指按照公历年、日计算的期间

十五、小例子

2020年8月，甲国某运输公司一艘货轮驶入我国某港口，该货轮净吨位为10000吨，货轮在进入港口办理入境手续时向海关申报纳税领取了吨税执照，吨税执照期限为30天，甲国已与我国签订含有相互船舶税费最惠国待遇条款的协定。计算该货轮应缴纳的船舶吨税。

解：该货轮应享受优惠税率，每净吨位为2.9元，应缴纳船舶吨税=10000×2.9=29000（元）。

第四章 烟叶税

章节目录

一、纳税人
二、征税范围
三、税率
四、计税依据
五、应纳税额
六、收购成本
七、纳税义务发生时间
八、纳税地点
九、申报缴纳
十、政策依据
十一、小例子

一、纳税人

我国境内收购烟叶的单位

二、征税范围

晾晒烟叶、烤烟叶

三、税率

20%

四、计税依据

收购烟叶实际支付的价款总额，包括支付给烟叶生产销售单位和个人的烟叶收购价款和价外补贴（注1）

注1　价外补贴=烟叶收购价款×10%（财税〔2018〕75号）

五、应纳税额

- =纳税人收购烟叶实际支付的价款总额×20%
- =烟叶收购价款×（1+10%）×20%

六、收购成本

- 烟叶收购成本=收购烟叶实际支付价款总额×（1+20%）×（1−扣除率）
- 烟叶进项税额=收购烟叶实际支付价款总额×（1+20%）×扣除率

七、纳税义务发生时间

- 纳税人收购烟叶的当日

八、纳税地点

- 收购地主管税务机关

九、申报缴纳

- 按月计征
- 纳税义务发生月终了之日起15日内申报并缴纳税款

十、政策依据

- 《中华人民共和国烟叶税法》，自2018年7月1日起施行

十一、小例子

- 某烟草公司系增值税一般纳税人，2019年7月收购烟叶20000斤，烟叶收购价格3.1元/斤，支付价外补贴6200元，实际支付价款总额70000元，计算应缴纳的烟叶税。
- 解：应纳税额=20000×3.1×（1+10%）×20%=13640（元）。

第五章 车辆购置税

章节目录

- 一、纳税人
- 二、税率
- 三、计税价格
- 四、应纳税额
- 五、征收方式
- 六、法定免税
- 七、其他减免
- 八、纳税义务发生时间
- 九、纳税地点
- 十、纳税期限
- 十一、会计处理
- 十二、征收管理
- 十三、政策依据
- 十四、小例子

一、纳税人

- 在中华人民共和国境内购置（注1）应税车辆（注2）的单位和个人为车辆购置税纳税人。
- 免税、减税车辆不再符合免税范围时
  - 转让：受让人为纳税人
  - 改变用途：所有人为纳税人

注1购置

- 以购买、进口、自产、受赠、获奖或者其他方式取得并自用应税车辆的行为

注2应税车辆

- 汽车、有轨电车、汽车挂车、排气量超过一百五十毫升的摩托车
- 不属于
  - 地铁、轻轨等城市轨道交通车辆
  - 装载机、平地机、挖掘机、推土机等轮式专用机械车
  - 起重机（吊车）、叉车、电动摩托车
  - 排气量不超过150毫升的摩托车

二、税率

- 10%

- **三、计税价格**
  - 购买自用
    - =支付给销售者的全部价款
    - 凭证载明价格确定，不包括增值税税款
    - 对开具机动车销售统一发票的应税车辆，纳税人办理车辆购置税征税和退税业务时，以金税三期系统中的机动车销售统一发票电子信息载明的不含税价作为申报计税价格
  - 进口自用
    - =关税完税价格+关税+消费税
    - 不包括在境内购买的进口车辆
  - 自产自用
    - 按同类应税车辆（即车辆配置序列号相同的车辆）销售价格确定（不包括增值税税款）
    - 没有同类应税车辆销售价格的，按照组成计税价格=成本×（1+成本利润率）+消费税
  - 以受赠、获奖或者其他方式取得并自用
    - 购置应税车辆时相关凭证载明的价格确定，不包括增值税税款
    - 无法提供相关凭证见注3
- **注3**
  - 参照同类应税车辆市场平均交易价格确定
  - 原车辆所有人为车辆生产或者销售企业未开具机动车销售统一发票的
    - 按照车辆生产或者销售同类应税车辆的销售价格确定
    - 无同类应税车辆销售价格的，按组成计税价格确定

- **四、应纳税额**
  - 应纳税额　=应税车辆的计税价格×税率
  - 核定应纳税额
    - 计税价格明显偏低又无正当理由
  - 外汇结算
    - 申报纳税之日的人民币汇率中间价折合成人民币计算缴纳
  - 因转让、改变用途不再属于免税、减税范围应纳税额
    - 应纳税额=初次办理纳税申报时确定的计税价格×（1−使用年限×10%）×10%−已纳税额
    - 自纳税人初次办理纳税申报之日起，至不再属于免税、减税范围的情形发生之日止。使用年限取整计算，不满一年的不计算在内
    - 应纳税额不得为负数
  - 因车辆退回车辆生产企业或者销售企业的应退税额
    - =已纳税额×（1−使用年限×10%）
    - 使用年限：自缴纳税款之日起至申请退税之日止

五、征收方式
- 一次性征收
  - 购置已征车购税车辆不再征收

六、法定免税
- 1.依照法律规定应当予以免税的外国驻华使馆、领事馆和国际组织驻华机构及其有关人员自用的车辆
- 2.中国人民解放军和中国人民武装警察部队列入装备订货计划的车辆
- 3.悬挂应急救援专用号牌的国家综合性消防救援车辆
- 4.设有固定装置的非运输专用作业车辆
- 5.城市公交企业购置的公共汽电车辆（包括公共汽车、无轨电车和有轨电车）
- 6.国务院可规定减征或者其他免征车购税的情形，报全国人大常委会备案

七、其他减免
- 1.回国服务的在外留学人员用现汇购买1辆个人自用国产小汽车免征车辆购置税（财政部 税务总局公告2019年第75号）
- 2.长期来华定居专家进口1辆自用小汽车免征车辆购置税（财政部 税务总局公告2019年第75号）
- 3.防汛部门和森林消防部门用于指挥、检查、调度、报汛（警）、联络的由指定厂家生产的设有固定装置的指定型号的车辆免征车辆购置税（财政部 税务总局公告2019年第75号）
- 4.2018年1月1日至2023年12月31日，对购置新能源汽车免征车辆购置税（财政部 税务总局 工业和信息化部公告2020年第21号、2022年第27号）
- 5.中国妇女发展基金会“母亲健康快车”项目的流动医疗车免征车辆购置税（财政部 税务总局公告2019年第75号）
- 6.北京2022年冬奥会和冬残奥会组织委员会新购置车辆免征车辆购置税（财税〔2017〕60号）
- 7.原公安现役部队和原武警黄金、森林、水电部队改制后换发地方机动车牌证的车辆（公安消防、武警森林部队执行灭火救援任务的车辆除外）一次性免征车辆购置税（财政部 税务总局公告2019年第75号）
- 8.2018年7月1日至2023年12月31日，对购置挂车减半征收车辆购置税（财政部税务总局工业和信息化部公告2018年第69号、财政部 税务总局公告2021年第6号）
- 9.对购置日期在2022年6月1日至2022年12月31日期间内且单车价格（不含增值税）不超过30万元的2.0升及以下排量乘用车，减半征收车辆购置税（财政部 税务总局公告2022年第20号)

八、纳税义务发生时间

纳税人购置应税车辆的当日，以纳税人购置应税车辆所取得的车辆相关凭证上注明的时间为准。具体如下：

购买自用车辆	购买之日	即车辆相关凭证的开具日期
进口自用应税车辆	进口之日	《海关进口增值税专用缴款书》或者其他有效凭证的开具日期
自产、受赠、获奖或者以其他方式取得并自用应税车辆	取得之日	合同、法律文书或者其他有效凭证的生效或者开具日期

九、纳税地点

- 需要办理车辆登记的　车辆登记地主管税务机关
- 不需要办理车辆登记
  - 单位纳税人向其机构所在地主管税务机关申报纳税
  - 个人纳税人向其户籍所在地或者经常居住地的主管税务机关申报纳税

十、纳税期限

- 纳税人应当自纳税义务发生之日起六十日内申报缴纳车辆购置税
- 纳税人应当在向公安机关交通管理部门办理车辆注册登记前，缴纳车辆购置税
- 免税、减税车辆因转让、改变用途等原因不再属于免税、减税范围的，纳税人应当在办理车辆转移登记或者变更登记前缴纳车辆购置税

十一、会计处理

借：固定资产

　　贷：银行存款

十二、征收管理

1.申报

- 购置日期　以机动车销售统一发票上注明的日期为准
- 一车一申报。应用机动车销售统一发票电子信息办理车辆购置税业务，自动生成车辆购置税纳税申报表，纳税人不再需要手工填写纳税申报表
- 纳税人购置应税车辆办理车辆购置税纳税申报时，以发票电子信息中的不含税价作为申报计税价格。纳税人依据相关规定提供其他有效价格凭证的情形除外

- 2.提供车辆合格证明和车辆相关价格凭证
  - 整车出厂合格证或者《车辆电子信息单》
  - 境内购置：机动车销售统一发票或者其他有效凭证
  - 进口自用车辆：《海关进口关税专用缴款书》或者海关进出口货物免税证明、《海关进口消费税专用缴款书》
- 3.免税、减税相关资料原件、复印件
  - 外国驻华使馆、领事馆和国际组织驻华机构及有关人员自用车辆：机构证明和外交部门出具的身份证明
  - 悬挂应急救援专用号牌的国家综合性消防救援车辆：应急管理部批准的相关文件
  - 设有固定装置的非运输专用作业车辆：提供车辆内、外观彩色5寸照片
  - 城市公交企业购置的公共汽电车辆：所在地县级以上（含县级）交通运输主管部门出具的公共汽电车辆认定表
  - 回国服务的在外留学人员用现汇购买1辆个人自用国产小汽车：海关核发的《中华人民共和国海关回国人员购买国产汽车准购单》
  - 长期来华定居专家进口1辆自用小汽车：国家外国专家局或者其授权单位核发的专家证或者A类和B类《外国人工作许可证》
- 4.免税、减税车辆转让、改变用途
  - 填报《车辆购置税申报表》
  - 提供二手车销售统一发票
  - 其他情形按相关规定
- 5.申请退税
  - 纳税人将已征车辆购置税的车辆退回车辆生产企业或者销售企业的
  - 应退税额=已纳税额×（1-使用年限×10%）
  - 使用年限：自缴纳税款之日起至申请退税之日止
  - 填报《车辆购置税退税申请表》
  - 提供纳税人身份证明
    - 单位：《统一社会信用代码证书》或者营业执照或者其他有效机构证明
    - 个人：居民身份证或者居民户口簿或者入境的身份证件
  - 车辆退回生产企业或者销售企业的：提供生产企业或者销售企业开具的退车证明和退车发票
  - 其他依据法律法规应当退税的：根据具体情形提供相关资料
  - 核对纳税人提供的退车发票与发票电子信息
    - 一致：退税
    - 不一致：换票
    - 无电子信息：销售方传输有效电子信息后退税

6.电子信息异常

- 应税车辆存在多条发票电子信息或者没有发票电子信息的：纳税人应当持机动车销售统一发票、购车合同及其他能够反映真实交易的材料到税务机关办理车辆购置税纳税申报，按照购置应税车辆实际支付给销售方的全部价款（不包括增值税税款）申报纳税
- 发票电子信息与纳税人提供的机动车销售统一发票的内容不一致；纳税人提供的机动车销售统一发票已经作废或者开具了红字发票的：换取合规发票后申报纳税

十三、政策依据

《中华人民共和国车辆购置税法》、财政部　税务总局公告2019年第71号、财政部 税务总局公告2019年第75号、国家税务总局公告2019年第26号、国家税务总局公告2020年第3号

十四、小例子

例1：　小张从4S店购买了一辆小汽车，4S店实际销售价格为20万元（不含增值税），此外做装饰花了5万元。计算小张购买该车辆应缴纳的车辆购置税。

解：车辆装饰费不属于车辆购置税计税价格的组成部分，不用缴纳车辆购置税。小张应缴纳车购税20×10%=20000（元）。注意：如果没有做装饰，4S店将20万元的实际销售价格分解为车辆价格15万元、装饰费5万元，分别开具机动车销售统一发票和普通发票（或者不开发票），这5万元不是真正意义上的装饰费，而是实际销售价格的组成部分，应予缴税。这种分解应税车辆实际销售价格分别开票或者不开票的行为，是违反《中华人民共和国发票管理办法》的违法行为。

例2：某汽车制造公司2019年9月将一辆自产货车转作本公司自用，该公司生产的该货车对外销售价格为28万元（不含增值税）；将一辆自产乘用车转作本公司管理部门使用，该公司生产的该乘用车无同类应税车辆销售价格，该乘用车生产成本为20万元，消费税税率为9%，假定该公司所在省税务局确定的成本利润率为8%，计算该汽车制造公司应缴纳的车辆购置税。

解：该汽车制造公司应缴纳车辆购置税=280000×10%+200000×（1+8%）/（1−9%）×10%=51736.26（元）。

第六章　耕地占用税

章节目录

- 一、纳税人
- 二、征税范围
- 三、应纳税额
- 四、授权地方制定适用税额
- 五、减免税
- 六、退税
- 七、纳税义务发生时间
- 八、纳税申报
- 九、纳税地点
- 十、先税后证
- 十一、风险提示
- 十二、执行时间
- 十三、政策依据
- 十四、小例子

一、纳税人

- 占用耕地（注1）
  - 建设
    - 建筑物
    - 构筑物
  - 从事
    - 非农业建设
  - → 单位和个人（注2）

注1：耕地，是指用于种植农作物的土地

注2：
- 经批准占用耕地的
  - 纳税人为农用地转用审批文件中标明的建设用地人
  - 农用地转用审批文件中未标明建设用地人的，纳税人为用地申请人（注3）
- 未经批准占用耕地的
  - 纳税人为实际用地人

注3：用地申请人为各级人民政府的，由同级土地储备中心、自然资源主管部门或政府委托的其他部门、单位履行申报纳税义务

二、征税范围

- 占用耕地、园地、林地、草地、农田水利地、养殖水面、渔业水域滩涂以及其他农用地
  - 建设
    - 建筑物
    - 构筑物
  - 从事
    - 非农业建设
- 非农业建设
  - 因挖损、采矿塌陷、压占、污染等损毁耕地属于税法所称的非农业建设
- 临时占用耕地
  - 纳税人因建设项目施工或者地质勘查临时占用耕地，应当按规定缴纳耕地占用税
- 不缴
  - 占用耕地：建设农田水利设施
  - 占用园地、林地、草地、农田水利地、养殖水面、渔业水域滩涂以及其他农用地：建设直接为农业生产服务的生产设施

三、应纳税额

- 计税依据 =实际占用的耕地面积
- = 应税土地面积×适用税额（注4）
- 一次性征收

四、授权地方制定适用税额

- 税额
  - 以县、自治县、不设区的市、市辖区为单位，设人均耕地为×
    - ×≤1亩 10-50元/m²
    - 1亩<×≤2亩 8-40元/m²
    - 2亩<×≤3亩 6-30元/m²
    - ×>3亩 5-25元/m²
- 注4 适用税额
  - 省、自治区、直辖市人民政府根据人均耕地面积和经济发展等情况，在上述税额幅度内确定本地区耕地占用税的适用税额。但适用税额的平均水平，不得低于《各省、自治区、直辖市耕地占用税平均税额表》规定的平均税额，见注5

- **四、授权地方制定适用税额**
  - 注4适用税额
    - 占用园地、林地、草地、农田水利地、养殖水面、渔业水域滩涂以及其他农用地建设建筑物、构筑物或者从事非农业建设的，适用税额可以适当低于本地区确定的适用税额，但降低的部分不得超过50%
    - 人均耕地低于0.5亩的地区，适用税额可适当提高，但提高的部分不得超过本地区确定的适用税额的50%
    - 占用基本农田的，应当按照确定的当地适用税额，加按百分之一百五十征收。即应纳税额=应税土地面积×适用税额×150%
  - 注5平均税额
    - 上海 45元/平方米
    - 北京 40元/平方米
    - 天津 35元/平方米
    - 江苏、浙江、福建、广东 30元/平方米
    - 辽宁、湖北、湖南 25元/平方米
    - 河北、安徽、江西、山东、河南、重庆、四川 22.5元/平方米
    - 广西、海南、贵州、云南、陕西 20元/平方米
    - 山西、吉林、黑龙江 17.5元/平方米
    - 内蒙古、西藏、甘肃、青海、宁夏、新疆 12.5元/平方米
- **五、减免税**
  - 免税
    - 军事设施、学校、幼儿园、社会福利机构、医疗机构占用耕地，免征耕地占用税
    - 农村烈士遗属、因公牺牲军人遗属、残疾军人以及符合农村最低生活保障条件的农村居民，在规定用地标准以内新建自用住宅，免征耕地占用税
    - 农村居民经批准搬迁，新建自用住宅占用耕地不超过原宅基地面积的部分，免征耕地占用税

- 五、减免税
  - 减税
    - 减按2元/m²
      - 铁路、公路线路
      - 飞机场跑道、停机坪
      - 港口、航道
      - 水利工程
    - 减半征收
      - 农村居民在规定用地标准以内占用耕地新建自用住宅
  - 国务院可以规定免征或减征耕地占用税的其他情形，报全国人大常委会备案
  - 自2022年1月1日至2024年12月31日，对增值税小规模纳税人、小型微利企业和个体工商户可以在50%的税额幅度内减征（详见第十四章“六税两费”减免政策）
  - 不减免
    - 减免税用地改变用途应补税
    - 学校内经营场所和教职工住房占用耕地不免
    - 医疗机构内职工住房占用耕地不免
    - 不在规定范围的的学校、幼儿园、军事设施、社会福利机构、医疗机构不免
    - 不在规定范围内的铁路线路，公路线路，飞机跑道、停机坪，港口，航道，水利工程不减
  - 自行判别、申报享受、有关资料留存备查
  - 留存备查资料
    - 军事设施占用应税土地的证明材料
    - 学校、幼儿园、社会福利机构、医疗机构占用应税土地的证明材料
    - 铁路线路、公路线路、飞机场跑道、停机坪、港口、航道、水利工程占用应税土地的证明材料
    - 农村居民建房占用土地及其他相关证明材料
    - 其他减免耕地占用税情形的证明材料

六、退税

- 临时占用耕地：纳税人在批准临时占用耕地期满之日起一年内依法复垦，恢复种植条件的，全额退还已经缴纳的耕地占用税
- 毁损耕地：自然资源、农业农村等相关部门认定损毁耕地之日起3年内依法复垦或修复，恢复种植条件的，全额退还已经缴纳的耕地占用税

七、纳税义务发生时间

- 收到自然资源主管部门办理占用耕地手续的书面通知的当日
- 未经批准占用耕地的，为自然资源主管部门认定的纳税人实际占用耕地的当日
- 因挖损、采矿塌陷、压占、污染等损毁耕地的，为自然资源、农业农村等相关部门认定损毁耕地的当日
- 经批准改变用途的，为纳税人收到批准文件的当日
- 未经批准改变用途的，为自然资源主管部门认定纳税人改变原占地用途的当日

八、纳税申报

- 申报时间
  - 应当自纳税义务发生之日起30内申报缴纳耕地占用税
  - 减免税用地改变用途应自改变用途之日起30日内，按照当地适用税额补缴耕地占用税
- 申报资料
  - 自2021年6月1日起，使用财产和行为税纳税申报表（国家税务总局公告2021年第9号）（详见《财产和行为税合并申报》）
  - 农用地转用审批文件复印件
  - 临时占用耕地批准文件复印件
    - （以上两项）政府信息共享获取可不提交复印件
  - 未经批准，实际占地的相关证明材料复印件

九、纳税地点

纳税人占用耕地，应当在耕地所在地申报纳税

十、先税后证

自然资源主管部门凭耕地占用税完税凭证或者免税凭证和其他有关文件发放建设用地批准书

十一、风险提示

- 改变原占地用途，不再属于免征或者减征耕地占用税情形，未按照规定进行申报的
- 已申请用地但尚未获得批准先行占地开工，未按照规定进行申报的
- 实际占用耕地面积大于批准占用耕地面积，未按照规定进行申报的
- 未履行报批程序擅自占用耕地，未按照规定进行申报的
- 其他应提请相关部门复核的情形

十二、执行时间

《中华人民共和国耕地占用税法》自2019年9月1日起施行

十三、政策依据

《中华人民共和国耕地占用税法》、国家税务总局公告2019年第30号、财政部公告2019年第81号

十四、小例子

假设某市一家企业新占用60000平方米耕地用于工业建设，所占耕地适用的定额税率为30元／平方米，计算该企业应缴纳的耕地占用税。

解：该企业应缴纳耕地占用税税额=60000×30=1800000（元）。

第七章 资源税

章节目录

- 一、纳税人
- 二、征税范围
- 三、税款计算
- 四、税收优惠
- 五、纳税义务发生时间
- 六、纳税申报
- 七、纳税地点
- 八、征收管理
- 九、政策依据
- 十、资源税税目税率
- 十一、小例子
- 十二、水资源税

一、纳税人

- 中华人民共和国领域、中华人民共和国管辖的其他海域：开发应税资源的单位和个人
- 中外合作开采陆上、海上石油资源的企业

二、征税范围

- 应税资源的具体范围由《资源税税目税率表》确定，具体包括：
- 5大类：能源矿产、金属矿产、非金属矿产、水气矿产、盐 —— 164个税目
- 矿产品：原矿、选矿产品 —— 应当分别确定具体适用税率
- 按原矿计征：以自采原矿（经过采矿过程采出后未进行选矿或者加工的矿石）直接销售，或者自用于应当缴纳资源税情形的，按照原矿计征资源税
- 按选矿计征：纳税人以自采原矿洗选加工为选矿产品（通过破碎、切割、洗选、筛分、磨矿、分级、提纯、脱水、干燥等过程形成的产品，包括富集的精矿和研磨成粉、粒级成型、切割成型的原矿加工品）销售，或者将选矿产品自用（注1）于应当缴纳资源税情形的，按照选矿产品计征资源税，在原矿移送环节不缴纳资源税

二、征税范围

- 按砂石税目：对于无法区分原生岩石矿种的粒级成型砂石颗粒，按照砂石税目征收资源税
- 固定税率9个
  - 能源矿产
    - 原油
    - 天然气、页岩气、天然气水合物
    - 铀、钍
  - 金属矿产：钨、钼、中重稀土
- 幅度税率155个：具体适用税率由省、自治区、直辖市人民政府在规定的税率幅度内提出，报同级人民代表大会常务委员会决定，并报全国人民代表大会常务委员会和国务院备案
- 分别核算
  - 纳税人开采或者生产同一税目下适用不同税率应税产品的，应当分别核算不同税率应税产品的销售额或者销售数量
  - 未分别核算或者不能准确提供不同税目应税产品销售额或者销售数量的，从高适用税率
  - 依据：财政部 税务总局公告2020年第34号

注1——包括纳税人以应税产品用于非货币性资产交换、捐赠、偿债、赞助、集资、投资、广告、样品、职工福利、利润分配或者连续生产非应税产品等（财政部 税务总局公告2020年第34号）

tips——资源税是对自然资源征税，不对自然资源被人为加工升值的部分进行征税，为促进矿产品的洗选加工，选矿税率一般低于原矿税率（已取消折算率、换算比计算方式）

三、税款计算

- 从价计征（158个税目）：应纳税额=应税产品的销售额（注2）×具体适用税率
- 从量计征：应纳税额=应税产品的销售数量（注3）×具体适用税率
- 可选择从价或者从量计征
  - 地热、石灰岩、其他粘土、砂石、矿泉水、天然卤水6个税目
  - 具体计征方式由省、自治区、直辖市人民政府提出，报同级人民代表大会常务委员会决定，并报全国人民代表大会常务委员会和国务院备案
- 开采或者生产应税产品自用的
  - 应当缴纳资源税
  - 但是自用于连续生产应税产品的不缴纳资源税
- 外购与自采混合销售或加工：准予扣减外购应税产品的购进金额或者购进数量；当期不足扣减的，可结转下期扣减，见注6

注2
- 纳税人销售应税产品向购买方收取的全部价款确定，不包括增值税税款
- 纳税人申报的应税产品销售额明显偏低且无正当理由的，或者有自用应税产品行为而无销售额的，确定应税产品销售额的方法和顺序（注4）
- 计入销售额中的相关运杂费用（注5）
  - 凡取得增值税发票或者其他合法有效凭据的，准予从销售额中扣除
- 依据：财政部 税务总局公告2020年第34号

注3
- 包括纳税人开采或者生产应税产品的实际销售数量和自用于应当缴纳资源税情形的应税产品数量（财政部 税务总局公告2020年第34号）

注4
- 按纳税人最近时期同类产品的平均销售价格确定
- 按其他纳税人最近时期同类产品的平均销售价格确定
- 按后续加工非应税产品销售价格，减去后续加工环节的成本利润后确定
- 按应税产品组成计税价格确定。组成计税价格=成本×（1+成本利润率）÷（1-资源税税率），上述公式中的成本利润率由省、自治区、直辖市税务机关确定
- 按其他合理方法确定
- 依据：财政部 税务总局公告2020年第34号

注5
- 应税产品从坑口或者洗选（加工）地到车站、码头或者购买方指定地点的运输费用、建设基金以及随运销产生的装卸、仓储、港杂费用

注6
- 以外购原矿与自采原矿混合为原矿销售，或者以外购选矿产品与自产选矿产品混合为选矿产品销售的
  - 在计算应税产品销售额或者销售数量时，直接扣减外购原矿或者外购选矿产品的购进金额或者购进数量
- 纳税人以外购原矿与自采原矿混合洗选加工为选矿产品销售的
  - 在计算应税产品销售额或者销售数量时，准予扣减的外购应税产品购进金额（数量）=外购原矿购进金额（数量）×（本地区原矿适用税率÷本地区选矿产品适用税率）
- 不能按照上述方法计算扣减的，按照主管税务机关确定的其他合理方法进行扣减
- 纳税人应当准确核算外购应税产品的购进金额或者购进数量，未准确核算的，一并计算缴纳资源税
- 纳税人核算并扣减当期外购应税产品购进金额、购进数量，应当依据外购应税产品的增值税发票、海关进口增值税专用缴款书或者其他合法有效凭据
- 依据：财政部 税务总局公告2020年第34号、国家税务总局公告2020年第14号

四、税收优惠

- 免征
  - 开采原油以及在油田范围内运输原油过程中用于加热的原油、天然气
  - 煤炭开采企业因安全生产需要抽采的煤成（层）气
  - 青藏铁路公司及其所属单位运营期间自采自用的砂、石等材料（财政部 税务总局公告2020年第32号）
- 减征
  - 减征20%
    - 从低丰度油气田开采的原油、天然气
  - 减征30%
    - 高含硫天然气、三次采油和从深水油气田开采的原油、天然气
    - 从衰竭期矿山开采的矿产品
    - 自2018年4月1日至2023年12月31日，对页岩气资源税减征30%（财政部　税务总局公告2020年第32号、财政部　税务总局公告2021年第6号）
  - 减征40%
    - 稠油、高凝油
  - 减征50%
    - 自2014年12月1日至2023年8月31日，对充填开采置换出来的煤炭，资源税减征50%（财政部　税务总局公告2020年第32号）
    - 自2022年1月1日至2024年12月31日，对增值税小规模纳税人、小型微利企业和个体工商户可以在50%的税额幅度内减征（详见第十四章“六税两费”减免政策）
- 省、自治区、直辖市可决定免征或减征资源税的情形
  - 1.纳税人开采或者生产应税产品过程中，因意外事故或者自然灾害等原因遭受重大损失
  - 2.纳税人开采共伴生矿、低品位矿、尾矿
  - 免征或者减征资源税的具体办法，由省、自治区、直辖市人民政府提出，报同级人民代表大会常务委员会决定，并报全国人民代表大会常务委员会和国务院备案
- 自行判别、申报享受、有关资料留存备查
- 纳税人开采或者生产同一应税产品，其中既有享受减免税政策的，又有不享受减免税政策的，按照免税、减税项目的产量占比等方法分别核算确定免税、减税项目的销售额或者销售数量（财政部 税务总局公告2020年第34号）

四、税收优惠

- 纳税人开采或者生产同一应税产品同时符合两项或者两项以上减征资源税优惠政策的，除另有规定外，只能选择其中一项执行（财政部 税务总局公告2020年第34号）
- 纳税人的免税、减税项目，应当单独核算销售额或者销售数量；未单独核算或者不能准确提供销售额或者销售数量的，不予免税或者减税
- 国务院对有利于促进资源节约集约利用、保护环境等情形可以规定免征或者减征资源税，报全国人民代表大会常务委员会备案

五、纳税义务发生时间

- 销售应税产品　收讫销售款或者取得索取销售款凭据的当天
- 自产自用应税产品　移送使用应税产品的当日

六、纳税申报

- 按月或者按季申报缴纳　月度或者季度终了之日起15日内
- 按次申报缴纳的　纳税义务发生之日起15日内
- 自2021年6月1日起使用财产和行为税纳税申报表（国家税务总局公告2021年第9号）

七、纳税地点

- 应税产品开采地或者生产地税务机关
- 纳税人应当在矿产品的开采地或者海盐的生产地缴纳资源税

八、征收管理

- 税务机关依照资源税法和征管法规定征收管理
- 海上开采的原油和天然气资源税由海洋石油税务管理机构征收管理

九、政策依据

- 图中未特别注明的依据：《中华人民共和国资源税法》，自2020年9月1日起施行

十、资源税税目税率

能源矿产

- 原油　征税对象（下同）：原矿　6%
- 天然气、页岩气、天然气水合物　原矿　6%
- 煤　原矿或者选矿　2%–10%
- 煤成（层）气　原矿　1%–2%
- 铀、钍　原矿　4%
- 油页岩、油砂、天然沥青、石煤　原矿或者选矿　1%–4%
- 地热　原矿　1%–20%或者每平方米 1–30元

- 金属矿产
  - 黑色金属　铁、锰、铬、钒、钛　原矿或者选矿　1%–9%
  - 有色金属
    - 铜、铅等　原矿或者选矿　2%–10%
    - 铝土矿　原矿或者选矿　2%–9%
    - 钨　选矿　6.5%
    - 钼　选矿　8%
    - 金、银　原矿或者选矿　2%–6%
    - 铂、钯等　原矿或者选矿　5%–10%
    - 轻稀土　选矿　7%–12%
    - 中重稀土　选矿　20%
    - 铍、锂等　原矿或者选矿　2%–10%
- 非金属矿产
  - 矿物类
    - 高岭土　原矿或者选矿　1%–6%
    - 石灰岩　原矿或者选矿　1%–6%或者每吨（或者每立方米）1–10元
    - 磷　原矿或者选矿　3%–8%
    - 石墨　原矿或者选矿　3%–12%
    - 萤石、硫铁矿、自然硫　原矿或者选矿　1%–8%
    - 天然石英砂、脉石英等　原矿或者选矿　1%–12%
    - 叶蜡石、硅灰石等　原矿或者选矿　2%–12%
    - 其他粘土（铸型用粘土、砖瓦用粘土等）　原矿或者选矿　1%–5%或者每吨（或者每立方米）0.1–5元
  - 岩石类
    - 大理岩、花岗岩等　原矿或者选矿　1%–10%
    - 砂石　原矿或者选矿　1%–5%或者每吨（或者每立方米）0.1–5元
    - 对于无法区分原生岩石矿种的粒级成型砂石颗粒，按照砂石税目征收
  - 宝玉石类
    - 宝石、玉石等　原矿或者选矿
    - 4%–20%
- 水气矿产
  - 二氧化碳气、硫化氢气、氦气、氡气　原矿　2%–5%
  - 矿泉水　原矿　1%–20%或者每立方米1–30元

- 盐
  - 钠盐、钾盐、镁盐、锂盐　选矿　3%–15%
  - 天然卤水　原矿　3%–15%或者每吨（或者每立方米）1–10元
  - 海盐　2%–5%

十一、小例子

例1：某企业于2021年6月成立，9月1日登记为增值税一般纳税人，2022年2月28日的从业人数为301人，2022年2月采取分期收款方式销售原矿4600吨（从衰竭期矿山开采），每吨不含税销售价为400元，合同约定当月收取全部货款的80%，实际收取100万元，已知原矿资源税税率为5%，计算该纳税人2022年2月资源税应纳税额。（假设该纳税人资源税按月申报）
解：该企业2022年2月暂未汇算清缴，因当月从业人数超过300人不能按照小微企业享受资源税减半优惠。衰竭期矿山资源税减征30%资源税。当月应纳税额= 4600×400×80%×5%×（1–30%）=51520（元）。

例2：乙公司2022年3月购入200万元的铁原矿，与自采的铁原矿混合洗选加工为铁选矿进行销售，销售额为800万元。已知当地铁原矿税率为8%，选矿税率为5%，则乙公司该项业务应缴纳的资源税是多少？
解：纳税人以外购原矿与自采原矿混合洗选加工为选矿产品销售的，在计算应税产品销售额或者销售数量时，准予扣减的外购应税产品购进金额（数量）=外购原矿购进金额（数量）×（本地区原矿适用税率÷本地区选矿产品适用税率），乙公司准予扣减的外购铁选矿购进金额=200×（8%÷5%）=320（万元），应纳资源税税额=（800–320）×5%=24（万元）。

十二、水资源税

- 目录
  - 一、纳税人
  - 二、试点地区
  - 三、差别税率
  - 四、征收方式
  - 五、税额标准
  - 六、税款计算
  - 七、减免税
  - 八、纳税义务发生时间
  - 九、纳税申报
  - 十、纳税地点

- 一、纳税人
  - 利用取水工程或者设施直接从江河、湖泊（含水库）和地下取用地表水、地下水的单位和个人（财税〔2016〕55号）
  - 除规定的不缴纳水资源税情形（注7）外，其他直接取用地表水、地下水的单位和个人（财税〔2017〕80号）

- 注7
  - 1.农村集体经济组织及其成员从本集体经济组织的水塘、水库中取用水的
  - 2.家庭生活和零星散养、圈养畜禽饮用等少量取用水的
  - 3.水利工程管理单位为配置或者调度水资源取水的
  - 4.为保障矿井等地下工程施工安全和生产安全必须进行临时应急取用（排）水的
  - 5.为消除对公共安全或者公共利益的危害临时应急取水的
  - 6.为农业抗旱和维护生态与环境必须临时应急取水的

- 二、试点地区
  - 目前在河北省，北京，天津，山西，内蒙古，山东，河南，四川，陕西，宁夏10个省（自治区、直辖市）
  - 征收水资源税的，停止征收水资源费

- 三、差别税率
  - 依据
    - 当地水资源状况
    - 取用水类型
    - 经济发展情况

- 四、征收方式
  - 从量计征

- 五、税额标准
  - 最低平均税额
    - 地表水0.1–1.6元/立方米
    - 地下水0.2–4元/立方米
  - 差别税额
    - 地下水超采地区加征1–4倍
    - 超计划或超定额用水加征1–3倍
    - 特种行业从高征税
    - 超过规定限额的农业生产取用水、农村生活集中式饮水工程取用水从低征税
  - 具体适用税额：授权省级人民政府统筹
  - 对中央直属和跨省水电站：每千瓦时0.005元
  - 跨省（区、市）界河水电站水力发电取用水水资源税税额不一致的，按较高一方标准

六、税款计算

- 一般水资源　　实际取用水量
- 采矿和工程建设疏干排水　　排水量
- 水力发电和火力发电贯流式(不含循环式）冷却取水　　实际发电量
- 应纳税额=实际取用水量（实际取水量、实际发电量）×适用税额
- 适用税额指取水口所在地的适用税额
- 城镇公共供水企业实际用水量应当考虑合理损耗因素

七、减免税

- 除接入城镇公共供水管网以外，军队、武警部队通过其他方式取用水的免征
- 对用于北京2022年冬奥会场馆的水资源免征
- 采油排水经分离净化后在封闭管道回注的免征
- 抽水蓄能发电取用水免征
- 取用污水处理再生水免征
- 规定限额内的农业生产取用水
- 财政部、税务总局规定的其他免征或者减征水资源税情形
- 依据：财税〔2017〕80号、财税〔2017〕60号

八、纳税义务发生时间

——纳税人取用水资源的当日

九、纳税申报

- 除农业生产取用水外，水资源税按季或者按月征收
- 对超过规定限额的农业生产取用水水资源税可按年征收
- 不能按固定期限计算纳税的，可以按次申报纳税
- 纳税人应当自纳税期满或者纳税义务发生之日起15日内申报纳税

十、纳税地点

——向生产经营所在地税务机关申报缴纳（财税〔2017〕80号）

> 国务院自本法施行之日起五年内，就征收水资源税试点情况向全国人民代表大会常务委员会报告，并及时提出修改法律的建议

第八章 契税

章节目录

- 一、纳税人
- 二、税率
- 三、计税依据
- 四、应纳税额
- 五、税收优惠
- 六、纳税义务发生时间
- 七、纳税期限
- 八、征管规定
- 九、部门协作
- 十、小例子
- 十一、政策依据

一、纳税人

在中华人民共和国境内转移土地、房屋权属（注1），承受的单位和个人

注1

转移土地（指土地使用权）、房屋权属（指房屋所有权），指以下行为：

1.土地使用权出让

2.土地使用权转让
- 包括：出售、赠与、互换
- 不包括：土地承包经营权和土地经营权的转移

3.房屋买卖、互换、赠与

4.以作价投资（入股）、偿还债务、划转、奖励等方式转移土地、房屋权属

凡是房产税征税的房屋范围均可作为契税的征税对象（农便函〔2006〕28号）

下列情形发生土地、房屋权属转移的，承受方应当依法缴纳契税：

1.因共有不动产份额变化的

2.因共有人增加或者减少的

3.因人民法院、仲裁委员会的生效法律文书或者监察机关出具的监察文书等因素，发生土地、房屋权属转移的

二、税率

- 1.基本税率　3%～5%
- 2.具体适用税率
  - 提出：由省、自治区、直辖市人民政府在规定的税率幅度内提出
  - 决定：同级人民代表大会常务委员会决定
  - 备案：并报全国人民代表大会常务委员会和国务院备案
- 3.差别税率：省、自治区、直辖市可以依照前款规定的程序对不同主体、不同地区、不同类型的住房的权属转移确定差别税率
- 4.税率具体情形　注2

注2

- 住房优惠
  - ≤90m²　家庭唯一和第二套住房　1%
  - >90m²
    - 家庭唯一住房　1.5%
    - 家庭第二套　2%
  - 北上广深不执行家庭第二套住房的优惠税率
  - 家庭成员范围包括购房人、配偶以及未成年子女
  - 依据：财税〔2016〕23号
- 房屋附属设施
  - 包括停车位、机动车库、非机动车库、顶层阁楼、储藏室及其他房屋附属设施
  - 与房屋为同一不动产单元的：计税依据为承受方应交付的总价款，并适用与房屋相同的税率
  - 与房屋为不同不动产单元的：计税依据为转移合同确定的成交价格，并按当地确定的适用税率计税
  - 依据：财政部 税务总局公告2021年第23号
- 参照确定
  - 以作价投资（入股）、偿还债务等应交付经济利益的方式转移土地、房屋权属的，参照土地使用权出让、出售或房屋买卖确定契税适用税率、计税依据等（例2）
  - 以划转、奖励等没有价格的方式转移土地、房屋权属的，参照土地使用权或房屋赠与确定契税适用税率、计税依据等

- 三、计税依据
  - 契税的计税依据不包括增值税。土地、房屋权属转让方免征增值税的，承受方计征契税的成交价格不扣减增值税额（财税〔2016〕43号）（例5）
  - 1.土地使用权出让（注3）、出售，房屋买卖
    - 承受方计征契税的成交价格不含增值税；实际取得增值税发票的，成交价格以发票上注明的不含税价格确定（例3）
    - 为土地、房屋权属转移合同确定的成交价格（注4），包括应交付的货币以及实物、其他经济利益对应的价款
    - 以作价投资（入股）、偿还债务等应交付经济利益的方式转移土地、房屋权属的参照上述规定
  - 2.土地使用权互换、房屋互换
    - 契税计税依据为不含增值税价格的差额
    - 互换价格相等的，互换双方计税依据为零（例4）
    - 互换价格不相等的，以其差额为计税依据，由支付差额（注4）的一方缴纳契税（例4）
  - 3.土地使用权赠与、房屋赠与以及其他没有价格的转移土地、房屋权属行为
    - 为税务机关参照土地使用权出售、房屋买卖的市场价格依法核定的价格（注5）
    - 以划转、奖励等没有价格的方式转移土地、房屋权属的参照上述规定
  - 4.若干计税依据具体情形见注6

- 注3 — 土地使用权出让的，计税依据包括土地出让金、土地补偿费、安置补助费、地上附着物和青苗补偿费、征收补偿费、城市基础设施配套费、实物配建房屋等应交付的货币以及实物、其他经济利益对应的价款

- 注4成交价格、互换价格差额明显偏低且无正当理由的 — 由税务机关依照《征管法》的规定核定（注5）

- 注5
  - 税务机关核定的契税计税价格为不含增值税价格
  - 税务机关依法核定计税价格，应参照市场价格，采用房地产价格评估等方法合理确定

- 注6
  - 以划拨方式取得的土地使用权，经批准改为出让方式重新取得该土地使用权的 —— 应由该土地使用权人以补缴的土地出让价款为计税依据缴纳契税
  - 先以划拨方式取得土地使用权，后经批准转让房地产，划拨土地性质改为出让的 —— 承受方应分别以补缴的土地出让价款和房地产权属转移合同确定的成交价格为计税依据缴纳契税
  - 先以划拨方式取得土地使用权，后经批准转让房地产，划拨土地性质未发生改变的 —— 承受方应以房地产权属转移合同确定的成交价格为计税依据缴纳契税
  - 土地使用权及所附建筑物、构筑物等（包括在建的房屋、其他建筑物、构筑物和其他附着物）转让的 —— 计税依据为承受方应交付的总价款
  - 房屋附属设施
    - 与房屋为同一不动产单元（注7）的 —— 承受方应交付的总价款
    - 与房屋为不同不动产单元的 —— 转移合同确定的成交价格
  - 承受已装修房屋的 —— 应将包括装修费用在内的费用计入承受方应交付的总价款
  - 依据：财政部 税务总局公告2021年第23号
  - 对承受国有土地使用权所应支付的土地出让金要计征契税，不得因减免土地出让金而减免契税（国税函〔2005〕436号）
- 注7 —— 根据《不动产登记暂行条例》及其实施细则规定，不动产单元是权属界线封闭且具有独立使用价值的空间，且不动产单元具有唯一编码

四、应纳税额 —— = 计税依据 × 具体适用税率

五、税收优惠

1.法定免税

（1）国家机关、事业单位、社会团体、军事单位承受土地、房屋权属用于办公、教学、医疗、科研、军事设施（注8）

（2）非营利性的学校、医疗机构、社会福利机构（注9）承受土地、房屋权属用于办公、教学、医疗、科研、养老、救助（注8）

（3）承受荒山、荒地、荒滩土地使用权用于农、林、牧、渔业生产

（4）婚姻关系存续期间夫妻之间变更土地、房屋权属

（5）法定继承人通过继承承受土地、房屋权属

（6）依照法律规定应当予以免税的外国驻华使馆、领事馆和国际组织驻华代表机构承受土地、房屋权属

根据国民经济和社会发展的需要，国务院对居民住房需求保障、企业改制重组、灾后重建等情形可以规定免征或者减征契税，报全国人民代表大会常务委员会备案

注8

享受契税免税优惠的土地、房屋用途具体如下：

1.用于办公的，限于办公室（楼）以及其他直接用于办公的土地、房屋

2.用于教学的，限于教室（教学楼）以及其他直接用于教学的土地、房屋

3.用于医疗的，限于门诊部以及其他直接用于医疗的土地、房屋

4.用于科研的，限于科学试验的场所以及其他直接用于科研的土地、房屋

5.用于军事设施的，限于直接用于《中华人民共和国军事设施保护法》规定的军事设施的土地、房屋

6.用于养老的，限于直接用于为老年人提供养护、康复、托管等服务的土地、房屋

7.用于救助的，限于直接为残疾人、未成年人、生活无着的流浪乞讨人员提供养护、康复、托管等服务的土地、房屋

注9
- 限于上述三类单位中依法登记为事业单位、社会团体、基金会、社会服务机构等的非营利法人和非营利组织
- 1.学校的具体范围为经县级以上人民政府或者其教育行政部门批准成立的大学、中学、小学、幼儿园，实施学历教育的职业教育学校、特殊教育学校、专门学校，以及经省级人民政府或者其人力资源社会保障行政部门批准成立的技工院校
- 2.医疗机构的具体范围为经县级以上人民政府卫生健康行政部门批准或者备案设立的医疗机构
- 3.社会福利机构的具体范围为依法登记的养老服务机构、残疾人服务机构、儿童福利机构、救助管理机构、未成年人救助保护机构

2.授权减免税
- 省、自治区、直辖市可以决定对下列情形免征或者减征契税
- （1）因土地、房屋被县级以上人民政府征收、征用，重新承受土地、房屋权属
- （2）因不可抗力灭失住房，重新承受住房权属
- 前款规定的免征或者减征契税的具体办法，由省、自治区、直辖市人民政府提出，报同级人民代表大会常务委员会决定，并报全国人民代表大会常务委员会和国务院备案

3.用途改变
- 纳税人改变有关土地、房屋的用途，或者有其他不再属于本法规定的免征、减征契税情形的，应当缴纳已经免征、减征的税款

4.分类优惠
- 见注10

5.减免税申报
- 纳税人符合减征或者免征契税规定的，应当按照规定进行申报

注10 — 契税分类优惠目录
- 1.常规购房
- 2.特殊购房
- 3.社会保障
- 4.金融相关
- 5.三农
- 6.文化教育
- 7.商品储备
- 8.外籍人员
- 9.重组改制

- 注10
  - 1.常规购房
    - 法定继承人通过继承承受土地、房屋权属
    - 婚姻关系存续期间夫妻之间变更土地、房屋权属
    - 夫妻因离婚分割共同财产发生土地、房屋权属变更的，免征契税（财政部 税务总局公告2021年第29号）
    - 城镇职工按规定第一次购买公有住房的，免征契税（财政部 税务总局公告2021年第29号）
    - 公有制单位为解决职工住房而采取集资建房方式建成的普通住房或由单位购买的普通商品住房，经县级以上地方人民政府房改部门批准、按照国家房改政策出售给本单位职工的，如属职工首次购买住房，比照公有住房免征契税（财政部 税务总局公告2021年第29号）
    - 已购公有住房经补缴土地出让价款成为完全产权住房的，免征契税（财政部 税务总局公告2021年第29号）
    - 因不可抗力灭失住房而重新购买住房减征或免征契税
    - 个人购买家庭唯一住房90平米及以下减按1%征收契税（财税〔2016〕23号）
    - 个人购买家庭唯一住房90平米以上减按1.5%征收契税（财税〔2016〕23号）
    - 除北、上、广、深外其他地区，个人购买家庭第二套改善性住房90平米及以下减按1%征收契税（财税〔2016〕23号）
    - 除北、上、广、深外其他地区，个人购买家庭第二套住房90平米以上减按2%征收契税（财税〔2016〕23号）
  - 2.特殊购房
    - 因土地、房屋被县级以上人民政府征收、征用，重新承受土地、房屋权属，省、自治区、直辖市可以决定免征或者减征契税
    - 因不可抗力灭失住房，重新承受住房权属，省、自治区、直辖市可以决定免征或者减征契税
    - 棚户区个人首次购买90平方米以下改造安置住房减按1%征收契税（财税〔2013〕101号）
    - 棚户区购买符合普通住房标准的改造安置住房减半征收契税（财税〔2013〕101号）
    - 棚户区被征收房屋取得货币补偿用于购买安置住房免征契税（财税〔2013〕101号）

- 注10
  - 2.特殊购房
    - 棚户区用改造房屋换取安置住房免征契税（财税〔2013〕101号）
    - 易地扶贫搬迁人口取得安置住房免征契税（财税〔2018〕135号、财政部、税务总局公告2021年第6号）
    - 易地扶贫搬迁实施主体取得安置住房土地免征契税（财税〔2018〕135号、财政部、税务总局公告2021年第6号）
    - 易地扶贫搬迁实施主体安置住房房源免征契税（财税〔2018〕135号、财政部、税务总局公告2021年第6号）
    - 经营管理单位回购改造安置住房仍为安置房免征契税（财税〔2013〕101号）
    - 对经济适用住房经营管理单位回购经济适用住房继续作为经济适用住房房源的，免征契税（财税〔2008〕24号）
    - 个人购买经济适用住房减半征收契税（财税〔2008〕24号）
    - 军建离退休干部住房及附属用房移交地方政府管理的免征契税（财税字〔2000〕176号）
    - 个体工商户的经营者将其个人名下的房屋、土地权属转移至个体工商户名下，或个体工商户将其名下的房屋、土地权属转回原经营者个人名下，免征契税（财税〔2012〕82号）
    - 合伙企业的合伙人将其名下的房屋、土地权属转移至合伙企业名下，或合伙企业将其名下的房屋、土地权属转回原合伙人名下，免征契税（财税〔2012〕82号）
    - 单位、个人以房屋、土地以外的资产增资，相应扩大其在被投资公司的股权持有比例，无论被投资公司是否变更工商登记，其房屋、土地权属不发生转移，不征收契税（财税〔2012〕82号）
  - 3.社会保障
    - 国家机关、事业单位、社会团体、军事单位公共单位用于教学、科研承受土地、房屋免征契税
    - 非营利性的学校、医疗机构、社会福利机构承受土地、房屋权属用于办公、教学、医疗、科研、养老、救助免征契税
    - 公共租赁住房经营管理单位购买住房作为公共租赁住房免征契税（财政部 税务总局公告2019年第61号、财政部 税务总局公告2021年第6号）
    - 承受房屋、土地用于社区养老、托育、家政免征契税（财政部 税务总局 发展改革委 民政部 商务部 卫生健康委公告2019年第76号）
    - 承受房屋、土地用于养老、托育政免征契税（发改财金〔2022〕1356号）
    - 青藏铁路公司承受土地、房屋权属用于办公及运输主业免征契税（财税〔2007〕11号）

- 注10
  - 4.金融相关
    - 被撤销金融机构接收债务方土地使用权、房屋所有权免征契税（财税〔2003〕141号）
    - 农村信用社接收农村合作基金会的房屋、土地使用权免征契税（银发〔2000〕21号）
    - 中国东方资产管理公司处置港澳国际（集团）有限公司过程中规定的免征契税（财税〔2003〕212号）
    - 4家金融资产公司接受相关国有银行的不良债权，借款方以土地使用权、房屋所有权抵充贷款本息的免征契税（财税〔2013〕56号）
    - 售后回租期满，承租人回购原房屋、土地权属免征契税（财税〔2012〕82号）
    - 外国银行分行按照《中华人民共和国外资银行管理条例》等相关规定改制为外商独资银行（或其分行），改制后的外商独资银行（或其分行）承受原外国银行分行的房屋权属的，免征契税（财政部 税务总局公告2021年第29号）
    - 规定的资产公司接受相关国有银行的不良债权，借款方以土地使用权、房屋所有权抵充贷款本息的，免征承受土地使用权、房屋所有权应缴纳的契税（财税〔2001〕10号）
    - 规定的金融资产管理公司按财政部核定的资本金数额，接收国有商业银行的资产，在办理过户手续时，免征契税（财税〔2003〕21号）
    - 2022年8月1日至2023年7月31日，对银行业金融机构、金融资产管理公司接收抵债资产免征契税（财政部 税务总局公告2022年第31号）
  - 5.三农
    - 承受荒山、荒地、荒滩土地使用权用于农、林、牧、渔业生产免征契税
    - 对进行股份合作制改革后的农村集体经济组织承受原集体经济组织的土地、房屋权属，免征契税（财税〔2017〕55号）
    - 对农村集体经济组织以及代行集体经济组织职能的村民委员会、村民小组进行清产核资收回集体资产而承受土地、房屋权属，免征契税（财税〔2017〕55号）
    - 对饮水工程运营管理单位为建设饮水工程而承受土地使用权，免征契税（财政部 税务总局公告2019年第67号、财政部 税务总局公告2021年第6号）
  - 6.文化教育
    - 文化单位转制为企业时的契税优惠（财税〔2019〕16号）
    - 非营利性的学校（注9）承受土地、房屋权属用于办公、教学（注8）免征契税
  - 7.商品储备
    - 国家石油储备基地第二期项目免征契税（财税〔2011〕80号）

注10

- 8.外籍人员
  - 依照法律规定应当予以免税的外国驻华使馆、领事馆和国际组织驻华代表机构承受土地、房屋权属
- 9.重组改制
  - 财政部 税务总局公告2021年第17号
  - 自2021年1月1日至2023年12月31日

- 企业改制
  - 对象：整体改制，包括非公司制企业改制为有限责任公司或股份有限公司，有限责任公司变更为股份有限公司，股份有限公司变更为有限责任公司
  - 优惠：原企业投资主体存续并在改制（变更）后的公司中所持股权（股份）比例超过75%，且改制（变更）后公司承继原企业权利、义务的，对改制（变更）后公司承受原企业土地、房屋权属，免征契税
- 事业单位改制
  - 对象：事业单位按照国家有关规定改制为企业
  - 优惠：原投资主体存续并在改制后企业中出资（股权、股份）比例超过50%的，对改制后企业承受原事业单位土地、房屋权属，免征契税
- 公司合并
  - 对象：两个或两个以上的公司，依照法律规定、合同约定，合并为一个公司
  - 优惠：原投资主体存续的，对合并后公司承受原合并各方土地、房屋权属，免征契税
- 公司分立
  - 对象：公司依照法律规定、合同约定分立为两个或两个以上与原公司投资主体相同的公司
  - 优惠：分立后公司承受原公司土地、房屋权属免征契税
- 企业破产
  - 对象：企业依照有关法律法规规定实施破产
  - 优惠：
    - 债权人（包括破产企业职工）承受破产企业抵偿债务的土地、房屋权属，免征契税
    - 对非债权人承受破产企业土地、房屋权属，凡按照《劳动法》等法律法规政策妥善安置原企业全部职工规定，与原企业全部职工签订服务年限不少于三年的劳动用工合同的，对其承受所购企业土地、房屋权属，免征契税；与原企业超过30%的职工签订服务年限不少于三年的劳动用工合同的，减半征收契税

- **资产划转**
  - 对象
    - 对承受县级以上人民政府或国有资产管理部门按规定进行行政性调整、划转国有土地、房屋权属的单位
    - 同一投资主体内部所属企业之间土地、房屋权属的划转
      - 母公司与其全资子公司之间
      - 同一公司所属全资子公司之间
      - 同一自然人与其设立的个人独资企业、一人有限公司之间
      - 母公司以土地、房屋权属向其全资子公司增资视同划转
  - 优惠：免征契税

- **债转股**
  - 对象：经国务院批准实施债权转股权的企业
  - 优惠：对债权转股权后新设立的公司承受原企业的土地、房屋权属，免征契税

- **划拨用地出让或作价出资**
  - 对象：以出让方式或国家作价出资（入股）方式承受原改制重组企业、事业单位划拨用地的
  - 不免：不属于上述规定的免税范围，对承受方应按规定征收契税

- **公司股权（股份）转让**
  - 对象：股权（股份）转让中，单位、个人承受公司股权（股份）
  - 优惠：公司土地、房屋权属不发生转移，不征收契税

- **注释**
  - 企业、公司：指依照我国有关法律法规设立并在中国境内注册的企业、公司
  - 投资主体存续：指原企业、事业单位的出资人必须存在于改制重组后的企业，出资人的出资比例可以发生变动
  - 投资主体相同：指公司分立前后出资人不发生变动，出资人的出资比例可以发生变动

六、纳税义务发生时间

- 纳税人签订土地、房屋权属转移合同的当日或者纳税人取得其他具有土地、房屋权属转移合同性质凭证的当日
- （一）因人民法院、仲裁委员会的生效法律文书或者监察机关出具的监察文书等发生土地、房屋权属转移的，纳税义务发生时间为法律文书等生效当日
- （二）因改变土地、房屋用途等情形应当缴纳已经减征、免征契税的，纳税义务发生时间为改变有关土地、房屋用途等情形的当日
- （三）因改变土地性质、容积率等土地使用条件需补缴土地出让价款，应当缴纳契税的，纳税义务发生时间为改变土地使用条件当日

七、纳税期限

- 应当在依法办理土地、房屋权属登记手续前申报缴纳契税
- 按规定不再需要办理土地、房屋权属登记的，纳税人应自纳税义务发生之日起90日内申报缴纳契税

八、征管规定

- 基本单位
  - 契税申报以不动产单元为基本单位（例1）（具有唯一编码）
  - 因共有不动产份额变化或者增减共有人导致土地、房屋权属转移的，纳税人也应以不动产单元为单位申报契税
- 申报表
  - 自2021年6月1日起使用财产和行为税纳税申报表（国家税务总局公告2021年第9号）
  - 应填报《财产和行为税税源明细表》中《契税税源明细表》部分，并根据具体情形提交下列资料（注11）
- 完税凭证
  - 纳税人办理纳税事宜后，税务机关应当开具契税完税凭证
  - 税务机关在契税足额征收或办理免税（不征税）手续后，应通过契税的完税凭证或契税信息联系单（以下简称联系单）等，将完税或免税（不征税）信息传递给不动产登记机构。能够通过信息共享即时传递信息的，税务机关可不再向不动产登记机构提供完税凭证或开具联系单
  - 未出具契税完税（或减免）凭证的，土地管理部门、房产管理部门不予办理有关土地、房屋的权属变更登记手续（国税发〔2005〕89号）

- 八、征管规定
  - 退税
    - 在依法办理土地、房屋权属登记前，权属转移合同、权属转移合同性质凭证（注12）不生效、无效、被撤销或者被解除的，纳税人可以向税务机关申请退还已缴纳的税款，税务机关应当依法办理
    - 纳税人缴纳契税后发生下列情形（注13），可依照有关法律法规申请退税
    - 纳税人按规定向税务机关申请退还已缴纳契税的，应提供纳税人身份证件，完税凭证复印件，并根据不同情形提交相关资料（注14）
  - 保密
    - 税务机关及其工作人员对税收征管过程中知悉的个人的身份信息、婚姻登记信息、不动产权属登记信息、纳税申报信息及其他商业秘密和个人隐私，应当依法予以保密，不得泄露或者非法向他人提供
    - 纳税人的税收违法行为信息不属于保密信息范围，税务机关可依法处理
  - 主管机关 土地、房屋所在地的税务机关

- 注11
  - 纳税人身份证件 注16
  - 土地、房屋权属转移合同或其他具有土地、房屋权属转移合同性质的凭证
  - 交付经济利益方式转移土地、房屋权属的，提交土地、房屋权属转移相关价款支付凭证，其中，土地使用权出让为财政票据，土地使用权出售、互换和房屋买卖、互换为增值税发票
  - 因人民法院、仲裁委员会的生效法律文书或者监察机关出具的监察文书等因素发生土地、房屋权属转移的，提交生效法律文书或监察文书等
  - 符合减免税条件的，应按规定附送有关资料或将资料留存备查
  - 本公告要求纳税人提交的资料，各省、自治区、直辖市和计划单列市税务局能够通过信息共享即时查验的，可公告明确不再要求纳税人提交
  - 根据人民法院、仲裁委员会的生效法律文书发生土地、房屋权属转移，纳税人不能取得销售不动产发票的，可持人民法院执行裁定书原件及相关材料办理契税纳税申报，税务机关应予受理。购买新建商品房的纳税人在办理契税纳税申报时，由于销售新建商品房的房地产开发企业已办理注销税务登记或者被税务机关列为非正常户等原因，致使纳税人不能取得销售不动产发票的，税务机关在核实有关情况后应予受理（总局公告2015年第67号）

注12
- 具有土地、房屋权属转移合同性质的凭证包括契约、协议、合约、单据、确认书以及其他凭证

注13
- 因人民法院判决或者仲裁委员会裁决导致土地、房屋权属转移行为无效、被撤销或者被解除，且土地、房屋权属变更至原权利人的
- 在出让土地使用权交付时，因容积率调整或实际交付面积小于合同约定面积需退还土地出让价款的
- 在新建商品房交付时，因实际交付面积小于合同约定面积需返还房价款的

注14
- 在依法办理土地、房屋权属登记前，权属转移合同或合同性质凭证不生效、无效、被撤销或者被解除的，提交合同或合同性质凭证不生效、无效、被撤销或者被解除的证明材料
- 因人民法院判决或者仲裁委员会裁决导致土地、房屋权属转移行为无效、被撤销或者被解除，且土地、房屋权属变更至原权利人的，提交人民法院、仲裁委员会的生效法律文书
- 在出让土地使用权交付时，因容积率调整或实际交付面积小于合同约定面积需退还土地出让价款的，提交补充合同（协议）和退款凭证
- 在新建商品房交付时，因实际交付面积小于合同约定面积需返还房价款的，提交补充合同（协议）和退款凭证
- 税务机关收取纳税人退税资料后，应向不动产登记机构核实有关土地、房屋权属登记情况。核实后符合条件的即时受理，不符合条件的一次性告知应补正资料或不予受理原因
- 要求纳税人提交的资料，各省、自治区、直辖市和计划单列市税务局能够通过信息共享即时查验的，可公告明确不再要求纳税人提交

九、部门协作
- 先税后证：不动产登记机构在办理土地、房屋权属登记时，应当依法查验土地、房屋的契税完税、减免税、不征税等涉税凭证或者有关信息。未按照规定缴纳契税的，不动产登记机构不予办理土地、房屋权属登记
- 税务机关应当与相关部门建立契税涉税信息共享和工作配合机制
- 自然资源、住房城乡建设、民政、公安等相关部门应当及时向税务机关提供与转移土地、房屋权属有关的信息（注15），协助税务机关加强契税征收管理
- 各地税务机关应与当地房地产管理部门加强协作，采用不动产登记、交易和缴税一窗受理等模式，持续优化契税申报缴纳流程，共同做好契税征收与房地产管理衔接工作

注15	具体转移土地、房屋权属有关的信息包括：自然资源部门的土地出让、转让、征收补偿、不动产权属登记等信息，住房城乡建设部门的房屋交易等信息，民政部门的婚姻登记、社会组织登记等信息，公安部门的户籍人口基本信息
注16	本公告所称纳税人身份证件是指：单位纳税人为营业执照，或者统一社会信用代码证书或者其他有效登记证书；个人纳税人中，自然人为居民身份证，或者居民户口簿或者入境的身份证件，个体工商户为营业执照

十、小例子

【例1】自然人A整体购买某幢住宅楼。在办理不动产权属登记时，不动产登记机构将该幢住宅楼登记为2个不动产单元，则A应就2个不动产单元分别向税务机关申报契税。

【例2】为支持合理住房需求，某省依法规定本地区住房买卖契税适用税率为3%。若纳税人A作为债权人承受某债务人抵偿债务的一套住房，A应参照住房买卖的适用税率3%，以及抵债合同（协议）确定的成交价格申报契税。

【例3】某一般纳税人A公司销售其自建的房屋，含税价为328万元，并适用一般计税方法，2019年1月，A公司向纳税人B开具第1张增值税发票，注明的增值税额为10万元、不含税价格为100万元；2021年9月，A公司向纳税人开具第2张发票，注明的增值税额为18万元、不含税价格为200万元。则B申报契税的计税依据=100+200=300（万元）。

【例4】自然人A与自然人B互换房屋，A的房屋不含税销售价格为145万元，B的房屋不含税销售价格为100万元。则A申报契税的计税依据为0；B申报契税的计税依据=145−100=45（万元）。

【例5】自然人A将一套购买满2年的住房销售给自然人B，合同确定的交易含税价为210万元，A符合免征增值税条件，向税务机关申请代开增值税发票上注明增值税额为0，不含税价格为210万元。则B申报缴纳契税的计税依据为210万元。

【例6】自然人A的房屋被该县人民政府征收，获得货币补偿80万元，之后A重新购买一套80平方米的住房，不含税成交价格为100万元，并符合家庭唯一住房优惠条件。如该省规定对成交价格不超过货币补偿的部分免征契税，则A申报契税时，应在“居民购房减免性质代码和项目名称”中选择个人购买家庭唯一住房90平米及以下契税减按1%征收的减免性质代码和项目名称，在“其他减免性质代码和项目名称”中选择授权地方出台的房屋被征收取得货币补偿重新购买住房契税优惠政策的减免性质代码和项目名称，并在“抵减金额”中填入“800000”元。则A申报契税的应纳税额=（1000000−800000）×1%=2000（元）。

十一、政策依据

未经注明的依据为《契税法》（自2021年9月1日起施行）、财政部 税务总局公告2021年第23号、国家税务总局公告2021年第25号，案例来源：国家税务总局

第九章 城市维护建设税

章节目录

一、纳税人
二、计税依据
三、不征收城市维护建设税
四、税率
五、应纳（退）税额
六、减免税
七、纳税义务发生时间
八、扣缴义务人
九、征收管理
十、小例子
十一、政策依据

一、纳税人

在中华人民共和国境内缴纳增值税、消费税的单位和个人

二、计税依据

- 以纳税人依法实际缴纳的增值税、消费税税额（以下简称两税税额，见注1）为计税依据
- 城市维护建设税的计税依据应当按照规定扣除期末留抵退税退还的增值税税额（注5）
- 具体确定办法：由国务院依据城建税法和有关税收法律、行政法规规定，报全国人民代表大会常务委员会备案

注1

依法实际缴纳的两税税额，是指纳税人依照增值税、消费税相关法律法规和税收政策规定计算的应当缴纳的两税税额（不含因进口货物或境外单位和个人向境内销售劳务、服务、无形资产缴纳的两税税额），加上增值税免抵税额，扣除直接减免的两税税额和期末留抵退税退还的增值税税额后的金额（财政部 税务总局公告2021年第28号）

1.依法实际缴纳的增值税税额，是指纳税人依照增值税相关法律法规和税收政策规定计算应当缴纳的增值税税额（注2），加上增值税免抵税额（注3），扣除直接减免的增值税税额（注4）和期末留抵退税退还的增值税税额(以下简称留抵退税额，见注5）后的金额（国家税务总局公告2021年第26号）

2.依法实际缴纳的消费税税额，是指纳税人依照消费税相关法律法规和税收政策规定计算应当缴纳的消费税税额（注2），扣除直接减免的消费税税额（注4）后的金额（国家税务总局公告2021年第26号）

注2

应当缴纳的两税税额，不含因进口货物或境外单位和个人向境内销售劳务、服务、无形资产缴纳的两税税额（国家税务总局公告2021年第26号）

注3

对增值税免抵税额征收的城建税，纳税人应在税务机关核准免抵税额的下一个纳税申报期内向主管税务机关申报缴纳（例1）

注4

直接减免的两税税额，是指依照增值税、消费税相关法律法规和税收政策规定，直接减征或免征的两税税额，不包括实行先征后返、先征后退、即征即退办法退还的两税税额（财政部　税务总局公告2021年第28号）（例2）

注5

- 纳税人自收到留抵退税额之日起，应当在下一个纳税申报期从城建税计税依据中扣除
- 留抵退税额仅允许在按照增值税一般计税方法确定的城建税计税依据中扣除。当期未扣除完的余额，在以后纳税申报期按规定继续扣除（例4）
- 对于增值税小规模纳税人更正、查补此前按照一般计税方法确定的城建税计税依据，允许扣除尚未扣除完的留抵退税额
- 依据：国家税务总局公告2021年第26号

tips

城建税计税依据	=依法实际缴纳的增值税税额+依法实际缴纳的消费税税额
依法实际缴纳的增值税税额	=纳税人依照增值税相关法律法规和税收政策规定计算应当缴纳的增值税税额+增值税免抵税额−直接减免的增值税税额−留抵退税额
依法实际缴纳的消费税税额	=纳税人依照消费税相关法律法规和税收政策规定计算应当缴纳的消费税税额−直接减免的消费税税额

三、不征收城市维护建设税

- 对进口货物或者境外单位和个人向境内销售劳务、服务、无形资产缴纳的增值税、消费税税额，不征收城市维护建设税（例3）

tips

- 进口货物或境外单位和个人向境内销售劳务、服务、无形资产，不征城建税。注意境外向境内销售不动产要征（租赁不动产不征）
- 海关代征进口产品增值税、消费税的，不征城建税
- 由于减免增值税、消费税发生的退税，同时退还已纳城建税
- 先征后返、先征后退、即征即退增值税、消费税的，不退城建税
- 出口产品退还增值税、消费税的，不退城建税
- 实行增值税期末留抵退税的，应减少计税依据

四、税率

纳税人所在地（注6，下同）在市区的	7%
纳税人所在地在县城、镇的	5%
纳税人所在地不在市区、县城或者镇的	1%

注6

- 纳税人所在地，是指纳税人住所地或者与纳税人生产经营活动相关的其他地点，具体地点由省、自治区、直辖市确定
- 城建税纳税人按所在地在市区、县城、镇和不在上述区域适用不同税率。市区、县城、镇按照行政区划确定（国家税务总局公告2021年第26号）
- 行政区划变更的，自变更完成当月起适用新行政区划对应的城建税税率，纳税人在变更完成当月的下一个纳税申报期按新税率申报缴纳（国家税务总局公告2021年第26号）
- 纳税人跨地区提供建筑服务、销售和出租不动产的，应在建筑服务发生地、不动产所在地预缴增值税时，以预缴增值税税额为计税依据，并按预缴增值税所在地的城市维护建设税适用税率和教育费附加征收率就地计算缴纳城市维护建设税和教育费附加（财税〔2016〕74号）
- 预缴增值税的纳税人在其机构所在地申报缴纳增值税时，以其实际缴纳的增值税税额为计税依据，并按机构所在地的城市维护建设税适用税率和教育费附加征收率就地计算缴纳城市维护建设税和教育费附加（财税〔2016〕74号）

五、应纳（退）税额

- =计税依据×具体适用税率
- 因纳税人多缴发生的两税退税，同时退还已缴纳的城建税（国家税务总局公告2021年第26号）（例5）
- 两税实行先征后返、先征后退、即征即退的，除另有规定外（注7），不予退还随两税附征的城建税（税务总局公告2021年第26号）（例5）

注7

- 比如，黄金交易所会员单位通过黄金交易所销售标准黄金（持有黄金交易所开具的《黄金交易结算凭证》），发生实物交割的，由税务机关按照实际成交价格代开增值税专用发票，并实行增值税即征即退的政策，同时免征城建税（财税〔2002〕142号）

- 六、减免税
  - 根据国民经济和社会发展的需要，国务院对重大公共基础设施建设、特殊产业和群体以及重大突发事件应对等情形可以规定减征或者免征城市维护建设税，报全国人民代表大会常务委员会备案
  - 税法施行后继续执行的城市维护建设税优惠政策（财政部 税务总局公告2021年第27号，见注8）

- 注8
  - 1.对黄金交易所会员单位通过黄金交易所销售且发生实物交割的标准黄金，免征城市维护建设税（财税〔2002〕142号）
  - 2.对上海期货交易所会员和客户通过上海期货交易所销售且发生实物交割并已出库的标准黄金，免征城市维护建设税（财税〔2008〕5号）
  - 3.对国家重大水利工程建设基金免征城市维护建设税（财税〔2010〕44号）
  - 4.自2022年1月1日至2024年12月31日，对增值税小规模纳税人、小型微利企业和个体工商户可以在50%的税额幅度内减征（详见第十四章“六税两费”减免政策）
  - 5.自2019年1月1日至2023年12月31日，实施扶持自主就业退役士兵创业就业城市维护建设税减免（财税〔2019〕21号、财政部 税务总局公告2022年第 4 号）
  - 6.自2019年1月1日至2025年12月31日，实施支持和促进重点群体创业就业城市维护建设税减免（财税〔2019〕22号、财政部　税务总局 人力资源社会保障部 国家乡村振兴局公告2021年第18号）

- 七、纳税义务发生时间
  - 与增值税、消费税的纳税义务发生时间一致
  - 分别与增值税、消费税同时缴纳
  - 同时缴纳是指在缴纳两税时，应当在两税同一缴纳地点、同一缴纳期限内，一并缴纳对应的城建税（国家税务总局公告2021年第26号）

- 八、扣缴义务人
  - 负有增值税、消费税扣缴义务的单位和个人
  - 在扣缴增值税、消费税的同时扣缴城市维护建设税
  - 采用委托代征、代扣代缴、代收代缴、预缴、补缴等方式缴纳两税的，应当同时缴纳城建税（国家税务总局公告2021年第26号）
  - 前款所述代扣代缴，不含因境外单位和个人向境内销售劳务、服务、无形资产代扣代缴增值税情形（国家税务总局公告2021年第26号）

九、征收管理

- 城建税的征收管理等事项，比照两税的有关规定办理（税务总局公告2021年第26号）
- 自2021年8月1日起，增值税、消费税分别与城市维护建设税、教育费附加、地方教育附加申报表整合，启用《增值税及附加税费申报表(一般纳税人适用)》、《增值税及附加税费申报表（小规模纳税人适用)》、《增值税及附加税费预缴表》及其附列资料和《消费税及附加税费申报表》(国家税务总局公告2021年第20号)
- 城市维护建设税由税务机关依照本法和税收征收管理法的规定征收管理
- 纳税人、税务机关及其工作人员违反本法规定的，依照《税收征收管理法》和有关法律法规的规定追究法律责任

十、小例子

【例1】位于某市市区的甲企业(城建税适用税率为7%)，2021年10月申报期，享受直接减免增值税优惠（不包含先征后退、即征即退，下同）后申报缴纳增值税50万元，9月已核准增值税免抵税额10万元(其中涉及出口货物6万元，涉及增值税零税率应税服务4万元)，9月收到增值税留抵退税额5万元，该企业10月应申报缴纳的城建税为：（50+6+4−5）×7%=3.85（万元）。

【例2】位于某县县城的乙企业(城建税适用税率为5%)，2021年10月申报期，享受直接减免增值税优惠后申报缴纳增值税90万元，享受直接减免消费税优惠后申报缴纳消费税30万元，该企业10月应申报缴纳的城建税为：（90+30）×5%=6（万元）。

【例3】位于某市市区的甲企业（城建税适用税率为7%），2021年10月申报期，申报缴纳增值税100万元，其中50万元增值税是进口货物产生的，该企业10月应申报缴纳的城建税为:（100−50）×7%=3.5（万元）。

【例4】位于某市市区的甲企业（城建税适用税率为7%)，2021年9月收到增值税留抵退税200万元。2021年10月申报期，申报缴纳增值税120万元(其中按照一般计税方法100万元,按照简易计税方法20万元)，该企业10月应申报缴纳的城建税为：（100−100）×7%+20×7%=1.4（万元)。2021年11月申报期,该企业申报缴纳增值税200万元，均为按照一般计税方法产生的，该企业11月应申报缴纳的城建税为:(200−100）×7%=7（万元）。

【例5】位于某市市区的甲企业（城建税适用税率为7%)，由于申报错误未享受优惠政策，2021年12月申报期，申请退还了多缴的增值税和消费税共150万元，同时当月享受增值税即征即退税款100万元，该企业12月应退税的城建税为：150×7%=10.5（万元）。

十一、政策依据

未经注明的来源《城市维护建设税法》，自2021年9月1日起施行。案例来源：国家税务总局

第十章　印花税

章节目录

一、纳税人
二、扣缴义务人
三、税目税率
四、计税依据
五、应纳税额
六、免税优惠
七、分类优惠
八、纳税地点
九、纳税义务发生时间
十、纳税期限
十一、纳税方式
十二、纳税申报
十三、法律责任
十四、政策依据

一、纳税人
- 中国境内书立应税凭证（注1）、进行证券交易（注3）的单位和个人
- 中国境外书立在境内使用的应税凭证（注2）的单位和个人

注1
- 应税凭证：指《印花税税目税率表》列明的合同、产权转移书据和营业账簿
- 书立应税凭证的纳税人：指对应税凭证有直接权利义务关系的单位和个人
- 采用委托贷款方式书立的借款合同纳税人
  - 为受托人和借款人
  - 不包括委托人
- 按买卖合同或者产权转移书据税目缴纳印花税的拍卖成交确认书纳税人
  - 为拍卖标的的产权人和买受人
  - 不包括拍卖人
- 下列情形的凭证，不属于印花税征收范围：

- 注1
  - 1.人民法院的生效法律文书，仲裁机构的仲裁文书，监察机关的监察文书
  - 2.县级以上人民政府及其所属部门按照行政管理权限征收、收回或者补偿安置房地产书立的合同、协议或者行政类文书
  - 3.总公司与分公司、分公司与分公司之间书立的作为执行计划使用的凭证
  - 依据：财政部 税务总局公告2022年第22号
- 注2
  - 中国境外书立在境内使用的应税凭证，应当按规定缴纳印花税，包括以下几种情形：
  - 1.应税凭证的标的为不动产的 —— 该不动产在境内
  - 2.应税凭证的标的为股权的 —— 该股权为中国居民企业的股权
  - 3.应税凭证的标的为动产或者商标专用权、著作权、专利权、专有技术使用权的
    - 其销售方或者购买方在境内
    - 但不包括境外单位或者个人向境内单位或者个人销售完全在境外使用的动产或者商标专用权、著作权、专利权、专有技术使用权
  - 4.应税凭证的标的为服务的
    - 其提供方或者接受方在境内
    - 但不包括境外单位或者个人向境内单位或者个人提供完全在境外发生的服务
  - 依据：财政部 税务总局公告2022年第22号
- 注3
  - 指转让在证券交易所交易的股票和以股票为基础的存托凭证
  - 证券交易所 —— 指依法设立的证券交易所、国务院批准的其他全国性证券交易场所
  - 证券交易印花税对证券交易的出让方征收，不对受让方征收
  - 依据：财政部 税务总局公告2022年第22号

- 二、扣缴义务人
  - 纳税人为境外单位或者个人，在境内有代理人的，以其境内代理人为扣缴义务人
  - 境外单位或者个人的境内代理人应当按规定扣缴印花税，向境内代理人机构所在地（居住地）主管税务机关申报解缴税款（国家税务总局公告2022年第14号）

- 在境内没有代理人的，由纳税人自行申报缴纳印花税，具体办法由国务院税务主管部门规定（注4）

二、扣缴义务人

- 证券登记结算机构为证券交易印花税的扣缴义务人，应当向其机构所在地的主管税务机关申报解缴税款以及银行结算的利息

注4 境外单位或者个人可以向资产交付地、境内服务提供方或者接受方所在地（居住地）、书立应税凭证境内书立人所在地（居住地）主管税务机关申报缴纳；涉及不动产产权转移的，应当向不动产所在地主管税务机关申报缴纳（国家税务总局公告2022年第14号）

三、税目税率

合同：指书面合同

- 万0.5
  - 借款合同
    - 借款金额的0.05‰
    - 指银行业金融机构、经国务院银行业监督管理机构批准设立的其他金融机构与借款人（不包括同业拆借）的借款合同
  - 融资租赁合同　　租金的0.05‰
- 万3
  - 买卖合同
    - 价款的0.3‰
    - 指动产买卖合同（注5）
  - 承揽合同
    - 报酬的0.3‰
    - 加工合同、定作合同、修理合同、复制合同、测试合同、检验合同（《印花税税源明细表》）
  - 建设工程合同
    - 价款的0.3‰
    - 包括工程勘察合同、工程设计合同、工程施工合同（《印花税税源明细表》）
  - 运输合同
    - 运输费用的0.3‰
    - 指货运合同和多式联运合同（不包括管道运输合同）
    - 包括公路、水路、航空、铁路货物运输合同，多式联运合同（《印花税税源明细表》）

- 合同：指书面合同
  - 万3
    - 技术合同
      - 价款、报酬或者使用费的0.3‰
      - 包含技术开发合同、技术许可合同、技术咨询合同、技术服务合同（《印花税税源明细表》）
      - 一般的法律、法规、会计、审计等方面的咨询不属于技术咨询，其所立合同不贴印花（国税地字〔1989〕34号）
      - 不包括专利权、专有技术使用权转让书据
  - 千1
    - 租赁合同
      - 租金的1‰
      - 包括房屋租赁合同、其他租赁合同（《印花税税源明细表》）
    - 保管合同
      - 保管费的1‰
    - 仓储合同
      - 仓储费的1‰
    - 财产保险合同
      - 保险费的1‰
      - 不包括再保险合同
      - 不包括所保财产的金额

- 注5
  - 不包括个人书立的动产买卖合同
  - 企业之间书立的确定买卖关系、明确买卖双方权利义务的订单、要货单等单据，且未另外书立买卖合同的，应当按规定缴纳印花税（财政部、税务总局公告2022年第22号）
  - 发电厂与电网之间、电网与电网之间书立的购售电合同，应当按买卖合同税目缴纳印花税（财政部、税务总局公告2022年第22号）

- tips
  - 书面形式是合同书、信件、电报、电传、传真等可以有形地表现所载内容的形式。以电子数据交换、电子邮件等方式能够有形地表现所载内容，并可以随时调取查用的数据电文，视为书面形式（《民法典》）
  - 动产买卖合同的书立人中有个人的，那么该动产买卖合同不属于征税范围，该动产买卖合同所有书立人均不缴纳印花税
  - 测绘合同、设计合同（不含工程设计）不交印花税

- **产权转移书据**
  - 万5
    - 土地使用权出让书据　价款的0.5‰
    - 土地使用权、房屋等建筑物和构筑物所有权转让书据（不包括土地承包经营权和土地经营权转移）　价款的0.5‰
    - 股权转让书据（不包括应缴纳证券交易印花税的）　价款的0.5‰
  - 万3
    - 商标专用权、著作权、专利权、专有技术使用权转让书据　价款的0.3‰
  - 转让包括买卖（出售）、继承、赠与、互换、分割
  - 包括土地使用权出让书据、土地使用权转让书据、房屋等建筑物和构筑物所有权转让书据（不包括承包经营权和土地经营权转移）、股权转让书据（不包括应缴纳证券交易印花税的）、商标专用权转让书据、著作权转让书据、专利权转让书据、专有技术使用权转让书据（《印花税税源明细表》）
  - 对商品房销售合同按照产权转移书据征收印花税（财税〔2006〕162号）
- **营业账簿**
  - 万2.5　实收资本（股本）、资本公积合计金额的0.25‰
- **证券交易**
  - 千1　成交金额的1‰

- **变化点**
  - 1.万5降为万3
    - 原加工承揽合同
    - 原建设工程勘察设计合同
    - 原货物运输合同
    - 商标专用权、著作权、专利权、专有技术使用权转让书据
  - 2.对营业账簿中资金账簿适用税率由万分之5降为万分之2.5，对其他账簿不再征税

变化点

3.建设工程勘察设计合同、建筑安装工程承包合同合并为建设工程合同
4.购销合同修改为买卖合同
5.加工承揽合同修改为承揽合同
6.货物运输合同修改为运输合同
7.财产租赁合同修改为租赁合同
8.仓储保管合同拆分为仓储合同和保管合同
9.增加了融资租赁合同税目
10.增加了证券交易税目
11.删除了权利、许可证照税目，取消5元定额税率

tips

万分之0.5：借款合同当你借钱的时候，是因为你没有钱，所以，借款合同最低：万分之0.5
万5：转让房、地、股权——钻石王老五（万五）
万分之2.5：营业账簿，计税依据为实收资本（股本）、资本公积合计金额，记成“鼓励投资创业减半”
千1：一只猪管饱，租赁、仓储、保管、保险；还可以记成珠（租赁）宝（保管，保险）最贵，所以千1
万3：其余未列举的均为万3

四、计税依据

- 应税合同
  - 为合同所列的金额
  - 不包括列明的增值税税款（注6）
  - 未列明金额的见（注7）
  - 所列金额与实际结算金额不一致的见（注8）
  - 借款合同　注9
  - 技术合同　注10
  - 运输合同　注11
- 应税产权转移书据
  - 为产权转移书据所列的金额
  - 纳税人转让股权的印花税计税依据，按照产权转移书据所列的金额（不包括列明的认缴后尚未实际出资权益部分）确定
  - 不包括列明的增值税税款
  - 未列明金额的见（注7）
  - 所列金额与实际结算金额不一致的见（注8）

四、计税依据

- 应税营业账簿
  - 为账簿记载的实收资本（股本）、资本公积合计金额
- 证券交易
  - 为成交金额
  - 无转让价格的见（注12）
- 汇率
  - 应税凭证金额为人民币以外的货币的，应当按照凭证书立当日的人民币汇率中间价折合人民币确定计税依据

注6

纳税人因应税凭证列明的增值税税款计算错误导致应税凭证的计税依据减少或者增加的，纳税人应当按规定调整应税凭证列明的增值税税款，重新确定应税凭证计税依据。已缴纳印花税的应税凭证，调整后计税依据增加的，纳税人应当就增加部分的金额补缴印花税；调整后计税依据减少的，纳税人可以就减少部分的金额向税务机关申请退还或者抵缴印花税（财政部 税务总局公告2022年第22号）

注7

1.计税依据按照实际结算的金额确定

2.计税依据按照前款规定仍不能确定的，按照书立合同、产权转移书据时的市场价格确定；依法应当执行政府定价或者政府指导价的，按照国家有关规定确定

3.同一应税凭证载有两个以上税目事项并分别列明金额的，按照各自适用的税目税率分别计算应纳税额；未分别列明金额的，从高适用税率

4.同一应税合同、应税产权转移书据中涉及两方以上纳税人，且未列明纳税人各自涉及金额的，以纳税人平均分摊的应税凭证所列金额（不包括列明的增值税税款）确定计税依据（财政部 税务总局公告2022年第22号）

5.应税合同、产权转移书据未列明金额，在后续实际结算时确定金额的，纳税人应当于书立应税合同、产权转移书据的首个纳税申报期申报应税合同、产权转移书据书立情况，在实际结算后下一个纳税申报期，以实际结算金额计算申报缴纳印花税（国家税务总局公告2022年第14号）

注8
- 应税合同、应税产权转移书据所列的金额与实际结算金额不一致，不变更应税凭证所列金额的，以所列金额为计税依据；变更应税凭证所列金额的，以变更后的所列金额为计税依据
- 已缴纳印花税的应税凭证，变更后所列金额增加的，纳税人应当就增加部分的金额补缴印花税；变更后所列金额减少的，纳税人可以就减少部分的金额向税务机关申请退还或者抵缴印花税

注9
- 填开借据：凡一项信贷业务既签订借款合同又一次或分次填开借据的，只就借款合同按所载借款金额计税贴花；凡只填开借据并作为合同使用的，应按照借据所载借款金额计税，在借据上贴花
- 流动资金周转借款合同：应按合同规定的最高借款限额计税贴花。以后，只要在限额内随借随还，不再签新合同的，就不另贴印花
- 抵押借款合同
  - 按“借款合同”计税贴花
  - 将抵押财产转移给贷款方，按“产权转移书据”计税贴花
- 既有应税金额又有免税金额
  - 能划分免税金额与应税金额的，只就应税金额计税贴花
  - 凡合同中不能划分清楚的，应按借款总金额计税贴花
- 多头借款合同：借款方与贷款银团各方应分别在所执合同正本上按各自的借贷金额计税贴花
- 基建借款合同：先按年度用款计划分年签订借款分合同，在最后一年按总概算签订借款总合同，总合同的借款金额中包括各分合同的借款金额。应按分合同分别贴花，最后签订的总合同，只就借款总额扣除分合同借款金额后的余额计税贴花
- 依据：国税地字〔1988〕30号

注10
- 对技术开发合同，只就合同所载的报酬金额计税，研究开发经费不作为计税依据。但对合同约定按研究开发经费一定比例作为报酬的，应按一定比例的报酬金额计税贴花
- 技术转让包括：专利权转让、专利申请权转让、专利实施许可和非专利技术转让。其中，专利申请权转让，非专利技术转让所书立的合同，适用“技术合同”税目；专利权转让、专利实施许可所书立的合同、书据，适用“产权转移书据”税目
- 依据：国税地字〔1989〕34号

货物运输合同的计税依据为取得的运输费金额(即运费收入)，不包括所运货物的金额、装卸费和保险费等

注11

由我国运输企业运输的，不论在我国境内、境外起运或中转分程运输，我国运输企业所持的一份运费结算凭证，均按本程运费计算应纳税额；托运方所持的一份运费结算凭证，按全程运费计算应纳税额。由外国运输企业运输进出口货物的，外国运输企业所持的一份运费结算凭证免纳印花税；托运方所持的一份运费结算凭证应缴纳印花税。国际货运运费结算凭证在国外办理的，应在凭证转回我国境内时按规定缴纳印花税（国税发〔1990〕173号）

境内的货物多式联运，采用在起运地统一结算全程运费的，以全程运费作为运输合同的计税依据，由起运地运费结算双方缴纳印花税；采用分程结算运费的，以分程的运费作为计税依据，分别由办理运费结算的各方缴纳印花税（财政部、税务总局公告2022年第22号）

注12

按照办理过户登记手续时该证券前一个交易日收盘价计算确定计税依据；无收盘价的，按照证券面值计算确定计税依据

五、应纳税额

=计税依据×适用税率

同一应税凭证由两方以上当事人书立的，按照各自涉及的金额分别计算应纳税额

已缴纳印花税的营业账簿，以后年度记载的实收资本（股本）、资本公积合计金额比已缴纳印花税的实收资本（股本）、资本公积合计金额增加的，按照增加部分计算应纳税额

依据：财政部 税务总局公告2022年第22号

六、免税优惠

下列凭证免征印花税（见注14）：

对应税凭证适用印花税减免优惠的，书立该应税凭证的纳税人均可享受印花税减免政策，明确特定纳税人适用印花税减免优惠的除外（财政部 税务总局公告2022年第22号）

根据国民经济和社会发展的需要，国务院对居民住房需求保障、企业改制重组、破产、支持小型微型企业发展等情形可以规定减征或者免征印花税，报全国人民代表大会常务委员会备案

印花税法实施后，纳税人享受印花税优惠政策，继续实行“自行判别、申报享受、有关资料留存备查”的办理方式。纳税人对留存备查资料的真实性、完整性和合法性承担法律责任（国家税务总局公告2022年第14号）

注14

1.应税凭证的副本或者抄本

2.依照法律规定应当予以免税的外国驻华使馆、领事馆和国际组织驻华代表机构为获得馆舍书立的应税凭证

3.中国人民解放军、中国人民武装警察部队书立的应税凭证

4.农民、家庭农场(注15)、农民专业合作社、农村集体经济组织、村民委员会购买农业生产资料或者销售农产品书立的买卖合同和农业保险合同

5.无息或者贴息借款合同、国际金融组织向中国提供优惠贷款书立的借款合同

6.财产所有权人将财产赠与政府、学校（注16）、社会福利机构（注17）、慈善组织（注18）书立的产权转移书据

7.非营利性医疗卫生机构（注19）采购药品或者卫生材料书立的买卖合同

8.个人与电子商务经营者（注20）订立的电子订单

注15

享受印花税免税优惠的家庭农场，具体范围为以家庭为基本经营单元，以农场生产经营为主业，以农场经营收入为家庭主要收入来源，从事农业规模化、标准化、集约化生产经营，纳入全国家庭农场名录系统的家庭农场（财政部 税务总局公告2022年第22号）

注16

享受印花税免税优惠的学校，具体范围为经县级以上人民政府或者其教育行政部门批准成立的大学、中学、小学、幼儿园，实施学历教育的职业教育学校、特殊教育学校、专门学校，以及经省级人民政府或者其人力资源社会保障行政部门批准成立的技工院校（财政部　税务总局公告2022年第22号）

注17

享受印花税免税优惠的社会福利机构，具体范围为依法登记的养老服务机构、残疾人服务机构、儿童福利机构、救助管理机构、未成年人救助保护机构（财政部 税务总局公告2022年第22号）

注18

享受印花税免税优惠的慈善组织，具体范围为依法设立、符合《中华人民共和国慈善法》规定，以面向社会开展慈善活动为宗旨的非营利性组织（财政部 税务总局公告2022年第22号）

注19 享受印花税免税优惠的非营利性医疗卫生机构，具体范围为经县级以上人民政府卫生健康行政部门批准或者备案设立的非营利性医疗卫生机构（财政部 税务总局公告2022年第22号）

注20 享受印花税免税优惠的电子商务经营者，具体范围按《中华人民共和国电子商务法》有关规定执行（财政部 税务总局公告2022年第22号）

七、分类优惠

- 1.公共社保
- 2.个人、小微
- 3.房产
- 4.改制重组
- 5.金融保险证券
- 6.三农
- 7.文体
- 8.运输
- 9.商品储备
- 10.其他
- 依据：财政部 税务总局公告2022年第23号等

1.公共社保

- 人民法院的生效法律文书，仲裁机构的仲裁文书，监察机关的监察文书不征印花税
- 中国人民解放军、中国人民武装警察部队书立的应税凭证免征印花税
- 非营利性医疗卫生机构采购药品或者卫生材料书立的买卖合同免征印花税
- 对社保基金持有的证券，在社保基金证券账户之间的划拨过户，不属于印花税的征税范围，不征收印花税（财税〔2003〕134号）
- 社保基金会、社保基金投资管理人管理的社保基金转让非上市公司股权，免征印花税（财税〔2018〕94号）
- 社保基金会、养老基金投资管理机构管理的养老基金转让非上市公司股权，免征印花税（财税〔2018〕95号）

2.个人/小微

- 买卖合同不包括个人书立的动产买卖合同
- 个人与电子商务经营者订立的电子订单免征印花税
- 财产所有权人将财产赠与政府、学校、社会福利机构、慈善组织书立的产权转移书据
- 电网与用户之间签订的供用电合同不属于印花税列举征税的凭证，不征收印花税（财税〔2006〕162号）
- 自2022年1月1日至2024年12月31日，对增值税小规模纳税人、小型微利企业和个体工商户可以在50%的税额幅度内减征（不含证券交易印花税）（详见第十四章“六税两费”减免政策）
- 自2018年1月1日至2023年12月31日，对金融机构与小型企业、微型企业签订的借款合同免征印花税（财税〔2017〕77号、财政部 税务总局公告2021年第6号）

3.房产

- 县级以上人民政府及其所属部门按照行政管理权限征收、收回或者补偿安置房地产书立的合同、协议或者行政类文书不征印花税
- 对房地产管理部门与个人订立的租房合同，凡用于生活居住的，暂免贴印花；用于生产经营的，应按规定贴花（（88）国税地字第025号）
- 对个人销售或购买住房暂免征收印花税（财税〔2008〕137号）
- 对经济适用住房经营管理单位与经济适用住房相关的印花税以及经济适用住房购买人涉及的印花税予以免征（财税〔2008〕24号）
- 对改造安置住房经营管理单位、开发商与改造安置住房相关的印花税以及购买安置住房的个人涉及的印花税予以免征（财税〔2013〕101号）
- 对开发商建造经济适用住房有关印花税予以免征（财税〔2008〕24号）
- 免征个人出租承租住房签订的租赁合同印花税（财税〔2008〕24号）
- 对易地扶贫搬迁项目实施主体取得用于建设安置住房的土地（财政部、税务总局公告2021年第6号）
- 对安置住房建设和分配过程中应由项目实施主体、项目单位缴纳的印花税，予以免征（财政部、税务总局公告2021年第6号）

3. 房产

- 在商品住房等开发项目中配套建设安置住房的，按安置住房建筑面积占总建筑面积的比例，计算应予免征的安置住房用地相关的印花税（财政部、税务总局公告2021年第6号）
- 对项目实施主体购买商品住房或者回购保障性住房作为安置住房房源的，免征印花税（财政部、税务总局公告2021年第6号）
- 对公租房经营管理单位建造、管理公租房、购买住房作为公租房免征印花税（财政部 税务总局公告2019年第61号、财政部 税务总局公告2021年第6号）
- 对公共租赁住房双方免征租赁协议印花税（财政部 税务总局公告2019年第61号、财政部 税务总局公告2021年第6号）

4.改制重组

- 实行公司制改造（注18）的企业在改制过程中成立的新企业（重新办理法人登记的），其新启用的资金账簿记载的资金或因企业建立资本纽带关系而增加的资金，凡原已贴花的部分可不再贴花，未贴花的部分和以后新增加的资金按规定贴花（财税〔2003〕183号）
- 以合并或分立方式成立的新企业，其新启用的资金账簿记载的资金，凡原已贴花的部分可不再贴花，未贴花的部分和以后新增加的资金按规定贴花（财税〔2003〕183号）
- 企业改制前签订但尚未履行完的各类应税合同，改制后需要变更执行主体的，对仅改变执行主体、其余条款未作变动且改制前已贴花的，不再贴花（财税〔2003〕183号）
- 企业因改制签订的产权转移书据免予贴花（财税〔2003〕183号）
- 对2011年中国移动增加的资本公积、股权调整协议、盈余公积转增实收资本印花税予以免征（财税〔2012〕62号）
- 划转非上市公司股份的，对划出方与划入方签订的产权转移书据免征印花税（财资〔2019〕49号）
- 划转上市公司股份和全国中小企业股份转让系统挂牌公司股份的，免征证券交易印花税（财资〔2019〕49号）
- 对划入方因承接划转股权而增加的实收资本和资本公积，免征印花税（财资〔2019〕49号）
- 国有商业银行划转给金融资产管理公司的资产免征印花税（财税〔2003〕21号）
- 金融资产管理公司收购、承接、处置不良资产免征印花税（财税〔2001〕10号）

4.改制重组

- 对中国信达资产管理股份有限公司、中国华融资产管理股份有限公司及其分支机构处置剩余政策性剥离不良资产以及出让上市公司股权免征印花税（财税〔2013〕56号）
- 对东方资产管理公司在接收和处置港澳国际（集团）有限公司资产过程中签订的产权转移书据，免征东方资产管理公司应缴纳的印花税（财税〔2003〕212号）
- 对港澳国际（集团）内地公司在催收债权、清偿债务过程中签订的产权转移书据，免征港澳国际（集团）内地公司应缴纳的印花税（财税〔2003〕212号）
- 对港澳国际（集团）香港公司在中国境内催收债权、清偿债务过程中签订的产权转移书据，免征港澳国际（集团）香港公司应承担的印花税（财税〔2003〕212号）
- 对经国务院和省级人民政府决定或批准进行的国有（含国有控股）企业改组改制而发生的上市公司国有股权无偿转让行为，暂不征收证券（股票）交易印花税（国税函〔2004〕941号）
- 企业重组改制涉及的印花税，符合规定的，可享受相关优惠政策（财税〔2016〕125号）

注18 —— 公司制改造包括国有企业依《公司法》整体改造成国有独资有限责任公司；企业通过增资扩股或者转让部分产权，实现他人对企业的参股，将企业改造成有限责任公司或股份有限公司；企业以其部分财产和相应债务与他人组建新公司；企业将债务留在原企业，而以其优质财产与他人组建的新公司

5.金融保险证券

1.财产保险合同不包括再保险合同

2.无息或者贴息借款合同、国际金融组织向中国提供优惠贷款书立的借款合同免征印花税

3.股权分置改革过程中发生的股权转让免征印花税（财税〔2005〕103号）

4.国有股东向全国社会保障基金理事会转持国有股免征证券（股票）交易印花税（财税〔2009〕103号）

5.发起机构、受托机构在信贷资产证券化过程中，与资金保管机构（指接受受托机构委托，负责保管信托项目财产账户资金的机构，下同）、证券登记托管机构（指中央国债登记结算有限责任公司）以及其他为证券化交易提供服务的机构签订的其他应税合同，暂免征收发起机构、受托机构应缴纳的印花税（财税〔2006〕5号）

5.金融保险证券

6.受托机构发售信贷资产支持证券以及投资者买卖信贷资产支持证券暂免征收印花税（财税〔2006〕5号）

7.发起机构、受托机构因开展信贷资产证券化业务而专门设立的资金账簿暂免征收印花税（财税〔2006〕5号）

8.证券投资者保护基金免征印花税（财税〔2006〕104号）

9.被撤销金融机构接收债权、清偿债务签订的产权转移书据免征印花税（财税〔2003〕141号）

10.外国银行分行改制为外商独资银行（或其分行）后，其在外国银行分行已经贴花的资金账簿、应税合同，在改制后的外商独资银行（或其分行）不再重新贴花（财税〔2007〕45号）

11.在融资性售后回租业务中，对承租人、出租人因出售租赁资产及购回租赁资产所签订的合同，不征收印花税（财税〔2015〕144号）

12.对香港市场投资者通过沪股通和深股通参与股票担保卖空涉及的股票借入、归还，暂免征收证券（股票）交易印花税（财税〔2016〕127号）

13.对保险保障基金公司新设立的资金账簿免征印花税（财税〔2018〕41号）

14.对保险公司进行风险处置和破产救助过程中签订的产权转移书据免征印花税（财税〔2018〕41号）

15.对保险公司进行风险处置过程中与中国人民银行签订的再贷款合同免征印花税（财税〔2018〕41号）

16.以保险保障基金自有财产和接收的受偿资产与保险公司签订的财产保险合同免征印花税（财税〔2018〕41号）

17.对农林作物、牧业畜类保险合同暂不贴花（(1988)国税地字第37号）

18.2022年8月1日至2023年7月31日,对银行业金融机构、金融资产管理公司接收、处置抵债资产（注19）过程中涉及的合同、产权转移书据和营业账簿免征印花税，对合同或产权转移书据其他各方当事人应缴纳的印花税照章征收（财政部 税务总局公告2022年第31号）

注19：抵债不动产、抵债资产，是指经人民法院判决裁定或仲裁机构仲裁的抵债不动产、抵债资产。其中，金融资产管理公司的抵债不动产、抵债资产，限于其承接银行业金融机构不良债权涉及的抵债不动产、抵债资产

6.三农

- 农民、家庭农场、农民专业合作社、农村集体经济组织、村民委员会购买农业生产资料或者销售农产品书立的买卖合同和农业保险合同免征印花税
- 对因农村集体经济组织以及代行集体经济组织职能的村民委员会、村民小组进行清产核资收回集体资产而签订的产权转移书据免征印花税（财税〔2017〕55号）
- 饮水工程运营管理单位为建设饮水工程取得土地使用权签订的产权转移书据，以及与施工单位签订的建设工程承包合同免征印花税（财政部　税务总局公告2019年第67号、财政部　税务总局公告2021年第6号）
- 对农林作物、牧业畜类保险合同暂不贴花（（1988）国税地字第37号）

7.文体

- 自2019年1月1日至2023年12月31日，对与高校学生签订的高校学生公寓租赁合同，免征印花税（财税〔2019〕14号、财政部　税务总局公告2022年第4号）
- 对北京冬奥组委、北京冬奥会测试赛赛事组委会使用的营业账簿和签订的各类合同免征印花税（财税〔2017〕60号）
- 对国际奥委会签订的与北京2022年冬奥会有关的各类合同，免征国际奥委会的印花税（财税〔2017〕60号）
- 对中国奥委会签订的与北京2022年冬奥会有关的各类合同，免征中国奥委会的印花税（财税〔2017〕60号）
- 对国际残奥委会取得的与北京2022年冬残奥会有关的收入免征印花税（财税〔2017〕60号）
- 对中国残奥委会取得的由北京冬奥组委分期支付的收入免征印花税（财税〔2017〕60号）
- 对财产所有人将财产捐赠给北京冬奥组委所书立的产权转移书据免征印花税（财税〔2017〕60号）
- 国际奥委会相关实体与北京冬奥组委签订的各类合同，免征国际奥委会相关实体应缴纳的印花税（财政部公告2019年第92号）
- 对杭州2022年亚运会和亚残运会及其测试赛组委会使用的营业账簿和签订的各类合同等应税凭证，免征组委会应缴纳的印花税（财政部公告2020年第18号）
- 对财产所有人将财产（物品）捐赠给杭州2022年亚运会和亚残运会及其测试赛组委会所书立的产权转移书据，免征印花税（财政部公告2020年第18号）

7.文体

- 对财产所有人将财产（物品）捐赠给三项国际综合运动会的执行委员会、组委会所书立的产权转移书据，免征印花税（财政部公告2020年第19号）
- 发行单位之间，发行单位与订阅单位或个人之间书立的征订凭证，暂免征印花税（（89）国税地字第142号）
- 文化单位转制为企业时的印花税优惠（财税〔2019〕16号）
- 对三项国际综合运动会的执行委员会、组委会使用的营业账簿和签订的各类合同等应税凭证免征执行委员会、组委会应缴纳的印花税（财政部公告2020年第19号）

8.运输

- 运输合同不包括管道运输合同
- 凡附有军事运输命令或使用专用的军事物资运费结算凭证，免纳印花税。凡附有县级以上(含县级)人民政府抢险救灾物资运输证明文件的运费结算凭证，免纳印花税（国税发〔1990〕173号）
- 铁路、公路、航运、水路承运快件行李、包裹开具的托运单据免征印花税（（88）国税地字第025号）
- 对青藏铁路公司及其所属单位营业账簿免征印花税；对青藏铁路公司签订的货物运输合同免征印花税，对合同其他各方当事人应缴纳的印花税照章征收（财税〔2007〕11号）
- 铁道部层层下达的基建计划，不属应税合同，不应纳税；铁道部所属各建设单位与施工企业之间签订的建筑安装工程承包合同属于应税合同，应按规定纳税；但企业内部签订的有关铁路生产经营设施基建、更新改造、大修、维修的协议或责任书，不在征收范围之内（财税字〔1997〕182号）
- 铁道部所属各企业之间签订的购销合同或作为合同使用的调拨单，应按规定贴花；属于企业内部的物资调拨单，不应贴花（财税字〔1997〕182号）
- 凡在铁路内部无偿调拨的固定资产，其调拨单据不属于产权转移书据，不应贴花（财税字〔1997〕182号）

9.商品储备

- 对国家石油储备基地第二期项目建设过程中应缴的印花税，予以免征（财税〔2011〕80号）
- 对商品储备管理公司及其直属库资金账簿免征印花税；对其承担商品储备业务过程中书立的购销合同免征印花税，对合同其他各方当事人应缴纳的印花税照章征收（财政部 税务总局公告2019年第77号、财政部 税务总局公告2022年第8号）

10.其他

- 总公司与分公司、分公司与分公司之间书立的作为执行计划使用的凭证不征印花税
- 境外单位或者个人向境内单位或者个人提供完全在境外发生的服务使用的应税凭证不征印花税
- 应税凭证的副本或者抄本免征印花税
- 依照法律规定应当予以免税的外国驻华使馆、领事馆和国际组织驻华代表机构为获得馆舍书立的应税凭证免征印花税
- 中国石油天然气集团和中国石油化工集团两大集团之间、两大集团内部各子公司之间、中国石油天然气股份公司的各子公司之间、中国石油化工股份公司的各子公司之间、中国石油天然气股份公司的分公司与子公司之间、中国石油化工股份公司的分公司与子公司之间互供石油和石油制品所使用的“成品油配置计划表”（或其他名称的表、证、单、书），暂不征收印花税（国税函〔2002〕424号）
- 中国海油集团与中国石油天然气集团、中国石油化工集团之间，中国海油集团内部各子公司之间，中国海油集团的各分公司和子公司之间互供石油和石油制品所使用的“成品油配置计划表”（或其他名称的表、证、单、书），暂不征收印花税（国家税务总局公告2012年第58号）

八、纳税地点

- 单位纳税人　机构所在地
- 个人纳税人　应税凭证书立地或者居住地
- 不动产产权发生转移　不动产所在地

九、纳税义务发生时间

- 为纳税人书立应税凭证或者完成证券交易的当日
- 证券交易印花税扣缴义务发生时间为证券交易完成的当日

十、纳税期限

- 印花税按季、按年或者按次计征（注23）
- 境外单位或者个人的应税凭证印花税可以按季、按年或者按次申报缴纳，具体纳税期限由各省、自治区、直辖市、计划单列市税务局结合征管实际确定（国家税务总局公告2022年第14号）

注23
- 按季或者按次申报缴纳
  - 应税合同
  - 产权转移书据
- 按年或者按次申报缴纳
  - 应税营业账簿
- 以上依据：国家税务总局公告2022年第14号
- 实行按季、按年计征的
  - 自季度、年度终了之日起15日内申报缴纳税款
- 实行按次计征的
  - 于纳税义务发生之日起15日内申报缴纳税款
- 证券交易印花税按周解缴
  - 扣缴义务人应当自每周终了之日起5日内申报解缴税款以及银行结算的利息
- 具体纳税期限由各省、自治区、直辖市、计划单列市税务局结合征管实际确定

十一、纳税方式
- 可以采用粘贴印花税票或者由税务机关依法开具其他完税凭证的方式缴纳
- 印花税票粘贴在应税凭证上的，由纳税人在每枚税票的骑缝处盖戳注销或者画销
- 未履行的应税合同、产权转移书据，已缴纳的印花税不予退还及抵缴税款
- 纳税人多贴的印花税票，不予退税及抵缴税款

十二、纳税申报
- 纳税人应当根据书立印花税应税合同、产权转移书据和营业账簿情况，填写《印花税税源明细表》，进行财产行为税综合申报（国家税务总局公告2022年第14号）

十三、法律责任
- 印花税由税务机关依照本法和《中华人民共和国税收征收管理法》的规定征收管理
- 纳税人、扣缴义务人和税务机关及其工作人员违反本法规定的，依照《中华人民共和国税收征收管理法》和有关法律、行政法规的规定追究法律责任

十四、政策依据
- 除特别注明外，来源《中华人民共和国印花税法》，自2022年7月1日起施行

第十一章 土地增值税

章节目录

- 一、纳税人
- 二、征税范围
- 三、征税对象
- 四、收入确认
- 五、扣除项目
- 六、税率和税额计算
- 七、免税优惠
- 八、纳税申报
- 九、土地增值税清算
- 十、小例子
  - 1.房地产开发企业转让房产
  - 2.非房地产企业转让不动产
  - 3.个人转让商铺之发票扣除法
  - 4.房地产开发企业清算后尾盘销售

一、纳税人

- 转让国有土地使用权、地上的建筑物及其附着物（以下简称转让房地产）并取得收入（注1）的单位和个人（包括个体经营者）
- 国有土地，是指按国家法律规定属于国家所有的土地
- 地上的建筑物，是指建于土地上的一切建筑物，包括地上地下的各种附属设施
- 附着物，是指附着于土地上的不能移动，一经移动即遭损坏的物品

注1

- 收入包括转让房地产的全部价款及有关的经济收益
- 转让房地产并取得收入，是指以出售或者其他方式有偿转让房地产的行为。不包括以继承、赠与方式无偿转让房地产的行为
- “赠与”是指如下情况：1.房产所有人、土地使用权所有人将房屋产权、土地使用权赠与直系亲属或承担直接赡养义务人的。2.房产所有人、土地使用权所有人通过中国境内非营利的社会团体、国家机关将房屋产权、土地使用权赠与教育、民政和其他社会福利、公益事业的（财税字〔1995〕48号）

二、征税范围

转让基础设施性质的建筑物	对转让码头泊位、机场跑道等基础设施性质的建筑物行为，应当征收土地增值税（国税函〔2010〕347号）
转让股权名义转让房地产	鉴于深圳市能源集团有限公司和深圳能源投资股份有限公司一次性共同转让深圳能源（钦州）实业有限公司100%的股权，且这些以股权形式表现的资产主要是土地使用权、地上建筑物及附着物，经研究，对此应按土地增值税的规定征税（国税函〔2000〕687号）
利用股权转让方式让渡土地使用权	北京国泰恒生投资有限公司利用股权转让方式让渡土地使用权，实质是房地产交易行为，应征收土地增值税（国税函〔2011〕415号）
将房地产作价入股再进行转让	鉴于广西玉柴营销有限公司在2007年10月30日将房地产作价入股后，于2007年12月6日、18日办理了房地产过户手续，同月25日即将股权进行了转让，且股权转让金额等同于房地产的评估值。因此，我局认为这一行为实质上是房地产交易行为，应按规定征收土地增值税（国税函〔2009〕387号）
未办理土地使用权证转让土地	土地使用者转让、抵押或置换土地，无论其是否取得了该土地的使用权属证书，无论其在转让、抵押或置换土地过程中是否与对方当事人办理了土地使用权属证书变更登记手续，只要土地使用者享有占有、使用、收益或处分该土地的权利，且有合同等证据表明其实质转让、抵押或置换了土地并取得了相应的经济利益，土地使用者及其对方当事人应当缴纳土地增值税等相关税收（国税函〔2007〕645号）

三、征税对象

- 纳税人转让房地产所取得的增值额
- 纳税人转让房地产所取得的收入减除规定扣除项目金额后的余额，为增值额

四、收入确认

- 纳税人转让房地产所取得的收入
  - 包括转让房地产的全部价款及有关的经济收益
  - 包括货币收入、实物收入和其他收入
- 评估价格
  - 纳税人有下列情形之一（注2）的，按照房地产评估价格计算征收
- 不含税收入
  - 土地增值税纳税人转让房地产取得的收入为不含增值税收入；免征增值税的，确定计税依据时，成交价格、租金收入、转让房地产取得的收入不扣减增值税额。税务机关核定的计税价格或收入不含增值税（财税〔2016〕43号）
  - 房地产开发企业在营改增后进行房地产开发项目土地增值税清算时，土地增值税应税收入=营改增前转让房地产取得的收入+营改增后转让房地产取得的不含增值税收入（税务总局公告2016年第70号）
- 预征的计征依据
  - 一般计税
    - 土地增值税应税收入不含增值税销项税额
    - 销项税额　=销售额×适用税率
    - 销售额　=（全部价款和价外费用－当期允许扣除的土地价款）÷（1+9%）（国家税务总局公告2016年第18号）
  - 简易计税
    - 土地增值税应税收入不含增值税应纳税额
  - 简化计算
    - 可按照：土地增值税预征的计征依据=预收款－应预缴增值税税款”（税务总局公告2016年第70号）
- 外币折算
  - 以取得收入当天或当月1日国家公布的市场汇价折合成人民币
- 代收费用
  - 对于县级及县级以上人民政府要求房地产开发企业在售房时代收的各项费用，如果代收费用是计入房价中向购买方一并收取的，可作为转让房地产所取得的收入计税；如果代收费用未计入房价中，而是在房价之外单独收取的，可以不作为转让房地产的收入（财税字〔1995〕48号）
- 视同销售
  - 纳税人将开发的房地产用于职工福利、奖励、对外投资、分配给股东或投资人、抵偿债务、换取其他单位和个人的非货币性资产等，发生所有权转移时应视同销售房地产，其视同销售收入按下列方法和顺序审核确认（注3）

四、收入确认

- 清算收入确认：土地增值税清算时，已全额开具商品房销售发票的，按照发票所载金额确认收入；未开具发票或未全额开具发票的，以交易双方签订的销售合同所载的售房金额及其他收益确认收入。销售合同所载商品房面积与有关部门实际测量面积不一致，在清算前已发生补、退房款的，应在计算土地增值税时予以调整（国税函〔2010〕220号）

注2

1. 隐瞒、虚报房地产成交价格的
2. 提供扣除项目金额不实的
3. 转让房地产的成交价格低于房地产评估价格，又无正当理由的

注3

1. 按本企业当月销售的同类房地产的平均价格核定
2. 按本企业在同一地区、同一年度销售的同类房地产的平均价格确认
3. 参照当地当年、同类房地产的市场价格或评估价值确认

依据：国税发〔2007〕132号

五、扣除项目

1. 取得土地使用权所支付的金额（注4）
2. 开发土地和新建房及配套设施（以下简称房地产开发）的成本，是指纳税人房地产开发项目实际发生的成本（注6）
3. 开发土地和新建房及配套设施的费用（以下简称房地产开发费用），是指与房地产开发项目有关的销售费用、管理费用、财务费用（注8）
4. 旧房及建筑物转让的扣除计算（注9）
5. 与转让房地产有关的税金（注11）
6. 加计扣除规定（注12）

注4取得土地使用权所支付的金额

- 指纳税人为取得土地使用权所支付的地价款和按国家统一规定交纳的有关费用
- 契税：房地产开发企业为取得土地使用权所支付的契税，应视同“按国家统一规定交纳的有关费用”，计入“取得土地使用权所支付的金额”中扣除（国税函〔2010〕220号）

注4取得土地使用权所支付的金额

- 分摊：纳税人成片受让土地使用权后，分期分批开发、转让房地产的，其扣除项目金额的确定，可按转让土地使用权的面积占总面积（注5）的比例计算分摊，或按建筑面积计算分摊，也可按税务机关确认的其他方式计算分摊
- 不得扣除：房地产开发企业逾期开发缴纳的土地闲置费不得扣除（国税函〔2010〕220号）

tips：土地闲置费在计算缴纳企业所得税时，可计入土地征用费及拆迁补偿费按规定扣除（国税发〔2009〕31号）

注5：“总面积”是指可转让土地使用权的土地总面积。在计算转让土地的增值额时，按实际转让土地的面积占可转让土地总面积来计算分摊，即：可转让土地面积为开发土地总面积减除不能转让的道路、绿化等公共设施用地面积后的剩余面积（国税函〔1999〕112号）

注6房地产开发成本

- 房地产开发成本=土地征用及拆迁补偿费+前期工程费+建筑安装工程费+基础设施费+公共配套设施费+开发间接费用
- 土地征用及拆迁补偿费
  - 土地征用费、耕地占用税、劳动力安置费及有关地上、地下附着物拆迁补偿的净支出、安置动迁用房支出
  - 房地产企业用建造的本项目房地产安置回迁户的，安置用房视同销售处理，同时将此确认为房地产开发项目的拆迁补偿费。房地产开发企业支付给回迁户的补差价款，计入拆迁补偿费；回迁户支付给房地产开发企业的补差价款，应抵减本项目拆迁补偿费
  - 开发企业采取异地安置，异地安置的房屋属于自行开发建造的，房屋价值按（注7）的规定计算，计入本项目的拆迁补偿费；异地安置的房屋属于购入的，以实际支付的购房支出计入拆迁补偿费
  - 货币安置拆迁的，房地产开发企业凭合法有效凭据计入拆迁补偿费
  - 依据：国税函〔2010〕220号

- 注6房地产开发成本
  - 前期工程费：包括规划、设计、项目可行性研究和水文、地质、勘察、测绘、“三通一平”等支出
  - 建筑安装工程费
    - 是指以出包方式支付给承包单位的建筑安装工程费，以自营方式发生的建筑安装工程费
    - 房地产开发企业销售已装修的房屋，其装修费用可以计入房地产开发成本（国税发〔2006〕187号）
    - 房地产开发企业在工程竣工验收后，根据合同约定，扣留建筑安装施工企业一定比例的工程款，作为开发项目的质量保证金，在计算土地增值税时，建筑安装施工企业就质量保证金对房地产开发企业开具发票的，按发票所载金额予以扣除；未开具发票的，扣留的质保金不得计算扣除（国税函〔2010〕220号）
    - 土地增值税纳税人接受建筑安装服务取得的增值税发票，应按规定在发票的备注栏注明建筑服务发生地县（市、区）名称及项目名称，否则不得计入土地增值税扣除项目金额（税务总局公告2016年第70号）
  - 基础设施费：包括开发小区内道路、供水、供电、供气、排污、排洪、通讯、照明、环卫、绿化等工程发生的支出
  - 公共配套设施费
    - 包括不能有偿转让的开发小区内公共配套设施发生的支出
    - 房地产开发企业开发建造的与清算项目配套的居委会和派出所用房、会所、停车场（库）、物业管理场所、变电站、热力站、水厂、文体场馆、学校、幼儿园、托儿所、医院、邮电通讯等公共设施，按以下原则处理：
      - 1.建成后产权属于全体业主所有的，其成本、费用可以扣除
      - 2.建成后无偿移交给政府、公用事业单位用于非营利性社会公共事业的，其成本、费用可以扣除
      - 3.建成后有偿转让的，应计算收入，并准予扣除成本、费用

- 注6房地产开发成本
  - 开发间接费用：指直接组织、管理开发项目发生的费用，包括工资、职工福利费、折旧费、修理费、办公费、水电费、劳动保护费、周转房摊销等
  - 核定成本：房地产开发企业办理土地增值税清算所附送的前期工程费、建筑安装工程费、基础设施费、开发间接费用的凭证或资料不符合清算要求或不实的，地方税务机关税务机关可参照当地建设工程造价管理部门公布的建安造价定额资料，结合房屋结构、用途、区位等因素，核定上述四项开发成本的单位面积金额标准，并据以计算扣除。具体核定方法由省税务机关确定（国税发〔2006〕187号）
  - 成本费用分摊：属于多个房地产项目共同的成本费用，应按清算项目可售建筑面积占多个项目可售总建筑面积的比例或其他合理的方法，计算确定清算项目的扣除金额（国税发〔2006〕187号）
- 注7自建房：房地产开发企业将开发产品用于职工福利、奖励、对外投资、分配给股东或投资人、抵偿债务、换取其他单位和个人的非货币性资产等，发生所有权转移时应视同销售房地产，其收入按下列方法和顺序确认：1.按本企业在同一地区、同一年度销售的同类房地产的平均价格确定；2.由主管税务机关参照当地当年、同类房地产的市场价格或评估价值确定（国税发〔2006〕187号）

- 注8房地产开发费用
  - 是指与房地产开发项目有关的销售费用、管理费用、财务费用
  - 土地增值税清算时，已经计入房地产开发成本的利息支出，应调整至财务费用中计算扣除（国税函〔2010〕220号）
  - 利息支出能够按转让房地产项目计算分摊并提供金融机构证明的：房地产开发费用=利息支出+（取得土地使用权所支付的金额＋房地产开发成本计算的金额之和）×5%以内，计算扣除的具体比例，由各省、自治区、直辖市人民政府规定
  - 凡不能按转让房地产项目计算分摊利息支出或不能提供金融机构证明的，以及全部使用自有资金，没有利息支出的：房地产开发费用=（取得土地使用权所支付的金额+房地产开发成本计算的金额之和）×10%以内，计算扣除的具体比例，由各省、自治区、直辖市人民政府规定

注9旧房及建筑物转让的扣除计算

（一）能取得旧房及建筑物的评估价格

- 评估价格
  - 是指在转让已使用的房屋及建筑物时，由政府批准设立的房地产评估机构评定的重置成本价乘以成新度折扣率后的价格。评估价格须经当地税务机关确认
  - 旧房及建筑物的评估价格=重置成本价×成新度折扣率
- 扣除项目金额
  - 转让旧房的，应按房屋及建筑物的评估价格、取得土地使用权所支付的地价款和按国家统一规定交纳的有关费用以及在转让环节缴纳的税金作为扣除项目金额计征土地增值税。对取得土地使用权时未支付地价款或不能提供已支付的地价款凭据的，不允许扣除取得土地使用权所支付的金额（财税字〔1995〕048号）
  - 房地产开发企业为取得土地使用权所支付的契税，应视同“按国家统一规定交纳的有关费用”，计入“取得土地使用权所支付的金额”中扣除（国税函〔2010〕220号）

（二）不能取得评估价格，但能提供购房发票：

- 1.营改增前取得的营业税发票：按照发票所载金额（不扣减营业税）并从购买年度起至转让年度止每年（注10）加计5%计算
- 2.营改增后取得的增值税普通发票：按照发票所载价税合计金额从购买年度起至转让年度止每年加计5%计算
- 3.营改增后取得的增值税专用发票：按照发票所载不含增值税金额加上不允许抵扣的增值税进项税额之和，并从购买年度起至转让年度止每年加计5%计算
- 依据：税务总局公告2016年第70号

- 注9旧房及建筑物转让的扣除计算
  - 计算扣除项目时“每年”按购房发票所载日期起至售房发票开具之日止，每满12个月计一年；超过一年，未满12个月但超过6个月的，可以视同为一年（国税函〔2010〕220号）
  - 注10
    - 对纳税人购房时缴纳的契税，凡能提供契税完税凭证的，准予作为“与转让房地产有关的税金”予以扣除，但不作为加计5%的基数（财税〔2006〕21号）
  - 三、既没有评估价格，又不能提供购房发票
  - 核定征收
    - 根据《税收征管法》第35条的规定，实行核定征收（财税〔2006〕21号）

- 注11与转让房地产有关的税金
  - 非房地产开发企业转让房产缴纳的印花税
  - 因转让房地产交纳的教育费附加，也可视同税金予以扣除
  - 营改增后，计算土地增值税增值额的扣除项目中“与转让房地产有关的税金”不包括增值税
  - 营改增后，房地产开发企业实际缴纳的城市维护建设税、教育费附加，凡能够按清算项目准确计算的，允许据实扣除。凡不能按清算项目准确计算的，则按该清算项目预缴增值税时实际缴纳的城建税、教育费附加扣除
  - 其他转让房地产行为的城建税、教育费附加扣除比照上述规定执行
  - 依据：税务总局公告2016年第70号

- 注12加计扣除
  - 对从事房地产开发的纳税人可按：（土地使用权所支付的金额＋房地产开发成本）×20%加计扣除
  - 加计开发成本的20%
    - 对取得土地使用权后投入资金，将生地变为熟地转让的
  - 不得加计扣除
    - 对取得土地或房地产使用权后，未进行开发即转让的（国税函发〔1995〕110号）
    - 对于代收费用作为转让收入计税的，在计算扣除项目金额时，可予以扣除，但不允许作为加计20%扣除的基数（财税字〔1995〕048号）

六、税率和税额计算

- 公式
  - 1.扣除项目金额
  - 2.增值额=应税收入−扣除项目金额
  - 3.增值率=2增值额/1扣除项目金额　找税率和速算扣除系数
  - 4.土地增值税税额=2增值额×税率−1扣除项目金额×速算扣除系数
- 简便算法
  - 实行四级超率累进税率：
  - 增值率≤50%　税额=增值额×30%
  - 50%<增值率≤100%　税额=增值额×40%−扣除项目金额×5%
  - 100%<增值率≤200%　税额=增值额×50%−扣除项目金额×15%
  - 增值率>200%　税额=增值额×60%−扣除项目金额×35%

七、免税优惠

1.纳税人建造普通标准住宅（注13）出售，增值额未超过扣除项目金额20%的，免征土地增值税

2.因国家建设需要依法征用、收回的房地产（注14），免征土地增值税

3.对个人之间互换自有居住用房地产的，经当地税务机关核实，可以免征土地增值税（财税字〔1995〕48号）

4.对于一方出地，一方出资金，双方合作建房，建成后按比例分房自用的，暂免征收土地增值税；建成后转让的，应征收土地增值税（财税字〔1995〕48号）

5.符合条件的资产管理公司处置房地产免征土地增值税（财税〔2001〕10号）

6.符合条件的被撤销金融机构清偿债务免征土地增值税（财税〔2003〕141号）

7.房地产开发企业将开发的部分房地产转为企业自用或用于出租等商业用途时，如果产权未发生转移，不征收土地增值税，在税款清算时不列收入，不扣除相应的成本和费用（国税发〔2006〕187号）

8.个人销售住房暂免征收土地增值税（财税〔2008〕137号）

9.转让旧房作为保障性住房且增值额未超过扣除项目金额20%的免征土地增值税（财税〔2013〕101号）

七、免税优惠

- 10.北京冬奥组委再销售所获捐赠物品和赛后出让资产取得收入，免征应缴纳土地增值税（财税〔2017〕60号）
- 11.对第七届世界军人运动会执委会赛后出让资产取得的收入，免征应缴纳的土地增值税（财税〔2018〕119号）
- 12.对杭州2022年亚运会和亚残运会组委会赛后出让资产取得的收入，免征土地增值税（财政部公告2020年第18号）
- 13.自2021年1月1日至2023年12月31日，企业改制重组（注15）暂不征土地增值税（财政部 税务总局公告2021年第21号）
- 14.对企事业单位、社会团体以及其他组织转让旧房作为公租房房源，且增值额未超过扣除项目金额20%的，免征土地增值税（财政部 税务总局公告2019年第61号、财政部、税务总局公告2021年第6号）

注13

- 高级公寓、别墅、度假村等不属于普通标准住宅
- 普通标准住宅与其他住宅的具体划分界限由各省、自治区、直辖市人民政府规定
- 普通标准住宅应同时满足：住宅小区建筑容积率在1.0以上；单套建筑面积在120平方米以下；实际成交价格低于同级别土地上住房平均交易价格1.2倍以下。各省、自治区、直辖市要根据实际情况，制定本地区享受优惠政策普通住房的具体标准。允许单套建筑面积和价格标准适当浮动，但向上浮动的比例不得超过上述标准的20%（国办发〔2005〕26号）

注14

- 国家建设需要依法征用、收回的房地产，是指因城市实施规划、国家建设的需要而被政府批准征用的房产或收回的土地使用
- “城市实施规划”而搬迁，是指因旧城改造或因企业污染、扰民（指产生过量废气、废水、废渣和噪音，使城市居民生活受到一定危害），而由政府或政府有关主管部门根据已审批通过的城市规划确定进行搬迁的情况；“国家建设的需要”而搬迁，是指因实施国务院、省级人民政府、国务院有关部委批准的建设项目而进行搬迁的情况（财税〔2006〕21号）

- 注15改制重组
  - 整体改制
    - 对改制前的企业将国有土地使用权、地上的建筑物及其附着物（以下称房地产）转移、变更到改制后的企业，暂不征土地增值税
    - 概念
      - 整体改制是指不改变原企业的投资主体（注16），并承继原企业权利、义务的行为
    - 包括
      - 非公司制企业改制为有限责任公司或者股份有限公司
      - 有限责任公司变更为股份有限公司
      - 股份有限公司变更为有限责任公司
  - 注16
    - 不改变原企业投资主体、投资主体相同，是指企业改制重组前后出资人不发生变动，出资人的出资比例可以发生变动
  - 企业合并
    - 对原企业将房地产转移、变更到合并后的企业，暂不征土地增值税
    - 概念
      - 按照法律规定或者合同约定，两个或两个以上企业合并为一个企业，且原企业投资主体存续的
      - 投资主体存续，是指原企业出资人必须存在于改制重组后的企业，出资人的出资比例可以发生变动
  - 企业分立
    - 对原企业将房地产转移、变更到分立后的企业，暂不征土地增值税
    - 概念
      - 按照法律规定或者合同约定，企业分设为两个或两个以上与原企业投资主体相同（注16）的企业
  - 以房地产作价入股进行投资
    - 对其将房地产转移、变更到被投资的企业，暂不征土地增值税
    - 概念
      - 单位、个人在改制重组时以房地产作价入股进行投资
  - 不适用
    - 上述改制重组有关土地增值税政策不适用于房地产转移任意一方为房地产开发企业的情形
  - 改制重组后再转让
    - 改制重组后再转让房地产并申报缴纳土地增值税时
      - 对“取得土地使用权所支付的金额”，按照改制重组前取得该宗国有土地使用权所支付的地价款和按国家统一规定缴纳的有关费用确定；经批准以国有土地使用权作价出资入股的，为作价入股时县级及以上自然资源部门批准的评估价格

注15改制重组

- 改制重组后再转让
  - 按购房发票确定扣除项目金额的，按照改制重组前购房发票所载金额并从购买年度起至本次转让年度止每年加计5%计算扣除项目金额，购买年度是指购房发票所载日期的当年
- 纳税人享受上述税收政策，应按税务机关规定办理
- 执行期限
  - 本公告执行期限为2021年1月1日至2023年12月31日
- 依据
  - 财政部 税务总局公告2021年第21号

八、纳税申报

- 申报时间
  - 纳税人应在转让房地产合同签订后的7日内，到房地产所在地主管税务机关办理纳税申报。纳税人因经常发生房地产转让而难以在每次转让后申报的，经税务机关审核同意后，可以定期进行纳税申报，具体期限由税务机关根据情况确定
  - 房地产开发企业开发建造的房地产、因分次转让而频繁发生纳税义务、难以在每次转让后申报纳税的情况，土地增值税可按月或按各省、自治区、直辖市和计划单列市税务局规定的期限申报缴纳（国税函〔2004〕938号）
- 纳税期限
  - 纳税人按照税务机关核定的税额及规定的期限缴纳土地增值税
- 纳税地点
  - 房地产所在地主管税务机关
  - 纳税人转让房地产座落在两个或两个以上地区的，应按房地产所在地分别申报纳税
- 申报资料
  - 房屋及建筑物产权、土地使用权证书，土地转让、房产买卖合同，房地产评估报告及其他与转让房地产有关的资料
- 申报表
  - 自2021年6月1日起使用财产和行为税纳税申报表（国家税务总局公告2021年第9号）（详见《财产和行为税合并申报》）
- 预征税款
  - 纳税人在项目全部竣工结算前转让房地产取得的收入，由于涉及成本确定或其他原因，而无法据以计算土地增值税的，可以预征土地增值税，待该项目全部竣工、办理结算后再进行清算，多退少补。具体办法由各省、自治区、直辖市地方税务局根据当地情况制定（财法字〔1995〕006号）

八、纳税申报

预征税款

- 可按照以下方法计算土地增值税预征计征依据：土地增值税预征的计征依据=预收款-应预缴增值税税款”（税务总局公告2016年第70号）
- 除保障性住房外，东部地区省份预征率不得低于2%，中部和东北地区省份不得低于1.5%，西部地区省份不得低于1%，各地要根据不同类型房地产确定适当的预征率（国税发〔2010〕53号）
- 对未按预征规定期限预缴税款的，应根据《税收征管法》及其实施细则的有关规定，从限定的缴纳税款期限届满的次日起，加收滞纳金（财税〔2006〕21号）

土地增值税清算

是指纳税人在符合土地增值税清算条件后，依照税收法律、法规及土地增值税有关政策规定，计算房地产开发项目应缴纳的土地增值税税额，并填写《土地增值税清算申报表》，向主管税务机关提供有关资料，办理土地增值税清算手续，结清该房地产项目应缴纳土地增值税税款的行为（国税发〔2009〕91号）

部门协作

- 土地增值税由税务机关征收。土地管理部门、房产管理部门应当向税务机关提供有关资料，并协助税务机关依法征收土地增值税
- 市、县房地产管理部门在办理房地产权属登记时，应按规定要求出具完税（或减免）凭证；对于未出具完税（或减免）凭证的，房地产管理部门不得办理权属登记（国税发〔2005〕89号）

九、土地增值税清算

（一）清算单位

- 土地增值税以国家有关部门审批的房地产开发项目为单位进行清算，对于分期开发的项目，以分期项目为单位清算。开发项目中同时包含普通住宅和非普通住宅的，应分别计算增值额（国税发〔2006〕187号）
- 对于分期开发的房地产项目，各期清算的方式应保持一致（国税发〔2009〕91号）

（二）清算受理

国税发〔2009〕91号

九、土地增值税清算

1.应当清算

- 符合之一
  - 房地产开发项目全部竣工、完成销售的
  - 整体转让未竣工决算房地产开发项目的
  - 直接转让土地使用权的
- 办理时间
  - 纳税人应当在满足条件之日起90日内到主管税务机关办理清算手续

2.可要求清算

- 符合之一
  - 已竣工验收的房地产开发项目，已转让的房地产建筑面积占整个项目可售建筑面积的比例在85%以上，或该比例虽未超过85%，但剩余的可售建筑面积已经出租或自用的
  - 取得销售（预售）许可证满三年仍未销售完毕的
  - 纳税人申请注销税务登记但未办理土地增值税清算手续的（应在办理注销登记前进行土地增值税清算）
  - 省（自治区、直辖市、计划单列市）税务机关规定的其他情况
- 办理时间
  - 由主管税务机关下达清算通知，纳税人应当在收到清算通知之日起90日内办理清算手续

3.资料报送

纳税人清算土地增值税时应提供的清算资料：

- 1.土地增值税清算表及其附表
- 2.房地产开发项目清算说明
- 3.项目竣工决算报表、取得土地使用权所支付的地价款凭证、国有土地使用权出让合同、银行贷款利息结算通知单、项目工程合同结算单、商品房购销合同统计表、销售明细表、预售许可证等与转让房地产的收入、成本和费用有关的证明资料。主管税务机关需要相应项目记账凭证的，纳税人还应提供记账凭证复印件
- 4.纳税人委托税务中介机构审核鉴证的清算项目，还应报送中介机构出具的《土地增值税清算税款鉴证报告》

- 九、土地增值税清算
  - 4.拒不清算
    - 应进行土地增值税清算的纳税人或经主管税务机关确定需要进行清算的纳税人，在上述规定的期限内拒不清算或不提供清算资料的，主管税务机关可依据《中华人民共和国税收征收管理法》有关规定处理
  - 5.不加收滞纳金
    - 纳税人按规定预缴土地增值税后，清算补缴的土地增值税，在主管税务机关规定的期限内补缴的，不加收滞纳金（国税函〔2010〕220号）
  - （三）清算审核
    - 审核收入
    - 扣除项目审核
      - 除另有规定外，扣除取得土地使用权所支付的金额、房地产开发成本、费用及与转让房地产有关税金，须提供合法有效凭证；不能提供合法有效凭证的，不予扣除
    - 关联方交易行为审核
    - 鉴证报告的合法性、真实性审核
    - 主管税务机关应当将审核结果书面通知纳税人，并确定办理补、退税期限
  - （四）核定征收
    - 房地产开发企业有下列情形之一的，税务机关可以参照与其开发规模和收入水平相近的当地企业的土地增值税税负情况，按不低于预征率的征收率核定征收土地增值税：
      - 1.依照法律、行政法规的规定应当设置但未设置账簿的
      - 2.擅自销毁账簿或者拒不提供纳税资料的
      - 3.虽设置账簿，但账目混乱或者成本资料、收入凭证、费用凭证残缺不全，难以确定转让收入或扣除项目金额的
      - 4.符合土地增值税清算条件，未按照规定的期限办理清算手续，经税务机关责令限期清算，逾期仍不清算的
      - 5.申报的计税依据明显偏低，又无正当理由的
    - 主管税务机关发出核定征收的税务事项告知书

九、土地增值税清算

（六）尾盘清算

在土地增值税清算时未转让的房地产，清算后销售或有偿转让的，纳税人应按规定进行土地增值税的纳税申报，扣除项目金额按清算时的单位建筑面积成本费用乘以销售或转让面积计算。单位建筑面积成本费用=清算时的扣除项目总金额÷清算的总建筑面积（国税发〔2006〕187号）

从事房地产开发的纳税人清算后尾盘销售适用……（二）表中项目……6.第7栏“单位成本费用”。单位成本费用=清算申报时或清算审核确定的扣除项目金额÷清算的总已售面积。公式中的“扣除项目金额”不包括清算时扣除的“与转让房地产有关的税金”（国家税务总局公告2021年第9号《财产和行为税税源明细表》填表说明）

十、小例子

案例一：房地产开发企业转让房产

2018年某房地产开发公司开始销售一栋营改增前立项开发的写字楼，该项目增值税选择简易计税，共取得的不含增值税收入总额2000万元，支付开发写字楼的地价款（包含契税）400万元，开发过程中支付拆迁补偿费100万元，供水供电基础设施费80万元，建筑工程费用520万元，开发过程向金融机构借款500万元，借款期限1年，金融机构年利率5%。施工、销售过程中发生的管理费用和销售费用共计260万元。该企业销售写字楼缴纳的城市维护建设税和教育费附加共计10万元。计算该公司该项目应缴土地增值税税额。

解：（一）应税收入=2000万元；

（二）扣除项目金额

1.取得土地使用权所支付的金额=400（万元）

2.房地产开发成本=100万元+80万元+520万元=700（万元）

3.房地产开发费用=80（万元），其中：（1）利息支出=500×5%=25（万元）；（2）其他房地产开发费用=（400+700）×5%=55（万元）

4.与转让房地产有关的税金=10（万元）
5.加计扣除=（400+700）×20%=220（万元）
扣除项目金额合计=400+700+80+10+220=1410（万元）
（三）增值额=2000−1410=590（万元）
（四）找税率
增值额/扣除项目金额=590/1410=42%<50%，故适用税率为30%
（五）税额
应该缴纳土地增值税税额=590×30%=177（万元）。

案例二：非房地产企业转让不动产

某工业企业转让一幢20世纪90年代建造的厂房，当时造价100万元，无偿取得土地使用权。如果按现行市场价的材料、人工费计算，建造同样的房子需600万元，该房子为七成新，按不含增值税价格500万元出售，支付与转让该厂房有关税费共计27.5万元。计算企业转让旧房应缴纳的土地增值税额。

解：1.计算评估价格
评估价格=重置成本价×成新度折扣率=600×70%=420（万元）
2.汇集扣除项目金额=420+27.5=447.5（万元）
3.计算增值额=500—447.5=52.5（万元）
4.计算增值率=52.5÷447.5×100%=11.73%
5.计算应纳税额=增值额×适用税率—扣除项目金额×速算扣除系数=52.5×30%—447.5×0=15.75（万元）。

案例三：个人转让商铺之发票扣除法

王某2017年9月转让店铺一套，转让价格1000万元，该房系王某2011年11月1日购买，发票显示购买价格为400万元（不能取得评估价格），相对应的契税完税凭证显示王某缴纳契税12万元。王某应缴纳的土地增值税为多少？

解：（一）计税收入
1.应缴纳的增值税=（1000−400）÷（1+5%）×5%=28.57（万元）
2.转让房地产收入总额=1000−28.57=971.43（万元）
（二）假设不考虑各环节印花税问题，当地税务机关规定地方教育附加可视同税金扣除
扣除项目金额=购房发票金额+发票加计扣除金额+与转让房地产有关的税金（含购房契税）=400+400×6×5%+28.57×12%+12=535.43（万元）

（三）增值额=转让房地产收入总额−扣除项目金额=971.43−535.43=436（万元）
（四）增值率=增值额÷扣除项目金额=436÷535.43=81.43%
（五）应缴纳的土地增值税=436×40%−535.43×5%=147.63（万元）。

案例四：房地产开发企业清算后尾盘销售

甲房地产开发公司开发A项目的总建筑面积为45000m^2，截止2017年11月底销售面积为40500m^2，取得不含增值税收入40500万元；已售部分对应的扣除项目金额合计29013.75万元（不含与转让房地产有关的税金，且已经主管税务局清算审定）；尚余4500m^2房屋未销售。2018年2月底，公司将剩余4500m^2房屋打包销售，收取不含增值税收入4320万元。转让时缴纳的与转让房地产有关的税金为28万元。计算甲公司清算后销售业务应纳土地增值税。
解：根据国税发〔2006〕187号第八条和国家税务总局公告2021年第9号填表说明，甲公司尾盘销售，单位建筑面积成本费用=清算申报时或清算审核确定的扣除项目金额÷清算的总已售面积
1.单位成本费用=29013.75÷40500＝0.72（万元）
2.打包销售的4500m^2房屋的土地增值税：
（1）扣除项目金额＝0.72×4500+28＝3268（万元）
（2）增值额＝4320−3268＝1052（万元）
（3）增值率＝1052÷3268×100%＝32.19%
（4）应纳土地增值税＝1052×30%＝315.6（万元）。

政策依据——本篇未特别注明的政策依据为《中华人民共和国土地增值税暂行条例》、《中华人民共和国土地增值税暂行条例实施细则》

第十二章　房产税

章节目录

- 一、征收范围
- 二、纳税人
- 三、计税依据
- 四、税率
- 五、税收优惠
- 六、纳税义务发生时间
- 七、纳税义务截止时间
- 八、纳税申报
- 九、政策依据
- 十、小例子

一、征收范围

- 空间范围：城市、县城、建制镇、工矿区
- 对象
  - 房屋：有屋面和围护结构（有墙或两边有柱），能够遮风避雨，可供人们在其中生产、工作、学习、娱乐、居住或储藏物资的场所（〔1987〕财税地字第003号）
  - 具有房屋功能
    - 地下建筑（财税〔2005〕181号）
    - 已办产权证的地下人防工程（税总函〔2013〕602号）
- 不征
  - 不属于房产
    - 独立于房屋之外的建筑物（注1）
    - 加油站罩棚（财税〔2008〕123号）
  - 不在开征地区范围内的工厂、仓库（财税地字〔1986〕8号）
  - 农林牧渔业用地和农民居住用房及土地（国税发〔1999〕44号）
  - 房开企业建造的商品房售出前（国税发〔2003〕89号）

- 注1：如围墙、烟囱、水塔、变电塔、油池油柜、酒窖菜窖、酒精池、糖蜜池、室外游泳池、玻璃暖房、砖瓦石灰窑以及各种油气罐等（财税地字〔1987〕3号）

二、纳税人

- 总标准　产权所有人缴纳
- 产权属全民所有的　经营管理单位缴纳
- 产权出典的　承典人缴纳
- 产权所有人、承典人不在房产所在地的，或者产权未确定及租典纠纷未解决的
- 居民住宅区内业主共有的经营性房产（财税〔2006〕186号）
  - （以上两项）房产代管人或者使用人缴纳

三、计税依据

- 房产原值
  - 房产税依照房产原值（注2）一次减除10%到30%后的余值计算缴纳，具体减除幅度，由省、自治区、直辖市人民政府规定
  - 自用的地下建筑
    - 工业用途房产，以房屋原价的50-60%作为应税房产原值
    - 商业和其他用途房产，以房屋原价的70-80%作为应税房产原值
    - 对于与地上房屋相连的地下建筑，应将地下部分与地上房屋视为一个整体按照地上房屋建筑的有关规定计算征收房产税
    - 依据：财税〔2005〕181号
  - 产权出典　由承典人依照房产余值缴纳（财税〔2009〕128号）
  - 无租使用　无租使用其他单位房产的应税单位和个人，依照房产余值代缴纳房产税（财税〔2009〕128号）
  - 融资租赁　由承租人自融资租赁合同约定开始日的次月起依照房产余值缴纳房产税。合同未约定开始日的，由承租人自合同签订的次月起依照房产余值缴纳房产税（财税〔2009〕128号）
  - 免租期　免租期间由产权所有人按房产原值缴纳（财税〔2010〕121号）

三、计税依据

- 房产原值
  - 投资联营
    - 对于以房产投资联营，投资者参与投资利润分红，共担风险的情况，按房产原值作为计税依据计征房产税（国税函发〔1993〕368号）
- 租金收入
  - 房产出租的，以房产租金收入为房产税计税依据
  - 租金收入不含增值税；免征增值税的，确定计税依据时，租金收入不扣减增值税额（财税〔2016〕43号）
  - 出租的地下建筑按出租地上建筑有关规定征收（财税〔2005〕181号）
  - 以房产投资，收取固定收入，不承担联营风险的情况，实际上是以联营名义取得房产的租金，应由出租方按租金收入计缴房产税（国税函发〔1993〕368号）

注2房产原值

- 凡按会计制度规定在账簿中记载有房屋原价的，即应以房屋原价按规定减除一定比例后作为房屋余值计征房产税；没有记载房屋原价的，按照上述原则，并参照同类房屋，确定房产原值，计征房产税（财税地字〔1987〕3号）
- 房产原值应包括与房屋不可分割的各种附属设备或一般不单独计算价值的配套设施。主要有：暖气、卫生、通风、照明、煤气等设备；各种管线，如蒸气、压缩空气、石油、给水排水等管道及电力、电讯、电缆导线；电梯、升降机、过道、晒台等。属于房屋附属设备的水管、下水道、暖气管、煤气管等从最近的探视井或三通管算起。电灯网、照明线从进线盒联接管算起等（财税地字〔1987〕3号）
- 为了维持和增加房屋的使用功能或使房屋满足设计要求，凡以房屋为载体，不可随意移动的附属设备和配套设施，如给排水、采暖、消防、中央空调、电气及智能化楼宇设备等，无论在会计核算中是否单独记账与核算，都应计入房产原值，计征房产税（国税发〔2005〕173号）
- 更换房屋附属设备和配套设施
  - 在将其价值计入房产原值时，可扣减原来相应设备和设施的价值
  - 对附属设备和配套设施中易损坏、需要经常更换的零配件，更新后不再计入房产原值
  - 依据：国税发〔2005〕173号

- 注2房产原值
  - 对依照房产原值计税的房产，不论是否记载在会计账簿固定资产科目中，均应按照房屋原价计算缴纳房产税。房屋原价应根据国家有关会计制度规定进行核算。对纳税人未按国家会计制度规定核算并记载的，应按规定予以调整或重新评估（财税〔2008〕152号）
  - 地价计入房产原值：对按照房产原值计税的房产，无论会计上如何核算，房产原值均应包含地价，包括为取得土地使用权支付的价款、开发土地发生的成本费用等。宗地容积率（=建筑面积/土地面积）低于0.5的，按房产建筑面积的2倍计算土地面积并据此确定计入房产原值的地价（财税〔2010〕121号）

- 四、税率
  - 1.2%：依照房产余值计算缴纳的
  - 12%：依照房产租金收入计算缴纳的
  - 4%
    - 对企事业单位等向个人、规模化住房租赁企业出租住房、保障性租赁住房，减按4%税率征收房产税（财政部 税务总局 住房城乡建设部公告2021年第24号）
    - 对个人出租住房，按4%的税率征收房产税（财税〔2008〕24号）

- 五、税收优惠
  - 法定免税
    - 国家机关、人民团体、军队自用的房产
    - 由国家财政部门拨付事业经费的单位自用的房产
    - 宗教寺庙、公园、名胜古迹自用的房产
    - 个人所有非营业用的房产
    - 经财政部批准免税的其他房产
  - 纳税人纳税确有困难的，可由省、自治区、直辖市人民政府确定
  - 自2022年1月1日至2024年12月31日，对增值税小规模纳税人、小型微利企业和个体工商户可以在50%的税额幅度内减征（详见第十四章“六税两费”减免政策）
  - 分类优惠：见注3

注3：房产税分类优惠

- 1.住房、非营业用房
- 2.非常规房屋
- 3.医疗卫生
- 4.三农
- 5.金融
- 6.科研教育
- 7.文化体育
- 8.节能环保
- 9.运输相关
- 10.转制
- 11.社会保障
- 12.行政司法

1.住房、非营业用房

- 个人所有非营业用的房产
- 房管部门经租非营业用房免征房产税（（87）财税地字第030号）
- 按政府规定价格出租的公有住房免征房产税（财税〔2000〕125号）
- 对个人出租住房，不区分用途，按4%的税率征收房产税（财税〔2008〕24号）
- 公共租赁住房免征房产税（财政部 税务总局公告2019年第61号、财政部 税务总局公告2021年第6号）
- 对企事业单位、社会团体以及其他组织向个人、专业化规模化住房租赁企业出租住房的，减按4%的税率征收房产税（财政部 税务总局 住房城乡建设部公告2021年第24号）

2.非常规房屋

- 经有关部门鉴定，对毁损不堪居住的房屋和危险房屋，在停止使用后，可免征房产税（财税地字〔1986〕8号）
- 基建工地临时性房屋免征房产税（财税地字〔1986〕8号）
- 房屋大修停用在半年以上的，在大修期间可免征房产税（财税地字〔1986〕8号、国税函〔2004〕839号）
- 地下建筑减征房产税（财税〔2005〕181号）
- 地震毁损不堪和危险房屋免房产税（财税〔2008〕62号）
- 出租方为承租方减免租金减免房产税（发改财金〔2022〕271号）

3.医疗卫生

- 企业办的医院自用的房产，可否免征房产税可以比照由国家财政部门拨付事业经费的单位自用的房产，免征房产税（财税地字〔1986〕8号）
- 血站自用的房产免征房产税（财税字〔1999〕264号）
- 非营利性医疗机构、疾病控制机构和妇幼保健机构等卫生机构自用的房产免征房产税（财税〔2000〕42号）
- 营利性医疗机构自用的房产，免征三年房产税（财税〔2000〕42号）

4.三农

- 2019年1月1日至2023年12月31日，农产品批发市场、农贸市场房产免征房产税（财税〔2019〕12号、财政部 税务总局公告2022年第4号）
- 2019年1月1日至2023年12月31日，农村饮水工程运营管理单位房产免征房产税（财政部　税务总局公告2019年第67号、财政部　税务总局公告2021年第6号）

5.金融

- 东方资产管理公司接收港澳国际（集团）有限公司的房地产免征房产税（财税〔2003〕212号）
- 四家金融资产管理公司及分支机构处置不良资产免征房产税（财税〔2013〕56号）
- 2022年8月1日至2023年7月31日，各地可根据《中华人民共和国房产税暂行条例》授权和本地实际，对银行业金融机构、金融资产管理公司持有的抵债不动产减免房产税（财政部　税务总局公告2022年第31号）

6.科研教育

- 非营利性科研机构自用的房产免征房产税（财税〔2001〕5号）
- 学校、托儿所、幼儿园自用的房产免征房产税（财税〔2004〕39号）
- 转制科研机构的科研开发用房免征房产税（财税〔2005〕14号）
- 科技企业孵化器、大学科技园和众创空间免征房产税（财税〔2018〕120号、财政部 税务总局公告2022年第4号）
- 高校学生公寓免征房产税（财税〔2019〕14号、财政部 税务总局公告2022年第4号）

7.文化体育

- 符合条件的体育场馆减免房产税（财税〔2015〕130号）
- 转制文化企业自用房产免征房产税（财税〔2019〕16号）

8.节能环保

- 天然林二期工程的专用房产免征房产税（财税〔2011〕90号）
- 天然林二期工程森工企业闲置房产免征房产税（财税〔2011〕90号）
- 自2019年1月1日至2023年12月31日，对向居民供热收取采暖费的供热企业，为居民供热所使用的厂房及土地免征房产税（财税〔2019〕38号、财政部、税务总局公告2021年第6号）

9.运输相关

- 地方铁路运输企业免征房产税（财税〔2004〕36号）
- 铁路运输企业免征房产税（财税〔2006〕17号）
- 青藏铁路公司及所属单位自用房产免征房产税（财税〔2007〕11号）
- 股改铁路运输企业及合资铁路运输公司自用房产免征房产税（财税〔2009〕132号）
- 从事大型客机研制项目的纳税人及其全资子公司自用房产免征房产税（财政部 税务总局公告2019年第88号）
- 大型民用客机发动机、中大功率民用涡轴涡桨发动机研制项目自用房产免征房产税（财政部 税务总局公告2019年第88号）

10.转制

- 大秦公司完全按市场化运作前其自用房产免征房产税（财税〔2006〕32号）
- 自2018年10月1日至2020年12月31日，去产能和调结构政策关停企业免征房产税（财税〔2018〕107号）

11.社会保障

- 宗教寺庙、公园、名胜古迹自用的房产
- 非营利性老年服务机构自用房产免征房产税（财税〔2000〕97号）
- 自2019年6月1日至2025年12月31日，为社区提供养老、托育、家政等服务的机构自有或其通过承租、无偿使用等方式取得并用于提供社区养老、托育、家政服务的房产、土地，免征房产税（财政部公告2019年第76号）
- 自2022年1月1日至2024年12月31日，对增值税小规模纳税人、小型微利企业和个体工商户可以在50%的税额幅度内减征（财政部　税务总局公告2022年第10号，详见第十四章“六税两费”减免政策）

- 12.行政司法
  - 国家机关、人民团体、军队自用的房产
  - 由国家财政部门拨付事业经费的单位自用的房产
  - 自2004年8月1日起，对军队空余房产租赁收入暂免征收房产税（财税〔2004〕123号）
  - 劳教单位的自用房产免征房产税（（87）财税地字第029号）
  - 司法部门所属监狱等房产免征房产税）（（87）财税地字第021号）
  - 工商行政管理部门的集贸市场用房免征房产税（（87）财税地字第003号）
  - 自2019年1月1日至2023年12月31日，商品储备管理公司及其直属库自用房产免征房产税（财政部、税务总局公告2019年第77号、财政部 税务总局公告2022年第8号）

- 六、纳税义务发生时间
  - 自建房屋：自建成之次月起征收（财税地字〔1986〕8号）
  - 委托施工企业建设
    - 办理验收手续之次月
    - 办理验收手续前已使用或出租、出借的按规定征收
    - （财税地字〔1986〕8号）
  - 购置新建商品房：房屋交付之次月起计征（国税发〔2003〕89号）
  - 购置存量房：自办理房屋权属转移、变更登记手续，房地产权属登记机关签发房屋权属证书之次月起计征（国税发〔2003〕89号）
  - 出租、出借房产
    - 交付出租、出借房产次月起计征
    - 依据：国税发〔2003〕89号
  - 房地产公司自用
    - 房地产开发企业自用本企业建造的商品房，自房屋使用或交付之次月起计征房产税
    - 依据：国税发〔2003〕89号
  - 融资租赁：融资租赁的房产，由承租人自融资租赁合同约定开始日的次月起依照房产余值缴纳房产税。合同未约定开始日的，由承租人自合同签订的次月起依照房产余值缴纳房产税（财税〔2009〕128号）

七、纳税义务截止时间

纳税人因房产、土地的实物或权利状态发生变化而依法终止房产税、城镇土地使用税纳税义务的，其应纳税款的计算应截止到房产、土地的实物或权利状态发生变化的当月末（财税〔2008〕152号）

八、纳税申报

- 纳税期限
  - 按年征收、分期缴纳
  - 纳税期限由省、自治区、直辖市人民政府规定
- 纳税地点：由房产所在地的税务机关征收
- 申报：自2021年6月1日起使用财产和行为税纳税申报表（国家税务总局公告2021年第9号）（详见《财产和行为税合并申报》）

九、政策依据

本篇未特别注明的政策依据为《中华人民共和国房产税暂行条例》

十、小例子

某企业为增值税一般纳税人，2020年4月投资1500万元取得5万平方米的土地使用权，用于建造面积2万平方米的厂房，发生建筑成本和相关费用为3000万元，全部项目于2020年底竣工验收并投入生产使用（不考虑增值税的影响）。计算该厂房征收房产税应确定的房产原值。

解：本案例宗地容积率低于0.5（2÷5=0.4），应按建筑面积的2倍计算土地面积并据此确定计入房产原值的地价，即1500÷5×2×2=1200（万元），因此该厂房征收房产税所确定的房产原值=（1200+3000）=4200（万元）。（财税〔2010〕121号第三条）

第十三章　城镇土地使用税

章节目录

- 一、纳税人
- 二、计税依据
- 三、适用税额
- 四、税额标准
- 五、应纳税额
- 六、税收优惠
- 七、纳税义务发生时间
- 八、纳税义务终止时间
- 九、纳税期限
- 十、纳税申报
- 十一、纳税地点
- 十二、会计处理
- 十三、小例子

一、纳税人

- 城市、县城、建制镇、工矿区范围内使用土地的单位和个人（注1）
- 土地使用税由拥有土地使用权的单位或个人缴纳（国税地字〔1988〕第15号）

注1

1.一般情况	由拥有土地使用权的单位或个人缴纳
2.拥有土地使用权的纳税人不在土地所在地的	由代管人或实际使用人纳税
3.土地使用权未确定或权属纠纷未解决的	由实际使用人纳税
4.纳税单位无偿使用免税单位的土地	由纳税单位（实际使用人）缴纳
5.免税单位无偿使用纳税单位土地	免征
6.土地使用权共有的	由共有各方分别纳税
7.实际使用应税集体所有建设用地、但未办理土地使用权流转手续的	由实际使用集体土地的单位和个人纳税（财税〔2006〕56号）
8.承租集体所有建设用地的	由直接从集体经济组织承租土地的单位和个人纳税（财税〔2017〕29号）

二、计税依据

- 以纳税人实际占用的土地面积（注2）为计税依据，依照规定税额计算征收（国税地字〔1988〕15号）
- 土地使用权共用的：应按其实际使用的土地面积占总面积的比例，分别计算缴纳土地使用（国税地字〔1988〕15号）
- 单独建造的地下建筑用地
  - 暂按应征税款的50%征收（财税〔2009〕128号）
  - 已取得地下土地使用权证的：按土地使用权证确认的土地面积计算
  - 未取得或取得但未标明土地面积的：按地下建筑垂直投影面积计算
- 公用多层建筑：纳税单位可按其占用的建筑面积占建筑总面积的比例计征（国税地字〔1988〕140号）

注2

- 由省、自治区、直辖市人民政府确定的单位组织测定的土地面积
- 尚未组织测量，以证书确认的土地面积为准
- 尚未核发土地使用权证书的，由纳税人据实申报土地面积

三、适用税额

大城市（人口50万以上）	1.5元–30元
中等城市（人口20–50万）	1.2元–24元
小城市（20万以下）	0.9元–18元
县城、建制镇、工矿区	0.6元–12元

注：采用分级幅度税额。人口以公安部门登记在册的非农业正式户口人数为依据

四、税额标准

- 省、自治区、直辖市人民政府在上述幅度内确定
- 市、县人民政府在本省税额幅度内制定相应的税额标准报批准执行
- 经省、自治区、直辖市人民政府批准，经济落后地区可适当降低，降低额不得超过最低税额的30%
- 经济发达地区可以适当提高，但须经财政部批准

五、应纳税额

=实际占用应税土地面积（平方米）× 适用税额

六、税收优惠

- 法定免税见注3
- 定期减免见注4
- 分类减免见注13

- 注3法定免税
  - 国家机关、人民团体、军队自用的土地（注5）
  - 由国家财政部门拨付事业经费的单位自用的土地（注6）
  - 宗教寺庙、公园、名胜古迹自用的土地（注7）
  - 市政街道、广场、绿化地带等公共用地（注8）
  - 直接用于农、林、牧、渔业的生产用地（注9）
  - 经批准开山填海整治的土地和改造的废弃土地（注10）
  - 财政部另行规定免税的能源、交通、水利设施用地和其他用地

- 注4定期减免
  - 除法定减免外，确有困难需要定期减免的，由县以上税务机关审批（国务院令645号）
  - 下列土地的征免税，由省、自治区、直辖市税务局确定，见注11（国税地字〔1988〕15号）

- 注5
  - 国家机关、人民团体、军队自用的土地，是指这些单位本身的办公用地和公务用地。生产、营业用地和其他用地，不属于免税范围，应按规定缴纳土地使用税（国税地字〔1988〕15号）

- 注6
  - 事业单位自用的土地，是指这些单位本身的业务用地。生产、营业用地和其他用地，不属于免税范围，应按规定缴纳土地使用税（国税地字〔1988〕15号）

- 注7
  - 宗教、寺庙自用的土地，指举行宗教仪式等的用地和寺庙内的宗教人员生活用地；公园、名胜古迹自用的土地，指供公共参观游览的用地及其管理单位的办公用地。生产、营业用地和其他用地，不属于免税范围，应按规定缴纳土地使用税（国税地字〔1988〕15号）
  - 公园、名胜古迹内的索道公司经营用地，应按规定缴纳城镇土地使用税（财税〔2008〕152号）

- 注8
  - 对企业厂区（包括生产、办公及生活区）以内的绿化用地，应照章征收土地使用税，厂区以外的公共绿化用地和向社会开放的公园用地，暂免征收土地使用税（国税地字〔1989〕140号）
  - 对已按规定免征城镇土地使用税的企业范围内荒山、林地、湖泊等占地，自2016年1月1日起，全额征收城镇土地使用税（财税〔2014〕1号）

注9
- 指直接从事种植、养殖、饲养的专业用地，不包括农副产品加工场地和生活、办公用地（国税地字〔1988〕15号）
- 农林牧渔业用地和农民居住用房屋及土地不征收城镇土地使用税（国税发〔1999〕44号）
- 经营采摘、观光农业的单位和个人，其直接用于采摘、观光的种植、养殖、饲养的土地免征城镇土地使用税（财税〔2006〕186号）
- 利用林场土地兴建度假村等休闲娱乐场所的，其经营、办公和生活用地，应按规定征收城镇土地使用税（财税〔2006〕186号）

注10
- 开山填海整治的土地和改造的废弃土地，以土地管理机关出具的证明文件为依据确定；具体免税期限由各省、自治区、直辖市税务局在土地使用税暂行条例规定的期限内自行确定（国税地字〔1988〕15号）
- 享受免缴土地使用税5-10年的填海整治的土地，是指纳税人经有关部门批准后自行填海整治的土地，不包括纳税人通过出让、转让、划拨等方式取得的已填海整治的土地（国税函〔2005〕968号）

注11
- 1.个人所有的居住房屋及院落用地（注12）
- 2.房产管理部门在房租调整改革前经租的居民住房用地
- 3.免税单位职工家属的宿舍用地
- 4.集体和个人办的各类学校、医院、托儿所、幼儿园用地
- 5.对在一个纳税年度内月平均实际安置残疾人就业人数占单位在职职工总数的比例高于25%（含25%）且实际安置残疾人人数高于10人（含10人）的单位，可减征或免征该年度城镇土地使用税（财税〔2010〕121号）

注12
- 应税单位按照国家住房制度改革有关规定，将住房出售给职工并按规定进行核销账务处理后，住房用地在未办理土地使用权过户期间的城镇土地使用税征免，比照各省、自治区、直辖市对个人所有住房用地的现行政策执行（财税〔2013〕44号）

注13 分类减免
- 住房　非常规用地　民生
- 医疗卫生　支持三农
- 科研　环保　转制升级
- 电力建设　文化体育
- 金融　交通运输
- 商品储备　资源　行政司法

- 住房
  - 棚户区改造安置住房建设用地免土地税（财税〔2013〕101号）
  - 易地扶贫搬迁安置住房用地免征城镇土地使用税（财政部、税务总局公告2021年第6号）
  - 公共租赁住房用地免土地税（财政部 税务总局公告2019年第61号、财政部 税务总局公告2021年第6号）
- 非常规用地
  - 纳税人困难性减免土地税（国务院令第483号）
  - 地震造成纳税困难免土地税（财税〔2008〕62号）
  - 企业已售房改房占地免土地税（财税〔2013〕44号）
  - 防火防爆防毒等安全用地免土地税（（89）国税地字第140号）
  - 地下建筑用地暂按50%征收免土地税（财税〔2009〕128号）
  - 落实私房政策后的房屋用地减免土地税（（89）国税地字第140号）
- 民生
  - 自2022年1月1日至2024年12月31日，对增值税小规模纳税人、小型微利企业和个体工商户可以在50%的税额幅度内减征（财政部 税务总局公告2022年第10号，详见第十四章“六税两费”减免政策）
  - 福利性非营利性老年服务机构土地免土地税（财税〔2000〕97号）
  - 为社区提供养老、托育、家政等服务的机构自有或其通过承租、无偿使用等方式取得并用于提供社区养老、托育、家政服务的房产、土地免征城镇土地使用税（财政部公告2019年第76号）
  - 养老托育服务机构免征城镇土地使用税（发改财金〔2022〕1356号）
  - 居民供热使用土地免土地税（财税〔2019〕38号）
  - 安置残疾人就业单位用地减免土地税（财税〔2010〕121号）
- 医疗卫生
  - 血站自用的土地免土地税（财税字〔1999〕264号）
  - 非营利性医疗，疾病控制，妇幼保健机构自用的土地免土地税（财税〔2000〕42号）
  - 营利性医疗机构自用的土地3年内免土地税（财税〔2000〕42号）
- 支持三农
  - 2019年1月1日至2023年12月31日，农村饮水工程运营管理单位自用土地免土地税（财政部 税务总局公告2019年第67号、财政部 税务总局公告2021年第6号）
  - 2019年1月1日至2023年12月31日，农产品批发市场、农贸市场用地免土地税（财税〔2019〕12号、财政部 税务总局公告2022年第4号）
  - 农贸市场（集贸市场）用地免土地税（（89）国税地字第140号）
  - 采摘观光的种植养殖土地免土地税（财税〔2006〕186号）
  - 水利设施及其管护用地免土地税（（89）国税地字第014号）
  - 林业系统相关用地免土地税（国税函发〔1991〕1404号）

- **科研**
  - 非营利性科研机构自用土地免土地税（财税〔2001〕5号）
  - 科技企业孵化器、大学科技园和众创空间免征城镇土地使用税（财税〔2018〕120号、财政部 税务总局公告2022年第4号）
  - 转制科研机构的科研开发自用土地免土地税(财税〔2003〕137号)
- **环境保护**
  - 企业厂区以外的公共绿化用地免土地税（(89)国税地字第140号）
  - 天然林二期工程专用土地免土地税（财税〔2011〕90号）
  - 天然林二期工程森工企业闲置土地免土地税(财税〔2011〕90号)
- **转制升级**
  - 大秦公司市场化运作前其自用土地免土地税(财税〔2006〕32号)
  - 企业搬迁原场地不使用的免土地税((89)国税地字第140号)
  - 自2018年10月1日至2020年12月31日，去产能和调结构政策关停企业免征城镇土地使用税(财税〔2018〕107号)
  - 广深公司承租广铁集团铁路运输用地免土地税（财税〔2008〕12号）
- **电力建设**
  - 电力行业部分用地免土地税（(89)国税地字第013号）
  - 核工业总公司所属企业部分用地免土地税（(89)国税地字第007号）
  - 核电站应税土地在基建期内减半征收土地使用税（财税〔2007〕124号）
  - 核电站部分用地免征土地税（财税〔2007〕124号）
- **文化体育**
  - 学校、托儿所、幼儿园自用土地免土地税（财税〔2004〕39号）
  - 符合条件的体育场馆减免城镇土地使用税（财税〔2015〕130号）
- **金融**
  - 接收港澳国际（集团）有限公司的房产免土地税（财税〔2003〕212号）
  - 被撤销金融机构清算期间自有的或从债务方接收的房地产免土地税（财税〔2003〕141号）
  - 4家金融资产公司处置房地产免土地税（财税〔2013〕56号）
  - 2022年8月1日至2023年7月31日，各地可根据《中华人民共和国城镇土地使用税暂行条例》授权和本地实际，对银行业金融机构、金融资产管理公司持有的抵债不动产减免土地使用税（财政部 税务总局公告2022年第31号）

- 交通运输
  - 大型民用客机发动机、中大功率民用涡轴涡桨发动机研制项目自用土地免征城镇土地使用税（财政部 税务总局公告2019年第88号）
  - 从事大型客机研制项目的纳税人及其全资子公司自用土地免征城镇土地使用税（财政部 税务总局公告2019年第88号）
  - 航空航天公司专属用地免土地税（财税〔1995〕27号）
  - 铁道部所属铁路运输企业自用土地免土地税（财税〔2003〕149号）
  - 青藏铁路公司及其所属单位自用土地免土地税（财税〔2007〕11号）
  - 地方铁路运输企业自用土地免土地税（财税〔2004〕36号）
  - 港口的码头用地免土地税（（89）国税地字第123号）
  - 民航机场规定用地免土地税（（89）国税地字第032号）
  - 股改铁路运输企业及合资铁路运输公司自用的房产免土地税（财税〔2009〕132号）
  - 厂区外未加隔离的企业铁路专用线用地免土地税（（89）国税地字第140号）
  - 城市公交站场等运营用地免征城镇土地使用税（财税〔2019〕11号、财政部 税务总局公告2022年第4号）
- 商品储备
  - 国家石油储备基地第一期项目用地免土地税（财税〔2005〕23号）
  - 国家石油储备基地第二期项目用地免土地税（财税〔2011〕80号）
  - 商品储备管理公司及其直属库自用土地免征城镇土地使用税（财政部 税务总局公告2019年第77号、财政部 税务总局公告2022年第8号）
  - 自2023年1月1日起至2027年12月31日止，对物流企业自有（包括自用和出租）或承租的大宗商品仓储设施用地，减按所属土地等级适用税额标准的50%计征城镇土地使用税（财政部 税务总局公告2023年第5号）
- 资源
  - 矿山企业生产专用地免土地税（（89）国税地字第122号）
  - 煤炭企业的煤炭企业的矸石山、排土场用地，防排水沟用地，矿区办公，生活区以外的公路、铁路专用线及轻便道和输变电线路用地，火炸药库库房外安全区用地，向社会开放的公园及公共绿化带用地、荒山，在未利用之前，暂缓征收土地使用税（（89）国税地字第089号）
  - 盐场的盐滩盐矿的矿井用地免土地税（（89）国税地字第141号）
  - 石油天然气生产企业部分用地免土地税（财税〔2015〕76号）
  - 企业的荒山、林地、湖泊等占地减半征收土地税（财税〔2014〕1号）
  - 开山填海整治土地和改造废弃土地免土地税（国务院令第483号）
- 行政司法
  - 免税单位无偿使用的土地免土地税（（89）国税地字第140号）
  - 劳改劳教单位相关用地免土地税（（89）国税地字第119号）

七、纳税义务发生时间

购置新建商品房：自房屋交付使用之次月计征城镇土地使用税（国税发〔2003〕89号）

购置存量房：自办理房屋权属转移、变更登记手续，房地产权属登记机关签发房屋权属证书之次月起计征城镇土地使用税（国税发〔2003〕89号）

出租出借不动产：自交付出租、出借房产之次月起计征城镇土地使用税（国税发〔2003〕89号）

有偿取得土地使用权的：以出让或转让方式有偿取得土地使用权的，应由受让方从合同约定交付土地时间的次月起缴纳城镇土地使用税；合同未约定交付土地时间的，由受让方从合同签订的次月起缴纳城镇土地使用税（财税〔2006〕186号）

新征收的土地：
- 征收的耕地：自批准征收之起满1年开始缴纳
- 征收的非耕地：自批准征收次月起缴纳
- 通过招标、拍卖、挂牌方式取得的建设用地，不属于新征用的耕地（税务总局公告2014年74号）

八、纳税义务终止时间

因实物或权利状态发生变化而依法终止，应纳税款计算截止到土地的实物、权利状态变化发生变化的当月末（财税〔2008〕152号）

九、纳税期限

- 按年计算，分期缴纳
- 缴纳期限由省、自治区、直辖市人民政府确定

十、纳税申报

自2021年6月1日起使用财产和行为税纳税申报表（国家税务总局公告2021年第9号）（详见《财产和行为税合并申报》）

十一、纳税地点

- 由土地所在地税务机关征收
- 使用土地不属于同一省（自治区、直辖市）管辖范围的
  - 纳税人分别向土地所在地税务机关缴纳
  - 同一省跨地区使用的土地纳税地点由各省税务局确定

十二、会计处理

借：税金及附加

贷：应交税费——应交城镇土地使用税

十三、小例子

例1：某市甲企业系增值税一般纳税人，拥有生产经营用地面积10000平方米，其中幼儿园占地1000平方米，厂区内绿化占地2000平方米。此外，甲企业与乙企业共同拥有一块地，面积5000平方米，实际使用面积各半，假设该市城镇土地使用税的年税额统一为5元/平方米，计算甲企业全年应缴纳的城镇土地使用税。

解：企业办的幼儿园用地，免征城镇土地使用税；厂区外公共绿化用地暂免征收城镇土地使用税，但厂区内绿化用地不免征城镇土地使用税；与其他单位共用土地按各自占地面积分别缴纳城镇土地使用税。
甲企业全年应缴纳城镇土地使用税
$=[(10000-1000)+5000/2]\times5=11500\times5=57500$（元）。

例2：甲企业为大型物流企业一般纳税人，2020年1月份取得国有土地10000平方米，用于煤炭仓储，签订了土地使用权出让合同，办理了不动产权证，出让金额为10000万元，并约定当月交付，该宗地适用的城镇土地使用税税率20元/平方米，计算甲企业该宗土地2020年应缴纳的城镇土地使用税。

解析：
根据财政部 税务总局公告2020年第16号第一条规定，自2020年1月1日起至2022年12月31日止，对物流企业自有（包括自用和出租）或承租的大宗商品仓储设施用地，减按所属土地等级适用税额标准的50%计征城镇土地使用税。又根据财税〔2006〕186号第二条规定，以出让或转让方式有偿取得土地使用权的，应由受让方从合同约定交付土地时间的次月起缴纳城镇土地使用税；合同未约定交付土地时间的，由受让方从合同签订的次月起缴纳城镇土地使用税，因此甲企业该宗土地2020年应缴纳城镇土地使用税
$=20\times10000\times11/12\times50\%=91666.67$（元）。

文件依据

本篇未特别注明的政策依据为《中华人民共和国城镇土地使用税暂行条例》

第十四章 “六税两费”减免政策

章节目录

一、政策概述
二、减免税种
三、减免政策适用主体
四、小型微利企业判定
五、小规模纳税人转一般纳税人时
六、申报表的修订
七、优惠办理方式
八、未及时申报享受优惠
九、执行期限
十、政策依据

一、政策概述

- 由省、自治区、直辖市人民政府根据本地区实际情况，以及宏观调控需要确定，对增值税小规模纳税人、小型微利企业和个体工商户可以在50%的税额幅度内减征资源税、城市维护建设税、房产税、城镇土地使用税、印花税（不含证券交易印花税）、耕地占用税和教育费附加、地方教育附加（以下分别简称六税两费、减半优惠）
- 增值税小规模纳税人、小型微利企业和个体工商户已依法享受六税两费其他优惠政策的，可叠加享受减半优惠政策（注1）

注1

- 在享受优惠的顺序上，是先享受其他优惠，再享受“六税两费”减免优惠。原来适用比例减免或定额减免的，本次减免额计算的基数是应纳税额减除原有减免税额后的数额
- 例：个人和企事业单位出租住房的房产税原优惠政策是减按4%税率征收，如果某省确定的增值税小规模纳税人房产税减征比例为50%，政策叠加享受后，可在减按4%税率征收的基础上再减征一半，即实际按2%的税率征收

二、减免税种

- 货物和劳务税：城市维护建设税
- 财产税
  - 房产税
  - 城镇土地使用税

二、减免税种

- 特定行为税
  - 耕地占用税
  - 印花税
  - 资源税
- 两费　教育费附加、地方教育附加

三、减免政策适用主体

增值税小规模纳税人、小型微利企业和个体工商户

tips

- 个人独资企业、合伙企业　仅小规模纳税人享受
- 一般纳税人　仅个体工商户和小型微利企业享受

四、小型微利企业判定

- 概念
  - 小型微利是指从事国家非限制和禁止行业，且同时符合年度应纳税所得额≤300万元、从业人数≤300人、资产总额≤5000万元等3个条件的企业
  - 从业人数，包括与企业建立劳动关系的职工人数和企业接受的劳务派遣用工人数。所称从业人数和资产总额指标，应按企业全年的季度平均值确定
  - 具体计算公式如下：季度平均值＝（季初值+季末值）÷2，全年季度平均值＝全年各季度平均值之和÷4，年度中间开业或者终止经营活动的，以其实际经营期作为一个纳税年度确定上述相关指标
- 判定　以企业所得税年度汇算清缴结果为准（注2），小规模纳税人和个体工商户直接享受，无需判定

注2判定

- 上年办理过汇算清缴
  - 所属期1.1–6.30　依据上年办理前年汇算结果判定（例1）
  - 所属期7.1–次年12.31　依据当年办理上年汇算结果判定（例2）
  - 符合条件的可申报享受减半优惠

- 注2判定
  - 符合注3条件新设立企业
    - 新设立指该所属期的上年未办理过企业所得税汇算清缴。首次汇算时间，应当根据正常办理首次汇算清缴的时间确定
    - 首次汇算前
      - 直接享受减半优惠（见例3）
      - 首次汇算清缴申报前已按规定申报缴纳六税两费的，不再根据首次汇算清缴结果进行更正
    - 首次汇算后
      - 按首次汇算结果判定
        - 按次申报：首次办理汇算清缴之日起至次年6.30（见例4）
        - 按期申报：首次办理汇算清缴的次月1日至次年6.30（所属期）
        - 按规定办理首次汇算清缴后，按规定申报当月及之前（所属期）的“六税两费”的（例5）
  - 逾期办理或更正汇算清缴申报
    - 逾期办理（例6）或更正汇算清缴申报的，应当依据逾期办理或更正申报的结果，按照上述规定的六税两费减免税期间申报享受减免优惠，并应当对六税两费申报进行相应更正

- 注3条件
  - 从事国家非限制和禁止行业
  - 按期纳税　申报期上月末从业人数不超过300人、资产总额不超过5000万元
  - 按次纳税　设立时从业人数不超过300人、资产总额不超过5000万元

五、小规模纳税人转为一般纳税人

- 自一般纳税人生效之日起不再按照增值税小规模纳税人适用六税两费减免政策
- 增值税年应税销售额超过小规模纳税人标准应当登记为一般纳税人而未登记，经税务机关通知，逾期仍不办理登记的，自逾期次月起不再按照增值税小规模纳税人申报享受六税两费减免优惠
- 小型微利企业、个体工商户、符合条件的新设立企业：仍可享受

六、申报表的修订

- 修订了4张表单
  - 《财产和行为税减免税明细申报附表》《〈增值税及附加税费申报表（一般纳税人适用）〉附列资料（五）》《〈增值税及附加税费预缴表〉附列资料》《〈消费税及附加税费申报表〉附表6（消费税附加税费计算表）》
  - 在上述表单中增加了小型微利企业、个体工商户减免优惠申报有关数据项目，并相应修改了填表说明
- 纳税人根据自身实际情况在有关申报表单中勾选相应的减免政策适用主体选项并确认适用减免政策起止时间后，系统将自动填列相应的减免性质代码、自动计算减免税款

七、优惠办理方式

- 纳税人自行申报享受减免优惠，不需额外提交资料

八、未及时申报享受优惠

- 纳税人符合条件但未及时申报享受六税两费减免优惠的，可依法申请抵减以后纳税期的应纳税费款或者申请退还

九、执行期限

- 2022年1月1日至2024年12月31日

十、政策衔接

- 2021年新设立企业，登记为一般纳税人的——在首次办理汇算清缴前，按照规定的新设立企业条件判定是否可按照小型微利企业申报享受六税两费减免优惠
- 2024年办理2023年度汇算清缴后确定为小型微利企业的——纳税人申报享受六税两费减免优惠的日期截止到2024年12月31日

十一、会计处理

- 对于在50%的税额幅度内减征的六税两费，应直接按照减征后的金额做会计处理
- 1.资源税、城市维护建设税、房产税、城镇土地使用税、教育费附加、地方教育附加

  借：税金及附加

  　　贷：应交税费—应交资源税

  　　　　应交税费—应交城市维护建设税

  　　　　应交税费—应交房产税

  　　　　应交税费—应交城镇土地使用税

  　　　　应交税费—应交教育费附加

  　　　　应交税费—应交地方教育附加

  2.印花税

  借：税金及附加

  　　贷：银行存款

  3.耕地占用税

  借：在建工程/无形资产

  　　贷：银行存款

A公司于2020年6月成立，9月1日登记为增值税一般纳税人。2021年5月，A公司办理了2020年度的汇算清缴申报，结果确定是小型微利企业。A公司于2022年4月征期申报2022年1–3月的“六税两费”时，可以享受减免优惠吗？

例1

答：A公司属已办理过汇缴的企业，申报2022年1–3月的“六税两费”时，是否可享受减免优惠，依据2021年办理2020年度汇算清缴的结果确定，因此可以享受。

B公司于2020年6月成立，9月1日登记为增值税一般纳税人。2021年5月，B公司办理了2020年度汇算清缴申报，确定不属于小型微利企业。2022年4月，B公司办理了2021年度汇算清缴申报，确定是小型微利企业。B公司于2022年8月征期申报7月的“六税两费”时，可以享受减免优惠吗？

例2

答：B公司属已办理过汇缴的企业，申报2022年7月1日至2023年6月30日的“六税两费”时，依据2022年办理2021年度汇算结果判定，因此可以享受。

C公司于2021年6月成立，从事国家非限制和禁止行业，12月1日登记为增值税一般纳税人，2022年3月31日的从业人数、资产总额分别为280人和4500万元。C公司按规定于2022年4月10日申报2022年3月的资源税和2022年1–6月房产税时，尚未办理2021年度汇算清缴申报，是否可申报享受减免优惠？

例3

答：C公司属符合条件的新设立企业，4月征期申报时属于首次汇算前，可直接享受减半优惠。

D公司于2021年6月成立，从事国家非限制和禁止行业，12月1日登记为增值税一般纳税人，于2022年4月20日按规定期限办理了2021年度汇算清缴，结果确定不属于小型微利企业。D公司于4月23日依照规定按次申报耕地占用税，可以申报享受减免优惠吗？

例4

答：不可以。D公司首次汇算清缴后已确定不属于小型微利企业，对于按次申报，自首次办理汇算清缴后确定不属于小型微利企业之日起至次年6月30日，不得再申报享受“六税两费”减免优惠。

例5

E公司于2021年7月成立，从事国家非限制和禁止行业，10月1日登记为增值税一般纳税人，于2022年5月办理2021年度汇算清缴申报，确定不属于小型微利企业。E公司于2023年5月8日办理2022年度汇算清缴申报，确定是小型微利企业。2023年5月12日，E公司根据本省有关规定办理2022年房产税申报，是否可享受减免优惠？

答：新设立企业办理首次汇算清缴申报后，确定不属于小型微利企业的，自办理汇算清缴的次月1日至次年6月30日，不得申报享受“六税两费”减免优惠。新设立企业办理首次汇算清缴后，按规定申报当月及之前的“六税两费”的，依据首次汇算清缴结果确定是否能够申报享受减免优惠。因此，E公司按规定申报2022年全年的房产税，包括办理首次汇算清缴当月及之前（即1–5月）的房产税和汇算清缴后（即6–12月）的房产税时，不能享受减免优惠。

E公司2023年5月8日办理了2022年度汇算清缴申报，确定是小型微利企业，上年办理过汇算清缴，在申报2023年7月1日至2024年6月30日的“六税两费”时，依据当年办理上年汇算结果判定，可以享受减免优惠。

例6

G公司于2021年6月成立，从事国家非限制和禁止行业，10月1日登记为增值税一般纳税人。2022年5月底前，G公司未按期办理首次汇算清缴申报，8月，G公司办理汇算清缴申报，确定不属于小型微利企业。G公司根据《公告》第一条第（二）项规定，分别于2022年4月和7月征期申报当年1–3月和4–6月的“六税两费”时，按照小型微利企业申报享受了减免优惠。G公司8月办理首次汇算清缴后应当如何对“六税两费”纳税申报进行更正？

答：G公司新设立，4月征期首次申报前可直接享受减半优惠，且不再根据首次汇算清缴结果进行更正；7月征期，首次申报后按汇算结果判断，不能享受减半优惠，应按逾期办理的结果进行更正申报。

政策执行期限 2022年1月1日–2024年12月31日

政策依据 财政部 税务总局公告2022年第10号、国家税务总局公告2022年第3号

第十五章　关税

章节目录

- 一、征税对象及纳税人
- 二、税率
- 三、计税依据/应纳税额
- 四、减免税
- 五、征收管理
- 六、小例子

一、征税对象及纳税人

- 以进出国境、关境的货物、物品为征税对象（对无形的货品不征关税）
- 货物
  - 进口货物　收货人
  - 出口货物
    - 发货人
    - 出口关税选择特定货物，过境关税基本无
- 进出境物品　所有人

二、税率

- 进口关税税率
  - 最惠国税率　注1
  - 协定税率　注2
  - 特惠税率　注3
  - 普通税率　注4
  - 关税配额税率　注5
- 进境物品进口税率　注6
- 出口关税税率　注7
- 暂定税率　注8
- 其他　注9
- 税率的适用　注10

注1

以下货物适用最惠国待遇：

- 原产于共同适用最惠国待遇条款的世界贸易组织（WTO）成员的进口货物
- 原产于与中华人民共和国签订含有相互给予最惠国待遇条款的双边贸易协定的国家或者地区的进口货物
- 原产于中华人民共和国境内的进口货物
- 有暂定税率的，应当适用暂定税率

注2

- 原产于与中华人民共和国签订含有关税优惠条款的区域性贸易协定的国家或者地区进口货物，适用协定税率
- 当最惠国税率低于或等于协定税率时，协定有规定的，按相关协定的规定执行；协定无规定的，二者从低适用
- 有暂定税率的，应当从低适用税率

注3

- 原产于与中华人民共和国签订含有特殊关税优惠条款的贸易协定的国家或者地区的进口货物，适用特惠税率
- 有暂定税率的，应当从低适用税率

注4

- 原产于上述三项所列以外国家或者地区的进口货物，以及原产地不明的进口货物，适用普通税率
- 不适用暂定税率

注5

指对实行关税配额管理的进口货物，关税配额内的适用关税配额税率，关税配额外的按不同情况分别适用最惠国税率、协定税率、特惠税率、普通税率和暂定税率

注6

- 13%：书报、刊物和教育用影视资料，计算机、视频摄录一体机和数字照相机等信息技术产品，食品、饮料，金银，家具、玩具、游戏品、节日和其他娱乐产品，药品
- 20%：运动用品（不包括高尔夫球和球具），钓鱼用品，纺织品及其制成品，电视摄像机和其他电器用具，自行车，上述税目中未包含的其他商品
- 50%：烟、酒，贵重首饰、珠宝玉石，高尔夫球具，高档手表、高档化妆品（所列商品范围与消费税征收范围一致）

自2022年1月1日起继续对铬铁等106项商品实施出口关税，提高黄磷以外的其他磷和粗铜等2项商品的出口关税（海关总署公告2021年第119号）

注7 有暂定税率的应当适用暂定税率

注8
- 暂定税率是在海关进出口税则规定的进口优惠税率的基础上，对进口的某些重要的工农业生产原材料和机电产品关键部件（但只限于从与中国订有关税互惠协议的国家和地区进口的货物）和出口的特定货物实施的更为优惠的关税税率
- 适用最惠国税率的进口货物有暂定税率的，应当适用暂定税率；适用协定税率、特惠税率的进口货物有暂定税率的，应当从低适用税率；适用普通税率的进口货物，不适用暂定税率。适用出口税率的出口货物有暂定税率的应当适用暂定税率

注9
- 反倾销、反补贴、保障措施：对进口货物采取反倾销、反补贴、保障措施的，税率适用按照《中华人民共和国反倾销条例》《中华人民共和国反补贴条例》和《中华人民共和国保障措施条例》执行
- 报复性关税税率：任何国家或者地区违反与中华人民共和国签订或者共同参加的贸易协定及相关协定，对中华人民共和国在贸易方面采取禁止、限制、加征关税或者其他影响正常贸易的措施的，对原产于该国家或者地区的进口货物可以征收报复性关税，适用报复性关税税率

注10
- 进出口货物：应当适用海关接受该货物申报进口或者出口之日实施的税率
- 进口货物到达前，经海关核准先行申报：应当适用装载该货物的运输工具申报进境之日实施的税率
- 进口转关运输货物
  - 应当适用指运地海关接受该货物申报进口之日实施的税率
  - 货物运抵指运地前，经海关核准先行申报的，应当适用装载该货物的运输工具抵达指运地之日实施的税率
- 出口转关运输货物：应当适用启运地海关接受该货物申报出口之日实施的税率
- 经海关批准，实行集中申报的进出口货物：应当适用每次货物进出口时海关接受该货物申报之日实施的税率

- 注10
  - 因超过规定期限未申报而由海关依法变卖的进口货物：其税款计征应当适用装载该货物的运输工具申报进境之日实施的税率
  - 因纳税义务人违反规定需要追征税款的进出口货物：适用违反规定的行为发生之日实施的税率。行为发生之日不能确定的，适用海关发现该行为之日实施的税率
  - 已申报进境并且放行的保税货物、减免税货物、租赁货物或者已申报进出境并且放行的暂时进出境货物需缴纳税款的：应当适用海关接受纳税义务人再次填写报关单申报办理纳税及有关手续之日实施的税率

- 三、计税依据、应纳税额
  - 从价计税：应纳税额=完税价格（注11）×关税税率
  - 从量计税：应纳税额=货物数量×单位税额
  - 复合计税：应纳税额=应税进（出）口货物数量×单位货物税额+应税进（出）口货物数量×单位完税价格×税率

- 注11
  - 由海关以成交价格以及该货物运抵中华人民共和国境内输入地点起卸前的运输及其相关费用、保险费为基础审查确定
  - 成交价格
    - FOB　船上交货
    - CFR　成本+运费
    - CIF　成本+运费和保险费
  - 保险费：应当按照实际支付的费用计算。如果进口货物的保险费无法确定或者未实际发生，海关就当按照货价和运费两者总和的3‰计算保险费，公式为：保险费＝（货价+运费）×3‰
  - 应当计入完税价格　注12
  - 不计入完税价格　注13

- 注12
  - 由买方负担的购货佣金以外的佣金和经纪费
  - 由买方负担的在审查确定完税价格时与该货物视为一体的容器的费用
  - 由买方负担的包装材料费用和包装劳务费用
  - 与该货物的生产和向中国境内销售有关的，由买方以免费或者以低于成本的方式提供并可以按适当比例分摊的料件、工具、模具、消耗材料及类似货物的价款，以及在境外开发、设计等相关服务的费用

注12
- 作为该货物向中国境内销售的条件，买方必须支付的、与该货物有关的特许权使用费
- 卖方直接或者间接从买方获得的该货物进口后转售、处置或者使用的收益

注13
- 厂房、机械、设备等货物进口后进行建设、安装、装配、维修和技术服务的费用
- 进口货物运抵境内输入地点起卸后的运输及其相关费用、保险费
- 进口关税及国内税收

四、减免税

1.免征关税
- 关税税额在人民币50元以下的一票货物
- 无商业价值的广告品和货样
- 外国政府、国际组织无偿赠送的物资
- 在海关放行前损失的货物
- 进出境运输工具装载的途中必需的燃料、物料和饮食用品
- 对2023年举办的广交会在商务部确定的展期内销售的免税额度内的进口展品免征进口关税、进口环节增值税和消费税（财关税〔2023〕5号）

2.暂不缴纳关税
- 暂时进境（出境），6个月内复运出境（进境）
- 在规定期限内未复运出境的，或者暂准出境货物在规定的期限内未复运进境的，海关应当依法征收关税

3.原状复运进出境不征
- 因品质或者规格原因，出口货物自出口之日起1年内原状复运进境的，不征收进口关税
- 因品质或者规格原因，进口货物自进口之日起1年内原状复运出境的，不征收出口关税

4.补偿、更换货物不征
- 因残损、短少、品质不良或者规格不符原因，由进出口货物的发货人、承运人或者保险公司免费补偿或者更换的相同货物，进出口时不征收关税
- 被免费更换的原进口货物不退运出境或者原出口货物不退运进境的，海关应当对原进出口货物重新按照规定征收关税

5.减征或免征

- 在海关放行前遭受损坏的货物，可以根据海关认定的受损程度减征关税
- 法律规定的其他免征或者减征关税的货物，海关根据规定予以免征或者减征
- 特定地区、特定企业或者有特定用途的进出口货物减征或者免征关税，以及临时减征或者免征关税，按照国务院的有关规定执行
- 残疾人专用品，免征进口关税和进口环节增值税、消费税（财税〔2001〕191号）
- 对境外捐赠人无偿向受赠人捐赠的直接用于慈善事业的物资，免征进口关税和进口环节增值税（财政部、海关总署、税务总局公告2015年第102号）

五、征收管理

1.征收机关

- 海关

2.申报时间

- 进口货物的纳税义务人应当自运输工具申报进境之日起14日内
- 出口货物的纳税义务人除海关特准的外，应当在货物运抵海关监管区后、装货的24小时以前

3.申报地点

- 向货物的进出境地海关申报

4.缴纳时间

- 纳税义务人应当自海关填发税款缴款书之日起15日内向指定银行缴纳税款
- 纳税义务人因不可抗力或者在国家税收政策调整的情形下，不能按期缴纳税款的，经海关批准经依法提供税款担保后，可以延期缴纳税款，但是最长不得超过6个月
- 纳税义务人未按期缴纳税款的，从滞纳税款之日起，按日加收滞纳税款万分之五的滞纳金。关税滞纳金起征点为50元

5.退税

- 有下列情形之一的（注14），纳税义务人自缴纳税款之日起1年内，可以申请退还关税，并应当以书面形式向海关说明理由，提供原缴款凭证及相关资料
- 海关应当自受理退税申请之日起30日内查实并通知纳税义务人办理退还手续。纳税义务人应当自收到通知之日起3个月内办理有关退税手续
- 海关发现多征税款的，应当立即通知纳税义务人办理退还手续

注14

- 已征进口关税的货物，因品质或者规格原因，原状退货复运出境的
- 已征出口关税的货物，因品质或者规格原因，原状退货复运进境，并已重新缴纳因出口而退还的国内环节有关税收的
- 已征出口关税的货物，因故未装运出口，申报退关的

六、小例子

2020年6月，某小规模纳税人企业进口一批高档手表，支付的货款折合成人民币为200万元，货物运抵我国关境输入地点起卸前的运输费用为20万元，保险费无法确定。已知进口关税税率为50%，消费税税率为20%，计算进口环节的完税价格，应纳关税税额，应交消费税、应交增值税。

解：1.进口货物的保险费无法确定或者未实际发生，保险费=（货价+运费）×3‰=（200+20）×3‰=0.66（万元），关税税额=应税进（出）口货物数量×单位完税价格×税率。

2.进口货物的完税价格以符合条件的成交价格以及该货物运抵中华人民共和国境内输入地点起卸前的运输及其相关费用、保险费为基础审查确定，在计算税款时，应先把进口货物的申报价格折算成CIF价。关税完税价格=200+20+0.66=220.66（万元）。

3.应纳关税税额=220.66×50%=110.33（万元）。

4.根据《中华人民共和国增值税暂行条例》第十四条规定，纳税人进口货物，按照组成计税价格和本条例第二条规定的税率计算应纳税额。组成计税价格和应纳税额计算公式，组成计税价格=关税完税价格+关税+消费税=（关税完税价格＋关税）÷（1—消费税税率）=（220.66+110.33）÷（1−20%）=413.74（万元）。

应交增值税=组成计税价格×税率=413.74×13%=53.79（万元）。

应交消费税=组成计税价格×税率=413.74×20%=82.75（万元）。

主要依据

《2021年关税调整方案》、《中华人民共和国进出口税则》、《中华人民共和国进出口关税条例》

第十六章　教育费附加

章节目录

一、目的
二、缴费人
三、费率
四、计征依据
五、不退还教育费附加
六、优惠政策
七、征管规定
八、政策依据
九、小例子

一、目的

加快发展地方教育事业，扩大地方教育经费的资金来源

二、缴费人

凡缴纳消费税、增值税的单位和个人，都应当依照本规定缴纳教育费附加

三、费率

- 现行教育费附加率为3%
- 政策沿革
  - 1986.7.1−1993.12.21　1%
  - 1994.1.1起　3%

四、计征依据

- 以各单位和个人实际缴纳的增值税、消费税的税额为计征依据，教育费附加率为3%，分别与增值税、消费税同时缴纳
- 教育费附加计征依据与城市维护建设税计税依据一致（财政部 税务总局公告2021年第28号）
- 经国家税务局正式审核批准的当期免抵的增值税税额应纳入教育费附加的计征范围，按规定的费率征收教育费附加（财税〔2005〕25号）

五、不退还教育费附加

对“三税”实行先征后返、先征后退、即征即退办法的，除另有规定外，对随“三税”附征的教育费附加，一律不予退（返）还（财税〔2005〕72号）

六、优惠政策

自2022年1月1日至2024年12月31日，对增值税小规模纳税人、小型微利企业和个体工商户可以在50%的税额幅度内减征（详见第十四章“六税两费”减免政策）

扶持退役士兵创业就业：按实际招用人数予以定额依次扣减增值税、城建税、教育费附加、地方教育附加和企业所得税优惠，限额标准为每人每年6000元，最高可上浮50%（9000元各省确定）（财税〔2019〕21号、财政部、税务总局公告2022年第4号）

扶持重点群体创业就业：按实际招用人数予以定额依次扣减增值税、城建税、教育费附加、地方教育附加和企业所得税优惠每人每年6000元，最高可上浮30%（7800元各省确定）（财税〔2019〕22号、财政部 税务总局 人力资源社会保障部 国家乡村振兴局公告2021年第18号）

自2016年2月1日起，将免征教育费附加、地方教育附加、水利建设基金的范围，扩大到按月纳税的月销售额或营业额不超过10万元（按季度纳税的季度销售额或营业额不超过30万元）的缴纳义务人（财税〔2016〕12号）

自2019年1月1日起，纳入产教融合型企业建设培育范围的试点企业，兴办职业教育的投资符合规定的，可按投资额的30%比例，抵免该企业当年应缴教育费附加和地方教育附加。试点企业属于集团企业的，其下属成员单位（包括全资子公司、控股子公司）对职业教育有实际投入的，可按规定抵免教育费附加和地方教育附加（财税〔2019〕46号）

七、征管规定

- 教育费附加的征收管理，按照增值税、消费税的有关规定办理
- 纳税期限
  - 与增值税、消费税的纳税期限一致，与增值税、消费税同时缴纳
- 申报表
  - 国家税务总局公告2019年第24号

八、政策依据

- 《征收教育费附加的暂行规定》（国发〔1986〕50号发布）

九、小例子

某企业2019年8月实际缴纳的增值税为200万元，消费税为100万元，因故加收滞纳金0.25 万元。计算该企业当月应缴纳的教育费附加。

解：该企业当月应缴纳的教育费附加=（200+100）×3%=9（万元）。

第十七章　地方教育附加

章节目录

一、目的
二、缴费人
三、费率
四、计征依据
五、优惠政策
六、征收管理
七、政策依据
八、小例子

一、目的

拓宽财政性教育经费筹资渠道，支持地方教育事业发展

二、缴费人

凡缴纳消费税、增值税的单位和个人，都应当依照本规定缴纳教育费附加

三、费率

- 现行地方教育附加率为2%
- 1995年9月1日起，各省、自治区、直辖市陆续开征地方教育附加

四、计征依据

地方教育附加计征依据与城市维护建设税计税依据一致（财政部 税务总局公告2021年第28号）

五、优惠政策

自2022年1月1日至2024年12月31日，对增值税小规模纳税人、小型微利企业和个体工商户可以在50%的税额幅度内减征（详见第十四章“六税两费”减免政策）

扶持退役士兵创业就业

按实际招用人数予以定额依次扣减增值税、城建税、教育费附加、地方教育附加和企业所得税优惠，限额标准为每人每年6000元，最高可上浮50%（9000元各省确定）（财税〔2019〕21号、财政部、税务总局公告2022年第4号）

扶持重点群体创业就业

按实际招用人数予以定额依次扣减增值税、城建税、教育费附加、地方教育附加和企业所得税优惠每人每年6000元，最高可上浮30%（7800元各省确定）（财税〔2019〕22号、财政部 税务总局 人力资源社会保障部 国家乡村振兴局公告2021年第18号）

自2016年2月1日，将免征教育费附加、地方教育附加、水利建设基金的范围，扩大到按月纳税的月销售额或营业额不超过10万元（按季度纳税的季度销售额或营业额不超过30万元）的缴纳义务人（财税〔2016〕12号）

自2019年1月1日起，纳入产教融合型企业建设培育范围的试点企业，兴办职业教育的投资符合规定的，可按投资额的30%比例，抵免该企业当年应缴教育费附加和地方教育附加。试点企业属于集团企业的，其下属成员单位（包括全资子公司、控股子公司）对职业教育有实际投入的，可按规定抵免教育费附加和地方教育附加（财税〔2019〕46号）

六、征收管理

对于地方教育附加，虽然没有明确规定，但各级税务机关在征收管理时与教育费附加是同等管理的

申报表　　国家税务总局公告2019年第24号

七、政策依据

《财政部关于统一地方教育附加政策有关问题的通知》（财综〔2010〕98号）

八、小例子

甲企业2019年8月销项税额400万元，进项税额100万元，上期留抵税额150万元，当月收到7月留抵退税90万元，计算甲企业8月应缴纳的地方教育附加。

解析：甲企业8月应缴纳增值税=400−100+90−150=240（万元），根据财税〔2018〕80号文件规定，对实行增值税期末留抵退税的纳税人，允许其从城市维护建设税、教育费附加和地方教育附加的计税（征）依据中扣除退还的增值税税额。因此，甲企业8月应缴纳的地方教育附加=（240−90）×2%=3（万元）。

第十八章　残疾人就业保障金

章节目录

一、概述
二、征收范围
三、缴费主体
四、计费方法
五、优惠政策
六、缴费申报
七、会计处理
八、法律责任
九、政策依据
十、小例子

一、概述

残疾人就业保障金（以下简称残保金），是为保障残疾人权益，由未按规定安排残疾人就业的机关、团体、企业、事业单位和民办非企业单位（以下简称用人单位）缴纳的资金

二、征收范围

用人单位安排残疾人就业的比例不得低于本单位在职职工总数的1.5%。具体比例由各省、自治区、直辖市人民政府根据本地区的实际情况规定。用人单位安排残疾人（注1）就业达不到所在省、自治区、直辖市人民政府规定比例的，应当缴纳残保金

注1

- 是指持有《中华人民共和国残疾人证》上注明属于视力残疾、听力残疾、言语残疾、肢体残疾、智力残疾、精神残疾和多重残疾的人员，或者持有《中华人民共和国残疾军人证》（1至8级）的人员
- 用人单位将残疾人录用为在编人员或依法与就业年龄段内的残疾人签订1年以上（含1年）劳动合同（服务协议），且实际支付的工资不低于当地最低工资标准，并足额缴纳社会保险费的，方可计入用人单位所安排的残疾人就业人数
- 以劳务派遣方式接受残疾人就业的，由派遣单位和接受单位通过签订协议的方式协商一致后，将残疾人数计入其中一方的实际安排残疾人就业人数和在职职工人数，不得重复计算

注1
- 用人单位安排1名持有《中华人民共和国残疾人证》（1至2级）或《中华人民共和国残疾军人证》（1至3级）的人员就业的，按照安排2名残疾人就业计算
- 用人单位跨地区招用残疾人的，应当计入所安排的残疾人就业人数

三、缴费主体

未按规定比例安排残疾人就业的机关、团体、企业、事业单位和民办非企业单位是残保金的缴纳义务人

四、计费方法

残保金年缴纳额=按上年用人单位安排残疾人就业未达到规定比例的差额人数（注2）×本单位在职职工年平均工资（或当地社平工资的2倍，取低值，见注3）

注2
- 差额人数=上年用人单位在职职工人数×所在地省、自治区、直辖市人民政府规定的安排残疾人就业比例-上年用人单位实际安排的残疾人就业人数（以公式计算结果为准，可以不是整数）

注3
- 上年用人单位在职职工年平均工资=用人单位上年在职职工工资总额/用人单位在职职工人数计算
- 残疾人就业保障金征收标准上限，按照当地社会平均工资2倍执行。当地社会平均工资按照所在地城镇非私营单位就业人员平均工资和城镇私营单位就业人员平均工资加权计算
- 职工工资总额由工资、奖金、津贴、补贴组成。计算口径以国家统计局指标解释为准

五、优惠政策

1.小微企业
- 自工商登记注册之日起3年内，对安排残疾人就业未达到规定比例、在职职工总数30人（含）以下的小微企业免征残疾人就业保障金（财税〔2017〕18号）
- 2020.1.1～2027.12.31，在职职工人数在30人（含）以下的企业，暂免征收残疾人就业保障金（财政部公告2019年第98号、财政部公告2023年第8号）

- 2.分档减缴
  - 期限　2020.1.1～2027.12.31
  - 安排残疾人就业比例
    - 满足本地区规定比例　全部减免
    - ≥1%，但未达到本省、自治区、直辖市人民政府规定比例的　按规定应缴费额的50%缴纳
    - <1%　按规定应缴费额的90%缴纳
  - 依据：财政部公告2023年第8号
- 3.减免缓缴
  - 用人单位遇不可抗力自然灾害或其他突发事件遭受重大直接经济损失，可以申请减免或者缓缴保障金。具体办法由各省、自治区、直辖市财政部门规定
  - 用人单位申请减免保障金的最高限额不得超过1年的保障金应缴额，申请缓缴保障金的最长期限不得超过6个月

六、缴费申报

- 保障金一般按月缴纳
- 保障金全额缴入地方国库
- 申报资料
  - 《残疾人就业保障金缴费申报表》
  - 本单位在职职工人数、实际安排残疾人就业人数、在职职工年平均工资等信息，并保证信息的真实性和完整性
  - 向残疾人就业服务机构申报上年本单位安排的残疾人就业人数。未在规定时限申报的，视为未安排残疾人就业
- 依据：国家税务总局公告2019年第49号

七、会计处理

- 1.计算应缴纳的残保金时：
  - 借：管理费用——残疾人就业保障金
    - 贷：其他应付款
- 2.超比例安排残疾人就业或者为安排残疾人就业做出显著成绩，收到的奖励时：
  - 借：银行存款
    - 贷：其他收益
- 3.缴纳滞纳金时
  - 借：营业外支出
    - 贷：银行存款

八、法律责任

用人单位未按规定缴纳保障金的，按照《残疾人就业条例》的规定，由保障金征收机关提交财政部门，由财政部门予以警告，责令限期缴纳；逾期仍不缴纳的，除补缴欠缴数额外，还应当自欠缴之日起，按日加收5‰的滞纳金。滞纳金按照保障金入库预算级次缴入国库

九、政策依据

《中华人民共和国残疾人保障法》、中华人民共和国国家统计局令第1号、《残疾人就业条例》、财税〔2015〕72号、财税〔2017〕18号、财税〔2018〕39号、发改价格规〔2019〕2015号、财政部公告2019年第98号、财政部公告2023年第8号

各省、自治区、直辖市财政部门会同税务部门、残疾人联合会根据本办法制定具体实施办法，并报财政部、国家税务总局、中国残疾人联合会备案

十、小例子

甲公司2020年在职职工100人，在职职工年平均工资5.95万元（当地年平均工资2万元），该省规定的安排残疾人就业比例为1.5%，实际安排残疾人就业人数为1人。计算2021年应申报缴纳残疾人保障金金额是多少？

解：当地年平均工资2万元，残保金征收标准上限为当地社会平均工资的2倍，即4万元，用人单位在职职工年平均工资5.95＞4万元，按4万元计算，保障金年缴纳额=（100×1.5%−1）×40000=20000（元）。
根据发改价格规〔2019〕2015号和财政部公告2019年第98号规定，用人单位安排残疾人就业比例达到1%(含)以上，但未达到所在地省、自治区、直辖市人民政府规定比例的，按规定应缴费额的50%缴纳残疾人就业保障金，因此，甲公司2021年应申报缴纳残保金20000×50%=10000（元）。

第十九章　文化事业建设费

章节目录

- 一、缴费人
- 二、扣缴义务人
- 三、费额计算
- 四、财政预算管理
- 五、申报事项
- 六、税收优惠
- 七、小例子

一、缴费人

- 境内提供广告服务（注1）的单位，包括广播电台、电视台和报纸、刊物等广告媒介单位以及户外广告经营单位（财税〔2016〕25号）（不含个人）
- 境内提供娱乐服务（注2）的单位和个人，包括各种营业性的歌厅、舞厅、卡拉OK歌舞厅、音乐茶座和高尔夫球、台球、保龄球等娱乐场所（财税〔2016〕60号）

注1广告服务

- 包括广告代理和广告的发布、播映、宣传、展示等
- 易混
  - 广告策划、广告设计、文印晒图属设计服务
  - 广告咨询属鉴证咨询服务
  - 广告制作属加工修理修配劳务
  - 将建筑物、构筑物等不动产或者飞机、车辆等有形产的广告位出租给其他单位或者个人用于发布广告，属于租赁服务

注2娱乐服务

- 易混
  - 网球、健身、游泳、羽毛球、乒乓球、篮球、棋牌、足球、文艺表演等属于文化体育服务

二、扣缴义务人

境外广告媒介单位和户外广告经营单位在境内提供广告服务，在境内未设为经营机构的，以广告服务接受方为文化事业建设费的扣缴义务人

三、费额计算

- 公式：应缴费额=服务计费销售额（注3）×3%
- 注3计费销售额
  - 为全部含税价款和价外费用
  - 广告服务业计费销售额可减除支付给其他广告公司或广告发布者的含税广告发布费

四、财政预算管理

文化事业建设费纳入财政预算管理，分别由中央和省级建立专项资金，用于文化事业建设

五、申报事项

- 申报期限与增值税相同
- 申报表：国家税务总局公告2013年第64号发布，国家税务总局公告2019年第24号部分修订

六、税收优惠

- 减征
  - 归属中央收入：应缴费额50%减征
  - 归属地方收入：应缴费额50%幅度内减征
  - 上述减征期限：2019.7.1−2024.12.31
  - 依据：财税〔2019〕46号
- 免征范围
  - 月销售额≤2万（季6万）（未提高到10万（或15万））
    - 小规模纳税人中企业和非企业单位
    - 依据：财税〔2016〕25号
  - 未达起征点（限于个人）
    - 按月纳税：5000−20000元
    - 按次纳税：300−500元
    - 依据：财税〔2016〕60号
  - 所有纳税人
    - 2020.1.1−2021.12.31
    - 依据：财政部 税务总局公告2020年第25号、财政部 税务总局公告2021年第7号
- 途径：缴费人申报文化事业建设费即可按享受，无须备案（国家税务总局公告2019年第24号）

七、小例子

某广告公司是增值税一般纳税人，2019年5月实现广告发布收入开具增值税专用发票金额100万元，税额6万元，价税合计106万元，将部分发布业务分包给小规模纳税人A，取得了由A开具的增值税普通发票，含税金额为16万元。计算该广告公司当月应缴纳的文化事业建设费。

解：文化事业费的计费销售额，为缴纳义务人提供广告服务取得的全部含税价款和价外费用，减除支付给其他广告公司或广告发布者的含税广告发布费后的余额。缴纳义务人减除价款的，应当取得增值税专用发票或国家税务总局规定的其他合法有效凭证，否则，不得减除。

应缴文化事业建设费=计费销售额×3%=（1060000−160000）×3%=27000（元）。

第二十章 财产和行为税纳税申报表

税种范围 — 城镇土地使用税、房产税、车船税、印花税、耕地占用税、资源税、土地增值税、契税、环境保护税、烟叶税等10个税种

tips

- 财产税
  - 1城镇土地使用税
  - 2房产税
  - 3车船税
  - 4契税
- 特定行为税
  - 5印花税
  - 6耕地占用税
  - 7资源税
  - 8土地增值税
  - 9环境保护税
- 货物和劳务税
  - 10烟叶税
- 分类依据《税收学》，高等教育出版社 中国税务出版社，2021年12月第1版

申报前填写

- 《财产和行为税税源明细表》（注1）（国家税务总局公告2021年第9号）
- 《契税税源明细表》（国家税务总局公告2021年第25号）
- 《印花税税源明细表》（国家税务总局公告2022年第14号）

《财产和行为税纳税申报表》

主表

- 《财产和行为税纳税申报表》
- 依据：国家税务总局公告2021年第9号

附表

- 《财产和行为税减免税明细申报附表》（注2）
- 依据：国家税务总局公告2022年第3号

- 注意
  - 合并申报不强制要求一次性申报全部税种，纳税人可以自由选择一次性或分别申报当期税种
  - 不同纳税期限的财产和行为税各税种可以合并申报。按期申报但纳税期限不同的税种可以合并申报。按期申报与按次申报的税种也可以合并申报

- 注1
  - 纳税人新增税源或税源变化时，填报《财产和行为税税源明细表》。纳税人仅就发生纳税义务的税种填报对应的税源明细表
  - 征管系统将根据各税种税源信息自动生成新申报表，纳税人审核确认后即可完成申报。无论选择何种填报方式，纳税人申报时，系统都会根据已经登记的税源明细表自动生成申报表
  - 稳定税源
    - 城镇土地使用税、房产税、车船税等
    - 一次填报，长期有效
  - 一次性税源
    - 耕地占用税、印花税、资源税等一次性税源
    - 可以在发生纳税义务后立即填写税源明细表，也可以在申报时填报所有税源信息

- 注2 —— 纳税人勾选相应的减免政策适用主体选项并确认适用减免政策起止时间后，系统将自动填列相应的减免性质代码、自动计算减免税款

- 实施时间 —— 自2021年6月1日起

- 依据 —— 国家税务总局公告2021年第9号、国家税务总局公告2021年第25号、国家税务总局公告2022年第3号、国家税务总局公告2022年第14号

小颖言税索引

- 一、平台
  - 新浪微博（即时性）
    - 小颖言税
  - 互补公众号
    - 言税
    - 专题导图
- 二、公众号内容分类
  - 横向
    - 《小颖言税：全税种思维导图》网页版
    - 文件与解读
      - 近年文件
        - 按文件号分类
        - 按税费种分类
      - 官方解读（国家级）
    - 原创精华
      - 小颖言税原创文章
    - 财税好文章
      - 转载文章
      - 官方解读（省级）
  - 纵向
    - 流转税、企业所得税、个人所得税、其他税费
    - 会计
    - 发票
    - 法律
    - 综合
- 三、搜索
  - 订阅号消息
    - 小颖言税
      - 搜索 关键字
      - 发消息 / 服务
        - 最新文章（注1）
  - 公众号主页标签
    - 最新文章
  - 注1 —— 点击《小颖言税最新文章》左下角“阅读原文”进入
- 四、联系方式
  - 个人微信号
    - marylouyan
    - 二维码
  - 公众号二维码

参考文献

1. 国家税务总局货物和劳务税司 . 消费税业务操作手册 [M]. 北京：中国税务出版社，2014.

2. 刘佐 .2020 年中国税制概览 [M]. 北京：经济科学出版社，2020.

3. 饶明亮，王维顺，宋雪 . 财产行为税一本通 [M]. 北京：中国税务出版社，2020.

4. 全国税务师职业资格考试教材编写组 . 全国税务师职业资格考试教材 [M]. 北京：中国税务出版社，2020.

5. 国家税务总局所得税司 . 企业所得税业务手册 [M]. 北京：中国税务出版社，2020.

6. 中国注册会计师协会 . 2021 年注册会计师全国统一考试辅导教材 [M]. 北京：中国财政经济出版社，2021.

7. 吴健 . 新个人所得税实务与案例 . [M]. 北京：中国市场经济出版社，2019.

8. 何成实 .《增值税一本通》. [M]. 北京：中国税务出版社，2021.

反侵权盗版声明

中国财政经济出版社依法对本作品享有专有出版权。任何未经权利人书面许可，复制、销售或通过信息网络传播本作品的行为，歪曲、篡改、剽窃本作品的行为，均违反《中华人民共和国著作权法》，其行为人应承担相应的民事责任和行政责任，构成犯罪的，将被依法追究刑事责任。

为了维护市场秩序，保护权利人的合法权益，我社将依法查处和打击侵权盗版的单位和个人。欢迎社会各界人士积极举报侵权盗版行为，本社将奖励举报有功人员，并保证举报人的信息不被泄露。

举报电话：（010）88190744

（010）88191661

QQ：2242791300

通信地址：北京市海淀区阜成路甲28号新知大厦

中国财政经济出版社总编室

邮　　编：100142